제II권

하루에 3장씩 말씀 따라가기

[성경66권 개관]

하루에 3장씩 말씀 따라가기(제 2권)

2023년 12월 20일 초판 1쇄 인쇄
2023년 12월 30일 초판 1쇄 발행

저 자 • 박 형 대
발행인 • 조 경 혜
발행처 • 도서출판 그리심
07030 서울시 동작구 사당로2길 72 (B01)

등록번호 • 제 7-258호(1998. 4. 23)
출 판 사 • 전화 523-7589 팩스 523-7590
전자우편 • grisimcho@hanmail.net
홈페이지 • grisim.net
• grisim.biz

ISBN 89-5799-497-9 (94230)
ISBN 89-5799-494-8 (세트)

성경은 살아계신 하나님의 살아있는 말씀입니다.

하나님의 말씀을 먹어야 인간은 삽니다.

하나님의 말씀에서 인간은 인간 됨을 배웁니다.

그런데 성경이 쉽지 않습니다.

에디오피아 여왕 간다게의 엘리트 관리가 말합니다.

“지도해 주는 사람이 없으니 어찌 깨달을 수 있느냐”(행 8:31).

아멘.

들어가는 말

성경은 살아계신 하나님의 살아있는 말씀입니다. 하나님의 말씀을 먹어야 인간은 삽니다. 하나님의 말씀에서 인간은 인간 됨을 배웁니다. 그런데 성경이 쉽지 않습니다. 에디오피아 여왕 간다게의 엘리트 관리가 말합니다. “지도해 주는 사람이 없으니 어찌 깨달을 수 있느냐”(행 8:31). 성령의 조명, 선배들의 지도, 동료들과의 논의 등을 통해 하나님의 말씀을 깨달은 인생은 덜 방황합니다. 지혜를 얻고 변화를 경험합니다. 인간 개조 변화의 보화를 발견합니다. 생명 근원과 건강한 삶의 원천을 얻습니다. 하나님을 배워 알면서 그분을 기뻐하기 시작합니다. 그분 기뻐함의 가치를 어렴풋이나마 느낍니다. 하나님을 영원토록 기뻐함이 인생 최고의 목적이라는 고백을 왜 하게 되었는지 알 것 같습니다. “사람이 떡으로만 살 것이 아니요 하나님의 입으로부터 나오는 모든 말씀으로 살 것이라”(마 4:4)는 말씀에서 마귀를 물리칠 근거도 만납니다.

꾸준히 성경을 읽으면서 열매가 하나 열려 수확하고 있습니다. 2012년 9월에 ‘청소년을 위한 성경해석학’ 책으로 『10대와 함께 성경을 어떻게 읽을 것인가』(서울: 한국성서유니온선교회, 2012)를 출판했는데, 이제는 성경 자체에 대한 설명을 담은 글을 써보았습니다. 섬기던 교회 일대일 양육자를 위한 성경 통독을 목적으로 2020년 10월 7일에 시작해서 2022년 8월 26일에 마쳤습니다. 일주일에 스물한 장씩 하루에 세 장 분량을 읽는 통독이었습니다. 어쩌다 보니 시로 시작하게 되어, 스물한 장의 내용을 시로 표현해 보았습니다. 무르익는 작업은 ‘대학생성경읽기선교회(UBF)’의 목자님들이 2022년 2월 1일부터 2023년 9월 2일까지, 일 년 반의 시간 동안 매우 성실하게 참여하며 질문을 해주셨습니다. 더구나 강의 이후에 진행된 질의응답 시간의 내용은 이여호수아 목자님이 매우 꼼꼼하게 정리하여 파일까지 보내주셨습니다. 감사의 말씀을 드립니다. 그리고 총신대학교 신학대학원 신약학회 스터디 동아리 회원들과 신약성경을 통독하는 시간을 통해서도 큰 유익이 있었습니다.

본서는 모두 네 권으로 구성되어 있습니다. 제1권은 요한계시록에서 출발하여 창세기로 가서 모세오경을 지나 사사기 19장까지입니다. 제2권은 사사기 20장에서 시작하여 역사서를 지나 시편 88편까지입니다. 제3권은 시편 89편부터 시가서를 마무리하고 선지서로 들어가서 나훔서 2장까지입니다. 제4권은 나훔 3장부터 신약성경 유다서까지입니다. 하나의 책으로 끝나지 못한 것은 '하루에 3장씩' 이라고 하는 원칙을 지키다 보니 그리되었습니다.

제2권은 "하나님의 히든카드"(13과)로 시작합니다. '다른 신들' 을 좇는 이스라엘의 타락이 심각해져 갈 때 하나님께서 준비하신 하나님의 히든카드가 무엇이었는지 생각해 보았습니다. 이어 하나님 히든카드 세 가지 세트(엘가나-사무엘, 기스-사울, 이새-다윗) 가운데 마지막 카드이자 가장 중요한 카드인 다윗에게 "목동 왕"(14과)이라는 이름을 붙여 보았습니다. 이어지는 "후계자"(15과)는 다윗의 후계자인 '솔로몬' 을 지칭합니다. 솔로몬은 이스라엘 "분단"(16과)의 이유를 제공합니다.

분단된 이스라엘에게서 "역류"(17과)가 발생합니다. 성전이 있는 유다의 거룩함이 북국 이스라엘로 흘러가기보다, 북국 이스라엘의 우상숭배가 남국 유다로 흘러갑니다. 다윗 왕조의 하나님 경외가 북국의 다양한 왕조를 물들이기보다, 북국 왕조의 부정적인 모습이 남국의 다윗 왕조로 전이됩니다. 이어 열왕기와 역대기의 차이를 "눈을 감았다가 뜨고 보니"(18과)로 표현해 보았습니다. 역대기의 핵심에 "성전 봉사자와 성전"(19장)이 있습니다. 그런데 역대하를 읽으면서 자꾸만 바닥으로 치닫는 다윗 왕가의 모습에서 "제로"(20과)를 발견합니다. '소망 제로, 바닥 제로, 기준 제로' 입니다.

이제 이스라엘 역사는 "과도기"(21과)를 거쳐, 회복과 "죽음"(22과)의 시간으로 넘어갑니다. 욥의 삶에서 '치열함'이 보여 "치열하게 살다"(23과)로 욥을 그렸습니다. 그리고 욥의 뒷이야기와 시편 서두를 읽으면서 '은혜로 덮이는 삶'이 떠올라 "은혜로 덮이다"(24과)를 생각해 보았습니다. 시편은 '하나님 나라의 전신'이라고 할 수 있는 '다윗 왕국'에 대해 말합니다. '다윗 왕국의 형성'을 노래한 시편 1권이 주로 담긴 부분에 "다윗 왕국의 기반"(25과)과 "사죄의 은총"(26과)이라는 제목을, '다윗 왕국의 발전'을 노래한 시편 2권이 주로 담긴 부분에는 "돕는 이, 막는 이"(27과)라는 제목을, '다윗 왕국의 쇠퇴 혹은 위기'를 노래한 시편 3권이 주로 담긴 부분에는 "바닥"(28장)이라는 제목을 붙여 보았습니다.

이것이 제2권의 내용입니다. 필자의 글을 책으로 펴주시기 위해 늘 수고해주시는 그리심 출판사의 조경혜 사장님, 편집을 맡아주시는 장종길 장로님, 행정을 맡아주시는 서모은 자매님께 감사드립니다. 성경통독을 제안해주신 이영애 권사님, UBF 목자님들과 나눌 수 있도록 기회를 주신 송노원 목사님께 감사드립니다. 격려와 도움을 아낌없이 주며 이번에는 교정까지 봐준 아내, 조선녀 사모와 아빠를 기다려 주는 아이들에게 고마움을 전합니다. 무엇보다도 은혜와 깨달음, 영감(靈感)을 주신 하나님께 감사와 찬송을 올립니다. 이 책을 통해 독자와 의미 있는 만남이 이뤄지기를 바라는 마음 간절합니다.

2023년 여름에 양지 본관 연구실에서

저자 박형대

이 책의 특징

하나. 이 책의 통독은 요한계시록에서 시작해서 창세기로 가서 구약성경을 모두 읽은 다음에 다시 신약성경으로 넘어와서 유다서에서 끝납니다.

둘. 과마다 21장씩 다뤄집니다. 가끔 다룰 내용이 너무 많아 다룰 범위 가운데 일부에 집중하기도 했지만, 대체로 정해진 내용에 집중하여 집필했습니다.

셋. 해석하기 어려운 부분을 중점적으로 다뤄서 전체를 볼 수 있도록 돕기도 했습니다. 가끔 필자만의 독특한 입장이 개진되기도 하는데, 부담 갖지 마시고 동의가 되는 만큼만 수용하시면 됩니다.

넷. 다뤄지는 부분의 내용이 이어지지만, 통독이 지루하지 않도록 매번 새롭게 시작했습니다.

다섯. 처음 집필될 때의 사회 상황이 반영되기도 했습니다. 2020년 10월부터 2022년 8월까지는 코로나19가 한창일 때였지요.

여섯. 하나의 교회 일대일 양육팀이라는 1차 독자가 집필에 영향을 주기도 했습니다. 이런 부분은 UBF 목자님들과 함께 읽고 대화하면서 많이 줄어들었고 이번 편집을 통해 더 많이 줄였지만, 그래도 남아 있는 부분에 대해서는 양해 부탁드립니다.

일곱. 성경 본문은 대한성서공회에서 발행한 『개역개정』을 사용했습니다. 인용된 성경 말씀 안에 몇 가지 표시가 있는데, 꺾쇠묶음([ ])은 본문의 직역(直譯)을, 중괄호({ })는 이해를 돕기 위해 추가된 표현을, 꺾쇠묶음과 함께 사용된 빗금([/])은 대체역(代替譯)을 의미합니다.

Contents 제 II 권

제 I 권

01 요한계시록 1-21장
02 요한계시록 22장-창세기 20장
03 창세기 21-41장
04 창세기 42장 -출애굽기 12장
05 출애굽기 13-33장
06 출애굽기 34장-레위기 14장
07 레위기 15장-민수기 8장
08 민수기 9장-29장
09 민수기 30장-신명기 14장
10 신명기 15장-여호수아 1장
11 여호수아 2-22장
12 여호수아 23장-사사기 19장

제 III 권

29 시편 89-109편
30 시편 110-130편
31 시편 131편-잠언 1장
32 잠언 2-22장
33 잠언 23장-전도서 12장
34 아가 1장-이사야 13장
35 이사야 14-34장
36 이사야 35-55장
37 이사야 56장-예레미야 10장
38 예레미야 11-31장
39 예레미야 32-52장
40 예레미야애가 1장-에스겔 16장
41 에스겔 17-37장
42 에스겔 38장-다니엘 10장
43 다니엘 11장-아모스 2장
44 아모스 3장-나훔 2장

제 IV 권

45 나훔 3장-스가랴 12장
46 스가랴 13장-마태복음 15장
47 마태복음 16장-마가복음 8장
48 마가복음 9장-누가복음 13장
49 누가복음 14장-요한복음 10장
50 요한복음 11장-사도행전 10장
51 사도행전 11장-로마서 3장
52 로마서 4장-고린도전서 8장
53 고린도전서 9장-고린도후서 13장
54 갈라디아서 1장-데살로니가전서 1장
55 데살로니가전서 2장-빌레몬서
56 히브리서 1장-베드로전서 3장
57 베드로전서 4장-유다서

Weekly Reading

13

사사기 20장–사무엘상 15장

"하나님의 히든카드"

삿 20장-룻1장	룻 2-4장	삼상 1-3장	삼상 4-6장	삼상 7-9장	삼상 10-12장	삼상 13-15장

check

이번 통독은 '레위인의 첩 이야기' 에서 시작해서, 룻기를 거쳐, '사울의 아말렉 진멸 기사' 까지입니다. 레위인이 유다 베들레헴에서 첩을 얻어 에브라임 지파 땅에서 삽니다. 출애굽 직후에 레위 지파의 위상이 높았고, 유다 지파는 가장 넓은 땅을 받았으며, 에브라임 지파는 여호수아라는 지도자의 지파로서 목소리를 크게 낼 수 있었습니다. 금수저로 강남에 살면서 '엄마 찬스, 아빠 찬스' 쓰는 특권을 누리는 아이처럼 모든 것을 누리던 레위인은 자기 죄를 회개하지 않았습니다. 오히려 자기 죄를 덮고자 동족 사이의 전쟁을 부추기지요. 결과는 심각했습니다.

'다른 신들' 을 좇는 이스라엘의 타락은 심각해져 갈 때 하나님께서는 무엇을 준비하셨을까요? 하나님의 히든카드("남에게 보여 주지 아니하는 카드라는 뜻으로, 상대가 예측하지 못하도록 숨겨 둔 비장의 수")는 무엇이었을까요?

하나님의 히든카드

I.
숨겨진 것에는 신비가 있다.
모르기에 궁금하고 감춰졌기에 알 수 없다.

뱀은 아담과 하와를 꾀면
하나님 형상 따라 지음 받은 인간이 망할 줄 알았다.

그러나 하나님의 히든카드가 있었으니
여자의 후손이다.

II.
하나님의 히든카드가 있다.
예상 가능한 그러나 감춰진 카드이다.

입(入)애굽의 카드는 유다였고
출(出)애굽의 카드는 모세였다.

광야 생활의 카드에 레위 지파가 있었고
가나안 입성의 카드에는 여호수아와 갈렙이 있었다.

III.
다른 신들을 따라가는 이스라엘을 위해
다양한 카드가 제시되었다.

옷니엘 에훗 삼갈 드보라 바락 기드온 아비멜렉
돌라 야일 입다 입산 엘론 압돈 삼손

그러나 문제는 해결되지 않았다.
하나님의 히든카드는 무엇인가?

IV.
여인이 준비되었다.
유다 지파 엘리멜렉의 아내 나오미와 모압 여인 룻이다.

남자도 준비되었다.
살몬과 여리고 라합의 아들 보아스와 그의 아들 오벳이다.

두 과부와 정탐꾼과 기생
특별한 조합에서 이새와 다윗이 태어났다.

하나님의 히든카드로 유다를 읽을 수 있다.
그러나 모압은 읽기 어려웠다.

하나님의 히든카드에 남자는 예상할 수 있었다.
그러나 여자 특히, 이방 여인 라합과 룻은 읽기 어려웠다.

하나님의 히든카드로 성공한 정탐꾼은 짐작할 수 있었다.
그러나 고라 자손 엘가나의 등장을 누가 짐작이나 했으랴?

VI.
직임을 잃은 고라 자손 엘가나에게서는
사무엘이 태어나고

육백 명 남은 베냐민 지파, 기스에게서는
사울이 태어나고

기울어져 가는 유다 지파 이새에게서는
다윗이 태어난다.

VII.
엘가나 자손에는
성가대장이 있고

기스의 자손에는
모르드개와 에스더가 있고

이새의 자손에는
예수 그리스도가 계신다.

VIII.
오늘도 하나님의 히든카드는
특별한 조합으로 생성된다.

예상할 수 있는 사람과
예상할 수 없는 사람이 만나 이뤄지고

자격이 있는 사람과
자격이 없는 사람이 만나 생겨난다.

IX.
○○○교회는
하나님의 히든카드인가?

예상할 수 있는 사람과 없는 사람이 공동체를 이룬다면
그럴 수 있고

자격이 없는 사람과 있는 사람이 한마음이 된다면
그리될 것이다.

사사기 20-21장부터 살펴봅니다. 20장 1-2절입니다. "이에 모든 이스라엘 자손이 단에서부터 브엘세바까지와 길르앗 땅에서 나와서 그 회중이 일제히 미스바에서 여호와 앞에 모였으니 온 백성의 어른 곧 이스라엘 모든 지파의 어른들은 하나님 백성의 총회에 섰고 칼을 빼는 보병은 사십만 명이었으며" 아멘. 이스라엘 전체가 모여 문제 해결을 위해 노력하는 것을 볼 때, 이 일은 사사기 초기 상황처럼 보입니다. 이스라엘이 다른 지파의 문제에 관심을 가졌던 시절이지요. 20장 28상반절은 이점을 확실히 해 줍니다. "아론의 손자인 엘르아살의 아들 비느하스가 그 앞에 모시고 섰더라" 아멘. 엘르아살의 아들 비느하스가 언약궤와 함께 있습니다. 여호수아 22장을 보면, 비느하스는 요단 동편에 기업을 받은 두 지파 반이 세운 '제단' 문제로 파견되기도 했습니다(22:13, 30-32).

레위인은 아직 죽지 않은 것처럼 보이는 자신의 첩을 열두 토막을 내어 이스라엘 사방에 두루 보냈습니다. 번제를 위해 토막을 내듯 사람을 토막 내어 보냈습니다. '행음하고 남편을 떠났다.' 보고되었지만(19:2), 사실은 피해자인 자신의 첩을 치료하지도, 매장하지도 않았을 뿐 아니라, 하나님을 섬기지 않는 이들의 방식을 따라 엽기적인 행동을 했습니다.

이스라엘 백성의 어른들은 두세 명의 증인이 필요한 결정을 '한 사람'의 말만 듣고 내렸습니다. 20장 4-11절에 있습니다. 첩의 아버지나, 기브아의 노인이 증인이 될 수 있었는데, 그들의 증언은 듣지 않았습니다. 율법을 따르지 않은 성급한 결정이었습니다. 베냐민 지파도 이 문제를 감정적으로 해결하려 했습니다. 마침내 싸움이 벌어집니다. 베냐민을 뺀 나머지는 사십만 명이고(20:17), 베냐민 자손은 26,700명입니다(20:15).

미스바에 모여있던 이스라엘 백성은 제사장 비느하스와 언약궤가 있는 벧엘로 올라가 하나님께 여쭈었습니다. 20장 18절입니다. "이스라엘 자손이 일어나 벧엘에 올라가서 하나님께 여쭈어 이르되 우리 중에 누가 먼저 올라가서 베냐민 자손과 싸우리이까 하니 여호와께서 말씀하시되 유다가 먼저 갈지니라 하시니라" 아멘. 처음부터 하나님께 여쭙지 않았습니다. 전쟁 여부도 묻지 않았습니다. 누가 먼저 올라갈지만 여쭈었습니다. 하나님의 대답은 사사기 1장에서와 같습니다. '유다' 입니다(1:2). 이스라엘 자손 22,000명이 죽습니다(20:21). 1차전에서 패한 뒤, 이스라엘 자손이 두 번째로 여쭙습니다. '베냐민과 싸우기 위해 다가갈까요?' 20장 23절입니다. "이스라엘 자손이 올라가 여호와 앞에서 저물도록 울며 여호와께 여쭈어 이르되 내가 다시 나아가서 내 형제 베냐민 자손과 싸우리이까 하니 여호와께서 말씀하시되 올라가서 치라 하시니라" 아멘. 하나님의 대답은 '올라가라.' 입니다. 애매한 답이기는 합니다. '싸우러 가라.' 가 아니고, '올라가라.' 말씀하셨습니다. 이튿날 18,000명이 죽었습니다(20:25). 아마 이때에도 유다 자손이 많이 죽었을 것 같습니다.

두 번 패하고서야 이스라엘 자손이 금식하고 번제와 화목제를 하나님께 드립니다. 그리고 이제는 좀 더 구체적으로 여쭙습니다. '싸울까요, 싸움을 멈출까요?' 질문합니다. 26-28절입니다. "이에 온 이스라엘 자손 모든 백성이 올라가 베엘에 이르러 울며 거기서 여호와 앞에 앉아서 그 날이 저물도록 금식하고 번제와 화목제를 여호와 앞에 드리고 이스라엘 자손이 여호와께 물으니라 그 때에는 하나님의 언약궤가 거기 있고 아론의 손자인 엘르아살의 아들 비느하스가 그 앞에 모시고 섰더라 이스라엘 자손들이 여쭈기를 우리가 다시 나아가 내 형제 베냐민 자손과 싸우리이까 말리이까 하니 여호와께서 이르시되 올라가라 내일은 내가 그를 네 손에 넘겨 주리라 하시는지라" 아멘.

이스라엘이 하나님의 법을 아전인수(我田引水)격으로 사용하고, 하나님의 뜻을 알고 그분의 뜻대로 하기 위해서라기보다는 자기 생각에 옳은 것을 시행하는 과정에서

단지 참고하기 위해 하나님의 의견을 묻습니다. 결국 중요한 결정은 스스로 내립니다. 질문도 자신이 알고 싶은 것만 질문합니다. 그런데 이 일이 비느하스가 대제사장일 때 발생했다는 것이 놀랍습니다. 타락의 속도가 생각보다 빨랐습니다. 타락의 속도가 빨랐던 것은 미가의 집 에피소드(사사기 17 – 18장)에서도 확인했습니다. 모세의 손자 게르솜의 아들 요나단과 관계된 일이었으니까요.

이어지는 룻기도 사사기 초기 사건입니다. 룻기의 시작이 "사사들이 치리하던 때에" 입니다(1:1). 그런데 보아스가 나손의 손자이고 살몬[살마]의 아들입니다(대상 2:11; 마 1:4). 나손은 아론의 아내 엘리세바의 남자 형제입니다. "아론은 암미나답의 딸 나손의 누이 엘리세바를 아내로 맞이하였고 그는 나답과 아비후와 엘르아살과 이다말을 낳았으며"(출 6:23) 아멘. 나손은 이스라엘 자손 가운데 이십 세 이상을 헤아릴 때 유다지파의 우두머리였습니다. "유다 지파에서는 암미나답의 아들 나손이요"(민 1:7; 또한 2:3; 7:12, 17; 10:14 참조). 그 나손의 아들 살몬은 여호수아가 정탐을 보낸 두 사람 가운데 한 사람으로 보입니다. 그 살몬이 라합과 결혼하여 낳은 아들이 보아스이고 보아스는 나이가 많아 보입니다. 룻기 3장 10절입니다. "그가 이르되 내 딸아 여호와께서 네게 복 주시기를 원하노라 네가 가난하건 부하건 젊은 자를 따르지 아니하였으니 네가 베푼 인애가 처음보다 나중이 더하도다" 아멘.

엘르아살, 나손이 출애굽 세대라고 하면, 게르솜, 비느하스, 살몬은 광야와 가나안 세대이고, 요나단[모세의 손자], 보아스는 가나안 세대입니다. 룻기에서 보아스가 보여주는 모습은 특별합니다. 우선 그의 가까운 친족 엘리멜렉과 그의 기업 무를 자가 보여준 모습과 보아스의 모습이 대조적입니다. 1장 1-5절을 보니, 흉년이 들자 엘리멜렉과 가족들은 기업을 떠납니다. 나갈 때 이들은 넉넉했습니다. 1장 21절입니다. "내가 풍족하게 나갔더니 여호와께서 내게 비어 돌아오게 하셨느니라 여호와께서 나를 징벌하셨고 전능자가 나를 괴롭게 하였거늘 너희가 어찌 나를 나오미라 부르느냐 하니라" 아멘. '풍족하게' 나갔습니다. 풍족함을 유지하려고 모압으로 갔습니다. 아들이 둘이니 형통해 보였습니다. 그러나 엘리멜렉은 형통하지 않았습니다.

모압은 어떤 곳입니까? 롯의 자손 모압의 땅입니다. 신명기 23장에 따르면, 이스라엘 총회에 들어오지 못할 족속입니다. 3-6절입니다. "암몬 사람과 모압 사람은 여호와의 총회에 들어오지 못하리니 그들에게 속한 자는 십 대뿐 아니라 영원히 여호와의 총회에 들어오지 못하리라 그들은 너희가 애굽에서 나올 때에 떡과 물로 너희를 길에서 영접하지 아니하고 메소보다미아의 브돌 사람 브올의 아들 발람에게 뇌물을 주어 너희를 저주하게 하려 하였으나 네 하나님 여호와께서 너를 사랑하시므로 네 하나님 여호와께서 발람의 말을 듣지 아니하시고 네 하나님 여호와께서 그 저주를 변하여 복이 되게 하셨나니 네 평생에 그들의 평안함과 형통함을 영원히 구하지 말지니라" 아멘. 엘리멜렉은 이러한 하나님의 말씀을 알았을 것이 분명한데도, 짐 싸 들고 모압으로 갔습니다. 그리고 거기서 죽습니다. 그곳에 묻혔겠죠.

남편이 죽었지만 나오미는 돌아오지 못합니다. 아들 둘이 모압 여자와 결혼했기 때문입니다. 1장 3-4절입니다. "나오미의 남편 엘리멜렉이 죽고 나오미와 그의 두 아들이 남았으며 그들은 모압 여자 중에서 그들의 아내를 맞이하였는데 하나의 이름은 오르바요 하나의 이름은 룻이더라 그들이 거기에 거주한 지 십 년쯤에" 아멘. 사실 나오미는 피해자 같기도 합니다. 모압 이주를 주도한 것은 엘리멜렉으로 보이고, 모압 여자와의 결혼을 추진한 것은 아들들로 보이기 때문입니다. 말론과 기룐입니다. 말론은 '약한 자'를, 기룐은 '완전한 자'를 뜻합니다.

그런데 모압에 거주한 지 십 년쯤에 약한 자 말론도 죽고, 완전한 자 기룐도 죽습니다. 5절입니다. "말론과 기룐 두 사람이 다 죽고 그 여인은 두 아들과 남편의 뒤에 남았더라" 아멘. '남았더라'는 표현이 눈에 띕니다. 3절에서도 "나오미의 남편 엘리멜렉이 죽고 나오미와 그의 두 아들이 남았으며"라고 하기 때문입니다. 넷이 갔는데, 하나가 죽고 셋이 남았습니다. 그런데 둘이 더 죽어 이제 하나만 남았습니다. 마지막입니다. 나오미는 결정해야 합니다. 남편과 두 아들의 무덤이 있는, 그리고 두 명의 며느리가 있는 모압에 남을 것인지, 아니면 이제는 아무것도 남지 않은 것처럼 보이는, 무를 가능성이 희박한 기업이 있는 고향으로 돌아갈 것인지 결정을 해야 합니다.

그런데 그때 소문이 들립니다. 은혜의 소문입니다. "여호와께서 자기 백성을 돌보시사 그들에게 양식을 주셨다"는 소문입니다(1:6). 십 년(1:4)이 되어서야 흉년이 지나갔을까요? 아니면, 하나님께서는 이미 흉년이 지나가게 하셨는데, 모압이 멀어서 이제야 듣게 되었을까요? 나오미가 베들레헴에 돌아왔을 때의 풍경을 생각하면 흉년이 벌써 지나갔습니다. 사실 십 년이 흉년이었으면 살기 어려웠을 것입니다. 그러나 보아스 집의 풍경을 생각하면 사람들이 넉넉합니다. 이삭을 줍는 이들이 있습니다. 사실 회복은 벌써 시작되었을 것입니다. 그러나 나오미는 돌아오지 못했지요. 결국 아무것도 남지 않은 것 같았을 때 그는 돌아오게 됩니다.

돌아올 때의 그의 마음이 21절에 잘 소개되어 있습니다. "내가 풍족하게 나갔더니 여호와께서 내게 비어 돌아오게 하셨느니라 여호와께서 나를 징벌하셨고 전능자가 나를 괴롭게 하셨거늘 너희가 어찌 나를 나오미라 부르느냐 하니라" 아멘. 그는 자신이 비었다고 말합니다. 괴롭다고 말합니다. 그런데 그 비움이 강제적인 것이었다고 평가합니다. 여호와께서 비게 하셨습니다. 여호와께서 징벌하셨습니다. 전능자가 괴롭히셨습니다.

그런 나오미가 자신의 괴로움을 홀로 지려 합니다. 1장 7-14절의 대화에서 읽을 수 있습니다. 이런 나오미가 룻은 좋았나 봅니다. 자신은 비었고 가진 것이 없으며 피동적인 상황에서 괴로움만 남았지만, 타인을 축복하면서 살길을 마련해주는 나오미가 룻은 좋았나 봅니다. 15-18절입니다. "나오미가 또 이르되 보라 네 동서는 그의 백성과 그의 신들에게로 돌아가나니 너도 너의 동서를 따라 돌아가라 하니 룻이 이르되 내게 어머니를 떠나며 어머니를 따르지 말고 돌아가라 강권하지 마옵소서 어머니께서 가시는 곳에 나도 가고 어머니께서 머무시는 곳에서 나도 머물겠나이다 어머니의 백성이 나의 백성이 되고 어머니의 하나님이 나의 하나님이 되시리니 어머니께서 죽으시는 곳에서 나도 죽어 거기 묻힐 것이라 만일 내가 죽는 일 외에 어머니를 떠나면 여호와께서 내게 벌을 내리시고 더 내리시기를 원하나이다 하는지라 나오미가 룻이 자기와 함께 가기로 굳게 결심함을 보고 그에게 말하기를 그치니라" 아멘. 나오미는 마지막 기회를 잘 붙잡았습니다. 룻 역시 약속의 땅으로 들어올 기회를 잘 잡았습니다. 놓치지 않았습니다. 다윗의 증조모가 됩니다.

엘리멜렉의 친족 가운데 보아스보다 더 가까운 기업 무를 자가 룻기 4장에 소개됩니다. 그는 재산에 관심이 많습니다. 자기 재산에 축이 나는 것을 싫어하여 신을 벗는 수치를 감수합니다(4:6, 8). 하나님께서 정하신 율법을 지키지 않습니다. 반면, 보아스는 룻의 결정과 행동을 칭찬하고 존중했습니다. 2장 11-12절입니다. "보아스가 그에게 대답하여 이르되 네 남편이 죽은 후로 네가 시어머니에게 행한 모든 것과 네 부모와 고국을 떠나 전에 알지 못하던 백성에게로 온 일이 내게 분명히 알려졌느니라 여호와께서 네가 행한 일에 보답하시기를 원하며 이스라엘의 하나님 여호와께서 그의 날개 아래에 보호를 받으러 온 네게 온전한 상 주시기를 원하노라 하는지라" 아멘. 또한 3장 9-13절에서 율법을 중시하는 보아스의 마음을 읽을 수 있습니다. 혈통을 중시하는 이스라엘 민족과 민수기 22-25장(발락 발람 사건과 바알 브올 사건)을 생각하면, 아무리 하나님을 섬기기로 결정하고 시어머니를 따라왔다고 하더라도, 모압 여인 룻에 대해 보아스가 보인 것과 같은 태도를 취하기는 어렵습니다. 편견을 버리고 사람을 있는 그대로, 그 사람의 사상과 가치관에 따라 평가하고 그 평가에 맞춰 대하기가 쉽지 않다는 말입니다.

이 점에서 보아스와 룻은 하나님의 히든카드라고 할 수 있습니다. 대제사장 비느하스 시대에 레위 사람이 타락하여 보인 태도와 이스라엘 열두 지파의 반응, 모세의 손자 요나단의 모습과 단 지파의 태도, 점점 하나님의 법에서 멀어지는 사사들의 모습에서 소망을 발견하기 어렵습니다. 그러나 그 가운데에서도 하나님께서는 나손의 아들 살몬과, 살몬의 아들 보아스를 통해 '하나님 경외 사상'을 이어가셨습니다. 하나님 경외 사상이 이어져간 집안에서 이새와 다윗이 태어났고, 이 다윗이 이어지는 사무엘서의 주인공입니다.

기업을 무르는 것이 이렇게 중요한가요? 중요한가 봅니다. 이름이 이어지고 기업을 지키는 것이 중요한가 봅니다. 하나님께서 나눠주신 기업이기 때문이죠. 기업을 무른다는 말이 무슨 뜻이지요? 여기서 '기업'이란 "대대로 물려 내려오는 재산과 사업"입니다. 특별히 이스라엘 백성의 경우, 제비를 통해 지파별과 가족별로 기업을 받았습니다. 부동산을 공평하게 분배받았습니다. 대대로 물려 내려오는 것이기는 한데, 하나님께서 나눠 주신 것이니 더욱 특별합니다. '무르다'는 우리말로 "사거나 바꾼 물건을 원래 임자에게 도로 주고 돈이나 물건을 되찾다." 하는 의미로 주로 쓰입니다. 그러니 엄밀한 의미에서는 '무르는 것'은 아닙니다. 방향이 반대입니다. 샀던 것을 되돌려주는 행위가 아니라, 팔았던 것을 되찾는 행위입니다. 이 점에서 '기업 무르기'는 '기업 되찾기'입니다.

기업 무르기를 이해하려면 과정을 이해할 필요가 있습니다. 이스라엘의 땅값은 '희년 때까지 남은 햇수 곱하기 소출량'입니다. 이를테면, 일 년에 이천만 원 정도 어치의 소출을 내는 땅의 값은 이천만 원 곱하기 50이니, 10억 원입니다. 땅 값은 희년까지 남은 기간으로 계산됩니다. 희년이 되면 원 주인에게 돌아가기 때문입니다. 희년까지 25년이 남아 있다면, 년 소출이 이천만 원인 토지의 값은 5억 원이 됩니다. 엘리멜렉이 희년이 절반 정도 남아있을 때 땅을 팔았다면, 5억 원 정도를 마련할 수 있었을 것입니다.

그런데 십 년 정도 모압에서 지내고 돌아왔습니다. 이제 땅값은 얼마입니까? 소출 곱하기 15입니다. 이천만 원 정도의 소출을 내는 땅이라면 3억 원이 됩니다. 나오미에게 그 정도의 돈이 있다면, 돈을 주고 땅을 살 수 있습니다. 그러나 그 돈이 없으니 이삭이나 주우면서 15년이 지나기를 기다려야겠지요. 자, 여기서 '기업 무르기'가 이뤄지면 어떻게 되나요? 가까운 친족이 3억 원을 주고 기업을 되찾아 주기라도 하면, 나오미는 그 땅에서 농사를 지으며 살아갈 수 있습니다.

그런데, 어느 친족이 그렇게 해주겠습니까? 그런데도 율법은 가까운 친족이 그런 형편에 처한다면, 기업을 되찾을 수 있도록 도와주라고 합니다. 내게 재정적인 여유가 있다면, 그냥 3억 원을 주는 것입니다. 만일 엘리멜렉과 두 아들이 죽지 않고 돌아왔는데 돈이 없다면, 가까운 친족이 3억 원을 주고 기업을 되찾아 줄 수 있습니다.

그런데 엘리멜렉의 집에는 남아 있는 남자 자손이 없습니다. 그렇다고 여자 자손도 없습니다. 기업을 상속받을 사람이 남아 있지 않습니다. 이럴 경우, 그 기업은 희년에 가까운 친족에게 돌아갑니다. 보아스보다 순위가 높은 친족이 그 기업을 자동으로 받게 됩니다. 4장 6절을 보면, 기업 무를 자가 이렇게 말합니다. "나는 내 기업에 손해가 있을까 하여 나를 위하여 무르지 못하노니 내가 무를 것을 네가 무르라 나는 무르지 못하겠노라".

사실 가만히 있으면 자기 것이 될 땅입니다. 그런데 룻을 아내로 맞이하면 룻이 아들을 낳을 수 있습니다. 물론, 룻은 결혼은 했으나 그동안 아이를 낳지 못했습니다. 앞으로도 낳지 못할 수 있습니다. 혹 낳는다 하여도 딸만 낳을 수도 있습니다. 아들이 태어나야 그 아들이 엘리멜렉의 이름을 잇는 자가 되고, 엘리멜렉의 기업은 그 아들에게 주어질 것입니다. 기업 무르기를 거절한 사람은 혹시 모를 그 가능성 때문에 룻을 아내로 맞기를 거절합니다. 나오미까지는 받아들일 수 있습니다. 나오미가 며느리들에게 "나는 늙었으니 남편을 두지 못할지라"(1:12) 말한 것처럼, 나오미는 자녀를 낳을 가능성이 희박합니다. 그러므로 나오미를 아내로 맞이하면, 엘리멜렉의 기업은 자기 것이 될 것입니다. 3억 원 투자한 것이 고스란히 자기 것이 됩니다.

더 가까운 친족으로 기업 무르기 측면에서 일(一) 순위였던 사람은 룻은 염두에 두지 않았습니다. 아마도 그가 이방 여인이었기 때문에 상속권을 갖는다고 여기지 않았었나 봅니다. 그런데 보아스가 룻을 엘리멜렉 집안의 며느리로 인정한 것입니다. 4장 5절을 보면, 보아스가 이렇게 말합니다. "네가 나오미의 손에서 그 밭을 사는 날에 곧 죽은 자의 아내 모압 여인 룻에게서 사서 그 죽은 자의 기업을 그의 이름으로 세워야 할지니라" 아멘. 잠재적인 상속권이 룻에게도 있습니다. 룻이 엘리멜렉의 아들 말론의 아내이기 때문입니다(4:10). 비록 그가 모압 여인이기는 하지만, 말론의 아내이기에, 그를 통해 장차 태어날 자손이 엘리멜렉 집안 기업의 상속자가 된다는 것이 보아스의 주장입니다.

보아스는 룻을 아내로 맞은 다음, 그를 통해 태어날 아이에게 엘리멜렉의 기업을 이어줄 마음을 먹은 것입니다. 쉽게 얘기하면, 3억 원을 들여 기업을 되찾은 다음, 그 기업을 자기 것이 아니라, 엘리멜렉 집안의 것이 되게 하기로 마음을 먹은 것입니다. 보아스가 받을 혜택이 있다면, 룻을 통해 태어날 아이들 가운데 둘째부터 보아스의 아이들이 된다는 것입니다. 첫째 아들은 말론의 아들이 되고, 그다음에 태어나는 자녀는 보아스의 자녀가 됩니다.

보아스가 기혼이었는지 미혼이었는지는 본문이 침묵합니다. 룻이 오벳을 낳은 다음에 아이를 더 낳았는지, 낳지 않았는지에 대해서도 본문은 침묵합니다. 보아스는 기혼이었을 가능성이 크고, 룻이 오벳을 낳은 다음에 자녀를 더 낳았을 가능성도 있습니다. 보아스는 '젊은 자'(3:10)가 아니었고, 룻은 젊었기 때문입니다. 그러나 본문에서 중요하게 다루는 것은 그 부분이 아닙니다. 과연 손해를 보고서라도 하나님의 말씀을 따라 살 것인가? 하는 것이 중요합니다.

보아스는 마치 손해를 보기로 작정한 사람처럼 보입니다. 성읍 장로들과 모든 백성에게 말합니다. 4장 9-10절입니다. "보아스가 장로들과 모든 백성에게 이르되 내가 엘리멜렉과 기룐과 말론에게 있던 모든 것을 나오미의 손에서 산 일에 너희가 오늘 증인이 되었고 또 말론의 아내 모압 여인 룻을 사서 나의 아내로 맞이하고 그 죽은 자의 기업을 그의 이름으로 세워 그의 이름이 그의 형제 중과 그 곳 성문에서 끊어지지 아니하게 함에 너희가 오늘 증인이 되었느니라 하니" 아멘. 보아스의 모든 관심은 '엘리멜렉과 기룐과 말론' 의 이름이 이어지는 것입니다. 기룐의 아내인 오르바가 오지 않았기 때문에 기룐의 상속권은 상실되었습니다. 그래서 룻에게서 태어날 아이는 기룐의 상속권까지 갖습니다.

보아스는 룻을 '말론의 아내 모압 여인' 이라고 불렀습니다. 룻은 '말론의 아내' 입니다. 이 점에서 보아스는 자신을 마치 말론의 동생인 것처럼 표현한 것입니다. 말론의 아내를 아내로 맞아 형의 기업을 이을 자가 태어나도록 돕는 사람이라는 거죠. 더구나 룻은 '모압 여인' 입니다. '모압 여인' 의 위상이 높지 않습니다. 낮습니다. 이스라엘 총회에 영영히 들어오지 못하는 족속입니다. 그런데도 보아스는 룻을 통해 말론의 기업을 이어주겠다고 말합니다. 기업을 잇는 부분을 구체적으로 표현합니다. 첫째, "그 죽은 자의 기업을 그의 이름으로 세" 웁니다. 둘째, "그의 이름이 그의 형제 중" 에서 끊어지지 않게 합니다. 셋째, 그의 이름이 "그 곳 성문에서 끊어지지" 않게 합니다.

보아스의 결심이 엿보이는 표현입니다. 자기의 돈을 들여 매입한 그 토지이지만, 자기 것이 되지 않게 할 것입니다. 엘리멜렉, 기룐, 말론의 이름으로 그 땅은 계속 불릴 것입니다. 아들을 반드시 낳을 것입니다. 또한, 그 아들이 잘 자라게 하여 결혼하고 자녀를 낳도록 도울 것입니다. 그래야 그의 이름도 끊어지지 않게 됩니다. 무엇보다도 보아스는 죽은 자인, 그리고 '약한 자' 라는 뜻을 가진 말론의 이름이 성문에서 끊어지지 않게 하겠다고 말합니다. 한 마디로 지방 유지가 되게 하겠다는 말입니다. 성문에서 재판자로 설 수 있는 이들은 '장로' 입니다. 장로가 되게 하겠다는 결심의 선포입니다. 마치 엘리멜렉이 살아 있다면 말했을 그런 소망을 보아스는 성문에서 말합니다.

이 정도의 선함과 인자함을 보고, 베들레헴 백성들이 감동합니다. 그래서 보아스가 요구한 대로 증인이 될 뿐 아니라, 축복까지 곁들입니다. 4장 11-12절입니다. "성문에 있는 모든 백성과 장로들이 이르되 우리가 증인이 되나니 여호와께서 네 집에 들어가는 여인으로 이스라엘의 집을 세운 라헬과 레아 두 사람과 같게 하시고 네가 에브랏에서 유력하고 베들레헴에서 유명하게 하시기를 원하며 여호와께서 이 젊은 여자로 말미암아 네게 상속자를 주사 네 집이 다말이 유다에게 낳아준 베레스의 집과 같게 하시기를 원하노라 하니라" 아멘.

"우리가 증인이 되나니"는 한 단어의 번역입니다. '증인들' 입니다. 증인이 되는 부분은 한 단어로 마감하고, 길게 축복합니다. 우선 룻을 축복합니다. 룻이 아이를 낳는 것이 관건이기 때문입니다. 그것도 아들을 낳아야 합니다. 본래 말론이 아들 없이 딸들만 있었다면 딸들도 상속권을 갖습니다. 이는 슬로브핫의 딸들로 인해 생긴 규정입니다. 민수기 27장 7-11절에 있습니다. 그러나 말론이 아들도, 딸도 없었기에 룻과 기업 무를 자와의 사이에서 태어난 아들만이 상속자가 됩니다. '죽은 형제에 대한 의무' 에 대한 규정은 신명기 25장 5-10절에 있습니다.

어떤 사람이 자식이 없이 죽었는데도 이름이 이어지려면, 우선, 그 사람의 아내가 다른 사람에게 시집을 가면 안 됩니다. 보아스가 "네가 가난하건 부하건 젊은 자를 따르지 아니하였으니 네가 베푼 인애가 처음보다 나중이 더하도다"(3:10) 그렇게 말한 이유가 여기에 있습니다. 엘리멜렉 집안의 문제는 단순히 엘리멜렉만의 문제가 아니었습니다. 혹 말론과 기룐 두 아들 가운데 한 사람만 자식을 낳지 못하고 죽었다면, 엘리멜렉의 아들 대(代)의 문제가 됩니다. 그런데 엘리멜렉도 자식이 없이 죽고, 두 아들도 자식이 없이 죽었으니, 기업 무를 자가 위로 올라갑니다. 엘리멜렉의 형제들 수준으로 올라간 것입니다. 이 점에서 보아스나 보아스보다 서열이 앞서는 기업 무를 자 모두 엘리멜렉과 비슷한 연배였을 가능성이 큽니다. 룻은 율법을 따라, 시어머니의 말씀을 따라, 시아버지 연배의 보아스와 결혼하기로 결심한 것입니다. 4장 12절에서 룻을 '다말' 로 보아스를 '유다' 로 표현한 이유가 여기에 있습니다. 다말은 시어버지 유다를 통해 베레스를 낳았습니다. 룻도 상속자를 얻고자 시아버지의 형제인 보아스와 결혼하기로 결심한 것입니다.

그리고 4장 11절을 보면, 라헬과 레아 두 사람이 언급됩니다. 베들레헴은 유다 지파의 성읍입니다. 유다는 레아의 아들입니다. 그런데도 이들은 라헬을 앞세웁니다. 이유는 라헬이 불임이었다가 아이를 낳았기 때문입니다. 엄밀한 의미에서 룻도 불임이었습니다. 그러므로 룻을 축복할 때 라헬을 앞세웠습니다. 그러면서 라헬이 베냐민을 낳다가 죽은 에브랏을 언급합니다. 보아스를 축복하며 말합니다. "(하나님께서) 네가 에브랏에서 유력하고 베들레헴에서 유명하게 하시기를 원하노"라(4:11). "여호와께서 이 젊은 여자로 말미암아 네게 상속자를 주사 네 집이 다말이 유다에게 낳아준 베레스의 집과 같게 하시기를 원하노라"(4:12) 아멘. 하나님 말씀의 성취가 이렇게 어렵습니다. 룻도 결심을 해야 하고, 보아스도 결심을 해야 합니다. 룻은 기업을 이어받을 수 있는 아들을 낳기 위해 시아버지 또래의 보아스와 결혼할 것을 결심해야 하고, 보아스는 자기 재산의 상당 부분을 형제에게 넘길 결심을 해야 합니다.

두 사람이 결혼을 했습니다. 아들을 낳았습니까? 낳았습니다. 기적입니다. 하나님의 특별한 은혜입니다. 13-15절입니다. "이에 보아스가 룻을 맞이하여 아내로 삼고 그에게 들어갔더니 여호와께서 그에게 임신하게 하시므로 그가 아들을 낳은지라 여인들이 나오미에게 이르되 찬송할지로다 여호와께서 오늘 네게 기업 무를 자가 없게 하지 아니하셨도다 이 아이의 이름이 이스라엘 중에 유명하게 되기를 원하노라 이는 네 생명의 회복자이며 네 노년의 봉양자라 곧 너를 사랑하며 일곱 아들보다 귀한 네 며느리가 낳은 자로다 하니라" 아멘. 사람들이 룻을 뭐라고 부릅니까? '나오미를 사랑하는 자'라고 부릅니다. 그리고 '일곱 아들보다 귀한 며느리'라고 부릅니다. 아들을 낳아준 며느리입니다.

룻이 낳은 아이는 누구의 아들이 됩니까? 나오미의 아들이 됩니다. 오벳은 룻이 낳았지만, 엘리멜렉의 기업을 직접 받는 아들이 됩니다. 16절입니다. "나오미가 아기를 받아 품에 품고 그의 양육자가 되니" 아멘. 사실 룻은 자신이 낳은 첫아들을 시어머니의 품에 안겨 드렸습니다. 얼마나 사랑스러운 아들입니까? 자신이 키우고 싶었을 것입니다. 그런데 어머니의 아들로 드린 것이지요. 어찌 보면 비인간적으로 비칠 요소가 있습니다. 그러나 어그러지고 부족한 모든 부분을 회복시키기 위해서는 어쩔 수 없는 과정이었습니다. 이러한 룻의 헌신이 그리스도의 그림자였기에 그는 성경 한 권의 이름이 되었습니다. '룻기' 입니다.

룻의 남편 말론은 '약한 자' 였습니다. 이사야서 53장 3절에서 "그는 실로 우리의 질고를 지고"로 그리스도를 표현합니다. 여기 '질고(疾苦)' 로 번역된 단어가 '말론' 의 이름과 어근이 같습니다. 룻의 기업 무를 자 보아스는 '빠름' 혹은 '그 안에 힘이 있다.' 하는 의미를 갖습니다. 룻이 낳은 아들 오벳의 뜻은 '섬기는 자' 입니다. 룻은 처음에 '약한 자' 말론에게 시집을 갔습니다. 그러나 그는 그 약한 자의 이름이 이어지도록 중요한 결심을 했습니다. 시어머니를 따라 베들레헴으로 왔고, 보아스와의 결혼을 결심했고, 아들을 낳자 어머니에게 드렸습니다. 그 과정에서 하나님께서는 그에게 '강하고 빠른 자' 보아스도 주셨고, '섬기는 자' 오벳도 주셨습니다.

하나님의 뜻은 그리 쉽게 이뤄지지 않습니다. 방해 요소가 많기 때문입니다. 그러나 손해를 보더라도, 가슴 아픈 일이 있다고 하더라도, 오직 하나님의 뜻이 이뤄지기를 바라는 사람들을 통해 이뤄집니다. 룻은 나오미를 감동시켰습니다. 나오미는 룻의 결심을 봤습니다. 룻은 보아스도 감동시켰습니다. 보아스는 룻의 인애를 보았습니다. 후에 오벳이 자란 다음에 어머니 룻을 어떻게 대했을까요? 저는 '하나님을 경외한 분' 으로 존경했을 것이라고 생각합니다. 이새와 다윗을 보니 그렇습니다. 이새의 식견과 다윗의 마음을 보니 그렇습니다.

사무엘서의 시작은 고라 자손 엘가나와 한나 얘기로 시작합니다. 역대상 6장 33-37절은 사무엘의 아버지 엘가나 집안이 고라 집안임을 알려줍니다. 헤만, 요엘, 사무엘, 엘가나, 여로함, 엘리엘, 도아, 숩, **엘가나**, 마핫, 아마새, 엘가나, 요엘, 아사랴, 스바냐, 다핫, 앗실, 에비아삽, **고라**, 이스할, 그핫, 레위의 순입니다. 출애굽 이후 시간이 많이 지났음을 알 수 있습니다. 하나님께서는 사사이자 제사장인 엘리 집안의 타락의 때에 한나의 헌신을 유도하셨습니다. 사무엘상 1장 5-6절입니다. "한나에게는 갑절을 주니 이는 그를 사랑함이라 그러나 여호와께서 그에게 임신하지 못하게 하니니 여호와께서 그에게 임신하지 못하게 하시므로 그의 적수인 브닌나가 그를 심히 격분하게 하여 괴롭게 하더라" 아멘. 한나는 아들을 주시면 나실인으로 키우겠다고 서원합니다. 1장 11절입니다. "서원하여 이르되 만군의 여호와여 만일 주의 여종의 고통을 돌보시고 나를 기억하사 주의 여종을 잊지 아니하시고 주의 여종에게 아들을 주시면 내가 그의 평생에 그를 여호와께 드리고 삭도를 그의 머리에 대지 아니하겠나이다" 아멘. 우리가 잘 아는 대로 기도는 응답되었고 사무엘은 엘리를 돕다가 하나님의 부름을 입습니다. 사무엘상 3장에 있습니다.

예수님의 어머니 '마리아 찬가' (눅 1:46-55)와도 연결되는 '한나의 기도' (삼상 2:1-10)를 자세히 보겠습니다. 중요하기 때문입니다.

아이를 낳지 못하던 한나가 아이를 낳았습니다. 물론 하나님께서 낳지 못하게 하셨지만, 그것을 잘 모르는 사람들은 한나가 문제라고 생각했습니다. 엘가나는 브닌나를 통해 아이를 낳았으니, 사람들은 한나가 문제라고 생각했겠지요. 실은 "여호와께서 그에게 임신하지 못하게" 하셨습니다. 1장 6절에 나옵니다. 그러다가 아이를 낳았습니다. 그리고 이제 아이를 약속대로 하나님께 드립니다.

이런 상황이라면 어떤 기도가 예상될 수 있을까요? '감사' 가 예상될 수 있습니다. 아이를 주셨으니까요. '드린다' 는 기도가 쉽지는 않겠지만, 예상할 수 있습니다. 그런데 한나의 기도는 단순한 감사를 넘어서고 있고, '드린다' 는 기도는 찾아보기 어렵습니다. 드린다는 말은 엘리에게 했네요. 1장 26-28절에 있습니다. 달리 번역해 봅니다. "접니다, 내 주님! 내 목숨의 생명{으로}, 내 주님! 저는 여기서 당신 곁에 서 있던 그 여자{입니다}. 여호와께 기도하려구요. 이 아이에 대해 제가 기도했습니다. 한데 여호와께서 제게 제가 구한 것을[청원을] 주셨습니다. 제가 그분에게서 구한 것을요. 그러니 저도 그를 여호와께 바칩니다[요청되게 합니다]. 모든 날 동안요. 그가 여호와를 위해 구해지는 날에요." 아멘.

막상 한나가 하나님께 드린 기도에는 아이 낳은 감사나 드린다는 내용보다는 하나님에 대한 깨달음으로 채워져 있습니다. 한나의 마음은 감사보다는 기쁨으로 표현될 수 있습니다. 1절입니다. "이어 한나가 기도하며 말합니다. 내 마음이 여호와로 인해[여호와 안에서] 기뻐 날뜁니다[/크게 기뻐합니다]. 내 뿔이 여호와로 인해[여호와 안에서] 솟아오릅니다. 내 입이 내 대적들을 향해 커집니다[넓어집니다]. 제가 당신의 구원을 누리기[/구원 안에서 즐거워하기] 때문입니다." 아멘.

즐거움과 기쁨은 참된 감사를 보여 주는 중요한 표징(表徵)입니다. 기도 응답과 문제 해결이 기쁨으로 이어지기를 바랍니다. 기쁜 일이기 때문입니다. 한나의 기도는 하나님에 대한 깨달음으로 이어집니다. 2절입니다. "여호와처럼 거룩한 이가 없습니다. 당신을 제외하고는 없기 때문입니다. 또한 우리 하나님과 같은 반석이 없습니다." 아멘.

한나는 아이를 낳았습니다. 그런데 하나님의 거룩함을 노래합니다. 하나님의 유일성과 견고함에서 그분의 거룩함을 읽습니다. 생명에 대한 하나님의 간섭과 능력에서 그분의 거룩함을 읽습니다. 피난처 되시는 그분, 반석과 같아서 신뢰할 수 있는 그분에게서 거룩함을 읽습니다. 억울함, 속상함과 같은 것은 남지 않았습니다. 문제 해결을 자기 능력과 연결하지 않았습니다. 오히려 자기 능력을 내세우는 것을 금합니다. 3절입니다. "{여러분은} 나대지 마십시오. 여러분은 높디 높은 것을 얘기합니다. 여러분[당신들의] 입에서 교만이 나옵니다. 여호와는 지식의 하나님{이시기} 때문입니다. 또한 행동들의 무게를 달아보지 않으십니다[커레: 또한 그분께는 행동들이 계산됩니다]."[1] 아멘.

하나님은 행동들의 무게를 달아보시는 분이지요. 그런데, 행동들의 무게를 달아보시지 않는다면 무엇의 무게를 달아보실까요? 마음과 말의 무게를 달아보십니다. '높디 높은 것을 얘기하는 입'의 가벼움을 달아보십니다. '입에서 나오는 교만'의 무게를 달아보십니다. 야고보서 3장 5절에 따르면, 혀가 작은 지체로되 큰 것을 자랑한다고 했습니다. 어떤 자랑입니까? 4장 13-17절입니다. "들으라 너희 중에 말하기를 오늘이나 내일이나 우리가 어떤 도시에 가서 거기서 일 년을 머물며 장사하여 이익을 보리라 하는 자들아 내일 일을 너희가 알지 못하는도다 너희 생명이 무엇이냐 너희는 잠깐 보이다가 없어지는 안개니라 너희가 도리어 말하기를 주의 뜻이면 우리가 살기도 하고 이것이나 저것을 하리라 할 것이거늘 이제도 너희가 허탄한 자랑을 하니 그러한 자랑은 다 악한 것이라 그러므로 사람이 선을 행할 줄 알고도 행하지 아니하면 죄니라" 아멘.

문제가 해결될 때 사람들은 문제를 해결한 자신이나 다른 사람에 대해 집중하는 경

1) 히브리어 마소라 전통에는 '기록 전통[커티브/케티브]'과 '암송 전통[커레/케레]'가 있습니다. 기록 전통인 "행동들의 무게를 달아보지 않으십니다"가 더 적절해 보입니다.

우가 많습니다. 그러나 그것은 적절하지 않습니다. 인생은 문제 해결의 주체가 아닙니다. 베드로가 말합니다. "이스라엘 사람들아 이 일을 왜 놀랍게 여기느냐 우리 개인의 권능과 경건으로 이 사람을 걷게 한 것처럼 왜 우리를 주목하느냐"(행 3:12) 아멘. 베드로는 하나님을 바라보고 예수님을 바라보라고 말합니다. 사람들은 용사들과 풍족한 자들을 주목합니다. 그러나 넘어진 자가 일어나기도 하고 주리던 자들이 풍족해지기도 합니다. 사무엘상 2장 4-5절입니다. "장정들의 활은 조각납니다. 그리고 넘어진 자들은 힘으로 띠를 맵니다. 양식으로 배부른 자들은 일을 합니다[고용됩니다]. 그리고 주린 자들은 {일을} 멈추었습니다[/일하지 않습니다]. 불임이던 자는 일곱을 낳기까지 하고, 아들들이 많던 자는 쇠하여지기까지 합니다." 아멘.

그 일을 이루시는 분이 누구이십니까? 하나님이십니다. 6-8절입니다. "여호와는 죽이는 분이며 살리는 분입니다. 스올로[/음부로] 내려보내시는 분입니다. 그런데 올리셨습니다. 여호와는 기업을 주시는 분이며 부요케 하시는 분입니다. 고양된 자들의 코를 납작하게 만드시는 분입니다. 가난한 자를 진토에서 일으켜 세우신 분입니다. 그분은 거름더미에서 궁핍한 자를 들어 높이십니다. 귀인들과 함께 앉도록요[/자리를 같이 하도록요]. 또한 그분이 그들로 영광의 보좌를 소유케 하셨습니다. 땅의 기둥들이 여호와의 것이고[여호와를 위하고] 그분이 그것들[/기둥들] 위에 세상을 세우셨기 때문입니다." 아멘

아이를 낳지 못하다가 낳게 되는 것이 얼마나 대단하길래 이렇게 고백하고 기도했을까요? 아이를 낳지 못하다가 낳게 되는 사람들 모두가 이렇게 고백하고 기도할까요? 아니라고 봅니다. 많이들 잊어버리기도 하고, 약속을 지키지 않기도 하고, 다른 것을 추가적으로 요구하기도 합니다. '브닌나보다 더 많은 자녀를 주세요.' 하는 식으로 기도하는 거죠. 그러나 한나는 그간 하나님에 대해 깊이 묵상했습니다. 자신을 다시 생각하게 되었습니다. 자신은 죽었다가 살았으며 스올에 내려졌으나 올려졌으며 가난했으나 부해졌고 낮춰졌으나 높아졌습니다. 진토와 거름더미에서 올라선 것입니다. 그렇다고 하여 자신이 세계의 중심이 된 것이 아닙니다. 땅의 기둥과 그 위에 세워진 세계는 하나님의 것입니다. 내게는 나의 문제가 해결된 것뿐입니다. 기쁜 마음으로 하나님을 찬송할 수 있게 되었을 뿐입니다. 내 존재가 달라진 것이 아닙니다. 나는 여전히 인생

일 뿐입니다. 달라진 것이 있다면, 하나님을 경외하게 된 것입니다.

문제 해결을 통해 하나님을 경외하게 된 한나의 마지막 기도인 9-10절을 봅니다. "그분은 그분의 경건한 자[//들]의 발[들]을 지키십니다. 그러니 악인들은 어둠 속에서 망하게 되었습니다. 힘으로는 사람이 능가할 수 없기 때문입니다. 여호와는 그분과 다투는 자[//들]을 놀라게[/당황하게] 하십니다. 그[//들] 위로[/다투는 자 위로] 하늘에서 천둥 치게 하십니다. 여호와는 땅끝[들]을 판단하십니다. 또한 [그분은] 그분의 왕에게 힘을 주십니다. 또한 [그분은] 그분이 기름 부으신 자[/메시아]의 뿔을 높이십니다." 아멘.

한나는 그분의 왕, 그분의 구원자를 바라봅니다. 자신이 낳은 아들이 나 자신을 바라보지 않습니다. 장차 사무엘에 의해 사울과 다윗이 기름 부음을 받습니다. 한나가 거기까지 기대하고 예상했을까요? 한나가 기도할 때, 기름 부음을 받은 자는 엘리 제사장이지요. 문제가 많은 제사장이자 사사입니다. 그러나 한나는 엘리 제사장을 통해 문제 해결의 축복을 받았기에 하나님께서 세우신 일꾼에 대한 고백으로 기도를 마무리하고 있습니다. 그러나 엘리를 가리키지는 않겠지요. 엘리가 왕은 아니었으니까요. 한나는 왕이 될 누군가를 생각하고 있습니다. 궁극적으로는 예수님입니다. 우리 문제 해결의 열쇠이신 분이지요.

엘리 집안의 몰락은 성소의 쇠퇴로 이어집니다. 언약궤가 블레셋으로 갔다가 다시 돌아오지만 기럇여아림으로 갑니다. 6장 19절부터 7장 2절에 있습니다. 기럇여아림은 기브온 거민의 성읍입니다. "이스라엘 자손이 행군하여 셋째 날에 그들의 여러 성읍들에 이르렀으나 그들의 성읍들은 기브온과 그비라와 브에롯과 기럇여아림이라"(수 9:17) 아멘. 사무엘상 7장은 사사이자 선지자 사무엘 시대에 대해 말합니다. 엘리 집안이 몰락하고 20년이 지났을 때 백성이 사무엘을 중심으로 모입니다. 7장 15-17절입니다. "사무엘이 사는 날 동안에 이스라엘을 다스렸으되 해마다 벧엘과 길갈과 미스바로 순회하여 그 모든 곳에서 이스라엘을 다스렸고 라마로 돌아왔으니 이는 거기에 자기 집이 있음이니라 거기서도 이스라엘을 다스렸으며 또 거기에 여호와를 위하여 제단을 쌓았더라" 아멘.

그러나 이스라엘은 마침내 사사, 제사장, 선지자에 의한 돌봄에 만족하지 못합니다. 왕을 요구합니다. 8장에 있습니다. 이어지는 9-10장은 사울이 왕이 되는 과정이 자세히 소개됩니다. 특별히 10장은 사울의 대관식을 소개합니다. 하나님께서는 사울을 왕으로 세우실 때, 선지자 사무엘을 통해 머리에 기름을 부으셔서 하나님 기업의 지도자로 삼으셨습니다. 기름을 부으심은 임직을 뜻합니다. 임직 때 기름을 붓는 이유는 구별되었다는 것을 표시합니다. 하나님께서 맡기신 일을 위해 구별되었다는 뜻입니다. 이제 사울은 사사로이 살면 안 됩니다. 구별되었기 때문에 더욱 담대하게, 또한 당당하게 하나님께서 시키시는 일을 하며 살아야 합니다.

이점을 명확히 하기 위해 사무엘은 사울에게 세 가지 표적을 줍니다. 그런데 표적에 대해 살펴보기 전에 사울의 이동 경로에 대해 생각해봐야 합니다. 좀 복잡하기 때문입니다. 우선, 10장 2절에 있는 "베냐민 경계 셀사에 있는 라헬의 묘실"이 어디인지 의견이 분분하지만, 성경을 기초로 단순하게 찾아봅니다. 창세기 35장 19절을 보면, 라헬은 벧엘에서 에브랏 곧, 베들레헴으로 오는 길에서 베냐민을 낳다가 죽었습니다. 현재 라헬의 묘실은 베들레헴 북쪽 약 1.6킬로미터 지점에 있습니다.

사무엘의 집이 있는 라마에서 사울의 집이 있는 기브아까지는 4킬로미터밖에 떨어져 있지 않습니다. 그런데 라마에서 라헬의 묘실까지는 16킬로미터나 떨어져 있습니다. 더군다나 라마에서 베들레헴까지 가는 길에 기브아가 있습니다. 만일 사울이 베들레헴 북쪽에 있는 라헬의 묘실로 가서 첫째 표적과 관련된 두 사람을 만났다면 그는 자기 집을 지나쳐 가야 합니다. 지나쳐 가면서도 집에 들르지 않고 남쪽으로 12킬로미터나 더 걸어가서 나귀들은 찾았고 아버지가 자기를 걱정한다는 소식을 들었다고 보기는 어렵습니다.

그래서 3절의 "더 나아가 다볼의 상수리나무에 이르면"에서 힌트를 찾아 사울의 경로를 재탐색해 봅니다. 여기서 '더 나아가'는 계속 나간다는 말로 방향을 바꾸지 않고 계속 간다는 말입니다. 그럼, '다볼의 상수리나무'가 어디일까요? 여러 학자가 '다볼의 상수리나무'를 사사기 4장 5절에 있는 '에브라임 산지 라마와 벧엘 사이에 있는 드보라의 종려나무'와 연결 짓습니다. 사실 다볼은 이스르엘 평지에 있는 다볼 산과 이름이 같고, 상수리나무와 종려나무는 나무 종류가 다르기에 연결하기 어렵습니다. 그럼에도 학자들이 다볼의 상수리나무를 '드보라의 종려나무' 로 보는 이유가 무엇일까요? 라마에서 벧엘까지는 8킬로미터 정도이지만, 라마에서 다볼 산까지는 직선거리만으로도 90킬로미터가 넘기 때문입니다. 라마에서 다볼 산까지 가려면 베냐민 지파 경계를 지나 에브라임 지파의 땅을 지나 므낫세 지파의 땅도 지나 잇사갈 지파 땅의 북쪽 끝까지 가야 합니다.

다볼이 벧엘 근처에 있는 드보라의 종려나무든, 다볼 산과 관련된 상수리나무이든, 분명한 것은 둘 다 라마 북쪽에 있다는 것입니다. 그렇다면 셀사에 있다는 라헬의 묘실은 베냐민 지파와 에브라임 지파의 경계에 있을 가능성이 큽니다. 베들레헴 북쪽에 있는 라헬의 묘실은 베냐민 지파의 경계에 있다고 보기가 어렵습니다. 베냐민 지파 땅 남쪽 경계에서 남쪽으로 5킬로미터 이상 내려와야 하기 때문입니다. 더군다나 성경에 라헬의 묘가 에브랏 즉, 베들레헴 길에 있다고 했는데, 본문에 셀사에 있는 라헬의 묘라고 했으니, 여기서 말하는 라헬의 묘는 사람들이 만든 묘일 수 있다는 생각을 하게 됩니다. 우상숭배가 극심했던 사사시대를 지났으니 벧엘 남쪽 베냐민 지파 경계에 있는 셀사라는 지역에 라헬의 무덤을 누군가 만들었을 가능성이 있다는 말입니다. 그렇다면 셀사에 있는 라헬의 무덤 곁에서 만날 두 사람은 뭔가 종교적인 활동을 하는 사람일 가능성이 있습니다.

사무엘은 '첫째 표적을 만난 뒤에 더 나아가라.' 말했습니다(10:2-3). 그래서 다볼을 문자적인 다볼 산으로 보면, 사울은 왕으로서 자신이 돌볼 하나님의 기업을 갈릴리 바다 근처까지 살핀 것이 됩니다. 그리고 3절에 나오는 '하나님을 뵈려고 벧엘로 올라가는 세 사람' 과 사울 일행은 북쪽 다볼 산에서 남쪽 벧엘까지 동행하게 됩니다. 그러면 그들이 떡 세 덩이 가운데 두 덩이를 그들에게 주는 것도 이해할 수 있습니다. 다볼에서 벧엘까지가 직선거리로만 86킬로미터이고 평지에서 산지로 와야 하므로 걸어오려면 사흘은 걸릴 것입니다. 그래서 그들은 자신들이 하나님께 드리려 했던 떡을 사울과 사환에게 양식으로 주었을 수 있습니다.

마지막 셋째 표적은 '하나님의 산' 에서 일어나는데, 여기에 블레셋 사람의 영문이 있다고 했습니다(10:5). '블레셋 사람의 영문' 이라는 표현은 사무엘서에 두 번 나옵니다. 이곳(10:5)과 13장 3절에 있는 '블레셋의 수비대' 입니다. 게바에 있다고 했습니다. '하나님의 산' 이라는 표현은 '하나님의 기브아' 를 번역한 것입니다. '기브아' 에 '언덕' 이라는 의미가 있기에 '산' 이라고 번역했습니다. 그래서 기브아에서 북동쪽으로 5킬로미터 떨어진 게바를 '하나님의 기브아' 로 부르지 않았나 싶습니다. 아무튼 다볼에서 벧엘까지 세 사람과 동행하던 사울은 아마도 블레셋의 수비대가 있는 게바로 가야 했던 것 같습니다. 왜냐하면 그의 사명이 이스라엘을 블레셋에게서 구원하는 것이기 때문입니다. 그리고 게바는 사무엘의 집이 있는 라마에서 동쪽으로 3킬로미터 정도 떨어져 있기에, 선지자의 무리를 쉽게 만날 수 있었을 것으로 보입니다. 아마 게바가 '하나님의 산' 이라고 불린 것은 이곳에서 만난 선지자의 무리들과 무관하지 않은 듯싶습니다.

정리하면, 사무엘은 사울로 하여금 집으로 가지 말고 반대 방향인 북쪽으로 가라고 말했습니다. 북쪽으로 5킬로미터 정도 가면 즉, 한 시간여 걸으면 그가 베냐민 지파의 땅을 벗어나게 되는데, 그때 그는 두 사람을 만나 '암나귀들은 찾았고 아버지가 자신에 대해 걱정한다.' 하는 말을 들을 것입니다. 이 표적에 힘을 얻어 그는 다볼 산까지 가야 합니다. 사흘은 걸어야 갈 수 있는 길입니다. 사흘은 사울이 암나귀를 찾아 헤맸던 시간입니다. 이제 그는 암나귀를 찾아다녔던 시간만큼 하나님의 기업을 돌아보는 시간을 갖게 될 것입니다. 가는 길에 실로를 지날 것입니다. 실로에서 엘리 집안의 최후를 생각하게 될 것입니다. 세겜과 데베스를 지나면서는 세겜에서 왕이 되고 데베스에서 죽은 기드온의 아들 아비멜렉의 최후도 떠올릴 수 있을 것입니다. 에브라임과 므낫세와 이스르엘 평지를 지나면서 이스라엘의 핵심 지역을 돌아보게 될 것입니다. 또한 블레셋의 주둔군이 있던 벧산, 자신과 아들들이 장차 달리게 될 벧산을 지나게 될 것입니다. 그리고 다볼에 도착하기 전 자신이 죽기 전에 방문하게 될 엔돌을 볼 것입니다. 이곳에서 사울은 신접한 여인에게 사무엘의 혼을 불러달라고 요청했습니다(삼상 28:11).

라마에서 다볼까지의 여정에서 사울은 과거 역사에서 중요했던 두 사건을 만나게 됩니다. 하나는 실로의 엘리입니다. 그는 대제사장이면서 사사였습니다. 그는 보좌에 앉았습니다. 4장 18절의 '의자'는 '보좌'라고 번역될 수 있는 단어입니다. 왕으로 지내다가 망한 사람입니다. 또 하나는 기브온의 아들 아비멜렉입니다. 기브온은 자신들의 왕이 되어 달라던 이스라엘의 요구를 거절했습니다. 그러나 자기 아들에게 '아버지가 왕'이라는 아비멜렉이라는 이름을 지어줬고, 그 아들은 세겜 사람들을 충동하여 형제들을 죽이고 왕이 되었습니다. 그러나 여인이 던진 맷돌에 머리가 부서지고, 여인에게 죽었다는 오명(汚名)이 싫어 자기 병기 맡은 자에게 자기를 죽이라고 하여 죽었습니다. 이제 사울은 왕이 됩니다. 하나님께서는 사울로 하여금 어떤 왕이 될 것인지 생각할 시간을 주신 것 같습니다.

또한 라마에서 다볼까지의 여정에는 사울의 최후와 관련된 두 지역이 포함되어있습니다. 벧산과 엔돌입니다. 물론 사울의 여정 안에는 그의 사명과 관련된 중요한 두 곳도 나옵니다. 벧산과 게바입니다. 그의 사명은 블레셋에게서 이스라엘을 구하는 것입니다. 그런데 지중해 해변에 거하는 블레셋이 이스라엘 땅 깊숙이 들어와 진지를 구축하고 있습니다. 바로 게바 즉 하나님의 산과 벧산입니다. 이들을 몰아내는 것이 그의 사명입니다.

이제 세 가지 표적이 무엇을 의미하는지 살펴봅니다. 첫째 표적은 10장 2절에 있는데, 근심을 버리는 것과 관련이 있습니다. 왕이 되려면 세상 근심을 버려야 합니다. 거룩한 근심을 해야 합니다. 블레셋의 통치를 받든 말든, 먹고 사는 데에만 관심을 두면 안 됩니다. 하나님의 기업이 블레셋에게 다스려지는 것을 가슴 아파하고 해결해야 합니다. 삼손이 블레셋 사람들을 치고 에담 바위 틈에 거할 때 유다 사람들이 와서 말했습니다. "너는 블레셋 사람들이 우리를 관할하는 줄을 알지 못하느냐?"(삿 15:11). 삼손은 이스라엘을 블레셋으로부터 구원하려 하지만 정작 유다 사람들은 블레셋의 통치를 당연시하였습니다. 이제 사울에게 블레셋 문제가 넘어왔습니다. 그는 블레셋의 통치를 당연시하면 안 되었습니다.

둘째 표적은 제사장과 같은 거룩한 삶을 살라는 것과 관련이 있습니다. 벧엘에서 하나님을 만나려던 세 사람은 하나님께 드리려던 떡 가운데 두 덩이를 사울과 사환에게 주었습니다. 거룩하게 구별될 떡을 준 것입니다. 사울이 제사장이어서 준 것이 아닙니다. 거룩하게 구별된 지도자이기 때문에 준 것입니다. 알고 줬는지, 모르고 줬는지 본문에 나와 있지 않지만, 어쨌든 이 세 사람도 표적으로 주어진 사람들이니 아무것도 모르고 주지는 않았을 것입니다. 그렇다면 둘째 표적을 통해 사울에게 선포된 메세지가 무엇일까요? 그의 양식은 하나님께서 책임지신다는 것입니다. 그는 거룩한 양식을 먹고 살아야 한다는 말입니다.

셋째 표적은 사명 감당의 방법과 관련됩니다. 어떻게 해야 사명을 감당할 수 있을까요? 성령 충만해야 합니다. 하나님의 영에 충만해야 직무를 감당할 수 있습니다. 하나님께서는 사울에게 왕관을 씌우지 않으시고 하나님 영으로 충만하게 하셨습니다.

이제 사울은 누구를 위해 살아야 할까요? 하나님의 기업을 위해 살아야 합니다. 하나님께 속한 것을 위해 살아야 합니다. 어떻게 살아야 할까요? 지도자로 살아야 합니다. 지도자 '나기드'는 두 가지 의미를 내포할 수 있습니다. 하나는 '말하다'이고, 다른 하나는 '앞장서다'입니다. '통제'가 아닙니다. 그는 어려움이 생길 때마다 하나님의 뜻을 전달해야 하고 앞장서서 일해야 합니다.

사무엘은 표적만 주지 않고 명령도 주었습니다. 이 표적이 다 이뤄지면, 10장 7절, "너는 기회를 따라 행하라" 그리고 8절, "길갈에서 7일을 기다리라" 아멘. 사울을 이 명령을 잘 기억했어야 했습니다. 표적이 모두 이뤄졌습니다(10:9). 9절의 '그날'은 '그때'로 이해할 수 있습니다. 같은 표현으로 두 가지를 가리킬 수 있기 때문입니다.

이제 사울의 통치가 시작됩니다. 암몬 사람들을 구한 것은 잘한 것처럼 보입니다. 그러나 소를 토막 내서 보낸 것은 왠지 사사기 둘째 에피소드에 등장하는 레위 사람의 전례를 따른 것처럼 보입니다. 사무엘은 떠나고(12장), 사울은 길갈에서 7일을 기다리지 않습니다. 13장 8-14절에 있습니다. 다행히 그의 아들 요나단이 하나님을 경외하는 자이나(14장), 사울은 아멜렉 헤렘 명령을 시행하지 않습니다(15장).

그때의 일입니다. 사울이 강성해지면서 요나단이 블레셋의 수비대를 쳤습니다. 게바에 있는 것입니다. 사울의 고향 기브아에서 직선거리로 5킬로미터 떨어져 있는 곳에 블레셋의 수비대가 있으니 베냐민이 게바를 쳐서 빼앗습니다. 그러자 블레셋이 일어났습니다. 13장 5절을 보니 "블레셋 사람들이 이스라엘과 싸우려고 모였는데 병거가 삼만이요 마병이 육천 명이요 백성은 해변의 모래 같이 많더라 그들이 올라와 벧아웬 동쪽 믹마스에 진 치매" 했습니다. 게바 맞은편 믹마스에 진을 쳤습니다.

이스라엘 사람들은 숨고 도망갑니다. 굴, 수풀, 바위 틈, 은밀한 곳, 웅덩이에 숨습니다(13:6). 요단을 건너 갓과 길르앗 땅으로 도망갑니다(13:7상반). 사울은 길갈에서 사무엘을 기다립니다. 7일을 기다려야 하는데, 급한 마음에 사무엘이 오기 전에 자신이 제사를 드리고 맙니다(13:9-10). 사울의 변명입니다. "백성은 내게서 흩어지고 당신은 정한 날 안에 오지 아니하고 블레셋 사람은 믹마스에 모였음을 내가 보았으므로 이에 내가 이르기를 블레셋 사람들이 나를 치러 길갈로 내려오겠거늘 내가 여호와께 은혜를 간구하지 못하였다 하고 부득이하여 번제를 드렸나이다"(13:11-12).

사울은 이후 600명의 군사와 함께 게바에 진을 칩니다(13:15-16). 블레셋의 노략꾼들은 세 대로 나누어 온 땅을 약탈합니다. 이런 상황에 사울은 기브아 끝자락, 타작마당에 있는 석류나무 아래에 있습니다. 14장 2절입니다. "사울이 기브아 변두리 미그론에 있는 석류나무 아래에 머물렀고 함께 한 백성은 육백 명 가량이며" 아멘. 고향 기브온 끝자락에 있는 석류나무 아래에 머물러 있으면서 여차하면 도망갈 준비를 하고 있습니다. 어쩜 이렇게 평안할 수 있을까 싶을 만큼 사울은 편안합니다. 사울 곁에는 육백 명의 용사들이 있습니다. 기드온의 300 용사의 두 배인 600명입니다. 그런데도 움직이지 않습니다. 싸우지 않습니다. 단 지파의 육백 용사가 생각납니다.

이스라엘 군대는 사방으로 도망가고, 기름 부음 받은 왕은 자기 목숨 부지하느라 꼼짝도 하지 않고, 블레셋의 약탈자들은 전 국토를 유린하고 있을 때, 한 사람이 일어납니다. 아무도 일어나지 않는 그때, 사울의 아들 요나단이 일어납니다. 아버지에게 말하면 반대할 것을 알았는지, 아버지에게도 알리지 않고 일어납니다. 14장 1절입니다. "하루는 사울의 아들 요나단이 자기의 무기를 든 소년에게 이르되 우리가 건너편 블레셋 사람들의 부대로 건너가자 하고 그의 아버지에게는 아뢰지 아니하였더라" 아멘. 요나단이 그의 병기 잡은 자에게, 부관에게, 심복에게, 경호원에게 말합니다. "블레셋 부대로 건너가자!" 계란으로 바위를 깨려 해도 유분수지, 해변의 모래(13:5)와 같이 모인 블레셋 부대로 가자고 합니다.

요나단은 하나님께는 장애(障礙)가 없다는 믿음이 있습니다. 하나님의 구원을 막을 자는 없습니다. '숫자' 중요하지 않습니다. 14장 6절입니다. "요나단이 자기의 무기를 든 소년에게 이르되 우리가 이 할례 받지 않은 자들에게로 건너 가자 여호와께서 우리를 위하여 일하실까 하노라 여호와의 구원은 사람이 많고 적음에 달리지 아니하였느니라" 아멘. "여호와의 구원은 사람이 많고 적음에 달리지 아니하였느니라"의 직역은 "여호와께는 많거나 적은 자로 구원하시기에 장애가 없다."입니다. 그러자 요나단의 병기 든 자가 대답합니다. 7절입니다. "당신의 마음에 있는 대로 다 행하여 앞서 가소서 내가 당신과 마음을 같이 하여 따르리이다" 아멘. 여기서 승리가 시작됩니다. 마음을 같이 할 때 승리가 있습니다. 동상이몽("같은 자리에 자면서 다른 꿈을 꾼다는 뜻으로, 겉으로는 같이 행동하면서도 속으로는 각각 딴생각을 하고 있음을 이르는 말")이면, 언젠가는 반드시 갈립니다. 선거철마다 보고 듣는 내용입니다.

요나단은 적군의 반응에 따라 어떻게 할지 미리 결정하고 행동합니다. 14장 8-12상반절에 있습니다. 이때가 중요합니다. 하나님과 약속하고서도 실제로 어려운 결정을 해야 하면 사람들의 마음이 바뀝니다. 그러나 요나단과 그의 병기 잡은 자는 미리 말한 대로 합니다. 12하반-13절입니다. "요나단이 자기의 무기를 든 자에게 이르되 나를 따라 올라오라 여호와께서 그들을 이스라엘의 손에 넘기셨느니라 하고 요나단이 손 발로 기어 올라갔고 그 무기를 든 자도 따랐더라 블레셋 사람들이 요나단 앞에서 엎드러지매 무기를 든 자가 따라가며 죽였으니" 아멘. 14절의 '반나절 갈이 땅'은 '2분의 1 에이커'로 2,025제곱미터입니다. 가로 50미터, 세로 40미터 정도 됩니다. 축구장 절반 정도로 생각하시면 됩니다. 15절을 보니 모두가 떱니다. 땅도 떱니다. '큰 떨림'은 '하나님의 떨림'의 번역입니다. 하나님께서 땅을 흔드셨습니다. 하나님께서도 요나단과 마음을 같이해 주셨습니다.

이렇게 될 때 저는 '후대(厚待)'라는 표현을 사용합니다. 하나님의 후대입니다. 내 힘으로 하는 것 말고 하나님께서 직접 하시는 역사입니다. 하나님의 후대를 본 사람들의 반응이 이어 소개됩니다. 가장 먼저 소개되는 것은 사울의 반응입니다. 사울은 갑자기 급하게 행동합니다. 여차하면 도망갈 태세이더니, 하나님께 여쭙는 것도 포기합니다. 18-20절입니다. "사울이 아히야에게 이르되 하나님의 궤를 이리로 가져오라 하니 그 때에 하나님의 궤가 이스라엘 자손과 함께 있음이니라 사울이 제사장에게 말할 때에 블레셋 사람들의 진영에 소동이 점점 더한지라 사울이 제사장에게 이르되 네 손을 거두라 하고 사울과 그와 함께 한 모든 백성이 모여 전장에 가서 본즉 블레셋 사람들이 각각 칼로 자기의 동무들을 치므로 크게 혼란하였더라" 아멘. 그리 급하지 않았었네요. 블레셋인들이 서로 동무를 칩니다.

그뿐 아닙니다. 블레셋 진영에 있던 히브리인들이 블레셋인들을 칩니다. 21절입니다. "전에 블레셋 사람들과 함께 하던 히브리 사람이 사방에서 블레셋 사람들과 함께 진영에 들어왔더니 그들이 돌이켜 사울과 요나단과 함께 한 이스라엘 사람들과 합하였고" 아멘. 요나단과 마음을 같이 해주는 이들이 늘어납니다. 22절을 보니 에브라임 지파도 마음을 같이 해주었습니다. "에브라임 산지에 숨었던 이스라엘 모든 사람도 블레셋 사람들이 도망함을 듣고 싸우러 나와서 그들을 추격하였더라" 아멘. 결과는 23절입니다. "여호와께서 그 날에 이스라엘을 구원하시므로 전쟁이 벧아웬을 지나니라" 아멘. 누구보다도 하나님께서 요나단과 마음을 같이 해주셨습니다.

이처럼 사울의 아들 요나단은 하나님을 경외했으나, 사울은 아말렉 헤렘 명령을 주변 민족들의 방식을 따라 시행합니다. 탈취물에 마음이 빼앗겨서 하나님의 명령을 순종하지 않습니다.

순순히 따르는 것을 '순종'이라고 합니다. 그럼, '순순히'는 어떤 것이죠? "성질이나 태도가 매우 고분고분하고 온순하게"로 정의됩니다. 성경에서는 '성질이나 태도' 보다는 '뜻과 마음을 일치시켜 따르는 것'을 순종으로 부르는 듯합니다. 고분고분하고 온순하지 않아도 됩니다. 거칠어도 되고 과격해도 됩니다. 뜻과 마음을 일치시켜 따르면 됩니다. 골풀로 채찍을 만들어 양과 소를 내쫓고 돈 바꾸는 사람들의 상을 엎으시는 예수님에게서(요 2:15) '고분고분'과 '온순'을 읽을 수는 없습니다. 제자들은 그 모습에서 '열심, 열정, 질투'를 읽었습니다(요 2:17).

예수님의 순종을 표현하는 유명한 구절이 빌립보서 2장 5-8절에 있습니다. "너희 안에 이 마음을 품으라 곧 그리스도 예수의 마음이니 그는 근본 하나님의 본체시나 하나님과 동등됨을 취할 것으로 여기지 아니하시고 오히려 자기를 비워 종의 형체를 가지사 사람들과 같이 되셨고 사람의 모양으로 나타나사 자기를 낮추시고 죽기까지 복종하셨으니 곧 십자가에 죽으심이라"(2:5-8) 아멘. '자신을 비움, 종의 형체를 취함, 사람과 같이 됨, 자기를 낮춤, 십자가의 죽음까지 복종 즉 순종' 어느 것 하나, 단순히 '고분고분'과 '온순'으로는 설명할 수 없습니다.

도리어 '과격, 파격, 급격'이라는 표현과 더욱 잘 어울립니다. 정도가 지나치게 격렬한 것을 '과격'이라 하는데, 조물주가 자신을 비워 종의 형체를 취하는 이상의 과격은 없을 것입니다. 일정한 격식을 깨뜨리는 것을 '파격'이라 하는데, 신이 사람이 되는 것 이상의 격식 깨뜨림은 없을 것입니다. 변화의 움직임 따위가 급하고 격렬한 것을 '급격'으로 표현하는데, 근본 하나님의 본체이신 분이 십자가 죽음을 죽으시는 것 이상의 급격은 없을 것입니다. 그러니 예수님의 성육신과 십자가에서의 죽음은, 과격하고 파격적이며 급격한 순종이라고 부를 수 있습니다.

과격하고 파격적이며 급격한 변화는 대체로 상식적이지 않고 논리적이지 않기에, 예수님의 순종은 비상식적이고 비논리적인 순종이라 할 수 있습니다. 예수님의 순종은 죽어야 산다는, 자기 목숨을 잃어야 얻는다는, 모두를 미워해야 따를 수 있다는 제자도와 연결됩니다. 그러다 보니, 성경의 가르침을 따라가려면 가랑이가 찢어지는 일이 있습니다. 불가능해 보입니다. 어떻게 오른쪽 뺨을 맞고 왼쪽 뺨을 내놓습니까(마 5:39)? 오 리를 가자는데 십 리를 갑니까(마 5:41)? 물론 상대편이 늘 그랬다면 그럴 수도 있겠네요. 오 리를 가자는데 십 리를 동행해주고, 내가 오른쪽 뺨을 때리면 왼쪽 뺨도 내주던 사람이면 그럴 수도 있겠네요. 그런데 그것도 어려운 것 같습니다. 때리던 사람은 때리는 것이 익숙해서 맞으려 하지 않고, 요구하는 것에 익숙한 사람은 요구를 들어주는 데에는 익숙하지 않기 때문입니다.

그러나 과격하고 파격적이고 급격한 내용을 담고 있는 복음의 이면에는 과격하고 파격적이고 급격한 인간의 타락이 있다는 것을 기억할 필요가 있습니다. 피조물이 조물주가 정한 법, 그것도 모든 나무의 실과는 먹을 수 있지만, 동산 중앙에 있는, 선악을 알게 하는 나무의 실과는 먹지 말라는 그 한 가지 명령을 어겼습니다. 그것도 뱀의 꾐에 빠져, '하나님 같이 된다.' 하는 말에 속아서 먹었습니다. 피조물이 하나님처럼 되려 한 것입니다. 그것도 외로워하기에 힘든 외과 수술을 거쳐 배우자를 선물로 준 다음에 그리한 것입니다. 에덴동산에서 쫓겨나고, 가시와 엉겅퀴가 자라는 곳에서 땀을 흘리며 농사를 지어야 먹거리가 해결되고, 해산의 수고가 더해져서 하나 낳으면 다시는 낳고 싶지 않은 마음이 저절로 들게 되었습니다. 그리스도 순종의 파격, 과격, 급격은 인간 타락의 파격, 과격, 급격으로 인한 필연이었습니다.

죄에 대한 열정은 '엽기' 로 이어졌습니다. 비정상적이고 괴이한 죄에 대한 소식이 매일 끊이지 않습니다. 누가 더 엽기적인가를 경쟁하는 듯합니다. 성경은 이러한 죄가 처음부터 있었다고 증언합니다. 가인이 아벨을 죽였습니다. 형이 동생을 죽였습니다. 그것도 하나님께서 자신과 자신이 드린 제물을 받지 않으시고 동생과 동생의 제물은 받으신 것으로 인해 죽였습니다. 동생이 자신에게 무슨 해를 가한 것이 아닙니다. 자신의 것을 빼앗은 것도 아니고, 형 자리를 넘본 것도 아닙니다. 단지, 하나님을 경외하여 예배를 잘 드렸을 뿐입니다. 예배를 잘 드리려고 한 것뿐입니다. 그런데도 아벨을 죽인 것입니다.

마귀의 종이 된다는 것, 죄의 노예가 된다는 것, 하나님의 명령을 순종하지 않는다는 것, 하나님을 경외하지 않는 것은 그런 것이었습니다. 급격하고도 과격하고도 파격적으로 진리를 떠나는 것이었습니다. 뻔히 알고도 모르는 척, 그랬으면서도 안 그런 척, 가식과 허영의 가면 뒤에 숨어서 하나님을 대적합니다. 하나님을 경외하는 사람을 못 견딥니다. 그들이 받는 사랑과 축복을 견디지 못합니다. 그런 복을 받는 사람들을 제거하지 않고는 견디지 못합니다. 시기와 질투가 하늘을 찌릅니다. 내가 잘나야 합니다. 내가 갑이어야 합니다.

사울 왕이 그랬습니다. 그의 인생은 다윗에 대한 질투로 물들었습니다. 왕가를 이루는 것이 뭐가 그리 중요하다고 사위가 왕이 되는 것을 거부했습니다. 장자 요나단은 다윗이 골리앗을 무찌를 때 이미 왕위 승계권을 다윗에게 넘겼습니다. 그러나 사울은 '사울은 천천 다윗은 만만' 이라는 노랫말에 사로잡혔습니다. 불쌍한 사람입니다. '천천' 이 어때서요. 백만장자면 어떻고, 천만장자면 어떻고, 억만장자면 어떻습니까? 부자라고 하루에 다섯 끼 먹습니까? 로마인들이 그랬다고는 합니다. 먹는 즐거움을 계속 누리려고 먹은 것을 토하고 또 먹었다지요. 물론, 토한 것을 다시 먹은 것은 아니고 토한 것은 버리고 새로운 다른 음식을 먹었지요. 그렇다고 해도, 저 같으면 안 그러겠습니다. 여러분 같으면 그러시겠습니까? 그런데 로마의 부자 귀족들은 그랬다는군요.

자신을 중시하는 사람은 순종이 어렵습니다. 사무엘상 15장 30절입니다. "사울이 이르되 내가 범죄하였을지라도 이제 청하옵나니 내 백성의 장로들 앞과 이스라엘 앞에서 나를 높이사 나와 함께 돌아가서 내가 당신의 하나님 여호와께 경배하게 하소서 하더라" 아멘. '나를 높이사' 는 '나를 존귀케 하사' 입니다. 본래 '무겁다' 를 의미하는 단어입니다. '내가 존중받는 사람이 되게 해주십시오.' 이렇게 부탁한 것입니다. 죄가 있든 없든 높이만 되면 된다는 생각입니다. 하나님께서 어떻게 여기시든 예배를 드리기만 하면 된다는 입장입니다.

'무겁다' 는 이 단어는 사무엘서의 중심 개념이라고들 말합니다. 사무엘상 2장 30절입니다. "그러므로 이스라엘의 하나님 나 여호와가 말하노라 내가 전에 네 집과 네 조상의 집이 내 앞에 영원히 행하리라 하였으나 이제 나 여호와가 말하노니 결단코 그렇게 하지 아니하리라 나를 존중히 여기는 자를 내가 존중히 여기고 나를 멸시하는 자를 내가 경멸하리라" 아멘. 하나님의 사람이 엘리에게 한 말입니다. 하나님을 존중하는 사람, 무게중심이 하나님께 있는 사람에게 하나님께서도 무게중심을 두시겠답니다. 하나님을 가볍게 여기는 사람을 하나님께서도 가볍게 보시겠답니다.

다윗은 하나님께 범죄한 것을 무겁게 여겼습니다. 금식하며 회개했습니다. 시편 51편에서 "주의 얼굴을 내 죄에서 돌이키시고 내 모든 죄악을 지워 주소서 하나님이여 내 속에 정한 마음을 창조하시고 내 안에 정직한 영을 새롭게 하소서 나를 주 앞에서 쫓아내지 마시며 주의 성령을 내게서 거두지 마소서"(9-11절) 노래하며, 죄 문제 해결을 위해 기도했습니다. 그러나 사울의 입장은 다릅니다. 죄를 인정하지 않습니다. 죄를 회개하지 않습니다. 죄를 문제로 여기지 않습니다. 15장 24절입니다. "사울이 사무엘에게 이르되 내가 범죄하였나이다 내가 여호와의 명령과 당신의 말씀을 어긴 것은 내가 백성을 두려워하여 그들의 말을 청종하였음이니이다". 죄를 인정하는 듯합니다. 그러나 자신이 죄를 지은 책임이 백성에게 있다며 책임을 전가합니다. '백성이 저을 두렵게 했습니다. 그래서 나는 백성의 말을 들은 것뿐입니다.' 죄에 대한 용서를 구합니다. 25절입니다. "청하노니 지금 내 죄를 사하고 나와 함께 돌아가서 나로 하여금 여호와께 경배하게 하소서 하니". 죄를 사하라고 명령합니다. '내 죄를 사하라. 나와 함께 돌아가라.' 이렇게 명령합니다. 히브리어 본문을 보면, 명령형이 쓰였습니다. 사울은 자신이 죄를 짓고서는, 사무엘에게 자신의 죄를 사하라고 명령합니다.

물론, 부드럽게 표현했습니다. '내 죄를 제거해 주세요.' 이렇게요. 그러나 죄를 사하는 권세가 사무엘에게 있는 것이 아닙니다. 사울은 하나님께 나아가야 했습니다. 사무엘은 하나님의 명령을 전달하는 사람일 뿐이었습니다. 그러니 하나님 앞에 나아가서 회개해야 했습니다. 그러나 그는 전에 길갈에서 사무엘을 기다리지 못했던 과실을 만회하는 것만 생각했습니다. 어떻게든 사무엘이 자신과 함께 가서 백성과 함께 길갈에서 제사를 드려야 했습니다. '요건 충족' 그것이 사울에게는 중요했습니다. 뜻과 마음은 중요하지 않았습니다. 하나님께서 무슨 기계이십니까? 알고리즘만 맞으면 움직이시는 로봇이십니까? '미안해. 내가 미안하다고 했으니, 너는 나를 용서해야 하는 거야. 내가 미안하다고 했는데, 네가 나를 용서하지 않으면 네가 잘못한 거야. 그러니 사과해. 내가 용서해 줄 게.' 뭐 이런 식입니다.

한편, 24절에서 "내가 여호와의 명령과 당신의 말씀을 어긴 것은"이라는 부분이 눈에 띕니다. '어기다' 로 번역된 단어는 '건너가다, 지나가다' 를 의미하는 단어로 '히브리인' 의 어근이 됩니다. 매우 미묘한 표현입니다. 이 단어는 14장 믹마스 전투에서 가장 중요한 표현이었습니다. 아무도 믹마스로 '건너가지' 않습니다. 그때 요나단이 자신의 병기 잡은 자에게 '건너가자' 말합니다(14:1). 사울은 건너갈 마음이 없어서 기브아 끝자락, 타작마당에 있는 석류나무 아래에 있었습니다. 아무도 건너지 않을 때 요나단과 그의 병기 잡은 자가 건넜습니다. '마음을 같이 하여' (14:7) 건넜습니다. 뜻을 같이하여 건넜습니다. 순종했습니다. 사울은 건너지 않았습니다. 그런데 아멜렉 헤렘 명령을 순종하지 않고서 하는 말이, 자신이 '건넜다' 고 말합니다.

왠지, '요나단만 건넌 것이 아니고 나도 건넜습니다.' 말하는 것 같습니다. '건너는 것이 그리 중요합니까? 나도 건넜는데요. 나는 여호와의 입을 건넜습니다. 사무엘 당신의 말을 건넜습니다. 건넌 것이 그렇게 문제가 됩니까? 그렇다면 요나단은요. 요나단은 죽지 않았습니다. 그렇다면 나도 문제 될 것이 없지요. 사실 나는 여기 아멜렉 족속의 진영까지 건너왔습니다. 그리고 길갈까지 다시 건너왔구요. 내가 얼마나 잘 건넜고, 긍정적으로 건넌 줄 아십니까? 자꾸 건너다 보니, 하나님의 입과 당신의 말씀을 조금 지나친 것뿐입니다. 그러니 죄는 사하고 나랑 같이 갑시다. 제사는 드려야 하지 않겠습니까?' 뭐 이런 식입니다.

사무엘은 사울이 한 말 가운데 '죄 용서' 부분은 언급하지 않습니다. 자신이 할 일이 아니기 때문입니다. '건넘'의 문제도 언급하지 않습니다. '함께 백성에게로 돌아가라.' 하는 명령에 대해서만 그리 못하겠다고 대답합니다. 26절입니다. "사무엘이 사울에게 이르되 나는 왕과 함께 돌아가지 아니하리니 이는 왕이 여호와의 말씀을 버렸으므로 여호와께서 왕을 버려 이스라엘 왕이 되지 못하게 하셨음이니이다 하고" 아멘. 사무엘의 대답에서 '건넘'의 문제를 '버림'으로 처리한 것 같다는 인상을 받습니다. '거절, 조롱, 경멸'의 '건넘'이었습니다.

사무엘이 돌아섭니다. 그런데 사울이 사무엘의 겉옷 자락을 잡습니다. 얼마나 세게 잡았는지 옷이 찢어집니다. 갈수록 태산입니다. 27-29절입니다. "사무엘이 가려고 돌아설 때에 사울이 그의 겉옷자락을 붙잡으매 찢어진지라 사무엘이 그에게 이르되 여호와께서 오늘 이스라엘 나라를 왕에게서 떼어 왕보다 나은 왕의 이웃에게 주셨나이다 이스라엘의 지존자는 거짓이나 변개함이 없으시니 그는 사람이 아니시므로 결코 변개하지 않으심이니이다 하니" 아멘.

사실 이 정도 되면 회개해야 하는데, 자신을 중시하는 사람은 회개하지 않습니다. 이때 사울이 한 말이 30절이지요. 죄를 지었지만, 자신을 높여달라고, 존귀하게 만들어 달라고 명령합니다. 옷까지 찢긴 사무엘이 사울을 따라갑니다. 그리고 한 일이 무엇입니까? 아말렉의 왕 아각을 칼로 찍어 쪼갭니다. 32-33절입니다. "사무엘이 이르되 너희는 아멜렉 사람의 왕 아각을 내게로 끌어 오라 하였더니 아각이 즐거이 오며 이르되 진실로 사망의 괴로움이 지났도다 하니라 사무엘이 이르되 네 칼이 여인들에게 자식이 없게 한 것 같이 여인 중 네 어미에게 자식이 없으리라 하고 그가 길갈에서 여호와 앞에서 아각을 찍어 쪼개니라" 아멘.

이것이 순종입니다. 하나님의 명령이 무엇입니까? 15장 2-3절에 나옵니다. "만군의 여호와께서 이같이 말씀하시기를 아말렉이 이스라엘에게 행한 일 곧 애굽에서 나올 때에 길에서 대적한 일로 내가 그들을 벌하노니 지금 가서 아말렉을 쳐서 그들의 모든 소유를 남기지 말고 진멸하되 남녀와 소아와 젖 먹는 아이와 우양과 낙타와 나귀를 죽이라 하셨나이다 하니" 아멘. 그러나 사울은 사람은 죽였으나 우양과 낙타와 나귀는 살립니다. 가치 없고 하찮은 것은 죽이고 좋은 것은 죽이지 않습니다. 그리고 아각 왕을 죽이지 않습니다. 8-9절입니다. "아멜렉 사람의 왕 아각을 사로잡고 칼날로 그의 모든 백성을 진멸하였으되 사울과 백성이 아각과 그의 양과 소의 가장 좋은 것 또는 기름진 것과 어린 양과 모든 좋은 것을 남기고 진멸하기를 즐겨 아니하고 가치 없고 하찮은 것은 진멸하니라" 아멘.

절반 순종은 순종이 아닙니다. 자신이 순종하고 싶은 것만 순종하고 순종하기 싫은 것은 순종하지 않는 것이 무슨 순종입니까? 자기가 순종하고 싶은 것은 명령권자를 기대어 순종하면서 이익을 취하고, 자기가 순종하기 싫은 것은 명령권자라도 거슬러 이익을 취합니다. 이익이 기준이고 자신이 기준입니다. 이런 사울에 대한 하나님의 입장은 어떤 것이었을까요? 11절에 있습니다. "내가 사울을 왕으로 세운 것을 후회하노니 그가 돌이켜서 나를 따르지 아니하며 내 명령을 행하지 아니하였음이니라 하신지라 사무엘이 근심하여 온 밤을 여호와께 부르짖으니라" 아멘.

사울은 길을 달리했습니다. 하나님을 따르지 않기로 한 것입니다. 믹마스 전투 때는 하나님 순종을 주저하더니, 이제는 하나님 따르는 것을 포기합니다. 믹마스 전투 때는 어려웠습니다. 전세가 블레셋 쪽으로 기울었었지요. 밀리고 있었습니다. 그러나 이번 전투는 압승이었습니다. 아멜렉의 완패였습니다. 사울은 겐 족속에게 호의를 베풀 여유까지 있었습니다. 그런데도 뜻과 마음을 하나님께 두지 않았습니다. 긍휼 때문이 아니었습니다. 사람들은 모두 진멸했습니다. 좋아 보이는 가축들을 살려두었고, 숨겨 놓은 보물이 있는 곳을 알려줄 아각 왕만 살려두었습니다.

전리품을 많이 얻었다며 '기념비'를 세웁니다. 12절에 있지요. 13절을 보니, 사무엘에게 복을 빕니다. 13절입니다. "사무엘이 사울에게 이른즉 사울이 그에게 이르되 원하건대 당신은 여호와께 복을 받으소서 내가 여호와의 명령을 행하였나이다 하니" 아멘. 이럴 때 쓰는 말이 있지요. '적반하장(賊反荷杖)'입니다. "도둑이 도리어 매를 든다는 뜻으로, 잘못한 사람이 아무 잘못도 없는 사람을 나무람을 이르는 말"입니다. 엄청난 죄를 짓고서는 자신이 축복을 내릴 수 있는 사람인 것처럼 행동합니다.

사무엘이 "{명령을 행하셨다고요. 그렇다면 가축을 모두 헤렘시켰어야 하는데,} 내 귀에 들려오는 이 양의 소리와 내게 들리는 소의 소리는 어찌 됨이니이까"(15:14) 이렇게 물으니, 사울이 "{그것은 저와 관계 없습니다.} 그것은 무리가 아말렉 사람에게서 끌어 온 것인데 백성이 당신의 하나님 여호와께 제사하려 하여 양들과 소들 중에서 가장 좋은 것을 남김이요 그 외의 것은 우리가 진멸하였나이다"(15:15) 이렇게 대답합니다. 백성이 하나님을 위해서 가장 좋은 것을 남겼답니다. 그 하나님의 명령이 무엇이었지요? 가축까지 모두 진멸하라 하셨지요. 그런데, 명령에 불순종하고서 하는 말이 명령을 내린 명령권자를 위해 불순종했다네요.

이때 주신 하나님의 말씀입니다. 우선은 사울의 출발을 생각나게 하십니다. 17절입니다. "사무엘이 이르되 왕이 스스로 작게 여길 그 때에 이스라엘 지파의 머리가 되지 아니하셨나이까 여호와께서 왕에게 기름을 부어 이스라엘 왕을 삼으시고" 아멘. 순종이 안 될 때 나의 출발을 생각해야 합니다. 죄인이었던 나의 상태, 무능했던 나의 상태, 하나님과 관계 없었던 나의 상태입니다. 지금의 상태를 당연시하면, 교만한 마음이 싹터서 순종이 잘 안 됩니다. 사울이 왕의 자리를 당연하게 여기는 그 순간, 그에게 자신은 꽤 괜찮은 사람이 됩니다. 그러나 왕이 될 때 사울은 스스로 보기에도 작았습니다. 물론 키는 컸습니다. 그러나 그는 자신이 왕이 될 만하다고 생각하지 않았습니다(삼상 10:22).

여러분은 여러분이 성도가 될 만하다고 생각하십니까? 하나님의 은혜로 성도가 되신 것이 아니십니까? 여러분이 직분을 받은 것이 여러분의 능력 때문입니까? 하나님의 은혜입니까? 나의 나 된 것이 하나님의 은혜라는 확실한 자각이 없다면 우리의 첫 상태를 억지로라도 떠올려야 합니다. 사울은 자신의 첫 상태를 떠올리지 않았습니다. 15장 18-21절입니다. "또 여호와께서 왕을 길로 보내시며 이르시기를 가서 죄인 아말렉 사람을 진멸하되 다 없어지기까지 치라 하셨거늘 어찌하여 왕이 여호와의 목소리를 청종하지 아니하고 탈취하기에만 급하여 여호와께서 악하게 여기시는 일을 행하였나이까 사울이 사무엘에게 이르되 나는 실로 여호와의 목소리를 청종하여 여호와께서 보내신 길로 가서 아멜렉 왕 아각을 끌어 왔고 아말렉 사람들을 진멸하였으나 다만 백성이 그 마땅히 멸할 것 중에서 가장 좋은 것으로 길갈에서 당신의 하나님 여호와께 제사하려고 양과 소를 끌어 왔나이다 하는지라" 아멘.

'자격 없는 저를 하나님께서 왕으로 세우셨지요. 제가 재물에 눈이 멀어 잘못했습니다.' 이렇게 말하고 회개하면 되는데, 어렵습니다. 끝까지 자기 잘못이 아니고 백성 잘못이라고 합니다. 그리고 백성이 불순종한 것도 다 하나님을 위한 일이라고 합니다. 이런 사울에게 내려진 최종 결론은 '너는 우상숭배자이다.' 입니다. 22-23절입니다. "사무엘이 이르되 여호와께서 번제와 다른 제사를 그의 목소리 청종하는 것을 좋아하심 같이 좋아하시겠나이까 순종이 제사보다 낫고 듣는 것이 숫양의 기름보다 나으니 이는 거역하는 것은 점치는 죄와 같고 완고한 것은 사신 우상에게 절하는 죄와 같음이라 왕이 여호와의 말씀을 버렸으므로 여호와께서도 왕을 버려 왕이 되지 못하게 하셨나이다 하니" 아멘.

자기를 높이는 일, 그것은 자신을 우상 삼는 일이었습니다. 사울이 왜 하나님의 말씀을 순종할 수 없었을까요? 그의 죄가 무엇인지를 구체적으로 알려줘도 왜 회개하지 않았을까요? 자신이 기준이고 자신이 신이며 자신을 우상으로 섬기기 때문이었다고 사무엘서가 증거 합니다. 엘리의 집이 왜 망했는가? 엘리에게는 자식이 우상이었기 때문입니다. 그래서 자식들이 '저주를 자청해도' (삼상 3:13) '하나님을 저주해도' 내버려 두었습니다. 제사장 직무를 멈추게 했어야 했는데 그러지 않았습니다. 경고를 무시하고 여호와 하나님을 '자기 마음대로 행하는 신' 으로 치부해 버렸습니다.

순종, 그것은 뜻과 마음을 일치시키는 것입니다. 온순하다고, 고분고분하다고 순종이 아닙니다. 뜻이 맞아야 하고 마음이 하나 되어야 합니다. 그래서 대체로 과격하고 급격하고 도전적입니다. 요나단의 병기 잡은 자가 말했지요. '마음을 같이 하여 따르리이다.' (14:7) 이것이 순종입니다. 사무엘이 순종했습니다. 아각을 칼로 쪼갰습니다. 노인입니다. 그런데도 일국의 왕을 칼로 쪼갰습니다. 이것이 순종입니다. 여러분은 뜻과 마음을 합하는 분이 계십니까? 그가 사람입니까? 그렇다면 그를 사랑하는 것입니다. 혹시 그 사람이 자기 자신입니까? 그렇다면 잘 살펴야 합니다. 사울일 수 있습니다. 혹시 재물과 같은 물건입니까? 아니시겠지요? 하나님이십니까? 하나님께 마음과 뜻을 합하고 사십니까? 그렇다면 하나님을 경외하고 계신 것입니다. 무엇을 구하셔도 됩니다. 모두 다 응답받으실 것입니다. "너희가 내 안에 거하고 내 말이 너희 안에 거하면 무엇이든지 원하는 대로 구하라 그리하면 이루리라" (요 15:7) 아멘.

하나님께 뜻과 마음을 두고 사는가? 하는 것은 제가 제게 하는 질문입니다. 사무엘에게서 배웁니다. 사울로 인해 밤새워 기도하지만, 하나님께서 버리셨다고 하니 그에게 다시는 가지 않습니다. 34-35절입니다. "이에 사무엘은 라마로 가고 사울은 사울 기브아 자기의 집으로 올라가니라 사무엘이 죽는 날까지 사울을 다시 가서 보지 아니하였으니 이는 그가 사울을 위하여 슬퍼함이었고 여호와께서는 사울을 이스라엘 왕으로 삼으신 것을 후회하셨더라" 아멘. 기브아에서 라마는 4킬로미터로 걸어서 한 시간이면 갈 거리입니다. 그러나 가지 않지요.

아무리 어려운 시기라도 예수님은 우리의 소망이십니다. 하나님께서는 하나님을 경외하는 보아스와 같은 사람을 통해, 한나와 같은 히든카드를 통해 일하십니다. 사울의 실패를 따르지 않고, 룻과 보아스, 요나단의 성공을 따를 수 있기를 소원합니다.

질의와 응답

하나. "룻기의 족보는 혈통적인가요, 법정적인가요?"

혈통적인 족보입니다. 법정적으로는 오벳이 엘리멜렉의 아들이 되지요.

둘. "하나님의 히든카드라는 제목을 붙이셨는데요. 하나님께서는 늘 히든카드를 통해 일하시나요?"

예측이 어렵다는 점을 고려하여 '히든카드' 라는 표현을 썼습니다. 뜻밖의 선택이 있습니다. 모압 여인 룻, 엘가나의 아내 한나, 고라 자손 사무엘, 막내 다윗을 선택도 그렇지만, 어부인 베드로, 교회를 핍박하던 사울을 선택하신 것도 뜻밖이죠.

셋. "사울이 왕으로 선택받은 것을 보여 주는 표적에 대해 말씀하셨는데요. 이 표적이 갖는 의의가 더 있을까요?"

이새는 다윗을 사울에게 보낼 때 '사울이 받은 세 가지 표적' 과 관계된 선물을 보냅니다. 사무엘상 16장 20절입니다. "이새가 떡과 한 가죽부대의 포도주와 염소 새끼를 나귀에 실리고 그의 아들 다윗을 시켜 사울에게 보내니" 아멘.

넷. "레위인 첩에게 행한 엽기적인 모습이 무엇을 의미할까요?"

번제물에게 적용하는 방식을 사람에게 적용했습니다. 직업적으로 하던 활동을 가족에게 적용했습니다. 하나님의 법을 떠나면 어디까지 가는지 보여주는 것 같습니다.

다섯. "레위인의 첩이 죽었다는 말이 없다고 하셨는데요. 그럼, 레위인이 자기 첩을 죽인 것인가요?"

본문에 첩이 죽었다는 말은 없고, "동틀 때에 여인이 자기의 주인이 있는 그 사람의 집 문에 이르러 엎드러져 밝기까지 거기 엎드러져 있더라"(삿 19:26) 했습니다. '그의 시체' (19:28)라는 표현이 있지만, 원문에는 '그녀를 나귀에 싣고' 라고 되어 있습니다. 죽었을 수도 있지만, 죽지 않았을 가능성이 더 큽니다.

여섯. "이름이 삶과 연관이 있을까요?"

아브람, 아브라함, 사래, 사라, 이삭, 야곱의 아들들 등등 대체로 성경은 '이름' 과 '삶' 을 연결 짓습니다. 아간이 역대상에는 '괴롭히는 자' 를 의미하는 '아갈' 로 불립니다(대상 2:7).

일곱. "성경에서 사사기의 위치는 어떻게 될까요?"

결국 사사기도 예수님과 연결됩니다. 예수님은 왕, 제사장, 선지자도 되시지만, 사사도 되십니다. 판단하는 분이지요. 사사들은 예수님의 그림자로서 하나님의 율법을 따라 판단을 잘했어야 했지요.

Weekly Reading

14

사무엘상 16장-사무엘하 5장

"목동 왕"

삼상 16-18장	삼상 19-21장	삼상 22-24장	삼상 25-27장	삼상 28-30장	삼상 31장-삼하 2장	삼하 3-5장

check

어린 시절 동화책 속에 소개된 처칠 이야기는 '용감하게 종군기자를 한 덕에 수상이 되었다.' 뭐 이런 것이었습니다. 그래서 수상이 되는 길에 '용감한 종군기자가 되는 것' 도 있다고 생각했지요. 그런데 옥스퍼드에 있는 '처칠 생가' 를 방문하고 생각이 달라졌습니다. 그는 귀족이었고, 그의 집터는 서울대 관악캠퍼스만큼이나 컸으며, 저택은 웅장했지요. 서울대 경제학과를 다닐 때도 비슷한 것을 느꼈습니다. 같은 과 학우이지만, 시골 촌놈인 내가 들어갈 수 없는, 나를 끼워주지 않는 그룹이 있었습니다. 신학교에 오면 다를 줄 알았습니다. 그런데 신학에도, 목회에도 '지분' 이라는 게 있었습니다. 물론, '지분' 이 모든 것을 결정하지는 않습니다. 그럼에도, '지분' 이 끼치는 영향은 지대해 보였습니다.

하나님의 나라에도 '지분(持分)' 이 있는가? 없지는 않아 보입니다. '약속' 이라는 게 어떤 측면에서는 '지분' 처럼 보이기도 합니다. 하지만, 야곱의 아들 가운데 유다가, 유다 지파 가운데 이새의 아들 다윗이 왕이 되고, 왕가가 되고, 다윗의 자손으로 예수님이 오신 것은 분명 '분깃' 의 측면이 큽니다. 야곱의 아들은 열둘이었고, 유다는 레아의 넷째 아들로 주목받기 어려운 위치였기 때문입니다. 분명, 이새가 살몬의 증손이기는 하지만, 살몬의 증손자가 이새만은 아니었을 것이기 때문입니다. 다윗은 이새의 막내아들이었기 때문입니다. (사무엘상 16장 10-11절에 따르면, 여덟 번째 아들이고, 역대상 2장 15절에 따르면, 일곱 번째 아들입니다.) 여기에 살몬의 아들 보아스가 엘리멜렉의 기업 무를 자가 되어 룻을 통해 이새의 아버지 오벳을 낳은 것까지 고려하면, '지분'으로는 설명할 수 없는 요소들이 분명 있었습니다.

마태복음은 "아브라함과 다윗의 자손 예수 그리스도의 계보라"(1:1)로 시작합니다. 예수님을 설명하는 두 개의 중요한 이름으로 '아브라함'과 '다윗'이 있습니다. 아브라함이 모세오경 가운데 하나인 창세기의 중심에 있는 것처럼, 다윗은 역사서에 속하는 사무엘상하와 역대상의 중심에 있습니다. 또한 다윗의 시편을 고려하면, 다윗은 시가서 가운데 하나인 시편의 중심에도 있습니다. 히브리어 구약성경의 분류대로라면, 선지서 가운데 하나인 사무엘상하와 성문서에 속하는 역대상과 시편의 중심에 다윗이 있는 것입니다.

이처럼, 구약성경에서 다윗의 자리는 매우 큽니다. 이번 통독은 다윗이 기름 부음을 받고 데뷔하는 부분에서 시작하여 그가 이스라엘 전체 지파의 왕이 되는 본문까지입니다. 사무엘상 16장에서 사무엘하 5장까지입니다. 엘가나-사무엘, 기스-사울, 이새-다윗, 하나님의 히든카드 삼종세트 가운데 마지막 카드이자 가장 중요한 카드가 다윗입니다. 이 다윗에게 '목동 왕'이라는 이름을 붙여주고 싶습니다.

목동 왕

I-1
예루살렘 남서남 10km 지점
예루살렘과 헤브론 잇는 길목 베들레헴

헤브론처럼 높지 못하고
예루살렘처럼 요새가 아니다.

여기서 다윗은 태어났다,
이새의 막내 아들로.

유다의 10대손,
나손의 5대손으로.

I-2
기름 부음 받아
여호와의 영에 감동되니

예체능 강해
수금 타고 쌈박질 잘한다.

말 잘하고
몸매도 좋다.

임마누엘 증거 보이니
이만한 사람 어디서 구할까?

그러나 잘날수록 시기 받고
능할수록 질투받는다.

왕의 사위는 어찌어찌 되었으나
그의 자리는 아닌가 보다.

I-3
포부 가지고 시작한 자리
눈총받는 자리 되고

이길수록 미움받고
도울수록 창 날아온다.

사무엘도 어쩌지 못하고
요나단의 노력도 허사다.

결국 요나단의 활 언약 뒤로 하고
사울 본거지 떠난다.

II-1
의지할 곳 찾아
방황을 시작한다.

골리앗 칼 들고 가드 왕 아기스 찾아가나
천천 만만 소리에 깜짝 놀라 미친 척하고 도망한다.

원통한 자 빚진 자 환난 당한 자 아둘람 굴에 모이니
사백 명의 왕초라.

간신히 살아남은 아비아달 합류하니
허접하나 국가 모습 갖췄다.

II-2
그일라 어려움 듣고 구원자 자처하나
그일라의 왕은 사울이다.

십 마온 엔게디
가는 곳마다 사울 군대 쫓아 오고

엔게디 외나무다리에서 사울 만나니
도망자 신세 면하려 옷자락 벤다.

그러하나 도망자 신세 면하기는커녕
사무엘마저 소천하여 떠난다.

나발 도와 떡고물 기대했지만
그마저도 실패다.

성질 죽이고 아비가일 얻으나
미갈 잃는다.

II-3
새롭게 가정을 이룬 다윗
십 하길라 산에서 사울의 창과 물병만 취한다.

옷자락 자르기 멈추고
표적만 남긴다.

이로써 사울과는 영영 이별이고
다윗은 육백 가정과 함께 시글락으로 향한다.

아기스 속여 시글락에 머문 일 년 사 개월에
다윗은 약탈자 되고 사울은 전사한다.

III-1
활 노래로 조상하고 후회하나
돌이킬 수 없는 길

이제는 마음 다잡아
왕의 길 걷는다.

어디로 가리이까 여쭈어 헤브론에 이르니
유다 지파 왕의 자리 기다린다.

칠 년 육 개월 사울 집과의 전쟁으로
다윗 집은 강성해간다.

III-2
요압은 압장서고
아내들은 자녀를 낳는다.

아브넬은 방자해지고
이스보셋은 살해된다.

방자한 자도 가고
반역자 레갑과 바아나까지 처단되니

이스라엘 모든 지파 헤브론에 올라와
왕 되어 달라 간청한다.

오래 전 약속
백성 통해 고백되니

삼십삼 년 통치 시작되고
시온은 다윗 성된다.

III-3
목동이 왕 되는 데 십수 년
왕이 주님의 어린양되는 데 사십 년

목동이 왕의 마음 이해하는 데 십수 년
왕이 양의 마음 이해하는 데 사십 년

여쭈어서 넘지 못한 벽
고난 통해 넘고

모든 것을 갖추고도 넘지 못한 벽
죽음으로 넘는다.

다윗이 등장하고 이스라엘 전체 지파의 왕이 되기까지의 본문을 나눠보았습니다.

가. 다윗의 등장(사무엘상 16-20장)

1. 기름 부음을 받은 다윗(16장 1-13절)
2. 다윗의 데뷔(16장 14-23절)
3. 촛대는 다윗에게로(17장 1절부터 18장 5절까지)
4. 홀로서기(18장 6절부터 20장 42절까지)

나. 방황 1(사무엘상 21-24장)

1. 블레셋으로(21장)
2. 요새를 떠나라(22장 1-5절)
3. 아히멜렉의 죽음(22장 6-23절)
4. 그일라 다윗(23장 1-14절)
5. 다시 요새로(23장 15-28절)
6. 사울 왕의 옷자락 자르기(24장)

다. 정신 차린 다윗 1(사무엘상 25-26장)

1. 별은 떨어지고(25장)
2. 만회(26장)

라. 방황 2(사무엘상 27-28장)

1. 다윗의 타락(27장 1절부터 28장 2절까지)
2. 사울의 타락(28장 3-25절)

마. 정신 차린 다윗 2(사무엘상 29-30장)

1. 모면(29장)
2. 구사일생(30장)
3. 사울의 최후(31장)

바. 목동 왕(사무엘하 1-5장)

1. 뒤처리(1장)
2. 유다의 왕이 되어(2장)
3. 이스라엘의 왕이 되어(3-5장)

다윗은 양을 지키는 목동이었습니다. 사무엘상 16장 11절입니다. "또 사무엘이 이새에게 이르되 네 아들들이 다 여기 있느냐 이새가 이르되 아직 막내가 남았는데 그는 양을 지키나이다 사무엘이 이새에게 이르되 사람을 보내어 그를 데려오라 그가 여기 오기까지는 우리가 식사 자리에 앉지 아니하겠노라" 아멘. 그는 어떤 모습이었나요? 12절입니다. "이에 사람을 보내어 그를 데려오매 그의 빛이 붉고 눈이 빼어나고 얼굴이 아름답더라" 아멘. 붉었습니다. 사냥꾼 에서가 붉었지요. 다윗의 눈이 예뻤습니다. 그리고 보기에 좋았습니다. 기름 부음을 받고 여호와의 영에 감동된 다음(16:13), 사람들에 비친 다윗의 모습은 어땠나요? 18절입니다. "소년 중 한 사람이 대답하여 이르되 내가 베들레헴 사람 이새의 아들을 본즉 수금을 탈 줄 알고 용기와 무용과 구변이 있는 준수한 자라 여호와께서 그와 함께 계시더이다 하더라" 아멘. 수금을 탈 줄 알았습니다. '용기'는 '용사'로, '무용'은 '전사'로, '구변'은 '지각 있는 자'로, '준수한 자'는 '몸매 좋은 자'로도 표현될 수 있습니다. 무엇보다 그는 '여호와께서 함께하시는 자'였습니다.

다윗을 사울에게 보낼 때, 아버지 이새가 보낸 것들이 무엇이었습니까? 16장 20절에 있습니다. '떡, 한 가죽부대의 포도주, 염소 새끼, 나귀'였습니다. 생각나시는 게 있습니까? 사울이 왕이 될 때 표적이 된 것들입니다. 사울이 '셀사에 있는 라헬의 묘실 곁'에서 들을 얘기가 "네가 찾으러 갔던 암나귀들을 찾은지라 네 아버지가 암나귀들의 염려는 놓았으나 너희로 말미암아 걱정하여 이르되 내 아들을 위하여 어찌하리요 하더라"(10:2)입니다. 여기에 '나귀'가 나옵니다. 그리고 다볼 상수리나무에서 세 사람을 만날 터인데, 그들이 가진 세 가지가 '염소 새끼 셋, 떡 세 덩이, 포도주 한 가죽부대'입니다(10:3). 우연의 일치일 수도 있지만, 이새는 아들 다윗을 사울에게 보낼 때 사울이 왕이 될 때 표적이 된 네 가지를 보냈습니다.

이로 볼 때, 이새가 중요합니다. 대체로 다윗에 대해서는 관심이 많지만 이새에 대해서는 그리 관심이 없는 듯합니다. 그러나 사무엘상 16장의 주인공은 단연 이새입니다. 구약성경에서 이새라는 이름은 흔한 이름이 아닙니다. '여호와의 사람' 이라는 의미를 '이새' 라는 이름이 갖습니다. 모두 42회 쓰이는데, 사무엘상에 26회 나오고, 16장에 절반인 13회가 나옵니다. 그러니 사무엘상 16장의 주인공은 이새입니다. '이새의 아들' 에게 기름을 부르라 하시죠. '이새의 아들들' 이 후보입니다. 사울이 이새에게 "양 치는 네 아들 다윗을 내게로 보내라"(16:19) 말하지요. 다윗이 일을 잘하자, 역시 사울은 이새에게 사람을 보내어 "다윗을 내 앞에 모셔 서게 하라 그가 내게 은총을 얻었느니라"(16:22) 그렇게 말합니다.

처음부터 끝까지 이새가 주인공입니다. '이새' 가 누구입니까? 오벳의 아들입니다. 룻기를 보면, 보아스와 룻 사이에 태어난 아이로, 엘리멜렉의 기업을 무를 자입니다. 그래서 엘리멜렉의 아내 나오미의 아들로 자랍니다. 법적으로는 엘리멜렉과 나오미의 아들이고, 혈통적으로는 보아스와 룻의 아들입니다. 그러니 그의 이름은 '섬기는 자' 오벳입니다. 그 오벳의 아들이 이새입니다. 이새는 아들을 많이 두었습니다. 역대상 2장 16절을 보니 딸도 둘이나 있습니다. 스루야와 아비가일입니다. 장차 군대장관이 된 요압이 스루야의 아들이고, 압살롬 반역 때 군대장관이 된 아마사는 아비가일의 아들이니, 요압과 아마사는 이종사촌 간입니다. 그리고 두 사람은 다윗의 조카이지요.

이로 볼 때, 이새의 아들들은 모두 용사였습니다. 다윗만 싸움을 잘한 것이 아니었지요. 16장을 보니, 이새의 아들들이 모두 걸출했습니다. 사무엘이 이새의 큰아들 엘리압을 보자마자 "여호와의 기름 부으실 자가 과연 주님 앞에 있도다"(16:6) 했습니다. 사무엘과 같이 베테랑 선지자가 보기에 엘리압은 왕이 될 만했습니다. 다만, 하나님께서 아니라고 하셨을 뿐입니다. 이로 볼 때 이새도 분명 용사였을 것입니다.

이새에 대한 하나님의 표현이 1절에 나옵니다. "베들레헴 사람 이새" 입니다. '베들레헴', '떡집' 이지요. 떡집의 이새입니다. 베들레헴은 요새가 아닙니다. 농사짓고 목축하기에 좋은 곳입니다. 예루살렘은 요새입니다. 사무엘이 사는 라마는 '높은 곳' 이라는 의미대로 높습니다. 사울의 동네 기브아는 '언덕' 이라는 의미를 갖습니다. 베들레헴도 지형은 비슷한데, 매우 독특한 이름을 가졌습니다. '떡집' 입니다. 예수님은 떡집에서 태어나신 '생명의 떡' 이십니다. 떡집 사람 이새는 나이도 많고 아들도 많지만, 장로는 아니었나 봅니다. 성읍 장로들이 나왔는데 이새는 그 안에 없습니다. 4-5절입니다. "사무엘이 여호와의 말씀대로 행하여 베들레헴에 이르매 성읍 장로들이 떨며 그를 영접하여 이르되 평강을 위하여 오시나이까 이르되 평강을 위함이니라 내가 여호와께 제사하러 왔으니 스스로 성결하게 하고 와서 나와 함께 제사하자 하고 이새와 그의 아들들을 성결하게 하고 제사에 청하니라" 아멘.

사람들은 이새가 아들 다윗을 중요하게 여기지 않았다고 말합니다. 과연 그랬을까 싶습니다. 다윗에 대한 이새의 표현이 11절에 있습니다. '막내' 는 '작은 자' 의 표현입니다. '양을 지키나이다' 로 번역되었는데, 본래는 '양을 칩니다' 입니다. '목양' 이지요. 그리고 '보십시오' 라는 표현도 있습니다. 그래서 이새의 표현을 직역하면, '작은 애가 있는데, 보십시오, 목양하고 있습니다.' 이렇게 됩니다. 양을 돌보고 있다는 이새의 표현에서 다윗을 무시하는 마음이 느껴지십니까? 다윗은 놀고 있는 것이 아닙니다. 일을 하고 있습니다. 지금 이새와 그의 아들들이 왜 사무엘 앞에 있습니까? 어떤 상황입니까? 성읍 장로들이 사무엘의 갑작스러운 등장으로 인해 벌벌 떨었습니다. 두려운 상황입니다. 그런데 사무엘이 이새와 그의 아들들을 청합니다. 이런 두려운 상황에서 이새는 다윗을 열외 시켰습니다. 이새가 아들을 아끼는 것 아닌가요?

우리에게 잘 알려진 다윗과 골리앗 본문을 보면, 이스라엘이 골리앗으로 인해 쩔쩔맬 때 다윗을 전장에 보낸 사람이 이새였습니다. 17장 17-18절입니다. "이새가 그의 아들 다윗에게 이르되 지금 네 형들을 위하여 이 볶은 곡식 한 에바와 이 떡 열덩이를 가지고 진영으로 속히 가서 네 형들에게 주고 이 치즈 열 덩이를 가져다가 그들의 천부장에게 주고 네 형들의 안부를 살피고 증표를 가져오라" 아멘. 이새가 다윗에게 가져가라고 한 양식의 무게가 얼마나 되었을까요? 볶은 곡식 한 에바는 22리터입니다. 22킬로그램이지요. 떡 열덩이는 얼마나 되었을까요? 한 덩이에 1킬로그램만 잡아도 10킬로그램입니다. 치즈 역시 한 덩어리에 1킬로그램만 잡아도 10킬로그램이지요. 최소한 42킬로그램입니다. 산맥 종주 원정 다닐 때 보통 그 정도 메고 다니니까, 42킬로그램을 지고 다니는 게 어떤 것인 줄 압니다.

그러나 다윗은 그 이상을 지고 전장으로 갔고, 아버지의 기대대로 골리앗을 무찔렀습니다. 다윗을 전장으로 보내는 아버지 이새에게서 그러한 '기대'를 읽을 수 있을까요? 저는 16장 19-20절에서 이새가 어떤 사람인지 확인합니다. "사울이 이에 전령들을 이새에게 보내어 이르되 양 치는 네 아들 다윗을 내게로 보내라 하매 이새가 떡과 한 가죽부대의 포도주와 염소 새끼를 나귀에 실리고 그의 아들 다윗을 시켜 사울에게 보내니" 아멘. 사울이 전령들을 이새에게 보내어 "양 치는 네 아들 다윗을 내게로 보내라" 했습니다. 그런데, 사울이 말했다는 '양 치는 네 아들'은 '양 가운데 있는 네 아들' 입니다. 11절에서 이새가 말한 '양을 칩니다.' 와는 다른 표현이지요. 동작이 표현되지 않고, 그저 '양 가운데 있다.' 하는 식으로 표현했습니다.

이에 대한 이새의 반응이 독특합니다. 20절을 보니, 세 가지를 '나귀'에 실려서 보냅니다. '떡, 한 가죽부대의 포도주, 염소 새끼' 입니다. 말씀드린 것처럼, 사울이 다볼 상수리나무에서 만날 세 사람이 가지고 있는 것들입니다. 10장 3절입니다. "네가 거기서 더 나아가서 다볼 상수리나무에 이르면 거기서 하나님을 뵈오려고 벧엘로 올라가는 세 사람을 만나리니 한 사람은 염소 새끼 셋을 이끌었고 한 사람은 떡 세 덩이를 가졌고 한 사람은 포도주 한 가죽부대를 가진 자라" 아멘. 사울을 왕 삼으셨음을 보여주는 징조들입니다.

사울에게 아들을 보내는 이새가 네 가지 품목 즉, '떡, 한 가죽부대의 포도주, 염소 새끼, 나귀'를 통해 뭔가를 말하고 있다고 생각합니다. '내 아들은 기름 부음을 받은 왕으로 너에게 간다.' 하는 것입니다. 그럼, 이새가 아들 다윗에게 준 메시지는 없었을까요? 동일한 메시지를 아들 다윗에게 주었을 것입니다. 세상 근심에 휘둘리지 말라고, 거룩하게 살라고, 하나님의 영에 충만하여 살라는 권면입니다. 이사야서를 보면, 이새의 뿌리에서 새싹이 돋아납니다(11:1). 이새를 내신 '뿌리'에서 '여호와의 종'이 태어납니다. 이 점에서 '여호와의 종'은 '이새'를 닮은 부분이 있습니다.

다윗의 삶은 이상한 삶입니다. 성경에 쓰여 있으니, 그런가 보다 합니다. 그러나 한 번만 더 생각해 보면, 다윗은 이상한 사람입니다. 아버지 이새도 그렇습니다. 무거운 짐을 지워 전장에 보낸 아버지입니다. 물론 형들이 출전했으니 먹거리를 갖다주고 잘 있는지 보고 오는 것은 지극히 정상적으로 보입니다. 그러나 아들이 여덟인데, 왜 하필 막내를 보냅니까? 넷째도 있고, 다섯째, 여섯째, 일곱째도 있는데, 왜 막내입니까?

다윗 형들의 이름이 역대상 2장 13-15절에 소개됩니다. 엘리압, 아비나답, 시므아, 느다넬, 랏대, 오셈입니다. 사무엘상 16장 9절과 17장 13절에 나오는 삼마는 언급되지 않습니다. 이유는 알 수 없지만, 역대상 족보에서 삼마는 빠집니다. 그렇다면, 다윗의 형들의 이름은 엘리압, 아비나답, 삼마, 시므아, 느다넬, 랏대, 오셈이겠습니다. 사무엘상 17장의 블레셋과의 전쟁 당시, 엘리압, 아비나답, 삼마는 출전했습니다. 13절입니다. "그 장성한 세 아들은 사울을 따라 싸움에 나갔으니 싸움에 나간 세 아들의 이름은 장자 엘리압이요 그 다음은 아비나답이요 셋째는 삼마며" 아멘. 이새는 시므아, 느다넬, 랏대, 오셈을 보내지 않고 다윗을 보냈습니다. 두세 명 보낼 만도 한데, 굳이 막내인 다윗만 보냈습니다.

추측되는 이유는 그의 기름 부음 받음에서 찾을 수 있습니다. 백성의 왕으로 기름 부음을 받았습니다. 전쟁이 있습니다. 블레셋과의 전쟁입니다. 그런데 이스라엘 군대가 고전을 면하지 못하고 있습니다. 어떻게 할까요? 이새는 기름 부음 받은 왕인 다윗을 보냅니다. 당연합니다. 그러나 겉으로 보기에는 이상합니다. 다윗이 전장에 온 것이 이상하다는 것을 다윗의 큰형 엘리압의 말을 통해 확인할 수 있습니다. 17장 28절입니다. "큰형 엘리압이 다윗이 사람들에게 하는 말을 들은지라 그가 다윗에게 노를 발하여 이르되 네가 어찌하여 이리로 내려왔느냐 들에 있는 양들을 누구에게 맡겼느냐 나는 네 교만과 네 마음의 완악함을 아노니 네가 전쟁을 구경하러 왔도다" 아멘.

다윗의 등장이 일상적이었다면, 예상할 수 있는 것이었다면, 이렇게 말하지는 않았겠지요. 엘리압은 다윗의 등장에서 '교만' 과 '완악함' 을 읽었습니다. '교만' 이라 번역된 단어는 '교만' 과 더불어, '주제넘은, 건방진, 뻔뻔스러운' 의 의미를 갖습니다. '네까짓 게 뭔데, 건방진 녀석.' 이런 의미입니다. '마음의 완악함' 이란 말 그대로 '마음의 악함' 입니다. 마음이 악하답니다. '여기 온 네 마음을 안다. 네 의도는 늘 악하지.' 이런 말입니다.

여러분이 보시기에 다윗이 건방지고 그의 의도가 악합니까? 저는 그의 고뇌를 읽습니다. 형의 평가에 대한 다윗의 대답이 29절에 있습니다. "다윗이 이르되 내가 무엇을 하였나이까 어찌 이유가 없으리이까 하고" 아멘. '어찌 이유가 없으리이까' 는 의역이고, 직역은 '그게 문제 아닌가요?' 입니다. 뭐가 문제라는 걸까요? 22-27절을 읽으면 짐작할 수 있습니다. 골리앗이 이스라엘을 모욕하는 말을 하는데, 이스라엘 모든 사람이 심히 두려워하며 도망합니다.

형들에게 문안했습니다. 잘 있는지 물었습니다. 아버지 이새의 심부름을 하고 있습니다. 그런데 그때 마침 골리앗이 나와서 전과 같은 말을 합니다. 어떤 말입니까? '한 명 골라 내보내서 나와 싸우게 하라. 1인 해결사로 전쟁을 끝내자.' 뭐 이런 말입니다. 그런데 이 말을 들은 이스라엘 모든 사람이 심히 두려워하며 도망갑니다. 그런데 도망가면서 서로 말합니다. '저 사람 골리앗을 죽이기만 하면 보상이 큰데.' 그렇게 말합니다. 그들은 골리앗이 이스라엘을 모욕하고 있다는 것을 잘 알고 있습니다. 그리고 저 사람을 물리치기만 하면 큰 보상이 있다는 것도 알고 있습니다. 그러나 감히 시도조차 할 수 없습니다. 그가 가진 것이 무시무시하기 때문입니다.

골리앗은 최신형 무기로 무장했습니다. 그의 신체조건은 가히 불가사의할 정도입니다. 람보, 터미네이터, 어벤져스를 보는 것 같습니다. 그런 골리앗과 누가 일대일로 붙을 수 있습니까? 아무리 큰 상이 기다린다고는 하나, 감히 싸울 수는 없습니다. 다윗의 형들도 마찬가지입니다. 어떤 상이 기다리고 있습니까? 세 가지입니다. 하나는 왕이 많은 재물로 부하게 한답니다. 부자가 될 수 있습니다. 둘째는 왕의 사위가 되는 것입니다. 왕의 딸과 결혼하면 부마(駙馬)가 됩니다. 셋째는 세금 면제입니다. 고대로 갈수록 세율이 높습니다. 물론 요즘은 누진세율이 있기에 고대보다 더 높은 세율의 세금을 내는 사람들도 있습니다. 그렇다 하더라도 다양한 세목을 생각하면 고대보다는 낮은 세금을 냅니다. 그러니 고대로 갈수록 세금 면제는 큰 특혜입니다.

다윗이 말한 '문제' 가 무엇입니까? 26절에 있습니다. 다윗이 말합니다. "이 블레셋 사람을 죽여 이스라엘의 치욕을 제거하는 사람에게는 어떠한 대우를 하겠느냐 이 할례 받지 않은 블레셋 사람이 누구이기에 살아 계시는 하나님의 군대를 모욕하겠느냐" 아멘. 여기서 핵심은 '이스라엘의 치욕을 제거하는 것' 입니다. '하나님의 군대를 모욕하는 블레셋 사람을 제거하는 것' 입니다. 그리고 '이스라엘의 치욕을 제거하는 자에게 주어질 대우' 입니다.

다윗은 왕으로 기름 부음을 받았기에 이스라엘의 치욕을 제거하는 일과 무관하지 않습니다. 앞장서야 하지요. 그러나 그는 아직 어립니다. 전장에 투입될 나이가 되지 않았습니다. 보통은 이십 세 이상이 투입됩니다. 일단 나이 제한에 걸립니다. 그런데 이스라엘의 치욕을 제거하는 자에게 주어질 대우가 걸립니다. 그 가운데 특별히 왕의 부마가 되는 것이 다윗의 마음에 들어왔을 것입니다. 나대고 싶지는 않지만, 왕의 부마가 되는 것은 중요했습니다. 이유가 무엇입니까? 자신이 이스라엘의 왕으로 기름 부음을 받았는데, 아무리 생각해도 자신이 왕이 되기는 어렵습니다. 그러니 생각할 수 있는 한 가지 방법이 왕의 사위가 되는 것이지요.

혈통적으로는 왕이 될 수 없습니다. 심지어 지파가 다릅니다. 사울은 베냐민 지파이고 자신은 유다 지파입니다. 혈통 측면에서의 간격을 메울 방법은 결혼밖에 없습니다. 결국 다윗은 골리앗을 대항할 '1인 해결사'가 되기로 결심합니다. 그리고 다윗의 이러한 결심이 큰형 엘리압의 눈에는 '교만과 완악함'으로 보였습니다. 그러나 다윗은 두 가지 이유로 인해 1인 해결사의 길을 택할 수밖에 없습니다. 하나는 이스라엘의 치욕을 제거하는 일이고, 다른 하나는 하나님께서 자신을 향하여 가지신 뜻을 이루는 일입니다. 사울 왕을 제거하지 않고 왕이 될 수 있는 가장 좋은 방법은 그의 사위가 되는 것입니다.

이것이 다윗의 고뇌입니다. 그렇다고 하여 다윗이 세상적이 되었다거나, 사울 왕의 부마가 되는 것이 목표가 아니라는 것은 그의 행동에서 확인됩니다. 38-40절입니다. "이에 사울이 자기 군복을 다윗에게 입히고 놋 투구를 그의 머리에 씌우고 또 그에게 갑옷을 입히매 다윗이 칼을 군복 위에 차고는 익숙하지 못하므로 시험적으로 걸어 보다가 사울에게 말하되 익숙하지 못하니 이것을 입고 가지 못하겠나이다 하고 곧 벗고 손에 막대기를 가지고 시내에서 매끄러운 돌 다섯을 골라서 자기 목자의 제구 곧 주머니에 넣고 손에 물매를 가지고 블레셋 사람에게로 나아가니라" 아멘. 사울은 자기 군복, 놋 투구, 갑옷, 칼을 다윗에게 줍니다. 골리앗과 비슷한 최신 무기가 있었네요. 그러나 다윗은 그 모든 것을 벗고 가서, 시내에서 매끄러운 돌 다섯을 골라서 자기 목자의 제구에 넣고 손에 물매를 가지고 출전합니다. 골리앗이 보기에 매우 우스운 꼴로 말입니다.

이때 다윗의 마음은 어떤 것이었을까요? 36절입니다. "주의 종이 사자와 곰도 쳤은

즉 살아 계시는 하나님의 군대를 모욕한 이 할례 받지 않은 블레셋 사람이리이까 그가 그 짐승의 하나와 같이 되리이다" 아멘. '그가 하나님의 군대를 모욕했다. 그러니 죽는다.' 입니다. 사울이 가진 최신 무기를 버리고 물매를 들고 나가는 다윗에게서 무엇을 읽습니까? 사람들이 의지하는 것을 벗어버린 모습입니다. 다윗이 부마가 되려는 것은 왕이 되기 위함이라기보다는 하나님의 뜻을 이루기 위함이었습니다. 그는 사람들이 의지하는 것을 택하지 않았습니다. 그러기에 다윗이 이상해 보이는 것입니다. 하나님의 뜻을 중시하고 갈 때 이상해 보일 수 있습니다. 그러나 그 길 가는 것을 하나님께서 기뻐하십니다.

우리가 아는 대로 다윗은 골리앗을 죽였습니다. 그러나 기억할 것은 '다윗이 골리앗을 죽인 자가 받을 대우' 를 여러 번 확인했다는 점입니다. 17장 25-30절에 있습니다. 다윗은 세 번이나 '골리앗을 죽인 자가 받을 대우' 가 무엇인지 확인하고 골리앗 전에서 전공을 올립니다. 아무도 어쩌지 못했던 골리앗을 죽였습니다. 이 모습을 본 요나단이 다윗을 사랑합니다. 믹마스 전투의 전세를 바꾼 용사인 자신도 어쩌지 못했던 골리앗을 어린 소년 다윗이 무찌른 것입니다. 그것도 무슨 신무기를 가지고 와서 해치운 것이 아니었습니다. 목동의 물매와 물맷돌로 무찌른 것입니다. 다윗의 외침이 감동적이었습니다. "너는 칼과 창과 단창으로 내게 나아 오거니와 나는 만군의 여호와의 이름 곧 네가 모욕하는 이스라엘 군대의 하나님의 이름으로 네게 나아가노라"(17:45) 아멘.

사울의 아들 요나단은 다윗이 골리앗을 죽이는 것을 보고 무엇을 주었습니까? 18장 3-4절입니다. "요나단은 다윗을 자기 생명 같이 사랑하여 더불어 언약을 맺었으며 요나단이 자기가 입었던 겉옷을 벗어 다윗에게 주었고 자기의 군복과 칼과 활과 띠도 그리하였더라" 아멘. '겉옷, 군복, 칼, 활, 띠' 를 주었습니다. 옷과 무기가 귀할 때입니다. 그리고 옷과 무기와 띠는 '가진 사람이 누구인지' 를 보여주는 중요한 증표입니다. 왕의 맏아들 요나단이 자신을 드러낼 수 있는 증표를 다윗에게 넘겨주었다는 것은 의미심장합니다. '왕위 승계권 포기' 와 같이도 보일 수 있습니다. 왕위 승계권을 넘겨준 것입니다. 요나단은 왕이 되기에 부족해 보이지 않습니다. 왕의 아들입니다. 장자입니다. 하나님을 경외합니다. 큰 전공을 올렸습니다. 그런 요나단이 자신의 모든 것을 다윗에게 넘겨줍니다. 넘겨주는 요나단이 귀해 보입니다.

다윗이 하나님의 영에 감동되고 하나님의 영의 인도에 순종하고 사니 출세합니다. 능합니다. 왕과 왕자의 사랑을 받습니다. 왕의 신하들도 인정합니다. 심지어 백성의 사랑도 받습니다. 18장 5절과 16절입니다. "다윗은 사울이 보내는 곳마다 가서 지혜롭게 행하매 사울이 그를 군대의 장으로 삼았더니 온 백성이 합당히 여겼고 사울의 신하들도 합당히 여겼더라 … 온 이스라엘과 유다는 다윗을 사랑하였으니 그가 자기들 앞에 출입하기 때문이었더라" 아멘.

다윗이 이렇게 형통하고 사랑을 받는 이유가 무엇입니까? 하나님께서 함께하시기 때문입니다. 12, 14, 28절입니다. "여호와께서 사울을 떠나 다윗과 함께 계시므로 사울이 그를 두려워한지라 … 다윗이 그의 모든 일을 지혜롭게 행하니라 여호와께서 그와 함께 계시니라 … 여호와께서 다윗과 함께 계심을 사울이 보고 알았고 사울의 딸 미갈도 그를 사랑하므로" 아멘.

사울은 다윗을 곁에 두려고 합니다. 18장 2절입니다. "그 날에 사울은 다윗을 머무르게 하고 그의 아버지의 집으로 다시 돌아가기를 허락하지 아니하였고" 아멘. 그러나 다윗을 두려워하기 시작하면서 천부장을 삼습니다. 13절입니다. "그러므로 사울이 그를 자기 곁에서 떠나게 하고 그를 천부장 삼으매 그가 백성 앞에 출입하며" 아멘. 다윗의 홀로서기가 시작됩니다. 사울은 골리앗을 죽이는 자에게 이미 약속된 '딸 주기'를 이행하는 과정에서 다른 조건을 답니다. 17절입니다. "사울이 다윗에게 이르되 내 맏딸 메랍을 네게 아내로 주리니 오직 너는 나를 위하여 용기를 내어 여호와의 싸움을 싸우라 하니 이는 그가 생각하기를 내 손을 그에게 대지 않고 블레셋 사람들의 손을 그에게 대게 하리라 함이라" 아멘. 약속은 이행되지 않습니다. 19절입니다. "사울의 딸 메랍을 다윗에게 줄 시기에 므홀랏 사람 아드리엘에게 아내로 주었더라" 아멘. 사울의 목적은 하나입니다. '다윗 제거' 입니다. 아는지 모르는지 다윗은 사울이 시키는 대로 하고, 사울의 둘째 딸 미갈이 다윗의 아내가 됩니다. 27절입니다. "다윗이 일어나서 그의 부하들과 함께 가서 블레셋 사람 이백 명을 죽이고 그들의 포피를 가져다가 수대로 왕께 드려 왕의 사위가 되고자 하니 사울이 그의 딸 미갈을 다윗에게 아내로 주었더라" 아멘.

다윗은 형통하여 왕의 사위도 됩니다. '위대한 자' 를 뜻하는 '메랍' 과의 결혼은 성공하지 못했지만, '누가 하나님과 같은가?' 를 뜻하는 '미갈' 과의 결혼은 성공합니다. 다윗이 골리앗을 죽인 이유 가운데 하나가 왕의 사위가 되는 것이었습니다. 골리앗을 죽이는 자에게 약속된 세 가지 보상 가운데 하나가 왕의 사위가 되는 것이었으니까요.

그러나 이러한 모든 형통은 오래가지 못합니다. 이유는 하나입니다. 사울의 시기 때문입니다. 18장 6-9절에 있습니다. 시기 때문인지, 사울은 골리앗만 죽이면 이행하기로 한 약속을 지키지 않습니다. 다윗은 여전히 가난합니다. 23절입니다. "사울의 신하들이 이 말을 다윗의 귀에 전하매 다윗이 이르되 왕의 사위 되는 것을 너희는 작은 일로 보느냐 나는 가난하고 천한 사람이라 한지라" 아멘. 사울은 메랍을 다윗에게 주지 않았습니다. 세금 면제의 약속도 지켰을 것 같지 않습니다. 세금이 면제되었다면 가난하고 천하지 않았을 것이기 때문입니다.

사무엘상에는 '사위' 라는 단어가 두 번, '스스로 사위가 되다' 를 의미하는 단어가 다섯 번 쓰입니다. 사위라는 명사는 18장 18절과 22장 14절에만 쓰입니다. 22장 14절은 제사장 아히멜렉이 사울에게 한 말입니다. "아히멜렉이 왕에게 대답하여 이르되 왕의 모든 신하 중에 다윗 같이 충실한 자가 누구인지요 그는 왕의 사위도 되고 왕의 호위대장도 되고 왕실에서 존귀한 자가 아니니이까" 아멘. 이 말을 들은 사울은 그 동네의 모든 제사장을 아이로부터 늙은이에 이르기까지 모두 죽입니다.

'스스로 사위가 되는 것' 을 의미하는 동사는 18장에서만 다섯 번 쓰입니다. 21, 22, 23, 26, 27절에 있습니다. 노력해서 사위가 되라고 하지요. 다윗은 이미 골리앗을 죽였기에 추가적인 노력이 필요하지 않지만, 하나님의 뜻을 생각하며 미갈과 결혼합니다. 그러나 이 결혼은 행복한 결혼이 아니었습니다. 결국 미갈은 다른 남자에게 주어졌다가(삼상 25:44) 다시 다윗에게로 돌아오지만(삼하 3:12-16) 후사를 잇지 못합니다(삼하 6:23).

다윗이 사울의 시기를 받고 약속된 것을 받지 못하기만 한 것이 아니었습니다. 위험에도 빠집니다. 18장 10-11절입니다. "그 이튿날 하나님께서 부리시는 악령이 사울에게 힘 있게 내리매 그가 집 안에서 정신 없이 떠들어대므로 다윗이 평일과 같이 손으로 수금을 타는데 그 때에 사울의 손에 창이 있는지라 그가 스스로 이르기를 내가 다윗을 벽에 박으리라 하고 사울이 그 창을 던졌으나 다윗이 그의 앞에서 두 번 피하였더라" 아멘. 사울의 광기는 다윗 파괴로 향하지만 다윗은 망하지 않습니다. 결국 자신을 파괴하는 쪽으로 향합니다. 17절에 있는 사울의 생각입니다. '내 손을 그에게 대지 않고 블레셋 사람들의 손을 그에게 대게 하리라'. 그러나 블레셋과의 전투에서 죽는 사람은 다윗이 아니라 사울이 됩니다.

사울은 공개적으로 '다윗을 죽이라' 명합니다. 19장 1절입니다. "사울이 그의 아들 요나단과 그의 모든 신하에게 다윗을 죽이라 말하였더니 사울의 아들 요나단이 다윗을 심히 좋아하므로" 아멘. 이번에는 요나단의 중재로 지나갑니다. 4-7절에 있습니다. 그러나 사울의 시기와 두려움은 점점 심해집니다. 이번에는 사울의 딸이자 자기 아내인 미갈의 도움으로 피할 수 있었습니다. 12절입니다. "미갈이 다윗을 창에서 달아 내리매 그가 피하여 도망하니라" 아멘. 세 번째는 사무엘의 도움으로 넘어갑니다. 24절입니다. "그가 또 그의 옷을 벗고 사무엘 앞에서 예언을 하며 하루 밤낮을 벗은 몸으로 누웠더라 그러므로 속담에 이르기를 사울도 선지자 중에 있느냐 하니라" 아멘. 세 번의 위기가 요나단, 미갈, 사무엘의 도움으로 넘어갑니다. 그러나 여기까지입니다.

요나단은 아버지 사울의 마음을 확인합니다. 20장 32-34절입니다. "요나단이 그의 아버지 사울에게 대답하여 이르되 그가 죽을 일이 무엇이니이까 무엇을 행하였나이까 사울이 요나단에게 단창을 던져 죽이려 한지라 요나단이 그의 아버지가 다윗을 죽이기로 결심한 줄 알고 심히 노하여 식탁에서 떠나고 그 달의 둘째 날에는 먹지 아니하였으니 이는 그의 아버지가 다윗을 욕되게 하였으므로 다윗을 위하여 슬퍼함이었더라" 아멘. 결국 요나단은 활 언약을 지키고 다윗을 보냅니다. 35-42절에 있습니다. 눈물겨운 장면입니다. 다윗은 약속이 깨지고 노력은 허사가 되었으니 울고, 요나단은 모든 것이 어그러졌으니 웁니다. 그러나 요나단의 언약이 있기에 다윗은 위로받고, 다윗과 언약을 맺었으니 요나단도 안심합니다. 이제 그들에게는 한 번의 만남만이 남아 있을 뿐입니다.

다윗의 첫 번째 도주지는 가드입니다(21:10). 골리앗의 고향입니다. 그곳에 가기 전에 다윗은 놉으로 가서 제사장 아히멜렉으로부터 거룩한 떡과 골리앗의 칼을 받습니다(21:1-6). 그러나 막상 가드에서 "사울이 죽인 자는 천천이요 다윗은 만만이로다"(21:11) 하는 말을 듣자 두려운 마음에 미친 척하여 가드를 떠나 아둘람 굴로 갑니다(22:1). 그곳에 가니 "그의 형제와 아버지의 온 집"이 내려오고, "환난 당한 모든 자와 빚진 자와 마음이 원통한 자가 다" 모여옵니다(22:1-2). 마지막으로 놉 제사장 가운데 유일하게 살아남은 아비아달이 에봇을 들고 다윗에게 옵니다. 22장 20-23절입니다. "아히둡의 아들 아히멜렉의 아들 중 하나가 피하였으니 그의 이름은 아비아달이라 그가 도망하여 다윗에게로 가서 사울이 여호와의 제사장들 죽인 일을 다윗에게 알리매 다윗이 아비아달에게 이르되 그 날에 에돔 사람 도엑이 거기 있기로 그가 반드시 사울에게 말할 줄 내가 알았노라 네 아버지 집의 모든 사람 죽은 것이 나의 탓이로다 두려워하지 말고 내게 있으라 내 생명을 찾는 자가 네 생명도 찾는 자니 네가 나와 함께 있으면 안전하리라 하니라" 아멘.

수용적인 다윗에게 늘 부담스러웠던 것은 자신이 수용되지 못하는 것이었습니다. 블레셋 왕 아기스의 신하들은 다윗 수용을 거부했습니다. 그가 오면 자신들의 위치가 흔들릴 수 있기 때문입니다. 장인인 사울도 다윗 수용을 거부했습니다. 자신은 천천이고 다윗은 만만이기 때문입니다. 자신이 수용해야 할 대상은 환난 당한 자, 빚진 자, 마음이 원통한 자였습니다. 하나님의 기업이었습니다. 선지자 갓이 이 점을 분명히 합니다. "너는 이 요새에 있지 말고 떠나 유다 땅으로 들어가라"(22:5). 하나님의 기름부음 받은 왕이기에 그는 하나님의 기업을 떠날 수 없었습니다. 그런데 그 하나님의 기업에는 늘 위험이 있었습니다. 사울이 있었고, 그의 군대가 있었습니다. 그런데, 그 하나님의 기업에는 사울과 그의 군대만이 아니라, 하나님의 백성도 있었습니다. 블레셋에게 고통 받는 그일라 주민도 있었습니다. 사울에게 살해된 제사장들도 있었습니다. 22장은 엘리의 손자이자 아히둡의 아들인 제사장 아히멜렉의 집이 사울에 의해 멸족되는 과정에서 살아남은 아비아달이 다윗에 의해 수용되는 말씀으로 끝납니다. 다윗이 말합니다. "네 아버지 집의 모든 사람 죽은 것이 나의 탓이로다 두려워하지 말고 내게 있으라 내 생명을 찾는 자가 네 생명도 찾는 자니 네가 나와 함께 있으면 안전하리라”(22:22-23).

다윗도 하나님의 기업을 떠나고 싶었습니다. 위험했기 때문입니다. 그러나 떠날 수가 없었습니다. 하나님께서 원치 않으셨기 때문입니다. 떠날 때도 있었습니다. 그가 하나님의 백성을 떠나 시글락에 머물며 아기스의 보호를 받을 때입니다. 그때 다윗 일행은 아말렉의 약탈을 경험합니다. 왜 그런 일이 발생했을까요? 그가 하나님의 백성을 떠났기 때문입니다. 그러나 다윗은 다시 하나님께서 정해주신 기업으로 돌아옵니다. 22장 5절도 보니 선지자 갓의 말을 듣고 헤렛 수풀로 돌아옵니다. 반면 사울은 제사장들마저 죽이는 것을 두려워하지 않습니다. 아말렉 헤렘은 순종하지 않았으면서도, 결국 도엑으로 하여금 제사장 성읍 헤렘을 하게 했습니다. 19절에 보니, 도엑은 “제사장들의 성읍 놉의 남녀와 아이들과 젖 먹는 자들과 소와 나귀와 양을 칼로 쳤”습니다.

다윗은 더 이상 사울의 천부장이 아니지만 그간 하던 일이어서 그랬는지, 그일라가 블레셋 사람들에게 수확물을 빼앗기자 도우러 갑니다. 다윗은 그일라 사람들이 블레셋 사람들 때문에 힘들다는, 농사를 지어 곡식을 거두었는데 빼앗긴다는 소식을 듣습니다. 도와줘야 하는지 하나님께 여쭙습니다. 하나님께서 도와주라고 하셨습니다. 같이 있던 사람들이 반대했습니다. “우리가 유다에 있기도 두렵거든 하물며 그일라에 가서 블레셋 사람들의 군대를 치는 일이리이까”(23:3) 이렇게 말했습니다. 그러자 다윗이 다시 여쭙습니다. 하나님께서 도와주라고 하셨지만, 같이 가야 할 사람들이 반대하니 다시 여쭌 것입니다. 하나님의 대답은 변함이 없습니다. 대신, “내가 블레셋 사람들을 네 손에 넘기리라”(23:5) 하는 약속을 주십니다.

다윗과 그의 사람들이 그일라에 왔고 블레셋과 싸워 이겼습니다. 그런데 이 소식을 사울이 듣고 다윗을 잡으러 그일라로 내려오려 합니다. 다윗의 사람들이 염려하던 일이 일어난 것입니다. 그러나 그일라 사람들이 다윗의 도움을 받았으니 다윗을 도와주지 않을까요? 은혜를 갚지 않을까요? 그러나 다윗은 하나님께 여쭙습니다. 마침 에봇을 가지고 있는 제사장 아비아달이 있으니, 그를 통해 여쭙습니다. 23장 10-11절입니다. “다윗이 이르되 이스라엘 하나님 여호와여 사울이 나 때문에 이 성읍을 멸하려고 그일라로 내려오기를 꾀한다 함을 주의 종이 분명히 들었나이다 그일라 사람들이 나를 그의 손에 넘기겠나이까 주의 종이 들은 대로 사울이 내려오겠나이까 이스라엘의 하나님 여호와여 원하건대 주의 종에게 일러 주옵소서 하니 여호와께서 이르시되 그가 내려오리라 하신지라" 아멘. 다윗은 하나님께 상황을 말씀드립니다. 하나님께서 모르신다고 생각해서가 아닙니다. 하나님께 내가 뭘 알고 있는지 말씀드리기 위함입니다. 내가 말씀드리지 않아도 내가 뭘 알고 있는지 하나님이 아십니다. 그러나 말씀드리는 것이 겸손입니다. 무엇을 원하는지도 말씀드립니다. 알고 싶다고 말씀드립니다. 대답은 "그가 내려오리라"입니다.

이어 정말 궁금한 질문을 드립니다. 사울이 자신을 잡으러 왔을 때 자신에게 도움을 받은 그일라 사람들이 어떻게 할지가 궁금합니다. 12절입니다. "다윗이 이르되 그일라 사람들이 나와 내 사람들을 사울의 손에 넘기겠나이까 하니 여호와께서 이르시되 그들이 너를 넘기리라 하신지라" 아멘. 하나님의 대답이 무엇입니까? "그들이 너를 넘기리라"입니다.

이런 상황이라면 여러분은 어떻게 하시겠습니까? 저는 속상할 것 같습니다. 그동안 도와준 것을 후회할 것 같습니다. 화도 낼 것 같습니다. 그러나 다윗은 그들에게 화를 내지 않습니다. 아니 하나님께 화가 날 수도 있습니다. 아니 이렇게 의리 없는 이들을 왜 도와주라고 하셨습니까? 이렇게 항의할 수 있습니다. 그러나 그들은 '갈 수 있는 곳'으로 갑니다. 13절입니다. "다윗과 그의 사람 육백 명 가량이 일어나 그일라를 떠나서 갈 수 있는 곳으로 갔더니 다윗이 그일라에서 피한 것을 어떤 사람이 사울에게 말하매 사울이 가기를 그치니라" 아멘.

다행입니다. 갈 수 있는 곳이 있으니까요. 다윗이 그일라를 떠나니 사울은 그일라로 내려오는 것을 포기합니다. 다윗이 하나님께 여쭈었기에 그일라 사람들은 배신자가 되지 않았습니다. 물론 그들은 배신할 가능성이 큰 사람들이었습니다. 다윗이 떠나지 않았고 사울이 내려왔다면 배신자가 되었을 것입니다. 그러나 다윗이 하나님께 미리 여쭈었기에 그일라 사람들은 배신자가 되지 않았습니다.

이런 다윗에게 하나님께서 주시는 축복이 있습니다. 14절입니다. "다윗이 광야의 요새에도 있었고 또 십 광야 산골에도 머물렀으므로 사울이 매일 찾되 하나님이 그를 그의 손에 넘기지 아니하시니라" 아멘. 다윗은 요새에도 머물고, 산골에도 머뭅니다. 사울이 매일 찾습니다. 그러나 하나님께서 다윗을 사울의 손에 넘기지 않으십니다. 다윗이 도망을 잘 쳤다고 생각했는데, 아닙니다. 하나님께서 사울의 손에 다윗을 넘기지 않으셨습니다. 다윗이 지혜자여서가 아닙니다. 그가 하나님께 여쭈어 행했기 때문입니다.

여러분은 지혜자입니까? 아니라고 생각한다면 하나님께 여쭈어 행하십시오. 때로 의리 없는 사람들을 도와줄 수도 있습니다. 안전을 포기하고 광야로 떠나야 할 수도 있습니다. 그러나 사울보다 강하신 하나님, 그일라 거민보다 의리가 있으신 하나님, 다윗과 함께 한 사람들보다 사랑과 긍휼이 많으신 하나님이 여러분을 책임져 주실 것입니다. 지혜롭고 싶습니까? 그러면 하나님께 여쭈십시오.

도움을 준 그일라 사람들로부터도 왕으로 인정받지 못한 다윗을 요나단이 나타나 위로합니다. 22장 15-18절에 있습니다. 16-17절입니다. "사울의 아들 요나단이 일어나 수풀에 들어가서 다윗에게 이르러 그에게 하나님을 힘 있게 의지하게 하였는데 곧 요나단이 그에게 이르기를 두려워하지 말라 내 아버지 사울의 손이 네게 미치지 못할 것이요 너는 이스라엘 왕이 되고 나는 네 다음이 될 것을 내 아버지 사울도 안다 하니라" 아멘. 이어 십 사람들까지 자신의 위치를 사울에게 알리자, 다시 요새로 들어갑니다. 처음 갔던 요새는 마사다였습니다(22:5). 마사다와 엔게디는 16킬로미터 정도밖에 떨어지지 않았습니다. 이로 볼 때, 요새를 찾는 다윗의 마음에서 '안정 추구'를 읽을 수 있습니다.

안정을 추구하는 다윗의 마음이 '사울의 옷자락 자르기'로 드러납니다. 24장 4-5절입니다. "다윗의 사람들이 이르되 보소서 여호와께서 당신에게 이르시기를 내가 원수를 네 손에 넘기리니 네 생각에 좋은 대로 그에게 행하라 하시더니 이것이 그 날이니이다 하니 다윗이 일어나서 사울의 겉옷 자락을 가만히 베니라 그리한 후에 사울의 옷자락 벰으로 말미암아 다윗의 마음이 찔려" 아멘. 마음을 드러내지는 않았지만, 다윗도 자기가 사울의 옷자락을 베면 안 되는 것 정도는 알고 있었습니다. 다윗은 사울의 옷자락 벰을 인하여 마음이 찔렸습니다. 왜 그랬을까요? 옷자락을 벤 그의 의도 때문이었을 것입니다. 다윗은 왜 사울의 옷을 잘랐을까요? 단순히 옷을 망가뜨리기 위해서였을까요? 후에 다윗이 말한 것처럼 그를 죽일 수 있었지만 죽이지 않았다는 징표를 얻기 위해서였을까요? 왕의 옷을 자른다는 것은 나라를 나눈다는 의미가 있을 수 있습니다.

열왕기상 11장 29절 이하에 보면 실로 사람 선지자 아히야가 자기가 입은 새 옷을 잡아 열두 조각으로 찢고 여로보암에게 열 조각을 갖게 합니다. 그리고 "이스라엘의 하나님 여호와의 말씀이 내가 이 나라를 솔로몬의 손에서 찢어 빼앗아 열 지파를 네게 주고 오직 내 종 다윗을 위하고 이스라엘 모든 지파 중에서 택한 성읍 예루살렘을 위하여 한 지파를 솔로몬에게 주리니"라고 말합니다. 옷의 한 조각은 나라의 일부를 의미할 수 있기에, 다윗은 사울의 옷을 자르면서 '너도 기름 부음 받은 왕이고 나도 기름 부음 왕이니 내게 일부를 떼어 달라'라고 생각했을 수 있습니다.

다윗의 상황을 생각할 때, 이러한 의도를 가졌다고 비난하기는 어렵습니다. 그러나 그가 하나님으로부터 이스라엘의 왕으로 기름 부음을 받았기에 이는 허물이 되는 것입니다. 한국 교회 분열의 역사는 '잘라내기'의 역사였습니다. 누군가 '개신교는 가톨릭에서 잘려 나갔으니 계속 갈린다.' 말하지만, 이 잘라내기가 우리 시대 가운데에서 일어나지 않기를 바라는 마음입니다.

사울의 옷자락을 자른 다윗은 마음에 찔렸습니다. 그러나 그는 이 사실을 사울을 죽이지 않았다는 점을 들어 변호하였습니다. 어쩌면 이것이 이어질 이스라엘의 역사에 영향을 주지 않았나 싶습니다. 그는 사울의 신하들을 받아들이는 조건으로 첫째 부인 미갈을 돌려 달라며 미갈과 재결합했으나, 언약궤를 다윗성에 들일 때 자신을 업신여기는 미갈을 아내의 위치에서 스스로 잘라냅니다. 그때 다윗이 한 말입니다. "이는 여호와 앞에서 한 것이니라 그가 네 아버지와 그의 온 집을 버리시고 나를 택하사 나를 여호와의 백성 이스라엘의 주권자로 삼으셨으니 내가 여호와 앞에서 뛰놀리라 내가 이보다 더 낮아져서 스스로 천하게 보일지라도 네가 말한 바 계집종에게는 내가 높임을 받으리라"라고 했고, 이어지는 말씀을 보니, "그러므로 사울의 딸 미갈이 죽는 날까지 그에게 자식이 없으니라"(삼하 6:21-23)라고 되어있습니다.

젊은 시절 자신을 억울하게 괴롭힌 사울의 옷을 잘랐던 다윗은 그의 딸을 잘라냅니다. 그 결과가 무엇입니까? 다른 사람의 아내를 통해 후사를 얻습니다. 조강지처를 통해 후사를 얻지 못했으니, 당연한 결과라 하겠습니다. 또한 솔로몬 사후에 나라가 나뉩니다. 선지자 아히야가 새 옷을 찢어 나누는 말씀에서, 다윗의 의도가 역사 속에서 현실이 되었다는 생각이 듭니다.

하나님께서 내가 주신 기업을 잘라내면 안 됩니다. 예수님이 말씀하셨습니다. "새 옷에서 한 조각을 찢어 낡은 옷에 붙이는 자가 없나니 만일 그렇게 하면 새 옷을 찢을 뿐이요 또 새 옷에서 찢은 조각이 낡은 것에 어울리지 아니하리라"(눅 5:36) 아멘. 예수님은 하나님의 나라와 세상 나라를 섞지 않으시겠답니다. 하나님 나라에서 일부를 떼어 세상 나라에 붙이지 않겠다 하십니다. 새 옷을 찢지 않겠다는 말씀에서 선지자 아히야의 새 옷이 생각납니다. 다윗이 자른 사울의 옷자락도 생각납니다.

사역 현장에서 잘라내기를 하지 않으려면 생활 속에서부터 잘라내기가 근절되어야 합니다. 주방에서 일하시는 분이 어린 딸의 학예회에 참석하지 못한 날 밤에 딸에게 들은 말입니다. "할머니 할아버지 온 애는 나밖에 없더라!" 이렇게 말한 딸이 돌아눕더랍니다. 딸은 엄마를 잘라내고, 엄마는 이때 상처를 받습니다. 수많은 낙태로 자식들을 잘라냅니다. 수많은 이혼으로 배우자를 잘라냅니다. 직장에서 잘리고, 가정에서 잘리고, 교회에서 잘리고, 우리는 잘리며 살아갑니다. 계속 잘리다 보니, 이젠 "될 대로 되라." 하며 폭력적이게 됩니다.

힘없고 이리저리 몰리는 점을 생각할 때, 우리는 어쩌면 동굴 안에 숨어야 하는 다윗 일행 같을 때가 있습니다. 이때 우리 안에는 사울의 옷을 잘랐던 다윗의 마음이 자연스레 생길 수 있습니다. 24장 6절에 보니 하나님은 다윗에게 "내가 네 원수를 네 손에 넘기리니 네 생각에 좋은 대로 그에게 행하라" 말씀하셨습니다. 어찌할까요? 다윗은 요새를 떠나지 않습니다. 24장 22절입니다. "다윗이 사울에게 맹세하매 사울은 집으로 돌아가고 다윗과 그이 사람들은 요새로 올라가니라" 아멘. 이후에 사무엘이 죽습니다(25:1). 다윗을 돕는 이들 가운데 요나단 카드가 끝났고, 사무엘 카드도 끝난 것입니다. 남은 미갈 카드는 다윗이 아내 둘을 맞으면서 끝납니다. 25장 43-44절입니다. "다윗이 또 이스르엘 아히노암을 아내로 맞았더니 그들 두 사람이 그의 아내가 되니라 사울이 그의 딸 다윗의 아내 미갈을 갈림에 사는 라이스의 아들 발디에게 주었더라" 아멘.

도울 자 없는 상태에서 한 번 더 다윗에게 '사울을 죽일 수 있는 기회'가 주어집니다. 그러나 이번에는 시험에 빠지지 않습니다. 창과 물병을 가져온 다음에 다시 돌려줍니다. 26장 12, 22절입니다. "다윗이 사울의 머리 곁에서 창과 물병을 가지고 떠나가되 아무도 보거나 눈치 채지 못하고 깨어 있는 사람도 없었으니 이는 여호와께서 그들을 깊이 잠들게 하였으므로 그들이 다 잠들어 있었기 때문이었더라, 다윗이 대답하여 이르되 왕은 창을 보소서 한 소년을 보내어 가져가게 하소서" 아멘. 이것이 사울과 다윗의 마지막 만남입니다.

다윗과 그와 함께하는 육백 명이 그간 가정을 이뤘습니다. 그러니 가족들이 안전하게 머물 곳이 필요했습니다. 그래서 찾아간 사람이 가드 왕 마옥의 아들 아기스입니다. 다윗의 처음 도피처도, 마지막 도피처도 가드였습니다. 그러나 이번에는 처음과 달랐습니다. 시글락을 요청하여 머물렀고 타민족을 약탈하고서는 유다 지방을 약탈했다고 속입니다. 27장 8-12절에 있습니다.

다윗과 그와 함께 한 사람들이 가정을 이루고 안정을 위해 거짓으로 무장할 때, 사울은 어떻게 지냈을까요? 사무엘이 죽자 모든 이스라엘이 그를 위해 애곡하고 사무엘을 라마 즉, 그의 성에 장사지냈는데(25:1), 사울은 영매자들과 점쟁이들을 그 땅에서 몰아냅니다(28:3). 그런데 블레셋 사람들이 모여 와서 수넴에 진을 쳤습니다. 그러자 사울이 이스라엘 전체와 모였습니다. 이어 길보아에 진을 쳤습니다. 28장 4절입니다. "블레셋 사람들이 모여 수넴에 이르러 진치매 사울이 온 이스라엘을 모아 길보아에 진 쳤더니" 아멘. 사울이 블레셋 진영을 보았습니다. 그러자 그가 두려웠고 그의 마음이 심히 떨렸습니다(28:5). 그러자 사울이 여호와께 여쭈었습니다. 하나 여호와께서 그에게 답하지 않으셨습니다. 꿈들로도, 우림으로도, 선지자들로도요(28:6).

그러자 사울이 그의 종들에게 말했습니다. "나를 위해 영매(靈媒) 여주인 여자를 구하라. 내가 그녀에게 가서 그녀 안에서 구하고자 한다." 그러자 그의 종들이 그에게 말했습니다. "보십시오. 영매 여주인 여자는 엔돌에 {있습니다.}" 길보아에서 엔돌까지는 직선거리로 13킬로미터입니다. 길보아에서 수넴까지는 직선거리 10킬로미터입니다. 수넴에서 엔돌까지는 직선거리 6킬로미터이고, 수넴과 엔돌 사이에 모레 산이 있습니다.

영매인 여자 우두머리는 정말 사울을 알아보지 못했을까요? 아닙니다. 분명 알아차

렸을 것입니다. 사울은 변장에 능숙하지 않습니다. 사울은 다른 사람보다 키가 머리 하나 더 있을 만큼 큽니다. 40년 왕을 지냈으니 왕의 태도, 말투가 몸에 배었을 것입니다. 영매가 불러낸 것은 정말 사무엘일까요? 아닙니다. 귀신입니다. 모두가 알고 있는 정보로 사울을 현혹하고 있습니다. 정말 사무엘이 이 상황에서 사울을 만난다면 뭐라 할까요? 영매를 의지하는 행동을 규탄하고 당장 그곳을 떠나라고 했을 것입니다. 결국 사울은 우상에게 경배했고 귀신에게 드려진 고기와 떡을 먹었습니다. 우상숭배자가 된 것입니다.

한편, 아기스의 요청을 거절하지 못하고 블레셋인들과 함께 출전하던 다윗은 시글락으로 돌아옵니다. 블레셋 방백들이 다윗과 함께 출전하는 것을 허용하지 않았기 때문입니다. 다행이지요. 그러나 그를 기다리고 있는 것은 '불탄 시글락' 이었습니다. 30장 1-2절입니다. "다윗과 그의 사람들이 사흘만에 시글락에 이른 때에 아말렉 사람들이 이미 네겝과 시글락을 침노하였는데 그들이 시글락을 쳐서 불사르고 거기에 있는 젊거나 늙은 여인들은 한 사람도 죽이지 아니하고 다 사로잡아 끌고 자기 길을 갔더라" 아멘. 이때 다윗의 상황입니다. 6절입니다. "백성들이 자녀들 때문에 마음이 슬퍼서 다윗을 돌로 치자 하니 다윗이 크게 다급하였으나 그의 하나님 여호와를 힘입고 용기를 얻었더라" 아멘. 다윗이 돌에 맞아 죽을 뻔했지요. 그러나 하나님을 의지하였고, 애굽 소년의 도움으로 가족과 재산을 되찾았을 뿐 아니라 많은 전리품을 얻습니다. 16-20절에 있습니다. 다윗이 전리품을 유다 장로들에게 보내는 사이, 사울과 요나단은 전사합니다.

사무엘하 1장에 나오는 아말렉 사람의 말은 거짓말이 분명합니다. 성경기자가 사무엘상 31장 4-5절에서 "사울이 자기의 칼을 뽑아서 그 위에 엎드러지매 무기를 든 자가 사울이 죽음을 보고 자기도 자기 칼 위에 엎드러져 그와 함께 죽으니라" 이렇게 소개하기 때문입니다. 아말렉 사람은 아마도 사울을 자신이 죽였다고 하면 다윗에게 상을 받을 것으로 기대했나 봅니다. 다윗을 잘 모르기에 그런 기대를 가졌겠지요. 다윗은 요나단의 '활 언약' 을 기억하고 '활 노래' 로 사울과 요나단을 조상합니다. 그러나 그들을 장사지내지는 않습니다. 그 일은 길르앗 야베스 사람들에 의해 이행됩니다. 이 일은 사무엘하 21장에 가서야 매듭이 지어집니다.

'활 노래' 가 '한나의 기도' 만큼이나 중요하기에 살펴봅니다. 우선 사무엘하 1장 17-18절입니다. "다윗이 이 슬픈 노래로 사울과 그의 아들 요나단을 조상하고 명령하여 그것을 유다 족속에게 가르치라 하였으니 곧 활 노래라 야살의 책에 기록되었으되" 아멘. 다윗은 노래를 짓고 가르쳐 부르게 합니다. 준비된 노래입니다. 준비된 눈물입니다.

준비된 노래에서 사울과 요나단에게 동등한 눈물을 흘릴까요? 아니면, 다른 눈물을 흘릴까요? 대답은 '다른 눈물을 흘린다.' 입니다. 우선 노래의 제목이 요다난을 생각나게 합니다. 제목은 '활' 입니다. 왜 제목이 '활' 인가? 다윗과 요나단 사이에서 '활과 화살' 이 중요하기 때문입니다. 사무엘상 18장 4절을 보면, 다윗이 골리앗을 죽인 직후에 요나단은 다윗에게 자신의 활을 줍니다. 물론, 겉옷, 군복, 칼, 띠와 함께 활을 주었습니다. 활은 멀리 있는 적을 공격할 수 있는 무기입니다. 요나단은 자신이 가진 좋은 것들을 다윗에게 넘기면서 '활' 도 넘겼습니다.

그리고 사무엘상 20장을 보면, 요나단은 다윗을 떠나보낼 때 징표로 '화살' 을 사용합니다. 20장 17-22절입니다. "요나단이 다윗을 사랑하므로 그로 다시 맹세케 하였으니 이는 자기 생명을 사랑함같이 그를 사랑함이었더라 요나단이 다윗에게 이르되 내일은 월삭인즉 네 자리가 비므로 네가 없음을 자세히 물으실 것이라 너는 사흘을 있다가 빨리 내려가서 그 일이 있던 날에 숨었던 곳에 이르러 에셀 바위 곁에 있으라 내가 과녁을 쏘려 함같이 살 셋을 그 곁에 쏘고 아이를 보내어 가서 살을 찾으라 하며 내가 짐짓 아이에게 이르기를 보라 살이 네 이편에 있으니 가져 오라 하거든 너는 돌아올찌니 여호와께서 사시거니와 네가 평안무사할 것이요 만일 아이에게 이르기를 보라 살이 네 앞편에 있다 하거든 네 길을 가라 여호와께서 너를 보내셨음이니라" 아멘.

요나단은 아버지 사울이 다윗을 죽이려 한다는 것을 확인하고 약속된 날에 약속된 장소에 가서 약속대로 자기 소년의 머리 위로 화살을 쏩니다. 이어 다윗에게 보냅니다. 이 사건은 다윗이 사울의 종으로서의 자리를 멈춘 것과 관계되기에 중요합니다. 아직은 사울의 장군이었을 때이면서 이제 새로운 자리로 나아가는 때였습니다. 그때의 사건을 떠올리는 도구가 '화살' 인데, 다윗은 '활' 이라는 제목을 붙였습니다. 그럼, 이 '활' 은 노래 안에서 누구의 활로 나오나요? 사무엘하 1장 22절입니다. "죽은 자의 피에서, 용사의 기름에서 요나단의 활이 물러가지 아니하였으며 사울의 칼이 헛되이 돌아오지 아니하였도다" 아멘. 요나단의 활입니다. 그러므로, 제목 '활' 은 요나단을 향합니다.

그리고 이 노래의 첫 단어는 '영광' 인데, 요나단을 가리킵니다. 1장 19절에 있습니다. "이스라엘아 너의 영광이 산 위에서 죽임을 당하였도다 오호라 두 용사가 엎드러졌도다" 아멘. 본래 '아름다움' 을 뜻하는 단어인데, '영광' 으로 번역했습니다. '그 아름다움' 입니다. 모두가 알 수 있는 '이스라엘의 아름다움' 은 누구를 가리킬까요? 19절을 봐서는 알기 어렵습니다. 25절을 보면, 알 수 있습니다. "오호라 두 용사가 전쟁 중에 엎드러졌도다 요나단이 너의 산 위에서 죽임을 당하였도다" 아멘. '두 용사' 가 있고, '요나단' 이 있습니다. 두 용사는 엎드러졌고, 요나단은 산 위에서 죽임을 당했습니다. 19절을 보면, 순서를 바꿔 말하기를, 너의 영광은 산 위에서 죽임을 당했고, 두 용사는 엎드러졌다고 말합니다. '두 용사' 는 당연히 '사울과 요나단' 을 가리킵니다. 그러니 '산 위에서 죽은 이스라엘의 아름다움' 은 '요나단' 을 가리킵니다. 이처럼 제목이 '활' 이고 첫 단어 '그 아름다움, 그 영광' 이 요나단을 가리킵니다. 물론, '두 용사' 로 번역된 단어는 '용사들' 입니다. 전쟁에서 죽은 용사들을 모두 가리킬 수 있습니다. 그러나 17절에서 "사울과 그 아들 요나단"을 조상했다고 했기에, '용사들' 이 '두 용사' 로 번역되었습니다.

요나단만을 향하는 구절이 또 있습니다. 1장 26절입니다. "내 형 요나단이여 내가 그대를 애통함은 그대는 내게 심히 아름다움이라 그대가 나를 사랑함이 기이하여 여인의 사랑보다 승하였도다" 아멘. 다윗은 사랑한 것은 요나단이었습니다. 사울이 아니었지요. 그래서 다윗은 요나단을 특별하게 표현합니다. '형제' 라고 부릅니다. 그렇다고 사울을 '아버지' 라 부르지는 않습니다. 물론, 사울은 장인이고, 요나단은 처형이지요. 그런데 요나단만 '형제' 라고 부릅니다. 그것도 '친형제' 처럼 부릅니다.

여기 '여인의 사랑' 을 직역하면 '아내들의 사랑' 입니다. 다윗에게는 이때 '미갈' 이라는 전처와 '아히노암 및 아비가일' 이라는 두 부인이 있었습니다. 다윗은 전처를 포함하여 세 명의 아내보다 요나단의 사랑이 크다고 말합니다. 미갈은 다윗을 구해주었으나 다른 사람의 아내가 되었고, 아비가일 역시 지혜로 다윗을 구했으나 다른 사람의 아내였지요. 아히노암이 어떻게 다윗의 부인이 되었는지는 모릅니다. 다윗은 요나단의 사랑이 죽을 때까지 변함없었기에 이렇게 표현한 듯합니다. 제 아내의 사랑은 '요나단의 사랑보다 승한 사랑' 이지요. 변함없는 사랑이고 곁을 떠나지 않은 사랑이며 변화를 준 사랑이고 함께 예배드리는 예배자의 사랑이기 때문입니다.

이어지는 26절에서 요나단에게만 해당되는 내용을 말한 다윗은 27절 마지막을 '두 용사' 로 마무리 짓습니다. "오호라 두 용사가 엎드러졌으며 싸우는 병기가 망하였도다" 아멘. 이처럼, 잘 보면, 다윗은 '요나단에게만 해당되는 내용' 과 '사울 및 요나단에게 함께 해당되는 내용' 을 번갈아 제시하며 노래를 지었습니다. 19절에서 '너의 영광' 은 '요나단' 을, '두 용사' 는 '사울과 요나단' 을 가리킵니다. 20-21절은 '두 용사' 에 해당합니다. 21절에 '두 용사' 가 나오지요. '슬픔에는 기쁨이 틈타지 말아야 함' 을 '슬픈 날에는 즐거운 일이 없어야 함' 을 노래합니다. 20-21절입니다. "이 일을 가드에도 고하지 말며 아스글론 거리에도 전파하지 말찌어다 블레셋 사람의 딸들이 즐거워할까, 할례 받지 못한 자의 딸들이 개가를 부를까 염려로다 길보아 산들아 너희 위에 우로가 내리지 아니하며 제물 낼 밭도 없을찌어다 거기서 두 용사의 방패가 버린 바 됨이라 곧 사울의 방패가 기름부음을 받지 않음같이 됨이로다" 아멘.

마지막 표현이 눈에 띕니다. "사울이 방패가 기름부음을 받지 않음같이 됨이로다" (1:21)입니다. 사울은 기름 부음을 받은 왕입니다. 그런데, 그의 방패는 기름칠하지 않은 방패라고 노래합니다. 방패의 기능을 좋게 하려고 방패에 기름을 칠합니다. 그러므로, '기름칠하지 않은 방패' 란 자기 기능을 충분히 발휘하지 못하는 방패를 의미합니다. 사울의 방패에 대해 그렇게 표현합니다. 사실, '두 용사의 방패' 에서 '방패' 는 단수입니다. 그러니, '두 용사의 방패' 는 '사울의 방패' 와 동격일 수 있습니다. 사울은 자신뿐 아니라 요나단도 보호하는 방패였습니다. 그런데 버림받은 것입니다. 거절당했습니다. 본래는 '미움을 받았다' 는 단어입니다. 사울이 기름 부음 받은 왕으로서 마땅히 취할 태도를 취하지 못했음을 비판하는 내용이 들어있습니다.

이어지는 22절에서 다윗은 요나단과 사울의 용맹을 추억합니다. 23절에서는 사랑받고 즐거웠던 사울과 요나단을 그립니다. 그들은 죽음도 함께한 아버지와 아들이었습니다. 독수리보다 빠르고 사자보다 강한 부자였습니다. 22-23절입니다. "죽은 자의 피에서, 용사의 기름에서 요나단의 활이 물러가지 아니하였으며 사울의 칼이 헛되이 돌아오지 아니하였도다 사울과 요나단이 생전에 사랑스럽고 아름다운 자이러니 죽을 때에도 서로 떠나지 아니하였도다 저희는 독수리보다 빠르고 사자보다 강하였도다" 아멘.

분명 사울도 용감할 때가 있었습니다. 이스라엘을 구할 때가 있었습니다. 그는 분명 강했습니다. 다윗이 그 부분을 부정하지는 않습니다. 다윗은 24절에서 '사울의 공로'를 이렇게 말합니다. "이스라엘 딸들아 사울을 슬퍼하여 울찌어다 저가 붉은 옷으로 너희에게 화려하게 입혔고 금 노리개를 너희 옷에 채웠도다" 아멘. 경제적인 혜택을 주었습니다. 그런데 그 혜택은 백성을 위한 혜택은 아니었습니다. '붉은 옷'과 '금 노리개'는 '귀족들의 몫' 입니다. 왕족의 몫입니다. 다윗이 떠난 다음에 사울이 한 말입니다. 사무엘상 22장 7절입니다. "사울이 곁에 선 신하들에게 이르되 너희 베냐민 사람들아 들으라 이새의 아들이 너희에게 각기 밭과 포도원을 주며 너희로 천부장, 백부장을 삼겠느냐" 아멘. 그는 혈연을 중시했습니다. 친인척들에게 특혜를 주었습니다. 다윗은 사울에게 특혜를 누린 이들에게 애곡하라고 말합니다. 이제 더는 그 특혜가 주어지지 않을 것이기 때문입니다.

그리고 이어지는 25절에서 다윗은 '두 용사'와 '요나단'을 비교하여, 이 노래의 첫 단어 '영광'이 요나단을 가리킴을 분명하게 합니다. 그리고 요나난만의 특별한 사랑을 26절에서 노래하고 27절에서 '두 용사'를 언급하면서 노래를 마칩니다.

이로 볼 때, 다윗은 사울과 요나단을 구분했고, 노래를 통해 요나단이 돋보이게 했습니다. 사울의 죽음을 슬퍼하면서도, 그의 방패를 기름칠이 안 된 방패라고 부르고 사울의 공을 귀족들에게 호사를 준 것으로 기술하여, 비판하고 있습니다. 교육의 효과가 있습니다. 직임을 받은 자가 사울처럼 하면 안 된다는 거죠. 용맹스럽고 독수리보다 빠르고 사자보다 강하다 하더라도, 백성을 외면한 정치를 하면 안 됩니다. 반면, 요나단은 이스라엘의 아름다움입니다. 아버지가 정적으로 정한 자신을 아내들보다 더 사랑한 자입니다. 비록 아버지와 함께 죽었지만, 요나단은 다윗을 끝까지 지지하고 사랑했습니다.

다윗의 노래에서 몇 가지를 배웁니다. 첫째, 자신을 죽이려 한 사람이라 하더라도 잘한 것은 칭찬하고 그의 죽음을 조상하는 태도입니다. 둘째, 조사(弔詞)라 하더라도 공과(功過)를 분명하게 하는 태도입니다. 사울의 공은 귀족들을 호사스럽게 한 것이었고, 요나단의 공은 다윗을 사랑한 것이었습니다. 이것은 동시에 과(過)가 됩니다. 귀족들을 호사스럽게 하려고 사울은 백성을 희생시킬 수밖에 없었고, 다윗을 사랑한 요나단은 아버지의 미움을 받을 수밖에 없었습니다. 셋째, 사울과 요나단을 나눠 표현하는 태도입니다. 두 사람을 섞지 않았습니다. 두 사람은 아버지와 아들이었고 같은 날 죽었지만, 두 사람은 다릅니다. 한 사람은 '아름다움'이고 한 사람은 '기름칠이 안 된 방패'입니다.

이 노래에서 우리의 인생을 돌아봅니다. 우선은 우리의 인생이 아름답기를 바라는 마음이 있습니다. 비록 전사(戰死)하더라도 '너의 영광, 아름다움'이라고 불릴 수 있는 인생이기를 바라는 마음입니다. 독수리보다 빠르고 사자보다 강하더라도 사울 같을 수 있기 때문입니다.

사울과 요나단이 죽은 다음에, 육백 가정의 왕 다윗은 헤브론에서 유다 지파의 왕이 됩니다. 이어 이스라엘과 유다의 전쟁, 사울 집과 다윗 집의 전쟁이 시작됩니다. 여러 가지 에피소드를 남긴 이 전쟁의 승리자는 다윗입니다. 헤브론에서 다윗의 아들 여섯이 출생합니다. 그의 뜻대로 아브넬이 군대장관이 되지는 못하지만, 미갈을 돌려받습니다. 아브넬이 죽은 다음에 사울의 아들 이스보셋이 살해되고, 다윗은 이스보셋의 머리를 들고온 레갑과 바아나를 죽입니다. 사무엘하 4장 5-12절에 있습니다. 아브넬과 이스보셋의 머리를 장사지냈다는 표현이 눈에 띕니다. 3장 32절과 4장 12절입니다. "아브넬을 헤브론에 장사하고 아브넬의 무덤에서 왕이 소리를 높여 울고 백성도 다 우니라, 청년들에게 명령하매 곧 그들을 죽이고 수족을 베어 헤브론 못 가에 매달고 이스보셋의 머리를 가져다가 헤브론에서 아브넬의 무덤에 매장하였더라" 아멘.

아브넬과 이스보셋이 죽음 다음에 이스라엘은 하나님의 말씀을 들먹이며 다윗에게 왕이 되어달라고 요청합니다. 이스라엘 모든 지파가 다윗에게 나아옵니다. 이스라엘 모든 장로가 다윗에게 나아옵니다. 이들이 와서 한 첫 마디가 무엇입니까? 5장 1절에 있습니다. "보소서 우리는 왕의 한 골육이니이다"이지요. 직역하면, "보십시오. 당신의 뼈와 당신의 살은 우리입니다."입니다. 아담이 하와에게 했던 말이지요. 오래가지 못한 사랑 고백입니다.

그럼, 사울은 그들의 뼈와 살이 아니었던가요? 그래서 두 번째 말을 합니다. 2절 앞부분입니다. "전에 곧 사울이 우리의 왕이 되었을 때에도 이스라엘을 거느려 출입하게 하신 분은 왕이시었고" 아멘. '사울도 우리의 뼈이고 살이지만, 우리와 친근한 분은 다윗 당신입니다.' 이렇게 말하고 있습니다. 사울이 다윗을 군대의 장으로 삼기도 하고 천부장을 삼기도 하였지요(삼상 18:5, 13). 골리앗을 죽인 다음에는 군대의 장으로 삼았는데, 다윗의 인기가 좋아지자 천부장을 삼지요. 그러나 다윗은 사울을 떠납니다. 결국 사울과 요나단이 죽던 블레셋과의 전쟁에서 다윗은 이스라엘과 함께하지 못했습니다.

이스라엘의 뼈와 살이면서, 다시 말해 골육지친이면서 그들 앞에서 출입하며 공무를 수행하던 이들은 많았습니다. 다윗보다 오래도록 그 일을 했던 사람이 많았겠지요. 그래서 세 번째 말을 덧붙입니다. 5장 2절 하반부입니다. "여호와께서도 왕에게 말씀하시기를 네가 내 백성 이스라엘의 목자가 되며 네가 이스라엘의 주권자가 되리라 하셨나이다" 입니다. 하나님의 말씀을 인용합니다. 그런데 다윗의 직함은 '왕' 이 아닙니다. '목자' 와 '주권자' 입니다. '목자' 는 목양하는 자이고, '주권자' 는 하와의 역할인 '배필' 과 같은 어근을 가진 단어로 '말하는 자' 입니다.

사무엘에게 나아와서 우리도 이방 나라들처럼 왕이 필요하다며 왕을 구하던 때와는 다른 모습을 보이고 있습니다. 목양하는 자와 말하는 자를 구합니다. 하나님께서 그런 자로 다윗을 세웠다고 말합니다. 정말일까요? 사무엘상 16장 1절입니다. "여호와께서 사무엘에게 이르시되 내가 이미 사울을 버려 이스라엘 왕이 되지 못하게 하였거늘 네가 그를 위하여 언제까지 슬퍼하겠느냐 너는 뿔에 기름을 채워 가지고 가라 내가 너를 베들레헴 사람 이새에게로 보내리니 이는 내가 그의 아들 중에서 한 왕을 보았느니라 하시는지라" 아멘. 하나님께서는 다윗을 '왕' 으로 보셨습니다. 그런데 이스라엘의 장로들은 다윗이 이스라엘의 목동과 말하는 자로 세움을 받았다고 말합니다. 그것도 하나님의 말씀이라며 인용하면서 그렇게 말합니다.

사실 이스라엘의 장로들은 다윗에게 순서를 바꿔 말해야 맞습니다. 하나님의 선택이 먼저이고, 다윗의 경력이 다음이고, 다윗과의 혈연관계가 마지막이었어야 했습니다.

그러나 순서는 바뀌었고 하나님의 말씀에도 왜곡이 있습니다. 인간적인 요소가 가미되었기 때문입니다. 다윗에게 전권을 주고 싶지 않은 것이고, 하나님의 말씀보다는 자기중심적으로 의사결정을 하고 싶은 것입니다. 그러나 성경은 다윗이 '왕' 이라고 말합니다. 5장 3절입니다. "이에 이스라엘 모든 장로가 헤브론에 이르러 왕에게 나아오매 다윗 왕이 헤브론에서 여호와 앞에 그들과 언약을 맺으매 그들이 다윗에게 기름을 부어 이스라엘 왕으로 삼으니라" 아멘. 그리고 다윗은 왕으로 사십 년간 다스렸습니다. 이스라엘의 기대와 관계없이 다윗은 하나님께서 작정하신 길을 갔습니다.

다윗에 대한 왜곡된 기대는 여부스 사람들에게도 있었습니다. 우선, 5장 6절을 보면, 다윗을 '왕' 이라고 부릅니다. "왕과 그의 부하들이 예루살렘으로 가서 그 땅 주민 여부스 사람을 치려" 합니다. 이유는 예루살렘의 절반은 유다 지파의 땅이고 예루살렘의 나머지 절반은 베냐민 지파의 땅인데, 베냐민 지파의 땅이 아직 이스라엘의 기업이 되지 못했기 때문입니다. 여호수아서 15장 8절을 보면, 유다 지파의 경계에 대해 이렇게 말합니다. "또 힌놈의 아들의 골짜기로 올라가서 여부스 곧 예루살렘 남쪽 어깨에 이르며 또 힌놈의 골짜기 앞 서쪽에 있는 산 꼭대기로 올라가나니 이곳은 르바임 골짜기 북쪽 끝이며" 아멘. 그리고 여호수아서 18장 16절을 보면, 베냐민 지파의 기업과 관련하여 "르바임 골짜기 북쪽 힌놈의 아들 골짜기 앞에 있는 산 끝으로 내려가고 또 힌놈의 골짜기로 내려가서 여부스 남쪽에 이르러 엔 로겔로 내려가고" 이렇게 말합니다. 다시 말해, 여부스 거민이 사는 땅은 베냐민 땅입니다. 그래서 이어지는 18장 28절을 보면, "셀라와 엘렙과 여부스 곧 예루살렘과 기부앗과 기럇이니 열네 성읍이요 또 그 마을들이라 이는 베냐민 자손이 그들의 가족대로 받은 기업이었더라"라고 했습니다.

앞서 살펴본 것처럼, 사사기로 넘어오면, 유다 지파가 예루살렘을 쳐서 점령했다고 말합니다. 사사기 1장 8절입니다. "유다 자손이 예루살렘을 쳐서 점령하여 칼날로 치고 그 성을 불살랐으며" 했지요. 그런데 이어지는 사사기 1장 21절을 보면, "베냐민 자손은 예루살렘에 거주하는 여부스 족속을 쫓아내지 못하였으므로 여부스 족속이 베냐민 자손과 함께 오늘까지 예루살렘에 거주하니라" 했습니다.

정리하면, 예루살렘의 남서쪽은 유다 지파가 기업으로 받았고 북동쪽은 베냐민 지파가 기업으로 받았는데, 유다 지파는 기업을 차지하는데 성공했지만 베냐민 지파는 실패했습니다. 다윗은 이스라엘 왕이 되자, 그간 베냐민 지파가 기업으로 얻는데 실패한 여부스 거민의 성을 점령했고 그 성을 다윗 성으로 명명한 것입니다.

베냐민 지파가 여부스 성을 점령하지 못한 이유는 간단합니다. 여부스 성이 점령하기 어려운 요새였기 때문이지요. 이것을 잘 알았던 여부스 거민들이 다윗을 업신여기며 말합니다. 5장 6절입니다. "왕과 그의 부하들이 예루살렘으로 가서 그 땅 주민 여부스 사람을 치려 하매 그 사람들이 다윗에게 이르되 네가 결코 이리로 들어오지 못하리라 맹인과 다리 저는 자라도 너를 물리치리라 하니 그들 생각에는 다윗이 이리로 들어오지 못하리라 함이나" 아멘. 앞을 보지 못해도, 제대로 걷지 못해 전투 능력이 없어도, 너 정도는 막을 수 있다는 표현입니다.

다윗을 업신여겼으나 그들의 업신여김은 적절하지 않았습니다. 더구나 다윗은 여부스 성의 약점을 잘 알고 있었습니다. 8절입니다. "그 날에 다윗이 이르기를 누구든지 여부스 사람을 치거든 물 긷는 데로 올라가서 다윗의 마음에 미워하는 다리 저는 사람과 맹인을 치라 하였으므로 속담이 되어 이르기를 맹인과 다리 저는 사람은 집에 들어오지 못하리라 하더라" 아멘. '물 긷는 데' 가 그 성의 약점이었습니다.

다윗이 여부스 성을 점령하면서 예루살렘 전체가 다윗성이 됩니다. 그러나 이 과정에서 다윗도 그의 마음의 약점을 드러냅니다. "다윗의 마음에 미워하는 다리 저는 사람과 맹인"(5:8)이라는 표현입니다. 여부스 거민이 자신을 업신여기느라 언급한 다리 저는 자와 맹인을 미워할 필요는 없습니다. 그러나 오래도록 업신여김을 받다 보니 다윗의 마음에 업신여김이 파고들었습니다. 다리 저는 자와 맹인을 멀리하게 됩니다. 인생에서 피할 수 없는 영역입니다. 미움을 받으면 미움이 싹트고 사랑을 받으면 사랑이 싹트며 인정(認定)받으면 자존감이 싹트고 업신여김을 받으면 업신여김이 싹트는 것 말입니다. 그래서 우리는 늘 예수님이 필요합니다. "욕을 당하시되 맞대어 욕하지 아니하시고 고난을 당하시되 위협하지 아니하시고 오직 공의로 심판하시는 이에게 부탁하시며 친히 나무에 달려 그 몸으로 우리 죄를 담당하셨으니 이는 우리로 죄에 대하여 죽고 의에 대하여 살게 하려 하심이라 그가 채찍에 맞음으로 너희는 나음을 얻었나니" (벧전 2:23-24) 아멘.

이런 다윗의 약점에도 불구하고, 다윗은 여부스를 점령하고 왕 직을 사십 년간 성공적으로 수행했습니다. 비결이 5장 10절에 있습니다. "만군의 하나님 여호와께서 함께 계시니 다윗이 점점 강성하여 가니라" 아멘. 임마누엘입니다. 하나님께서 함께하셔서 사십 년 왕 직을 감당했습니다. 예루살렘 여부스성을 점령하고 법궤를 들이고 주변 나라들을 이길 수 있었습니다.

다윗은 삼십 세에 왕이 되고 사십 년을 통치했습니다. 이번 통독의 마무리는 다윗이 중앙 성소의 자리가 된 예루살렘 시온성을 빼앗아 다윗성이라 부른 것과, 아들들을 더 낳고 블레셋을 이긴 기사로 이뤄집니다. 5장 14-16절입니다. "예루살렘에서 그에게서 난 자들의 이름은 삼무아와 소밥과 나단과 솔로몬과 입할과 엘리수아와 네벡과 야비아와 엘리사마와 엘랴다와 엘리벨렛이었더라" 아멘. 이 가운데 '삼무아, 소밥, 나단, 솔로몬' 은 역대상 3장 5절에 따르면, 밧세바의 소생입니다. 나단은 예수님의 누가복음 족보에(눅 3:31), 솔로몬은 예수님의 마태복음 족보에(마 1:6-7) 등장하지요.

질의와 응답

하나. "사무엘상 28장 4, 7절과 관련해서, 길보아산에서 엔돌까지의 거리 및 수넴에서 엔돌까지의 거리, 수넴과 엔돌 사이에 모레 산이 있는 것이 중요할까요?"

블레셋이 진을 치고 있는 수넴은 이스라엘이 진친 길보아산의 북서쪽에 있고, 엔돌은 길보아산의 북쪽에 있습니다. 길보아산에서 엔돌을 가려면, 수넴을 좌측에 두고 지나가야 합니다. 물론 수넴과 엔돌 사이에는 모레 산이 있기는 하지만, 전시에 대장이 적진 앞을 가로질러 지나가는 행동은 매우 위험할 뿐 아니라, 승패에 영향을 끼칠 수 있습니다. 이 점을 지형을 통해 설명하려고 했습니다.

둘. "엔돌의 영매자가 불러낸 것은 사무엘이 아니라 귀신이라고 하셨는데, 왜 사무엘서 기자는 이 부분이 헷갈리게 써서 독자가 혼선을 빚게 하나요?"

묘사의 방식으로 기록하다 보니 그렇게 된 듯합니다. 사무엘상 28장 8-25절을 직역한 것을 읽어 보십시오.

> 사울이 스스로 변장을 했습니다. 또한 다른 옷들을 입었습니다. 이에 그가 갔습니다. 또한 남자 둘이 그와 함께요. 하여 그들이 그 여자에게 밤에 가서 말했습니다. "나를 위해 영매로 점을 쳐 달라. 또한 나를 위해 올려라, 내가 네게 말하는 이를." 그러자 그 여자가 그에게 말했습니다. "보시오. 당신은 압니다. 사울이 행한 것을. 곧 영매자들과 점쟁이들을 그가 자를 것을[그들과 언약을 맺은 것을]. 그러니 왜 너는 내 목숨을 구하는가, 나를 죽이려고."
>
> 그러자 사울이 그녀와 여호와로 맹세하여 말합니다. "여호와께서 살아 계신다. 이 일로 허물이 네게 임하면/떨어지면 {내가 죽는다.}" 그러자 그 여자가 말했습니다. "누구를 내가 너를 위해 올릴까?" 그러자 그가 말했습니다. "사무엘을 나를 위해 올리라." 그러자 그 여자가 사무엘을 봤습니다. 그리고 그녀가 큰소리로 외쳤습니다. 이어 그 여자가 사울에게 말하며 이릅니다. "왜 너는 나를 속였는가? 너는 사울이다."
>
> 그러자 왕이 그녀에게 말했습니다. "너는 두려워 마라. 네가 무엇을 보든지." 그러자 그 여자가 사울에게 말했습니다. "신[엘로힘, 복수]을 내가 봤다. 땅에서 올라온 {신이다.}" 그러자 그가 그녀에게 말했습니다. "그[단수, 사무엘 간주]의 모양이 어떠냐?" 그러자 그녀가 말했습니다. "늙은 남자가 올라온다. 그리고 그는 겉옷을 둘렀다." 그러자 사울은 알았습니다. 사무엘이 그라고요. 이에 얼굴을 땅에 대고 절했습니다.
>
> 그러자 사무엘이 사울에게 말했습니다. "왜 너는 나를 떨게 만드느냐, 나를 올려서." 그러자 사울이 말했습니다. "고통이 내게 심하다. 그리고 블레셋 인들이 나와 전쟁 중이다. 하나 하나님이 내게서 돌아서셨다. 그리고 더 이상 내게 답하지 않으신다. 선지자들의 손으로도, 꿈들로도. 그래서 내가 너를 불렀다. 내가 뭘 해야 하는지 내게 알게 하도록."
>
> 그러자 사무엘이 말했습니다. "왜 또 너는 내게 구하느냐? 여호와께서도 네게서 돌아서셨다. 그리고 네 대적이 되셨다. 그리고 여호와께서 네게 행하셨다. 그분이 내 손으로[6절에는 없는 '손' 언급] 말씀하신 대로. 또한 여호와께서 네 손으로부터 나라를 찢으셨다[삼상 15:27, 28]. 그리고 그것을 네 이웃에게, 다윗에게 주셨다. 네가 여호와의 소리를 순종하지 않은 것처럼, 또한 네가 그의 분노를 아말렉에게 행하지 않은 것처럼. 그러므로 이 일을 여호와께서 네게 행하셨다. 오늘. 또한 여호와께서 주셨다. 네 백성[?] 이스라엘도 블레셋의 손에. 그리고 내일 너와 네 아

들들이 나와 함께. 이스라엘 진도 여호와께서 블레셋 인들의 손에 주신다[헤렘 표현]."

그러자 사울이 즉시 땅에 그의 키 전체가 떨어졌습니다[엎드리고 있다가 쓰러짐]. 그리고 사무엘의 말로부터[말 때문에] 심히 두려웠습니다. 힘도 그에게 없습니다. 낮 동안 밤 동안 그가 먹지 않았기 때문입니다. 이에 그 여자가 사울에게 왔습니다. 그리고 그가 심히 두려워하는 것을 보았습니다. 이에 그녀가 그에게 말했습니다. "보시오. 당신의 여종이 당신의 소리를 들었다[순종했다]. 그리고 내 목숨을 내 손바닥에 놓았다. 또한 당신이 내게 말한 그 말을 내가 들었다. 그러니 이제 너도 들으라. 당신 여종의 소리를. 이어 내가 네 앞에 떡조각을 놓고자 한다. 그러니 먹으라. 그러면 네게 힘이 있을 것이다. 네가 네 길을 가기 때문이다."

그러자 그가 거절하고 말했습니다. "나는 안 먹는다." 그러자 그의 종들과 그 여자도 주장했습니다. 그러자 그가 그들의 소리를 들었습니다. 이어 그 땅에서 일어났고 침상에 앉았습니다. 그리고 그 여자에게 살진 송아지가 그 집에. 이에 그녀가 급히 가서 그것을 잡았습니다[제사용으로]. 또한 그녀가 밀가루를 취했고 반죽했고 무교병을 구웠습니다. 그리고 사울 앞과 그의 종들 앞에 내왔습니다. 그러자 그들이 먹었습니다. 그리고 그들이 일어나 그 밤에 갔습니다.

영매하는 여자는 '사무엘을 떠올리게 하는 신(엘로힘, 28:13)' 을 봤습니다. 『개역개정』에 '영' 이라고 번역된 단어입니다. 사울은 그 '신' 을 직접 보지는 못했습니다(28:12-13). 사무엘로 간주하여 삼인칭 대명사 '그' 로 표현했고(28:14) 영매자를 통해 '그' 가 사무엘이라 여기고 대화했습니다. 성경 기자는 영매를 통해 대화하는 상황을 묘사하고 있습니다. 그 과정에서 영매자의 인식(認識)과 사울의 간주(看做)를 고려하여 그들의 시각에서 상황을 기술하고 있습니다. 이러한 성경 기자의 묘사 방식을 이해하고 읽으면, 사울이 얼마나 어리석은지, 그리고 어떤 과정을 통해 결국 우상에게 드려진 제물을 먹게 되었는지를 알 수 있습니다.

셋. "다윗이 시글락에서 거짓말한 것을 어떻게 봐야 합니까?"

'안정' 을 추구하는 과정에서 어쩔 수 없이 할 수밖에 없게 된 거짓말이라고 생각합니다. '도전' 도 중요하고 '안정' 도 중요합니다. 다윗과 그와 함께한 사람들은 가정을 이루었고 자녀를 낳았습니다. '도전' 보다는 '안정' 을 중시하는 시기에 도달한 것이지요. 시글락도 유다 기업에 속하니 어느 정도의 명분은 있는 듯합니다. 애굽으로 가거나 하지는 않았으니까요. 물론, 아쉬운 부분은 있지요. 그러나 현실은 칼로 두부 자르듯 할 수 없을 때가 많습니다. 최소한의 선을 지키면서 공동체의 안정이 추구되었습니다. 아기스의 보호 아래로 들어가지 않고, 시글락이라고 하는 성읍에 머물지 않으면서, 떠돌이의 야성(野性)을 계속 지켜나갈 수 있었다면 더 좋았겠지만, 인생이 그러기는 어려운가 봅니다.

넷. "다윗을 '목동 왕' 이라고 부르셨는데, 목동 왕이란 어떤 왕인가요?"

왕 노릇 하지 않는, 어떤 면에서 목양에 힘쓰는 왕을 표현해 보았습니다. 다윗은 부강할 때 성을 쌓는 등 왕권 강화에 힘쓰지 않았습니다. 가장 강력한 왕이었지만 자신을 위해 힘을 쓰지 않았지요. 물론 우리아와 밧세바 사건이 있기는 했지만요. 전체적으로 다윗은 백성 목양에 힘쓴 왕이었습니다.

Weekly Reading

15

사무엘하 6장 - 열왕기상 2장

"후계자"

삼하 6-8장	삼하 9-11장	삼하 12-14장	삼하 15-17장	삼하 18-20장	삼하 21-23장	삼하 24장-왕상 2장

check

"어떤 일이나 사람의 뒤를 잇는 사람"을 후계자라 부릅니다. 누가 다윗의 후계자가 될 것인가? 이 질문을 이번 통독 부분이 대답해 줍니다. 정답은 솔로몬입니다. '온전하다'를 뜻하는 단어에서 파생되어, '평강'을 의미하는 '샬롬'과 비슷한 단어가 이름이 되었습니다. '평강의 사람, 온전한 사람' 이런 뜻을 가진 사람이 솔로몬입니다.

후계자

I.
누가 다윗의 후계자가 될까?
맏아들 암논일까?

다말의 일까지 문제 삼지 않았지만
오라버니 압살롬이 가만두지 않는다.

그럼 둘째 길르압인가?
지혜자 아비가일이 낳은 길르압은 미련한 자 나발의 기업무를 자인가?

셋째 압살롬, 요압과 아히도벨의 후원 받았으나
결국 후새와 요압에게 죽는다.

넷째 아도니아, 아비삭 구하며 왕 자리 눈독 들여 보나
매몰찬 솔로몬 그냥 두지 않는다.

다섯째 스바댜 여섯째 이드르암 행적 알 수 없고
삼무아 소밥 입할 엘리수아 네벡 야비아 엘리사마 엘랴다 엘리벨렛 간 곳 모른다.

솔로몬이 후계자 되고
나단은 누가복음 족보에만 나온다.

II.
왜 솔로몬인가?
열일곱 아들 가운데 열 번째 아들이다.

역대상에 두 아들 더 있고 소실 아들들 언급되니
적어도 스물하나 아들 가운데 열 번째이다.

맏이도 막내도 아니나
밧세바에게는 막내이다.

다윗이 막내이니
밧세바의 막내 솔로몬인가?

다윗과 비슷한 이름
여디디아 받아서인가?

우리아에 대한 보상인가?
아니면 솔로몬의 몫인가?

밧세바에게 한 다윗의 약속 때문이다.
"네 아들 솔로몬이 반드시 나를 이어 왕이 되어 내 왕위에 앉으리라"(왕상 1:13).

III.
후계자 없으면 쓸쓸하다.
후계자 있는 사람 안심이다.

유능한 후계자 있는 사람 자부심 가진다.
무능한 후계자 가진 사람 처리할 일 많다.

전임자 존중하는 후계자 가지면 복이다.
그러나 그런 경우 적으니

예수님이 귀하고
제자들이 귀하다.

예수님은 성부의 후계자로 성부를 존중하시고
제자들은 예수님의 후계자로 성자를 존중했다.

솔로몬은 유능한 후계자이다.
그러나 전임자를 존중한 후계자인가?

본인에게 유리한 유언은 지켰으나
모든 유언 지킨 것은 아니니 아닐 것이다.

IV.
오늘도 역사는 흐르고
후임자는 전임자를 따른다.

혈통으로, 때로는 선출로
후계자 결정된다.

나는 누구의 후계자이며
누가 나의 후계자일까?

충성된 일꾼의 후계자이고
충성된 일꾼들을 후계자로 가지고 있는가?

교회도 사회도 국가도
후계자들의 연결고리를 따져가며 묻는다.

Yes이면 행복하고
No이면 왜 사나 싶다.

예수님과 사도들과 같은
후계자 되고 후계자 갖기를 기도한다.

이번 통독 본문은 다윗이 하나님의 궤를 다윗성으로 옮기려 한 본문에서 시작하여, 솔로몬이 왕이 되는 본문에서 마무리됩니다.

다윗은 사울의 아들이 아닙니다. 그러기에 정통성을 마련해야 했습니다. 사울과 요나단의 뼈를 기스의 묘에 나중에 장사한 것도(삼하 21:12-14), 아브넬과 이스보셋을 통해 사울의 딸 미갈을 돌려받고자 한 것도(삼하 3:13-14) 정통성 확립과 관계가 있습니다. 전임자 사울, 사울의 맏아들 요나단이 조상의 묘실에 장사 되지 못한 것은 다윗에게 유리하게 작용할 수 있었습니다. 그리고 미갈을 돌려받음으로써 다윗의 사위 자리를 회복하는 것도 다윗이 왕이 되는데 얼마간의 정통성을 부여할 수 있었습니다.

그럼에도, 다윗은 사울의 아들이 아닙니다. 요나단의 아들 므비보셋이 살아있었고 사울의 딸 메랍에게는 다섯 아들이 있었습니다(삼하 21:8). 혈통 측면에서 다윗보다 사울의 후계자가 될 만한 이들이 최소한 여섯 명이나 있는 상황이니, 다윗에게는 하나님으로부터 비롯된 증거가 필요했습니다. 하나님의 기름 부음을 내세울 수 있었으나, 기름을 부은 사무엘이 죽은 이후이니, 하나님의 궤를 다윗성에 들임으로써 하나님의 인정(認定)에 기초한 정통성을 확립하고 싶었나 봅니다.

그러나 하나님의 법궤를 들이려 한 1차 시도가 실패로 돌아갑니다. 많은 백성을 모으고 직전 성공 사례 즉, 블레셋 사람들이 법궤를 옮긴 방법을 일부 사용합니다. '새 수레' 를 사용한 것이지요. 그러나 금 독종 다섯도, 금 쥐 다섯도, 젖 나는 소 두 마리도 없었습니다. 하나님보다는 사람들을 염두에 둔 방법이었습니다. 사무엘하 6장 1-3절입니다. "다윗이 이스라엘에서 뽑은 무리 삼만 명을 다시 모으고 다윗이 일어나 자기와 함께 있는 모든 사람과 더불어 바알레유다로 가서 거기서 하나님의 궤를 메어 오려 하니 그 궤는 그룹들 사이에 좌정하신 만군의 여호와의 이름으로 불리는 것이라 그들이 하나님의 궤를 새 수레에 싣고 산에 있는 아비나답의 집에서 나오는데 아비나답의 아들 웃사와 아효가 그 새 수레를 모니라" 아멘. 우리가 아는 대로 소들이 넘어졌고[뛰었다기보다는 넘어졌습니다] 웃사는 하나님의 궤를 붙들었습니다(6:6). 소가 넘어진 것은 더 이상 이동이 불가능하다는 것의 표현인 것 같습니다. 그런데 소가 넘어지면서 수레가 기울어졌고 법궤를 '보호' 하겠다는 생각 때문에 웃사가 하나님의 궤를 붙든 것입니다.

이것이 왜 문제가 되었을까요? '하나님의 궤를 내가 보호한다.' 하는 생각 때문이었을 것으로 보입니다. 하나님의 궤는 하나님께서 다루시고 책임지십니다. 하나님께서 사람의 돌봄을 받지 않으시는 것처럼(행 17:25), 소가 넘어져 수레가 멈추고 법궤가 기울어진다고 해도 법궤를 책임지시는 분은 하나님이십니다. 그런데 웃사는 순간적으로 법궤를 붙들어 '내가 법궤를 보호한다.' 하는 그의 생각을 드러냈습니다. 이는 매우 불손한 생각입니다. 마치 하나님을 우상처럼 생각한 것이지요.

다윗의 계획은 실패로 돌아가고 법궤는 "가드 사람 오벧에돔의 집"(삼하 6:10)으로 이동됩니다. 다윗은 오벧에돔의 집에 '복' 이 임한 것을 증거 삼아 2차 시도를 진행합니다(6:12). 이번에 중요한 것은 '궤를 멘 사람들' 과 '제사' 입니다. 사무엘하 6장 13-14절입니다. "여호와의 궤를 멘 사람들이 여섯 걸음을 가매 다윗이 소와 살진 송아지로 제사를 드리고 다윗이 여호와 앞에서 힘을 다하여 춤을 추는데 그 때에 다윗이 베 에봇을 입었더라" 아멘. 이때 미갈이 다윗을 업신여겼고, 다윗은 미갈 아비의 집과 자신의 집을 구분합니다. 6장 21-22절입니다. "다윗이 자기의 가족에게 축복하러 돌아오매 사울의 딸 미갈이 나와서 다윗을 맞으며 이르되 이스라엘 왕이 오늘 어떻게 영화로우신지 방탕한 자가 염치 없이 자기의 몸을 드러내는 것처럼 오늘 그의 신복의 계집종의 눈앞에서 몸을 드러내셨도다 하니 다윗이 미갈에게 이르되 이는 여호와 앞에서 한 것이니라 그가 네 아버지와 그의 온 집을 버리시고 나를 택하사 나를 여호와의 백성 이스라엘의 주권자로 삼으셨으니 내가 여호와 앞에서 뛰놀리라" 아멘. 비록 법궤를 통해 정통성 확립에 성공했더라도, 첫 아내 미갈을 이렇게 대할 것이었다면 차라리 데려오지 않는 게 좋았을 뻔했다는 생각이 듭니다.

사무엘하 7장은 '다윗 언약' 이 있는 유명한 장입니다. 준비된 장막에 법궤를 들인 다윗은 성전을 짓고자 합니다. 출애굽 당시 말씀하신 중앙 성소를 다윗성에 마련하려고 한 것입니다. 이렇게만 하면 다윗 왕조의 정통성은 흔들리지 않을 것입니다. 그러나 다윗의 성전건축 요청은 거절되고, 그의 '씨'에 의한 건축과 그의 씨의 '나라'에 대한 약속이 주어집니다. 7장 11-12절입니다. "전에 내가 사사에게 명령하여 내 백성 이스라엘을 다스리던 때와 같지 아니하게 하고 너를 모든 원수에게서 벗어나 편히 쉬게 하리라 여호와가 또 네게 이르노니 여호와가 너를 위하여 집을 짓고" 아멘. 다윗이 하나님의 집을 짓는 것이 아니고, 하나님께서 다윗의 집을 지으십니다. '다윗 자손의 나라를 견고하게 하시는 분' 도 하나님이십니다. 7장 14절을 새롭게 번역해봅니다. "나는 그에게 아버지로 있을 것이다. 그리고 그는 내게 아들로 있을 것이다. 그러니 그가 {다른 이들로} 그릇 가게 할 때 내가 그를 사람들의 막대기와 아담 아들들의 재앙들로 검증할 것이다." 이 '씨'의 1차 대상은 솔로몬입니다. 그리고 예수님의 족보에 등장하는 사람들입니다. 그러나 이 '씨'가 가리키는 궁극적인 대상은 예수님입니다. 누구라도 '하나님의 아들' 이면 됩니다. 그러나 예수님 이전의 어떤 '다윗 자손' 도 '하나님의 아들' 로 세워지지 못합니다.

하나님으로부터 '다윗 언약' 을 받은 다윗은 주변 나라들을 치기 시작합니다. '두 줄 길이의' 모압 사람들을 죽인 것은 하지 않았다면 더 좋았을 거라는 생각이 듭니다. 8장 2절입니다. "다윗이 또 모압을 쳐서 그들로 땅에 엎드리게 하고 줄로 재어 그 두 줄 길이의 사람은 죽이고 한 줄 길이의 사람은 살리니 모압 사람들이 다윗의 종들이 되어 조공을 드리니라" 아멘. 블레셋, 모압, 아람, 에돔 등을 점령하면서 다윗 왕국은 점점 더 안정되어가는데, 사울의 집은 미갈마저 어려워졌습니다.

사울 집이 몰락했습니다. 왕가였는데 몰락했습니다. '몰락하지 않을 길이 없었을까?' 질문해 봅니다. '다윗을 인정했다면 어떻게 되었을까?' 생각해 봅니다. 다윗과 요나단이 공존할 수 있었을까요? 다윗은 왕이 되고 요나단은 평범한 시민으로 돌아갈 수 있었을까요? 요나단은 그럴 마음이 있었습니다. 그러나 사울은 달랐습니다. 요나단은 그런 마음이 있었지만, 사울과 함께 전사한 다른 두 아들, 아비나답과 말기수아도 그런 마음이 있었을까요? 요나단이 왕이 되지 않더라도 아비나답과 말기수아는 왕이 될 수 있었습니다.

엘리자베스 여왕이 서거하자 누가 왕위를 이어받을지 궁금해했습니다. 아들 찰스가 이어받았습니다. 찰스가 이어받지 않아도 이어받을 사람은 있습니다. 마찬가지입니다. 사울이 죽자 이스보셋이 왕이 됩니다. 역대상 8장 33절에는 에스바알이라는 이름으로 등장합니다. 사무엘서를 읽다 보면 갑자기 나타난 아들로 보이지요. 아마도 막내아들이었겠지요. 이로 볼 때, 사울에게는 본부인(本夫人) 아히노암에게서 태어난 아들이 네 명, 첩 리스바에게서 태어난 아들이 두 명이었습니다. 요나단이 왕이 되지 않아도 다섯 명의 다른 아들들이 있었습니다. 아들들 가운데 세 명(요나단, 아비나답, 말기수아)은 사울과 함께 전사했고(삼상 31:2), 막내아들 이스보셋(에스바알)은 부하들에게 살해당했습니다(삼하 4:7). 첩 리스바를 통해 태어난 두 아들 알모니와 므비보셋은 기브온 거민의 요구에 따라 나무에 달려 죽었습니다(삼하 21:8). 아들 여섯이 모두 전사하거나 살해당했습니다.

요나단이 왕위 계승을 포기한다고 해도 다른 형제들이 포기하지 않는다면, 다윗 집과 사울 집의 공존은 불가능합니다. 그런 점에서 사울 집과 다윗 집의 공존은 불가능했겠다는 생각이 듭니다. 결국, 사울 집은 몰락의 길을 걸어야 했지요. 그런데 사무엘하 9장에서 사울 집의 회복을 읽습니다. 작지만, 미약하지만, 므비보셋의 회복은 사울 집 회복의 시작으로 보입니다. '새순' 입니다. '새롭게 돋아나는 연한 싹' 입니다.

이 모든 일의 시작에 다윗의 결심이 있습니다. 이 결심은 다윗 왕국이 안정되었을 때 생깁니다. 8장 14절을 보면, "다윗이 어디로 가든지 여호와께서 이기게 하셨더라"라고 했고, 이어지는 15절 이하는 "다윗이 온 이스라엘을 다스려 다윗이 모든 백성에게 정의와 공의를 행할새"로 시작합니다. 8장 마지막절인 18절은 "다윗의 아들들은 대신들이 되니라"로 끝납니다. 이스라엘 주변의 모든 나라가 평정되었고, 다윗은 이스라엘의 왕으로 견고하게 섰으며, 다윗의 아들들도 자리를 잡기 시작했습니다. 그 사이 아버지 요나단이 죽을 때 다섯 살이었던(삼하 4:4) 므비보셋이 결혼했고 아들을 낳았습니다. 이십 년 정도 지났다고 생각하면, 사무엘하 9장은 다윗이 왕위에 오른 지 이십 년쯤 된 시점으로 그의 통치 기간 가운데 중간을 지나는 지점이 되겠습니다.

여유가 생기면 다른 사람의 회복을 위한 결심도 어렵지 않게 할 수 있는 듯합니다. 야곱이 삼촌 라반에게 "나는 언제나 내 집을 세우리이까" 질문했지요(창 30:30). 일단 내 앞가림이 안 되면 다른 사람을 돌보는 일은 뒷전이기가 쉽습니다. 이 점에서 시편

23편의 "내 잔이 넘치나이다"(23:5)는 중요한 고백입니다. 대개는 내 잔이 넘쳐야 남의 잔도 생각하지요. 내 잔이 하나님의 은혜로 넘쳐야 다른 사람을 돌아볼 여유도, 용기도 생깁니다. 내가 빚에 쪼들리면 남을 돌아볼 수가 없지요. 내가 모르는 것투성인데 다른 사람을 가르칠 수는 없습니다. 뭔가 남는 게 있어야죠. 일단 내 배가 불러야 다른 사람 배고픔을 돌아볼 여유가 생깁니다. 내 잔이 넘치지 않는데 남들 돌아보는 것은 허세일 때가 많습니다. 뭐 이런 거죠. '난 괜찮아. 너 먹어. 꼬르륵~!'

어느 정도 정리가 되고 여유가 생겼을 때, 다윗은 요나단과의 언약을 생각했습니다. 9장 1절입니다. "다윗이 이르되 사울의 집에 아직도 남은 사람이 있느냐 내가 요나단으로 말미암아 그 사람에게 은총을 베풀리라 하니라" 아멘. 이 말을 들으면, 한편 다윗이 무심하다는 생각이 들기도 하고, 다른 한편으로는 자기 일을 열심히 하는 사람이라는 생각이 듭니다. 사울 집에 남은 사람이 있는지 이제야 물어보니 무심해 보이고, 사울 집안의 쿠데타를 전혀 염두에 두고 있지 않았다는 것을 생각하니 자기 일을 열심히 하는 사람이라는 생각이 듭니다.

다윗 주변에는 요나단의 아들 므비보셋이나 그의 아들 미가에 대해 아는 사람은 없고, 사울의 종이었던 시바에 대해 아는 사람만 있었나 봅니다. 시바가 아들이 열다섯이고 종이 스무 명이나 된 것을 생각하면, 시바가 유력자여서 그랬을 거라는 짐작이 갑니다. 동시에 므비보셋이 사는 곳이 요단 동편이어서 정보가 부족했을 거라는 생각도 듭니다. '로드발'이 어디인지는 모르지만, '마길'이라는 단어가 요단 동편을 생각나게 합니다. 마길은 므낫세의 자손으로 요단 동편 땅에 기업을 받은 므낫세 반 지파와 연결되는 이름이니까요.

사울의 종 시바가 왔습니다. 좀 거만해 보이기는 하지만, 자신을 다윗의 '종'이라고 부릅니다. 9장 2절입니다. "사울의 집에는 종 한 사람이 있으니 그의 이름은 시바라 그를 다윗의 앞으로 부르매 왕이 그에게 말하되 네가 시바냐 하니 이르되 당신의 종이니이다 하니라" 아멘. 다윗이 묻습니다. "사울의 집에 아직도 남은 사람이 없느냐" (9:3). 이 표현은 좀 어색합니다. '아직도 남아 있느냐?' 해야지, '아직도 남은 것이 없느냐?' 하는 표현은 '시간이 지나면 남은 것이 늘어나는 것'을 생각나게 합니다. 시간이 지날수록 남은 것이 없어지지요. 그래서 '사울의 집에 아직도 남은 사람이 있느냐?' 이렇게 물어야 맞습니다. 직역하면, '사울 집 남자의 끝이 아직 있느냐?' 입니다. '끄트머리라도 아직 남아 있느냐?' 하는 말이니, '손자라도 있느냐, 남은 혈육이 있느냐?' 하는 말입니다.

시바는 분명, 사울의 첩 리스바의 두 아들, 알모니와 므비보셋이 있다는 것을 알았을 텐데도 요나단의 아들 므비보셋만 언급합니다. 사울의 딸 메랍의 아들 다섯 가운데 몇 명은 이미 태어났을 것 같은데, 이들도 언급하지 않습니다. 물론 므비보셋의 아들 미가의 존재도 말하지 않습니다. 사무엘하 21장 6절을 보면, 사울의 첩 리스바의 두 아들도, 사울의 외손자 다섯 명도 '사울의 아들들' 의 범주에 들어가는 것을 읽을 수 있습니다.

그럼, 왜 시바는 두 발이 절뚝인 므비보셋의 존재만 다윗에게 알렸을까요? 다윗이 "내가 그 사람에게 하나님의 은총을 베풀고자 하노라"(9:3) 했기 때문이 아닐까 싶습니다. 시바는 사울의 재산을 관리하며 풍요를 누립니다. 아들 열다섯이 그의 풍요를 말해줍니다. 종 스무 명 역시 그의 풍요를 말해줍니다. 그런데 사울의 자손들에 대한 정보를 모두 알려주면 본인이 누리는 것을 빼앗길 수 있다고 생각한 듯합니다. 후에 다윗이 압살롬을 피해 떠날 때 므비보셋을 속인 것도 이 때문으로 보입니다. 시바는 힘 있는 자들의 속성을 잘 알고 있습니다. 어떻게 해야 힘 있는 이들의 마음을 얻을 수 있는지 압니다.

시바가 므비보셋을 소개합니다. "요나단의 아들 하나가 있는데 다리 저는 자니이다"(9:3). 여기 '다리 저는 자' 라는 표현과 13절의 '두 발을 다 절더라' 라는 표현은 다릅니다. 시바는 '얻어맞다' 는 표현을 씁니다. '두 발을 얻어맞았습니다.' 이렇게 말했지요. 실제적으로 표현하면, '두 발이 절뚝' 입니다. 성경 기자는 므비보셋을 표현할 때 '두 발이 절뚝' 이라고 했는데, 시바는 '두 발을 얻어맞았습니다.' 이렇게 소개했습니다. 사실 므비보셋의 이름도 말해주지 않았습니다. '요나단의 아들 하나가 있는데 다리를 얻어맞았습니다.' 이렇게 말했지요.

사울의 첩 리스바의 두 아들이 있고, 사울의 딸 메랍에게서 태어난 외손자들이 있는데도, 장애가 있는 요나단의 아들만 소개합니다. 사울을 이어 왕이 되었을 사람인 요나단의 아들 하나만 소개합니다. 우리는 요나단과 다윗 사이의 언약 관계를 알고 있지만,

다른 이들은 잘 모릅니다. 그러니 시바가 생각할 때 므비보셋은 다윗의 정적에게 속한 아들입니다. 위험한 아들이죠. 쿠데타가 일어날 구실을 줄 수 있는 아들입니다. 더구나 요나단은 백성으로부터 사랑을 받았습니다. 시바는 므비보셋이 '두 발 절뚝' 이라고 말하지 않았습니다. '발을 얻어맞았다' 가 무얼 의미하는지는 알기 어렵죠. 얻어맞기는 했지요. 유모가 떨어뜨렸으니, 땅바닥에게 얻어맞았죠.

다윗은 므비보셋을 불러옵니다. 므비보셋이 두 발을 절뚝거리며 왔겠죠. 두려움이 그에게 있었나 봅니다. 다윗이 '무서워하지 말라' 고 말합니다(9:7). 므비보셋은 시바보다 더 부드럽게 대답합니다. 시바는 '당신의 종입니다.' 했는데, 므비보셋은 '보소서 당신의 종입니다.' 그렇게 대답합니다. 6절입니다. "사울의 손자 요나단의 아들 므비보셋이 다윗에게 나아와 그 앞에 엎드려 절하매 다윗이 이르되 므비보셋이여 하니 그가 이르기를 보소서 당신의 종이니이다" 아멘. 다윗은 므비보셋을 이름으로 불러줍니다. 그가 두 발이 절뚝인 것이 중요한 것이 아니기 때문입니다. 그가 요나단의 아들이라는 것이 중요하기 때문입니다. 우리는 사람의 '형편' 을 그 사람보다 더 중시할 때가 많습니다. 그러나 사람의 형편은 그 사람이 아닙니다. 옷이 날개라지만, 옷은 그 사람이 아닙니다. 예수님은 옷이 모두 벗겨진 상태에서, 가장 치욕스러운 형편에서 십자가에 달리고 죽임당하셨습니다. 왕복을 입고 달리신 것이 아니었지요. 그나마 입으셨던 옷도 제비 뽑혀 나뉘었습니다. 예수님의 '형편' 이 아니라 예수님이 십자가에 달리셨지요.

형편은 형편이고 존재는 존재이지요. 사람들은 자기 형편을 낫게 하려고 매우 힘씁니다. 심지어 존재를 손상(損傷)시키더라도 형편을 좋게 만들려고 합니다. 그러나 존재가 좋아져야지요. 형편이 좋아지는 것이 좋지요. 그러나 존재의 변화 없는 형편 변화는 의미가 없습니다. 마치, 거지가 왕자 옷을 입은 것과 같습니다. 므비보셋의 존재로 인한 다윗의 약속이 있습니다. 7절입니다. "다윗이 그에게 이르되 무서워하지 말라 내가 반드시 네 아버지 요나단으로 말미암아 네게 은총을 베풀리라 내가 네 할아버지 사울의 모든 밭을 다 네게 도로 주겠고 또 너는 항상 내 상에서 떡을 먹을지니라 하니" 아멘. 다른 것이 중요하지 않습니다. 그가 요나단의 아들이기만 하면 됩니다. 이제 사울의 모든 재산은 그의 것입니다. 그리고 그는 다윗과 밥상을 같이 할 것입니다. 하나님 안에서 우리가 누리는 구원과 기업도 이와 같습니다. 예수님을 모신 사람이 부유하든 가난하든, 높은 지위에 있든 낮은 지위에 있든, 건강하든 병들든 중요하지 않습니다. 그 심령에 예수님만 계시면 됩니다.

다윗의 축복에 대한 므비보셋의 대답이 8절에 있습니다. "이 종이 무엇이기에 왕께서 죽은 개 같은 나를 돌아보시나이까" 아멘. 더 정확히 표현하면 '나같이 죽은 자인 개를 돌아보십니까?' 입니다. '개 같은 나' 가 아니고 '죽은 개' 입니다. '산 개가 죽은 사자보다 낫다.' (전 9:4)고 했는데, 므비보셋은 스스로를 '죽은 개' 라고 불렀습니다. 므비보셋의 자기 정체성입니다. '죽은 개' 입니다. '개' 는 하찮은 것을 표현할 때 사용합니다. 사무엘하 3장 8절을 보면, 아브넬이 자신이 '유다의 개 머리냐?' 이렇게 말하는 것을 볼 수 있습니다. 자신은 '개들의 우두머리' 가 아니라고 합니다. 여기서 '개' 는 '유다 지파' 를 표현합니다. 베냐민 지파가 왕 노릇을 하니, 유다 지파는 '개' 로 보입니다.

그런데 므비보셋은 자신을 '개' 그것도 '죽은 개' 라고 부릅니다. 비슷한 얘기를 한 사람이 있습니다. 다윗 자신입니다. "이스라엘 왕이 누구를 따라 나왔으며 누구의 뒤를 쫓나이까 죽은 개나 벼룩을 쫓음이니이다"(삼상 24:14) 아멘. 다윗은 자신과 비슷한 정체성을 가진 므비보셋을 축복합니다. 9장 9-10절입니다. "왕이 사울의 시종 시바를 불러 그에게 이르되 사울과 그의 온 집에 속한 것은 내가 다 네 주인의 아들에게 주었노니 너와 네 아들들과 네 종들은 그를 위하여 땅을 갈고 거두어 네 주인의 아들에게 양숙을 대주어 먹게 하라 그러나 네 주인의 아들 므비보셋은 항상 내 상에서 떡을 먹으리라 하니라 시바는 아들이 열다섯 명이요 종이 스무 명이라" 아멘.

므비보셋의 흥기(興起)가 시바에게는 쇠퇴(衰退)입니다. "네 주인의 아들"은 '네 주인들의 아들' 의 번역입니다. 다윗은 시바가 사울 집안의 종이었음을 상기시킵니다. 사울만의 종이 아니었습니다. 요나단의 종이엇습니다. 그러니 므비보셋의 종입니다. 사울과 그의 온 집에 속한 것은 모두 므비보셋의 것입니다. 그간 시바는 이십 년 정도의 기간 동안 그 소유를 누렸습니다. 그러나 이제 그 땅은 므비보셋의 것입니다. 시바와 그의 아들과 그의 종들은 그 밭을 경작할 것이고 소출을 가져올 것입니다. 이제 므비보셋에게는 넉넉함이 있을 것입니다. 다윗은 므비보셋을 자신의 밥상에서 밥 먹는 자로 삼습니다. 왕자 가운데 하나처럼 먹습니다.

형편을 보면 시바가 복을 받았습니다. 그러나 존재로 보면 므비보셋이 복을 받아야 맞습니다. 다윗은 공평과 정의로 나라를 다스렸고 중요한 얘가 므비보셋입니다. 다윗성에 맹인과 다리 저는 사람을 들이지 않겠다던 다윗이 다리 저는, 그것도 두 발 모두 절뚝인 므비보셋을 다윗성에 들입니다. 그것도 자기 집에 들입니다. 더 나아가 자기 밥상에서 먹게 합니다. 하나님의 축복은 존재에게 주어지지, 형편에게 주어지지 않습니다. '존재', 즉 '그 사람의 어떠함'은 대체로 변하지 않습니다. 그러니, 존재를 아름답게 하도록 힘씁시다.

므비보셋의 존재는 두 가지로 규정됩니다. 하나는 혈통 언약이고 하나는 태도입니다. 요나단의 아들이라는 혈통과 겸손한 자기 정체성입니다. 그런데 혈통을 가만히 보면, 사실은 언약이 중요했습니다. 사울의 아들 가운데 므비보셋만 살아남았으니까요. 사무엘하 21장 7절을 보면, "그러나 다윗과 사울의 아들 요나단 사이에 서로 여호와를 두고 맹세한 것이 있으므로 왕이 사울의 손자 요나단의 아들 므비보셋은 아끼고"하고 하기 때문입니다.

그러나 존재를 결정한 것은 언약과 태도였습니다. 우리 역시 예수 그리스도와의 언약과 나의 태도로 존재가 결정됩니다. 예수님을 믿는 것이 하나이고, 겸손한 자기 정체성이 다른 하나입니다. 언약에 대한 자기 정체성을 확실히 하십시오. 더불어 겸손한 자기 정체성을 가지십시오.

이스라엘의 주변 국가 가운데 암몬만 점령되지 않고 남습니다. 본래 다윗은 암몬을 칠 마음이 없었던 것 같습니다. 그러나 암몬 왕의 장례와 관련하여 오해가 생겼고 전쟁이 일어납니다(삼하 10장). 의도하지 않은 전쟁으로 인해 착잡했을 다윗이 시험에 빠집니다. 부하 장수 우리아의 아내와 간음했고, 이 사실을 은폐하고자 했으나 실패합니다. 결국 우리아를 죽게 하고 우리아의 아내 밧세바를 아내로 맞이합니다(11장).

나단 선지자를 통해 책망받을 때까지 다윗은 이 문제를 문제로 여기지 못할 만큼 무디어졌습니다. 선지자의 책망을 받았고 아이는 죽습니다(12장). 암몬을 쳐서 얻었으나, 다윗은 많은 것을 잃습니다. 특히 후계자가 될 만한 아들들을 잃습니다. 암논을 잃습니다(13장). 압살롬도 잃을 뻔합니다(14장). 압살롬과의 관계가 회복된 줄 알았는데, 압살롬에게는 다른 생각이 있었습니다. 압살롬은 아버지 다윗을 상대로 구데타를 일으켰고 다윗은 도망갑니다(15장). 압살롬은 아버지 다윗처럼 정통성 확립을 위해 "왕의 아버지가 남겨 두어 왕궁을 지키게 한 후궁들과 더불어 동침하"라는 아히도벨의 계략을 받아들입니다(16장). 왠지 이 아히도벨은 밧세바의 할아버지인 듯합니다. 밧세바는 "엘리암의 딸"입니다(11:3). 엘리암은 "길로 사람 아히도벨의 아들"입니다(23:34). 엘리암이 삼십 용사였으니, 그의 딸을 삼십 용사 가운데 하나인 우리아(23:39)에게 주었을 가능성은 꽤 큽니다. 더구나 압살롬을 도운 아히도벨도 길로 사람입니다(15:12). 그가 다윗의 아들 가운데 '동생을 범한 암논'을 죽인 압살롬 편을 든 것, 압살롬에게 아버지의 후궁들과 동침하라는 계략을 준 것(16:21), 다윗을 죽이려는 자신의 계략이 시행되지 못함을 보고 고향에 가서 목매어 죽은 것(17:23)을 생각하면, 손녀를 범하고 손녀 사위를 죽인 다윗에 대한 복수를 계획한 것일 수 있다는 생각이 듭니다.

압살롬은 죽고 다윗의 왕권은 재정립됩니다. 시므이, 므비보셋, 바르실래에 대한 처리가 이뤄집니다. 시므이는 결국 죽습니다(왕하 2:36-46). 므비보셋 집안은 용사의 집안이 됩니다(대상 8:34-40). 바르실래의 아들 김함이 다윗과 함께 돌아갑니다(삼하 19:37-39). 세바의 반역까지 평정되니 다윗 왕권의 위기가 넘어갑니다(20장). 그러나 진정한 회복은 다윗이 사울과 요나단의 뼈를 조상의 묘실로 들일 때 이뤄집니다(21장).

다윗이 사울과 요나단의 뼈를 묘실로 들인 것이 매우 중요했던 것 같습니다. 중요하게 다뤄집니다. 2008년 가을, 총신대학교 신학대학원 교수로 임용된 뒤, 첫 설교로 사무엘하 21장 1-14절을 전했습니다. 신임 교수였지만 학교를 해석하는 본문으로 이 본문을 잡았습니다. 당시 총장이 학부 신학과 교수님이셨던 김인환 교수님이셨는데, 신대원에서 존중받지 못하셨습니다. 점령군으로까지 불리셨죠. 이것이 슬펐습니다. 내부 갈등의 이유가 허접해서 울었습니다.

기근이 왔습니다. 어떤 형태의 기근도 인생에게는 달갑지 않습니다. 돈이 말라 돈 기근이든, 말씀이 말라 말씀의 기근이든, 친구가 말라 사람 기근이든, 하늘이 닫혀서 온 기근이든, 기근을 만난 인생은 힘이 듭니다. 하나님이 사랑하시고 하나님을 사랑하던 사람들이 있을 때도 기근은 왔습니다. 아브라함 때(창 12:10)도, 이삭 때(창 26:1)

도, 야곱 때(창 41:54)도, 사사들이 치리하던 때(룻 1:1)도, 그리고 하나님의 마음에 합하다 칭해졌던 다윗이 이스라엘의 왕이던 때에도 기근이 왔습니다.

백성을 사랑하는 다윗 왕이 하나님께 나아갑니다. "일 년도 아니고, 삼 년 연속 기근이라니요. 하나님! 너무 힘듭니다. 이제 조금만 더 지나면 백성이 다 죽겠습니다. 해결해 주십시오." 그런데 하나님은 뜻밖의 답을 주십니다. 전임자의 실책 때문에 기근이 시작되었다고 하십니다(21:1). 자기 장인이자 직전 왕인 사울이, 이스라엘 자손들이 여호수아 때에 기브온 거민과 맺은 약속을 어긴 것입니다. 죽이지 않기로 했는데 죽이려 했던 것입니다. 이스라엘 경내에 살지 못하게 시도했다는 5절의 말씀으로 미뤄 볼 때 기브온 거민을 멀리멀리 쫓아내려 했나 봅니다. 단순히 죽이려고 시작한 정책이 아니라고 기브온 거민은 느꼈습니다. 기브온 거민들이 차지하고 있는 부동산을 사울이 빼앗으려 했다는 것입니다.

여호수아 때에 이스라엘 자손들은 여호와의 성전에서 나무패며 물 긷는 일을 기브온 거민에게 주었습니다(수 9:21). 가장 힘든 일이었을지는 모르지만, 성전 제사에서 가장 핵심적인 역할을 하는 물과 나무에 관한 일을 이방인에게 줘버린 것입니다. 제물을 태우는데 필요한 나무를 패는 일과, 제물과 제사장을 씻는데 필요한 물긷는 일을 남에게 맡겼습니다. 왜 그랬을까요? 만일 그 일이 육체적으로 가장 힘든 일이었기에 기브온 거민에게 주었다면, 결정을 잘못한 것이겠습니다. 이는 마치 사사 엘리의 아들들이 등불 간검(看檢)을 사무엘에게 맡겨버린 것과 같은 것이었습니다(참조. 삼상 3:3).

제사장의 직무 가운데 중요한 것은 제물을 드리는 일만이 아니었습니다. 밤새 성막 안 등불이 꺼지지 않도록 관리하는 일도 중요했습니다. 밤새 등불이 꺼지지 않게 기름을 채우기 위해서는 깨어있어야 했고, 밤사이 여러 번 일어나야 했습니다. 잠을 설치는 힘든 일이었지만 등불을 잘 지켰다고 제사장에게 돌아오는 몫은 없습니다. 아마도 이 점 때문에 홉니와 비느하스는 등불 간검을 멀리한 듯싶습니다. 제사장 몫으로 주는 고기에 관심이 많았던 그들에게(삼상 2:13-16) '아무것도 돌아오지 않는 등불 간검'은 아무 의미 없는 일이었을 테니까요.

그러나 등불 간검이 정말 아무 소득 없는 일이었을까요? 아니었습니다. 어린 사무엘이 등불을 간검할 때, 하나님께서 그를 부르십니다. "사무엘아! 사무엘아!"(삼상 3:10). 하나님은 제사를 집전하는 제사장에게, 소제를 통해서는 곡식을, 화목제를 통해서는 '요제로 드린 가슴과 거제로 드린 오른쪽 뒷다리'를 주셨고, 번제를 통해서는 가죽을 주셨습니다. 그런데, 등불을 간검하는 제사장에게는 말씀을 주셨습니다. 만나주셨습니다. 홉니와 비느하스는 고기만 구하다 말씀을 받지 못해 하나님을 몰라 슬픈 일을 당했습니다. 그런데 이와 유사한 일이 여호수아 당시 이미 일어나고 있었던 것입니다. 여호와의 전에서 나무패며 물 긷는 일을 기브온 거민에게 줘버린 것입니다. 우리도 우리 몫으로 주님이 주신 것 가운데 힘들다고 남에게 줘버리고 외면하는 것이 있는지 살펴보아야 할 것입니다.

나무패며 물 긷는 일을 맡은 기브온 거민은 사무엘이 복을 받았듯 사역에 상응하는 복을 받았나 봅니다. 이 점은 사무엘상 6-7장에서도 유추할 수 있습니다. 블레셋에 빼앗겼던 법궤로 인해 벧세메스 사람 오만 칠십 명이 죽자 그들이 말합니다. "이 거룩하신 하나님 여호와 앞에 누가 능히 서리요 그를 우리에게서 누구에게로 올라가시게 할까"(삼상 6:20) 아멘. 그리고는 기랏여아림 주민들에게 전령을 보내 말합니다. "블레셋 사람들이 여호와의 궤를 도로 가져왔으니 너희는 내려와서 그것을 너희에게로 옮겨 가라"(6:21) 아멘. 법궤가 애물단지처럼 기피 물건이 되었을 때, 기랏여아림 사람들에게 가져가라고 말합니다. 갖다주지도 않습니다. 너희가 내려와서 가져가라고 합니다. 벧세메스는 해발고도 234미터 지점에 있었고, 기랏여아림은 700미터 지점에 있었습니다. 거리도 약 14킬로미터 정도 떨어져 있었습니다.

기랏여아림이 어떤 곳이었기에 벧세메스 사람들은 기피 대상이 된 법궤를 내려와서 가져가라 했을까요? 이곳은 기브온 거민들과 함께 항복했던 세 성읍 가운데 하나였습니다. 여호수아 9장 17절을 보면, 이스라엘이 화친을 맺은 기브온 거민들의 성읍 이름 가운데 기랏여아림이 있습니다. "이스라엘 자손이 행군하여 셋째 날에 그들의 여러 성읍들에 이르렀으니 그들의 성읍들은 기브온과 그비라와 브에롯과 기랏여아림이라" 아멘. 벧세메스 사람들이 왜 그리 당당하게 기랏여아림 사람들에게 법궤를 가져가라고 말했는지 알 것 같습니다. 벧세메스 사람들이 볼 때, 기랏여아림 사람들은 종들이었습니다.

법궤가 기럇여아림으로 왔습니다. 그런데 놀랍게도 죽는 사람이 없습니다. "기럇여아림 사람들이 와서 여호와의 궤를 옮겨 산에 사는 아비나답의 집에 들여놓고 그의 아들 엘리아살을 거룩하게 구별하여 여호와의 궤를 지키게 하였더니 궤가 기럇여아림에 들어간 날부터 이십 년 동안 오래 있은지라 이스라엘 온 족속이 여호와를 사모하니라" (삼상 7:1-2) 아멘. 아무도 하나님의 법궤를 감당할 수 없을 때, 기브온 거민은 자신들의 성읍에 거하는 제사장 집안과 함께 법궤를 모셨습니다. 이들에게 풍년의 복이 임했을 것을 예상할 수 있습니다.

사울이 보기에 그들을 쫓아내면 국가 경제에, 아니 왕가에 큰 도움이 될 것 같았습니다. 중국이 외국자본을 유치할 때는 아쉬운 소리 했다가, 공장 짓고 자리 잡히면 쫓아내고 자기네 것으로 삼는 경향과 비슷합니다. 공산국가에서 선교사가 후원받아 학교 짓고 농장 짓고 병원 지을 때는 가만히 있다가, 다 지으면 추방하는 것과도 비슷합니다. 2차 세계대전 당시 독일교회가 유대인 학살을 동조한 것도 비슷한 측면이 있었습니다. 유대인들을 죽이면 자신에게 돌아올 재물이 많다는 것이었습니다. 생명을 돈으로 바꾸려는 사람들, 돈을 위해 생명을 꺼버리려는 사람들의 어리석음을 여호와의 기름 부음 받은 자 사울이 취한 것입니다.

기브온 거민은 비록 돈 때문에 자신들의 가족과 친척이 죽임을 당했지만, 돈으로 보상될 수 없음을 밝힙니다. 4-6절입니다. "기브온 사람이 그에게 대답하되 사울과 그의 집과 우리 사이의 문제는 은금에 있지 아니하오며 이스라엘 가운데에서 사람을 죽이는 문제도 우리에게 있지 아니하니이다 하니라 왕이 이르되 너희가 말하는 대로 시행하리라 그들이 왕께 아뢰되 우리를 학살하였고 또 우리를 멸하여 이스라엘 영토 내에 머물지 못하게 하려고 모해한 사람의 자손 일곱 사람을 우리에게 내주소서 여호와께서 택하신 사울의 고을 기브아에서 우리가 그들을 여호와 앞에서 목 매어 달겠나이다 하니 왕이 이르되 내가 내주리라 하니라" 아멘. 피를 봐야 직성이 풀리겠다는 것입니다. 아니 매달아 죽여서 저주받은 자로 삼아야겠다고 합니다. 한두 명으로는 안 되고, 일곱 명은 매달아 죽여야 마음을 풀겠답니다. 하나님 앞에서 한 맹세를 어겼기에 들어주어야 할 상황입니다.

다윗은 이로 인해 자신의 아내가 될 뻔했던 처형 메랍의 다섯 아들이 죽도록 허락

해야 하지만 백성을 위해 들어줍니다. 비록 400여 년 전에 맺어진 언약이지만 하나님 앞에서 행해진 맹세이기에 중하게 보고 사울의 자손 일곱을 내어줍니다. 사울의 큰손주 므비보셋은 요나단과의 맹세로 인해 죽도록 내어주지 않고, 사울의 첩 리스바의 두 아들과 사울의 맏딸 메랍의 다섯 아들을 기브온 사람의 손에 넘겨줍니다. 왕인 다윗과 백성들이 매달려 죽은 일곱 명을 불쌍하게 여기기는 했겠지만, 기근으로부터 벗어나기 위해 이 일을 시행했습니다. 그리고 약속의 땅에서 기근이 물러날 것을, 3절의 표현처럼 여호와의 기업에 복이 올 것을 기대했을 것입니다.

그러나 일곱이 매달려 주었다고 기근이 해결된 것이 아니었다고 사무엘하 21장은 우리에게 증거합니다. 기브온 거민의 속상함은 풀어졌을지 모릅니다. 그러나 13-14절을 보면, 기근 문제 해결의 원인은 다른 데 있었습니다. "다윗이 그 곳에서 사울의 뼈와 그의 아들 요나단의 뼈를 가지고 올라오매 사람들이 그 달려 죽은 자들의 뼈를 거두어다가 사울과 그의 아들 요나단의 뼈와 함께 베냐민 땅 셀라에서 그의 아버지 기스의 묘에 장사하되 모두 왕의 명령을 따라 행하니라 그 후에야 하나님이 그 땅을 위한 기도를 들으시니라" 아멘. 다윗이 사울과 요나단의 뼈를 길르앗 야베스에서 가지고 올라왔고, 사람들에게 두 사람의 뼈와 기브온 거민에 의해 달려 죽은 일곱 명의 시체를 사울의 아비 기스의 묘에 장사하라 명했습니다. 그리고 이 일이 실천되었을 때, 하나님께서 그 땅을 위한 기도를 들어주셨습니다.

사울과 요나단을 포함한 세 아들은 블레셋과의 전투에서 죽임을 당했습니다. 블레셋 사람들은 그들의 시체를 므낫세 지파의 땅인 벧산 성벽에 못 박았습니다. 여호와의 기름 부음 받은 왕이 아들들과 함께 매달려 수치를 당한 것입니다. 이 소식을 들은 길르앗 야베스 거민들은 요단 건너편에 있는 벧산으로 밤새도록 달려갔습니다. 그들을 장사 지내려 밤새도록 달려간 것입니다. 해발고도 350미터에 있는 길르앗 야베스에서 벧산으로 가려면, 우선 해발고도 -280미터에 있는 요단까지 직선거리 11킬로미터를 내려가야 합니다. 그리고 다시 10킬로미터 떨어진 해발고도 -120미터에 있는 벧산 성벽까지 올라가야 합니다.

베냐민 지파가 600명밖에 남지 않았을 때 길르앗 야베스의 처녀 400명이 그들의 아내가 된 점도 있었지만, 당시 야베스 거민들은 사울에게 받은 은혜가 있었습니다. 암몬 거민들이 야베스 거민들의 오른쪽 눈을 다 뽑아버리겠다고 할 때 사울이 왕으로서 그들을 구원해 준 것입니다(삼상 11장). 부족한 점이 많았지만, 그래도 자신들의 오른쪽 눈을 지켜준 사람 사울과 세 아들이, 요단 서편에서 기업을 받은 므낫세 반 지파 경내의 벧산에 매달려 있다는 말을 듣고 그냥 있을 수가 없었습니다. 그래서 밤새 달려가 네 구의 시체를 자신들의 땅으로 가져와 화장한 후 장사지냈습니다. 사울과 그의 세 아들은 벧산 성벽에 오랫동안 매달려 있지는 않았지만, 아버지 기스의 묘실에는 들어가지 못했습니다. 후에 다윗은 야베스 거민이 한 일을 칭찬합니다(삼하 2:5-7). 그러나 그들의 뼈는 이장(移葬)되지 못했고 시간이 한참 지난 뒤에야 다윗에 의해 이장되었습니다.

다윗은 왜 갑자기 사울과 요나단의 뼈를 이장할 생각을 했을까요? 11절에 보면 사울의 첩 리스바가 행한 일을 다윗이 들었을 때, 다윗이 두 사람의 뼈를 가져왔다고 되어있습니다. 리스바가 무엇을 했나요? 10절입니다. "아야의 딸 리스바가 굵은 베를 가져다가 자기를 위하여 바위 위에 펴고 곡식 베기 시작할 때부터 하늘에서 비가 시체에 쏟아지기까지 그 시체에 낮에는 공중의 새가 앉지 못하게 하고 밤에는 들짐승이 범하지 못하게 한지라" 아멘.

리스바는 일곱 구의 시체가 짐승과 새의 밥이 되지 못하게 지켰습니다. 얼마나 지켰을까요? 잘 모릅니다. 그러나 9절의 "보리 베기 시작하는 때"를 양력 4-5월경으로, 10절의 "하늘에서 비가 시체에 쏟아지기까지"를 우기의 시작인 9-10월로 본다면, 반년 가까이 지켰습니다. 우기가 오기 전에 하나님의 은혜로 시체에 비가 쏟아졌을 수 있습니다. 그럼, 기간이 더 짧아지겠죠. 그럼에도, 리스바가 시체를 지킨 기간이 적어도 몇 개월은 되지 않겠느냐고 학자들은 생각합니다.

리스바가 시체를 지킨 것이 무엇을 의미하기에 다윗이 사울과 요나단의 뼈를 가지러 야베스에 갔을까요? 저는 리스바가 첩으로서 정실 소생들의 시체까지 돌본 것이 중요하지 않았을까 생각해봅니다. 특히, 사울이 죽은 뒤, 사울의 아들인 이스보셋은 리스바가 아브넬과 통간했다고 비난하고 나섭니다(삼하 3:7). 남편은 전쟁에서 죽고 정권은 바뀌었습니다. 자신은 남편의 정실 소생으로부터 간음했다는 의심까지 받습니다.

그런데, 두 아들과 함께 숨도 한 번 크게 쉬지 못하고 살았을 리스바에게 청천벽력 같은 소식이 들립니다. 자신의 두 아들이 기브온 거민에 의해 매달려 죽어야 한다는 전갈입니다. 하늘이 무너지는 것 같았을 것입니다. 그러나 리스바는 자식들의 시체를 지킵니다. 비록 매달려 죽었지만, 짐승 밥은 되지 않게 하려고 지킵니다. 그런데, 자기 아들들의 시체 옆에 다섯 구의 다른 시체가 있습니다. 자신과 아들들을 멸시했을, 사울의 정실 소생들의 시체들입니다. 두 아들 시체만 지켰다면 더 편했을 텐데…. 어쩌면 정실 소생의 시체가 새나 들짐승에게 뜯겨 먹는 것을 보면 고소할 수도 있었을 텐데…. 비록 더 힘들지만 둘뿐 아니라 다른 다섯의 시체도 지켜줍니다.

다윗은 리스바가 일곱 구의 시체 모두를 지킨 것을 보며 깨달은 것이 있었던 것 같습니다. "나는 끊임없이 사울이 여호와의 기름 부음 받은 자라 주장했는데, 그래서 그를 장사 지낸 야베스 거민에게 복을 빌기도 했는데, 그의 뼈가 아비의 묘실로 옮겨지도록 힘을 쓰지 않았다. 요나단과의 맹세를 지키려고 므비보셋을 왕자 중 하나처럼 대접하기는 했지만, 요나단 그의 뼈가 자기 조상의 묘실에 들어가는 것을 위해 힘쓰지 않았다." 사실, 사울의 아들도 아니면서 왕이 된 다윗이기에, 왕과 왕세자가 저주받은 자처럼 매달리고, 아비의 묘에 장사도 되지 못한 상태로 있는 것이 다윗에게 유리할 수도 있습니다. 다윗 왕조의 정당성 증진에 기여할 수 있는 것이죠.

하지만, 리스바가 한 일을 들은 다윗은 야베스로 내려갑니다. 90킬로미터가 넘는 길입니다. 해발고도 700미터에서 -300미터까지 천 미터를 내려간 다음, 다시 350미터를 올라가야 하는 길이었지만 내려갑니다. 그리고 사울과 요나단의 뼈를 모읍니다. 그들이 죽었을 때 슬피 울며 애가를 지었던 다윗이 그들의 뼈를 만지며 무슨 생각을 했을까요? 미안했을 것 같습니다. "미안합니다. 블레셋과의 전쟁이 있던 그 날 내가 당신들 곁에 있었다면 당신들은 죽지 않을 수 있었는데, 나는 블레셋 군대와 함께 출정하고 있었습니다. 비록, 사울 당신이 나를 죽이려 했지만, 당신은 나의 장인이고 전임자인데, 그 자리에 함께 있지 못해 미안합니다. 또한 당신들의 뼈가 요단 동편 야베스에 묻힌 것을 알고도 돌아보지 않았으니 더욱 미안합니다."

다윗은 사울의 실정(失政)으로 인해 발생한 문제뿐 아니라, 사울과 요나단의 상태를 회복시켜 주었습니다. 그들이 아비 묘실에 들어가게 명령함으로써 그들의 법적 상태가 회복되게 하였습니다. 하나님은 하나님을 경외하는 다윗을 통해 사울의 허물을 덮어주셨습니다.

리스바의 수준 높은 행동, 긍휼이 있는 행동, 복수가 아니라, 앙심이 아니라, 하나님의 백성으로서 마땅히 품을 마음으로 한 행동을 보고 왕이 자기를 반성한 것입니다. 더 큰 은혜를 받았고, 더 높아졌는데, 그 마음 품지 못한 것을 회개한 것입니다. 그까짓 명분(名分)이 뭐라고, 죽은 사람에 대한 예우도 갖추지 못한 것을 돌이켰습니다. 그때 하나님께서 그 땅을 위한 기도를 들어주셨습니다.

우리가 하나님의 사람이라면 마음에 맺힌 것을 풀어야 합니다. "우리가 우리에게 죄 지은 자를 용서한 것처럼 우리 죄도 사해 달라"는 주님의 기도를 우리 기도로 삼아야 합니다. 하나님의 아들이시지만 자신을 제물로 삼으신 예수님을 깊이 생각해야 합니다. 구속의 은혜를 받았으니 용서해야 합니다. 일만 달란트 탕감받았으니 일백 데나리온 빚진 자 용서하는 게 마땅합니다. 까짓것 오백만원입니다. 나만 놓아주면 됩니다. 얼마나 다행입니까? 나만 용서하면 해결되니 얼마나 다행입니까? 이미 받은 은혜 약간만 적용하면 되니 얼마나 쉽습니까? 그런데 어렵습니다. 그래서 리스바가 필요한 것입니다.

여기 다윗의 마음을 녹여줄 리스바가 있습니까? 나 자신 말고 원수의 자식까지 돌봐줄 리스바가 있습니까? 그럼, 회복이 있습니다. 내가 리스바가 될 마음은 없습니까? 밟히고 어려웠지만 당당하게 사랑한 리스바가 존경스럽지 않습니까? 리스바가 됩시다.

다윗 용사들의 에피소드(21:15-22)에 이어 나오는 다윗의 승전가는 시편 18편과 겹칩니다(22장). "여호와께서 다윗을 모든 원수의 손과 사울의 손에서 구원하신 그 날에"(22:1) 다윗은 노래했습니다. 이어지는 다윗의 마지막 말에서 말씀대로 살아야 한다는, '말씀이 기준' 이라는 다윗의 깨달음을 읽습니다. 23장 2-4절입니다. "여호와의 영이 나를 통하여 말씀하심이여 그의 말씀이 내 혀에 있도다 이스라엘의 하나님이 말씀하시며 이스라엘의 반석이 내게 이르시기를 사람을 공의로 다스리는 자, 하나님을 경외함으로 다스리는 자여 그는 돋는 해의 아침 빛 같고 구름 없는 아침 같고 비 내린 후의 광선으로 땅에서 움이 돋는 새 풀 같으니라 하시도다" 아멘.

또한 어떤 사람들이 다윗의 용사들이었는지 소개를 받습니다. 군지휘관의 두목 요셉밧세벳(아디노)가 으뜸입니다(23:8). 손이 칼에 붙기까지 싸운 용사 엘르아살도 있네요(23:10). 애굽 사람의 창을 빼앗아 그를 죽임으로써, 골리앗을 죽인 다윗을 따라한 브나야가 있습니다(23:20-23). 헷 사람 우리야까지(23:39) 용사로 삼은 것을 보면서, 가드 사람 잇대가 다윗을 돕는 자 가운데 있는 것을 보면서(15:19-22), 인재 등용에 있어 제한이 없었던 다윗을 생각합니다. 예수님이 다윗이면, 우리는 그분의 용사들입니다. 다윗의 왕권은 하나님의 기름 부음, 다윗의 충성과 순종, 용사들의 도움으로 견고했습니다.

이제 그 나라를 솔로몬이 이어받습니다(왕상 1장). 어떻게 될까요? 솔로몬이 다윗을 존중하여 유언을 따라 산다면 견고하게 설 것입니다. 다윗의 유언이 열왕기상 2장 2-9절에 있습니다. 2-4절입니다. "내가 이제 세상 모든 사람이 가는 길로 가게 되었노니 너는 힘써 대장부가 되고 네 하나님 여호와의 명령을 지켜 그 길로 행하여 그 법률과 계명과 율례와 증거를 모세의 율법에 기록된 대로 지키라 그리하면 네가 무엇을 하든지 어디로 가든지 형통할지라 여호와께서 내 일에 대하여 말씀하시기를 만일 네 자손들이 그들의 길을 삼가 마음을 다하고 성품을 다하여 진실히 내 앞에서 행하면 이스라엘 왕위에 오를 사람이 네게서 끊어지지 아니하리라 하신 말씀을 확실히 이루게 하시리라" 아멘.

유언이 모두 잘 이행되었을까요? 요압과 시므이의 심판은 유언대로 이뤄졌지만(왕상 2:28-46), 다른 부분은 의문입니다.

질의와 응답

하나. "열왕기상 2장 2절의 '너는 힘써 대장부가 되고'를 여성들에게 어떻게 설교할 수 있을까요?"

여기 '대장부'는 히브리어로 '이쉬'입니다. '이쉬가 이솨에게'라는 노래가 결혼 때 애창됩니다. '이쉬'는 '결혼한 남자로서 능력과 책임이 있는 사람'을 뜻합니다. '이솨'는 '결혼한 여자로서 능력과 책임이 있는 사람'이지요. 그러니 '이쉬'가 되라는 말은 '결혼한 남자로서 능력과 책임이 있는 사람'이 되라는 말이 됩니다. 마찬가지로 '이솨'가 되라는 말은 '결혼한 여자로서 능력과 책임이 있는 사람'이 되라는 말이 되겠네요.

둘. "다윗의 유언을 보면, 요압과 시므이의 심판에 대해 말하는데, 요즘은 어떻게 적용할 수 있을까요?"

요압은 다윗의 조카입니다. 다윗의 여자 형제인 스루야의 아들이죠. 다윗은 요압이 "이스라엘 군대의 두 사령관 넬의 아들 아브넬과 예델의 아들 아마사에게 행한 일"로 인해 "그의 백발이 평안히 스올에 내려가지 못하게 하라"는 유언을 합니다(왕상 2:5-6). 요압은 아브넬이 평화협정을 위해 왔음에도 동생 아사헬 죽인 것을 복수하느라 아브넬을 죽였습니다(삼하 3:30). 그리고 어머니 스루야의 여자형제인 아비가일의 아들이기에 자기의 이종사촌인 아마사를 군지휘관이라는 자기 자리를 지키기 위해 죽입니다(삼하 17:25; 19:13; 20:4). 사적인 이유로 나랏일을 망쳤고, 개인 영달을 위해 신의를 저버렸지요.

시므이는 다윗에 대해 왜곡되게 평가하고 저주하며 돌을 던졌습니다(삼하 16:5-6). "피를 흘릴 자여 사악한 자여 가거라 가거라 사울의 족속의 모든 피를 여호와께서 네게로 돌리셨도다 그를 이어서 네가 왕이 되었으나 여호와께서 나라를 네 아들 압살롬의 손에 넘기셨도다 보라 너는 피를 흘린 자이므로 화를 자초하였느니라" 이렇게 말했지요(16:7-8). '피를 흘렸다.' 하는 말이 우리아 사건을 가리킬 수 있습니다. 그러나 '사악한 자'라는 평가나, "사울의 족속의 모든 피를 여호와께서 네게로 돌리셨도다"하는 말이나, "여호와께서 나라를 네 아들 압살롬의 손에 넘기셨도다" 하는 말은 적절해 보이지 않습니다. '하나님' 을 주어로 너무 함부로 말했지요.

이에 다윗은 '문제를 해결하여 온전케 한다.' 라는 뜻을 가진 아들 '솔로몬' 에게 심판을 맡깁니다. 다윗의 심판 유보(留保)와 솔로몬의 심판은 예수님의 심판을 생각나게 합니다. '심판이 의로우시지만' (요 5:30) 판단을 유보하신 예수님(요 8:15), 장차 "자기 영광으로 모든 천사와 함께 올 때에 자기 영광의 보좌에 앉"아 "모든 민족을 그 앞에 모으고 각각 구분하"실 예수님(마 25:31-32)입니다.

셋. "압살롬 반역이 왜 길게 기록되었을까요? 사무엘하의 주제가 남북문제처럼 대립을 말하나요?"

다윗 왕국을 위협하는 가장 위험한 요소가 압살롬 반역이었습니다. 그래서 시편을 보면, 서론에 해당하는 1편과 2편 다음에, "다윗이 그의 아들 압살롬을 피할 때에 지은 시" 인 3편이 이어집니다. 본론의 첫 번째 시입니다. 역사 순서가 아닙니다. 압살롬은 하나님의 종인 아버지를 반역했을 뿐 아니라, 온갖 인본적인 방법을 모두 사용합니다. 하나님의 나라를 대적하는 인간 나라의 모습입니다. 위험 요소의 발생, 전개, 위기, 결말까지 모두 소개하여, 하나님 나라를 위협하는 요소를 잘 이해하도록, 잘 처리하도록 돕는다고 생각합니다.

그리고 남북 대립의 문제는 다윗이 사울의 옷자락 자른 것과 연관하여 말씀드렸습니다. 나의 유익과 안전, 필요를 위해 하나님의 기업을 자르는 문제도 하나님 나라를 위협하는 내재적 요소에 들어간다고 생각합니다. 개인이든, 가정이든, 기업이나 학교든, 나라든, 작동 체계가 복잡하지요. 그러나 원인 없이 결과 없듯, 얽히고설킨 사건 안에는 다양한 요소가 있습니다. 인식이 잘 안될 뿐이지요. 요즘 특히나, '나의 유익과 안전, 필요를 위해 하나님의 기업을 자르는 마음' 이 인식되고 해결될 필요가 많아졌다고 생각합니다.

Weekly Reading

16

열왕기상 3장 - 열왕기하 1장

"분단"

왕상 3-5장	왕상 6-8장	왕상 9-11장	왕상 12-14장	왕상 15-17장	왕상 18-20장	왕상 22장-왕하 1장

check

오늘도 희생양 찾아 문제를 해결하려는 악한 사회를 바라봅니다. 그 악한 사회가 나뉘고 쪼개지고 분열되고 갈라서는 것을 봅니다. 그런데 이번 통독 본문에서 비슷한 일을 만납니다. 다윗 왕국이 솔로몬에게 이어지면서 분열 조짐이 보이더니, 르호보암 때에 나뉩니다. 분열 왕국을 바라보는 마음이 편치는 않습니다. 분단국가의 백성이기 때문입니다. 유일한 분단국가라고들 말합니다. 또한 다양한 형태의 분단을 경험하며 살기 때문입니다.

분단

(경험하지는 못했지만, 우리 민족의 아픈 과거 동족상잔의 사건을 떠올리며 6-2-5-6-2-5로 구성했습니다.)

I.
우리의 소원은 통일이라며
목이 터지게 노래할 땐
아무것도 몰랐습니다.

우리의 소원이 통일이라고
목 놓아 노래하면

통일이 이뤄지는 줄 알았습니다.

그러나 이제는 조금 알 것 같습니다.
그렇게 통일이 오지 않는다는 것을요.
'우리' 가 되지 않는 한 '우리의 소원' 도 없습니다.

'우리' 가 없는 한 '통일' 도 없습니다.
'너' 와 '내' 가 '우리' 가 안 되는데,
'그들' 과 '우리' 가 어찌 '우리' 가 되겠습니까?

부모 자식이 갈라서고
부부가 갈라서는데
어찌 가정과 가정이 만나 '우리' 가 되겠습니까?

갈라섬의 아픔이
하나님의 나라에는 없으면 좋겠는데
아니었습니다.

II.
어찌어찌 하나 되고
솔로몬 후계자 삼아 나라 물려주었더니
분단의 씨앗 키웁니다.

산 것이 내 아들이라
외치고 절규하는 두 여인 앞에
칼을 대령하더니 쪼개라 합니다.

III.
내 아들 쪼개지 말라는
엄마가 친모라고
쪼개지 않는 자의 승리를 선언합니다.

그러나 바로의 딸 데려다가
다윗성에는 잠시
따로 성을 건축하여 내보냅니다.
이방 부인들 위해

다른 신들 집 지어주니
성전이 무색합니다.

성전 짓는데 7년
왕궁 짓는데 13년
둘을 구분하고 무게중심은 왕궁에 둡니다.

60×20×30=36000규빗^3
100×50×30=150000규빗^3
왕궁이 성전의 4배 이상 큽니다.

IV.
세포는 분열하여 또 다른 세포를 낳고
고구마 하나 쪼개 심으면 각자 고구마 맺는데
민족 분열 분단국가는 왜 안 되는가?

나라와 집 분쟁하면 서지 못하니
쪼개서 둘 다 살리시는 것이
하나님의 방법인가?

나뉘는 것 원치 않으나
같이 지낼 수 없으니
살려면 쪼개질 수밖에.

가나안인 역군 삼고
갈릴리 성읍 히람에게 내주고 가불이라 무시당하니
여리고의 라합이 울고 납달리 스불론 잇사갈 눈물 짓는다.

여로보암 일어나 차별금지 외치고
르호보암 서서 차별강화 선언하니
10대 2로 쪼개진다.

세포분열 기대하신 하나님
딴 살림 차리려는 여로보암
북쪽은 바알이 왕이고 남쪽은 여호와가 왕이라.

V.
하나님의 사람 벧엘 제단 규탄하나
벧엘 늙은 선지자의 밥이 되고
여로보암은 아들 잃는다.

집안 세우는 길과 나라 세우는 길이 다르고
나 사는 길과 자식 사는 길이 다르며
내 일과 하나님 나라 일이 다르다.

VI.
하나님은 하늘과 땅 여시고
각자의 자리에서 서로를 보게 하시더니
만나게 하셨다.

하나님은 남자와 여자를 지으시고
서로의 자리에서 상대를 이해하게 하시더니
하나 되게 하셨다.

하나님은 부모 자식 만드시고
넘겨주고 이어받으며
하나님 마음 배우게 하셨다.

하나님은 북국 이스라엘과 남국 유다로 나누시고
만나고 하나 되고 하나님 마음 배우며
다시 '우리'가 되길 원하셨다.

그날이 오기를 바라고
오늘도 선지자는 머뭇거리지 말고 하나님 바라보라 하니
마음 추스르고 말씀으로 채운다.

통독 본문의 절반 가까이가 솔로몬 얘기입니다. 다윗만큼이나 중요했던 사람입니다. '부유해서, 지혜가 많아서, 부인이 많아서'라기보다는 분단의 상당한 책임이 그에게 있기 때문입니다. 열왕기상 11장 26-40절에 있습니다. 31-33절입니다. "여러보암에게 이르되 너는 열 조각을 가지라 이스라엘의 하나님 여호와의 말씀이 내가 이 나라를 솔로몬의 손에서 찢어 빼앗아 열 지파를 네게 주고 오직 내 종 다윗을 위하고 이스라엘 모든 지파 중에서 택한 성읍 예루살렘을 위하여 한 지파를 솔로몬에게 주리니 이는 그들이 나를 버리고 시돈 사람의 여신 아스다롯과 모압의 신 그모스와 암몬 자손의 신 밀곰을 경배하며 그의 아버지 다윗이 행함 같지 아니하여 내 길로 행하지 아니하며 나 보기에 정직한 일과 내 법도와 내 율례를 행하지 아니함이니라" 아멘. 33절에서 "그들이 나를 버리고" 말씀하셨기에 솔로몬만의 책임은 아닙니다. 그러나 "솔로몬의 손에서 찢어 빼앗아"라는 표현에서 그의 책임이 크다는 것을 확인할 수 있습니다. 실제로 "시돈 사람의 여신 아스다롯과 모압의 신 그모스와 암몬 자손의 신 밀곰"은 11장 4-8절에서 솔로몬과 관련하여 구체적으로 언급된 우상들입니다. 11장 5-7절입니다. "이는 시돈 사람의 여신 아스다롯을 따르고 암몬 사람의 가증한 밀곰을 따름이라 솔로몬이 여호와의 눈앞에서 악을 행하여 그의 아버지 다윗이 여호와를 온전히 따름 같이 따르지 아니하고 모압의 가증한 그모스를 위하여 예루살렘 앞 산에 산당을 지었고 또 암몬 자손의 가증한 몰록을 위하여 그와 같이 하였으며" 아멘.

솔로몬의 출발이 그리 나쁘지는 않았습니다. '듣는 마음'을 구하였지요. 열왕기상 3장 9절입니다. "누가 주의 이 많은 백성을 재판할 수 있사오리이까 듣는 마음을 종에게 주사 주의 백성을 재판하여 선악을 분별하게 하옵소서" 아멘. '선악 분별'의 은혜를 구했군요. 이어 소개되는 솔로몬의 재판을 보면, 솔로몬은 듣는 마음을 받았습니다.

두 여자가 왕 앞에 나왔습니다. 두 여자 중 한 여자는 죽은 아기를, 다른 여자는 살아있는 아기를 안고 왔습니다. 둘 다 살아있는 아기가 자기 아기라고 우기기에 아기 둘을 여자들에게서 떼어 놓고 재판이 시작되었습니다. 엄마 품을 떠난 살아있는 아기는 아마도 큰 소리로 울고 있었을 것입니다.

죽은 아기를 안고 왔을 여자가 왕에게 먼저 말합니다. 이 사람이 원고입니다. "우리 둘은 한집에 살고 있습니다. 그 집에 다른 사람은 살지 않습니다. 우리 둘이 비슷한 시기에 임신하고 출산했는데, 내가 사흘 먼저 출산했습니다. 그런데 저 여자가 밤에 자기 아들을 깔아뭉개 죽이고서는 자기 아들과 내 아들을 바꿔치기했습니다. 아침에 내가 내 아들에게 젖 먹이려고 일어나 보니 내 아들이 죽어 있었습니다. 그런데 아침에 자세히 보니 내가 낳은 아들이 아니었습니다." 그러자 살아있는 아기를 안고 왔을 여자가 왕에게 말하는 여자에게 말합니다. 이 사람은 피고입니다. "내 아들이 살아있는 거야, 너의 아들은 죽은 거야!" 그러자 죽은 아기를 안고 왔을 여자가 다른 여자에게 말합니다. "틀렸어! 왜냐하면 너의 아들이 죽은 거고 내 아들이 살아있는 것이기 때문이야."

우선, 3장 16절에 두 사람은 '창기'라고 소개됩니다. 두 사람은 자신들의 생활을 책임져 줄 남편이 없습니다. 그러기에 아들은 두 사람 모두에게 매우 중요합니다. 아들이 자라면 어머니를 봉양할 것이기 때문입니다. 두 사람 모두 아들을 낳았기에 두 사람은 출산 후 무척 기뻐했을 것입니다. 그런데 아들 하나가 죽자 아들 쟁탈전이 발생한 것입니다. 함께 고생할 때는 한 집에서 잘 살았는데, 아들 하나씩 똑같이 낳았을 때도 동거할 수 있었는데, 한 사람에게서는 소망이 사라지고 다른 사람에게는 소망이 남아 있게 되자 동거할 수 없게 된 것입니다. 죽은 아기의 어머니가 살아있는 아기가 죽는 것을 대수롭지 않게 생각한 이유가 여기에 있습니다. 아니, 보다 적극적으로 26절에서 "내 것도 되게 말고 네 것도 되게 말고 나누게 하라" 이렇게 말합니다. 상대적 빈곤감이 싫었던 것입니다. "사촌이 땅을 사면 배가 아프다." 하는 속담처럼 비슷한 위치에 있는 사람이 갑자기 다른 위치로 옮겨가는 것에 대해 대개는 질투하고 시기합니다. 이 두 여자의 문제는 단순한 육아 문제가 아니라, 소망에 대한 문제이자 박탈감에 대한 문제였습니다.

더 나아가 이 문제는 살인, 유기, 도둑질 그것도 유괴로 확대되었습니다. 한 여자의 주장에 따르면, 다른 여자는 부주의하여 자기 아들을 죽였습니다. 그뿐 아니라 자기 아들을 버렸습니다. 또한 남의 아들을 훔쳤습니다. 죽은 아기를 안고 온 여자는 다른 여자가 안고 온 살아있는 아기가 자기 아들이라고 주장할 뿐만 아니라, 다른 여자를 자식을 죽이고 버린 자로, 남의 자식을 훔친 자로 송사하고 있는 것입니다.

누구의 말이 맞을까요? 죽은 아기를 안고 왔을 원고의 말이 사실이라면, 살아있는 아기를 안고 왔을 여자는 아기를 돌려줘야 할 뿐 아니라 살인하고 유기하고 유괴한 죄의 대가를 치러야 할 것입니다. 죽은 아기를 안고 왔을 원고의 말이 사실이 아니라면, 죽은 아기를 안고 왔을 여자는 무고죄를 지은 것이 됩니다. 그리고 살인과 유기와 유괴의 문제는 직접적으로 적용되지 않습니다. 일단 아기가 왜 죽었는지 모르니 살인죄가 성립되지 않습니다. 병으로 죽었을 수도 있기 때문입니다. 또한 아기를 버리거나 남의 아기를 훔친 일도 발생하지 않은 것이지요. 판결이 어떻게 나느냐에 따라, 한 사람은 무고죄의 벌을 받을 가능성이 있고, 다른 사람은 살인과 유기와 도둑질에 대한 벌을 받을 가능성이 있습니다.

무고죄를 지으면 어떤 벌을 받을까요? 신명기 19장 16절 이하를 보면 "만일 위증하는 자가 있어 어떤 사람이 악을 행하였다고 말하면 그 논쟁하는 쌍방이 같이 하나님 앞에 나아가 그 당시의 제사장과 재판장 앞에 설 것이요 재판장은 자세히 조사하여 그 증인이 거짓 증거하여 그 형제를 거짓으로 모함한 것이 판명되면 그가 그의 형제에게 행하려고 꾀한 그대로 그에게 행하여 너희 중에서 악을 제하라" 이렇게 되어있습니다. '동해보복법' 이 적용됩니다. 이 율법대로라면 죽은 아기를 안고 왔을 여자는 상대방을 무고히 고소하여 살인과 유기와 유괴죄의 벌 받는 것을 의도했으니 그 벌을 받아야겠죠. 살인자가 죽어야 하기는 하지만 이 경우는 사인이 불분명해서 다루기가 쉽지 않습니다. 죽은 자식의 시체를 버렸다고 문제 삼지는 않습니다. 다만 유괴죄가 문제가 됩니다. 출애굽기 21장 16절에 따르면, "사람을 납치한 자가 그 사람을 팔았든지 자기 수하에 두었든지 그를 반드시 죽"여야 합니다. 그러므로 무고죄로 판결이 나면 이 여자는 죽어야 합니다.

반면, 죽은 아기를 안고 왔을 여자의 말이 사실로 판명 나면, 살아있는 아기를 안고 왔을 여자는 사람을 납치한 죄로 사형당할 것입니다. 그러니 어떻게 판결이 나느냐에 따라 두 여자 중 한 여자는 죽어야 합니다. 죽은 아기를 안고 왔을 여자의 말이 사실이라면, 살아있는 아기를 안고 왔을 여자는 본래 죽은 자기 아들처럼 죽게 될 것입니다. 죽은 아기를 안고 왔을 여자의 말이 사실이 아니라면, 죽은 아기를 안고 왔을 여자는 안고 온 자기 아들과 같이 죽게 될 것입니다. 결국 사실이 밝혀지고 공정한 판결이 난다면, 누가 죽은 아기의 어미이든 자기 아기와 함께 죽게 될 것입니다. 누가 그 죽은 아기의 어머니인가가 문제이죠.

그런데 율법에서는 "사람의 모든 악에 관하여 또한 모든 죄에 관하여는 한 증인으로만 정할 것이 아니요 두 증인의 입으로나 또는 세 증인의 입으로 그 사건을 확정할 것"이라고 했습니다. 위증에 대한 말씀 바로 앞에 있는 신명기 19장 15절 말씀입니다. 그런데 이 두 여자의 송사에는 다른 증인이 없습니다. 무고죄이든, 유괴죄이든 증인은 각각 한 사람뿐입니다. 판결의 어려움이 여기에 있습니다.

누구 말이 맞을까요? 죽은 아기를 안고 왔을 여자의 말이 사실이라면, 이 여자는 자기 아들을 빼앗겼습니다. 그래서 다른 여자를 죽이고서라도 혹시 재판에서 패소하면 자기가 죽게 되더라도 살아있는 아기를 차지하려 한 것입니다. 다시 말해, 죽은 아기를 안고 왔을 여자의 말이 사실이고 이 여자가 승소하면, 이 여자는 자기 아들을 되찾고 다른 여자는 사형당할 것입니다. 반면, 죽은 아기를 안고 왔을 여자의 말이 사실이고 이 여자가 패소하면, 이 여자는 살아있는 자기 아들을 놔두고 사형당할 것입니다.

죽은 아기를 안고 왔을 여자의 말이 사실이 아니라면, 이 여자는 자기 아들이 죽자, 다른 여자를 죽이고 그 여자의 아들을 데려다 자기 생활을 책임질 자로 키우게 되든지, 아니면 죽은 자기 아들과 같이 자기도 죽고자 한 것입니다. 다시 말해서 죽은 아기를 안고 왔을 여자의 말이 사실이 아니고 이 여자가 승소하면, 이 여자는 다른 여자의 아들을 데려다 키우게 될 것이고, 다른 여자는 살아있는 자기 아들을 놔두고 자기만 죽게 될 것입니다. 반면, 죽은 아기를 안고 왔을 여자의 말이 사실이 아니고 패소까지 하면, 이 여자는 죽은 자기 아들처럼 죽게 될 것이고, 다른 여자는 살아있는 자기 아들과 같이 잘살게 될 것입니다.

	원고의 말이 사실인 경우	**원고의 말이 사실이 아닌 경우**
원고 승소	원고는 자기 아들 되찾음. (아들과 같은 상태) 피고는 사형 (아들과 같은 상태)	원고는 다른 여자의 아들 양육. (아들과 다른 상태) 피고는 사형 (아들과 다른 상태)
원고 패소	원고는 살아 있는 아들을 놔두고 사형 (아들과 다른 상태) 피고는 다른 여자의 아들과 살게 됨. (아들과 다른 상태)	원고 사형 (아들과 같은 상태) 피고는 자기 아들과 잘살게 됨. (아들과 같은 상태)

이런 상황입니다. 그럼, 죽은 아이를 안고 온, 원고인 여자의 말을 들어봅니다. 3장 17-21절입니다. "한 여자는 말하되 내 주여 나와 이 여자가 한집에서 사는데 내가 그와 함께 집에 있으며 해산하였더니 내가 해산한 지 사흘만에 이 여자도 해산하고 우리가 함께 있었고 우리 둘 외에는 집에 다른 사람이 없었나이다. 그런데 밤에 저 여자가 그의 아들 위에 누우므로 그의 아들이 죽으니 그가 밤중에 일어나서 이 여종 내가 잠든 사이에 내 아들을 내 곁에서 가져다가 자기의 품에 누이고 자기의 죽은 아들을 내 품에 뉘었나이다 아침에 내가 내 아들을 젖 먹이려고 일어나 본즉 죽었기로 내가 아침에 자세히 보니 내가 낳은 아들이 아니더이다 하매" 아멘.

두 아이의 생일은 사흘 차이가 납니다. 그런데 이 말을 한 여자는 다른 여자가 아들 위에 누워 죽인 것을 어떻게 알았을까요? 그리고 얼마나 깊이 잠이 들었기에 자기 아이를 데리고 가고 다른 아이를 데려오는 것도 몰랐을까요? 신생아는 두 시간마다 일어납니다. 그런데 이 여자는 아침에 일어나 아이에게 젖을 먹였지요. 종합하면 잠을 깊이 자는 이 여자야말로 아이를 깔고 잘 가능성이 큽니다. 물론 본문은 어떤 여자가 산 아이의 엄마인지 말하지 않습니다. 솔로몬이 산 아이를 사랑하는, 어쩌면 산 아이가 자기 아들이라고 생각하는, 그래서 산 아이를 잘 키울 수 있는 엄마가 그 아이의 엄마라고 판단을 내렸습니다. 이 판단이 아이에게는 도움이 되는 판단이었지요.

산 아이의 엄마가 사랑이 없어서, 내 아이를 빼앗기느니 차라리 죽이는 게 낫다며 죽이는 쪽을 선택했을 수 있습니다. 이때 죽은 아이의 엄마이지만, 솔로몬이 죽은 아이를 둘로 나누라고 한 것이 아니고 산 아이를 반으로 나누라고 했기에 나누는 것을 반대했을 수도 있습니다. 다시 말해, 죽은 아이의 엄마가 산 아이가 죽는 것을 반대하고, 산 아이의 엄마는 산 아이가 죽는 것을 찬성했을 수도 있지요.

그러므로 솔로몬의 판단에는 '아이 엄마는 아이를 사랑한다.' 하는 명제를 기초로 이뤄졌습니다. 이는 보편 명제이지요. 보편 명제를 바탕으로 '누구의 사랑이 더 큰지' 실험을 통해 확인했습니다. 실험이 가능했던 이유는 솔로몬의 제안이 당시에 불가능한 제안처럼 보이지 않았기 때문이지요. 지금의 경우라면 판사가 '아이를 잘라서 반씩 주라.' 하는 식으로 말할 수는 없을 것입니다. 물론 지금은 DNA 검사와 같은 방법을 사용하면 됩니다.

보편 명제를 바탕으로 가능한 실험 제안을 함으로써, 솔로몬은 '산 아이를 사랑하는 여자'를 찾았고 그 여자에게 아이를 맡겼습니다. 다행히도 그 여자가 '산 아이의 엄마'였기를 바랍니다. 그렇지 않더라도, 아이를 죽이라는 여자의 자녀로 자라기보다는 그 아이를 살리려 했던 여자의 자녀로 자라는 것이 더 좋겠지요.

솔로몬의 판결 방식에 '하나님의 지혜'라는 이름이 붙었기에 비판하기가 쉽지는 않지만, '아이를 반으로 나누는 방식'이 반인도적인 것은 사실입니다. 증인들을 채택하는 방법도 있겠고, 아이가 어느 여자를 더 익숙해하는지, 아이가 누구를 더 닮았는지와 같은 측면에서 접근할 수도 있어 보입니다. 더구나 솔로몬이 국가 분단의 원인 제공자라는 것을 생각하면 '아이를 칼로 나누는 제안'이 더욱 부담스럽습니다.

그럼에도, 솔로몬의 판결에 온 이스라엘이 왕을 두려워합니다. 더구나 그에게는 지혜와 총명과 함께, 넓은 마음도 있습니다. 4장 29-33절입니다. "하나님이 솔로몬에게 지혜와 총명을 심히 많이 주시고 또 넓은 마음을 주시되 바닷가의 모래 같이 하시니 솔로몬의 지혜가 동쪽 모든 사람의 지혜와 애굽의 모든 지혜보다 뛰어난지라 그는 모든 사람보다 지혜로워서 예스라 사람 에단과 마홀의 아들 헤만과 갈골과 다르다보다 나으므로 그의 이름이 사방 모든 나라에 들렸더라 그가 잠언 삼천 가지를 말하였고 그의 노래는 천다섯 편이며 그가 또 초목에 대하여 말하되 레바논의 백향목으로부터 담에 나는 우슬초까지 하고 그가 또 짐승과 새와 기어다니는 것과 물고기에 대하여 말한지라" 아멘. 그는 식물학자 겸 동물학자이고 곤충학자이자 작곡자입니다. 과학자이자 예술가입니다. 성전, 왕궁 등 다양한 건축을 성공적으로 이뤄낸 건축가이기도 합니다. 행정과 정치에 뛰어났습니다.

솔로몬의 조공 및 식탁 공동체가 매우 컸습니다. 4장 20-28절에 있습니다. 하루 음식물은 22-23절에 있습니다. "솔로몬의 하루의 음식물은 가는 밀가루가 삼십 고르요 굵은 밀가루가 육십 고르요 살진 소가 열 마리요 초장의 소가 스무 마리요 양이 백 마리이며 그 외에 수사슴과 노루와 암사슴과 살진 새들이었더라" 아멘. 고르를 220리터로 잡으면, 하루 음식물 가운데 가는 밀가루가 6,600리터입니다. 굵은 밀가루가 60×220=13,200리터입니다. 합하면 19,800리터로, 약 250가마니 정도입니다. 군인 하루

쌀 지급량이 700그램인 것을 생각하면, 약 2만 8천 명 정도의 식량이 됩니다. 군인들이 평상시에 하루 700그램을 먹지 못하는 것을 생각하면, 삼만 명 정도의 식량입니다. 살진 소가 열 마리인데, 마리당 300킬로그램 잡으면, 3,000킬로그램이지요. 삼만 명에게 나누면 100그램씩 돌아갑니다. 초장의 소가 20마리, 양이 백 마리, 그 외에 수사슴, 노루, 암사슴, 살진 새들이 많았기에, 삼만 명으로 계산해도 1인 당 한 근 정도는 돌아갑니다. 날마다 삼만 명씩을 먹이는 행정력입니다. 대단하지요.

솔로몬의 성전 건축은 더욱 놀랍습니다. 역군이 삼만 명, 짐꾼이 칠만 명, 돌을 뜨는 자가 팔만 명, 감독하는 관리가 3,300명입니다. 이들이 7년간 일합니다. 5장 13-16절입니다. "이에 솔로몬 왕이 온 이스라엘 가운데서 역군을 불러일으키니 그 역군의 수가 삼만 명이라 솔로몬이 그들을 한 달에 만 명씩 번갈아 레바논으로 보내매 그들이 한 달은 레바논에 있고 두 달은 집에 있으며 아도니람은 감독이 되었고 솔로몬에게 또 짐꾼이 칠만 명이요 산에서 돌을 뜨는 자가 팔만 명이며 이 외에 그 사역을 감독하는 관리가 삼천삼백 명이라 그들이 일하는 백성을 거느렸더라" 아멘.

백향목과 잣나무는 두로에서 수입했습니다. 원목값으로 매년 밀 이만 고르와 맑은 기름 이십 고르를 주었습니다. 이만 고르는 20,000×220 = 4,400,000리터입니다. 4,400톤입니다. 기름은 4.4톤이고요. 5장 10-11절입니다. "솔로몬이 모든 원대로 백향목 재목과 잣나무 재목을 주매 솔로몬이 히람에게 그의 궁정의 음식물로 밀 이만 고르와 맑은 기름 이십 고르를 주고 해마다 그와 같이 주었더라" 아멘. 원목 수입은 20년간 지속됩니다. 9장 10-11절입니다. "솔로몬이 두 집 곧 여호와의 성전과 왕궁을 이십 년 만에 건축하기를 마치고 갈릴리 땅의 성읍 스무 곳을 히람에게 주었으니 이는 두로 왕 히람이 솔로몬에게 그 온갖 소원대로 백향목과 잣나무와 금을 제공하였음이라" 아멘.

한편, 솔로몬이 '백향목, 잣나무, 금'을 받은 대신 갈릴리 땅의 성읍 스무 곳을 히람에게 준 것은 매우 심각합니다. 하나님 백성이 받은 기업을 이방 왕에게 주었기 때문입니다. 그런데 이 땅이 히람의 마음에 들지 않았습니다. '아무것도 아니다, 가치 없다.' 하는 뜻을 가진 '가불'로 불렀기 때문입니다. 9장 12-14절입니다. "히람이 두로에서 와서 솔로몬이 자기에게 준 성읍들을 보고 눈에 들지 아니하여 이르기를 내 형제여 내게 준 이 성읍들이 이러한가 하고 이름하여 가불 땅이라 하였더니 그 이름이 오늘까지 있느니라 히람이 금 일백이십 달란트를 왕에게 보내었더라" 아멘.

솔로몬에게 금은 매우 흔한 광물이었습니다. 세입금의 무게가 금 666달란트였으니까요. 10장 14-15절입니다. "솔로몬의 세입금의 무게가 금 육백육십육 달란트요 그 외에 또 상인들과 무역하는 객상과 아라비아의 모든 왕들과 나라의 고관들에게서도 가져온지라" 아멘. 세입금 외에도 상인, 객상, 왕들, 고관들로부터도 금을 받았습니다. 그런데도 솔로몬은 오빌에서 금 420달란트를 가져왔습니다. 9장 28절입니다. "그들이 오빌에 이르러 거기서 금 사백이십 달란트를 얻고 솔로몬 왕에게로 가져왔더라" 아멘. 스바 여왕으로부터도 120달란트를 받았습니다. 10장 10절입니다. "이에 그가 금 일백이십 달란트와 심히 많은 향품과 보석을 왕에게 드렸으니 스바의 여왕이 솔로몬 왕에게 드린 것처럼 많은 향품이 다시 오지 아니하였더라" 아멘. 약간 금에 미친 사람 같습니다. 10장 16-22절을 보면, 금 방패를 만들과 온통 금으로 장식합니다. 지혜를 팔고 금을 받기도 했습니다. 10장 23-25절입니다. "솔로몬 왕의 재산과 지혜가 세상의 그 어느 왕보다 큰지라 온 세상 사람들이 다 하나님께서 솔로몬의 마음에 주신 지혜를 들으며 그의 얼굴을 보기 원하여 그들이 각기 예물을 가지고 왔으니 곧 은 그릇과 금 그릇과 의복과 갑옷과 향품과 말과 노새라 해마다 그리하였더라" 아멘.

이 정도 재산이면 씀씀이를 줄이고 세금을 줄여줘도 되었을 것 같습니다. 그러나 그는 끝까지 거두었고, 끝까지 부려 먹었습니다. 그리고 나눠주는 것은 인색했습니다. 마침내 대적자들이 생겨납니다. 에돔 사람 하닷, 수리아 왕 르손, 신하 여로보암입니다. 다윗은 금이 생기면 하나님께 드렸습니다. 다윗 주변에는 금이 흔하지 않았습니다. 그러나 대적들은 모두 물리쳤습니다. 그러나 솔로몬은 대적들을 물리치지 못합니다. 11장 14, 25, 40절입니다. "여호와께서 에돔 사람 하닷을 일으켜 솔로몬의 대적이 되게 하시니 그는 왕의 자손으로서 에돔에 거하였더라", "솔로몬의 일평생에 하닷이 끼친 환난 외에 르손이 수리아 왕이 되어 이스라엘을 대적하고 미워하였더라", "이러므로 솔로몬이 여로보암을 죽이려 하매 여로보암이 일어나 애굽으로 도망하여 애굽 왕 시삭에게 이르러 솔로몬이 죽기까지 애굽에 있으니라" 아멘.

다윗에게 지혜가 있다는 말을 들어보지 못합니다. 그러나 그는 하나님을 경외했고 다윗의 대적들은 다윗에게 항복했습니다. 반면, 솔로몬은 지혜도 있고 총명도 있고 넓은 마음도 받았습니다. 다윗과는 비교될 수 없을 만큼 좋은 조건에서 출발했습니다. 그러나 그는 하나님께 여쭈어 행하지 않았습니다. 왕이 많이 두면 안 되는 말과 병거, 아내, 금을 많이 두었습니다. 애굽에서 말과 병거를 사들였고 국고성, 병거성, 마병 성을 건축했습니다. 그러나 대적자를 물리치지는 못했습니다. 특별히 나라를 하나로 엮어내지 못했습니다. 자식 이름으로 등장하는 유일한 사람이 르호보암이니, 아내가 천 명이었지만 아이는 하나뿐이었나 봅니다. 그나마도 지혜가 없는 아들이니 안타깝습니다. 더구나 아버지를 무시하는 왕이지요. 12장 14절입니다. "어린 사람들의 자문을 따라 그들에게 말하여 이르되 내 아버지는 너희의 멍에를 무겁게 하였으나 나는 너희의 멍에를 더욱 무겁게 할지라 내 아버지는 채찍으로 너희를 징계하였으나 나는 전갈 채찍으로 너희를 징치하리라 하니라" 아멘.

결국 나라가 쪼개집니다. 이 쪼개짐은 하나님에게서 비롯되었습니다. 12장 19-24절에 있습니다. 쪼개진 나라가 잘되었을까요? 아닙니다. 여로보암은 백성들이 다윗 집을 다시 사랑하게 될까 봐 꼼수를 씁니다. 12장 26-33절에 있습니다. 금송아지를 만들고, 다른 성소 두 곳을 정하고, 율법이 정하지 않은 제사장을 세우고, 율법에서 정한 것과 다른 절기를 제정합니다. 31-32절만 봅니다. "그가 또 산당들을 짓고 레위 자손 아닌 보통 백성으로 제사장을 삼고 여덟째 달 곧 그 달 열다섯째 날로 절기를 정하여 유다의 절기와 비슷하게 하고 제단에 올라가되 벧엘에서 그와 같이 행하여 그가 만든 송아지에게 제사를 드렸으며 그가 지은 산당의 제사장을 벧엘에서 세웠더라" 아멘.

이에 하나님께서는 유다에 사는 선지자를 보내십니다. 쪼개진 것 같지만, 두 나라가 서로 연결되어 있음을 알 수 있는 구절입니다. 13장 1절입니다. "보라 그 때에 하나님의 사람이 여호와의 말씀으로 말미암아 유다에서부터 벧엘에 이르니 마침 여로보암이 제단 곁에 서서 분향하는지라" 아멘. 이 선지자의 예언은 중요하고 요시아 왕 때 성취됩니다. 2절입니다. "하나님의 사람이 제단을 향하여 여호와의 말씀으로 외쳐 이르되 제단아 제단아 여호와께서 이와 같이 말씀하시기를 다윗의 집에 요시야라 이름하는 아들을 낳으리니 그가 네 위에 분향하는 산당 제사장을 네 위에서 제물로 바칠 것이요 또 사람의 뼈를 네 위에서 사르리라 하셨느니라 하고" 아멘. 열왕기하 23장 16-18절에서 예언의 성취를 읽을 수 있습니다.

이처럼 중요한 예언을 전한 유다의 선지자는 어떻게 되었을까요? 사자에 의해 죽습니다. 어찌하여 그리되었을까요? 마음이 해이해졌기 때문입니다. 13장 8-9절과 16-17절을 비교합니다. 어떤 차이가 있습니까? 여로보암 왕이 선지자에게 먹기를 권할 때는 '안 한다.' 말하지만, 늙은 선지자가 말할 때는 '못한다.' 말합니다. '못하는 내용'에 '함께 돌아가는 것'도 포함됩니다. 마음이 해이해진 것이지요.

왕상 13장 8-9절	왕상 13장 16-17절
하나님의 사람이 왕께 대답하되 왕께서 왕의 집 절반을 내게 준다 할지라도 나는 왕과 함께 들어가지도 아니하고 이 곳에서는 떡도 먹지 아니하고 물도 마시지 아니하리니 이는 곧 여호와의 말씀이 내게 명령하여 이르시기를 떡도 먹지 말며 물도 마시지 말고 왔던 길로 되돌아가지 말라 하셨음이니이다 하고	대답하되 나는 그대와 함께 돌아가지도 못하겠고 그대와 함께 들어가지도 못하겠으며 내가 이 곳에서 그대와 함께 떡도 먹지 아니하고 물도 마시지 아니하리니 이는 여호와의 말씀이 내게 이르시기를 네가 거기서 떡도 먹지 말고 물도 마시지 말며 또 네가 오던 길로 되돌아가지도 말라 하셨음이로다

그럼 이 늙은 선지자는 왜 유다에서 온 선지자가 하나님의 말씀을 순종하지 못하게 거짓을 말했을까요? 아들들이 벧엘에서 제사장이 되었을 가능성을 배제하기 어렵습니다. 13장 11절입니다. "벧엘에 한 늙은 선지자가 살더니 그의 아들들이 와서 이 날에 하나님의 사람이 벧엘에서 행한 모든 일을 그에게 말하고 또 그가 왕에게 드린 말씀도 그들이 그들의 아버지에게 말한지라" 아멘. 여로보암 왕이 벧엘 제단에서 분향할 때, 늙은 선지자의 아들들은 그 자리에 있었습니다. 아마도 제사장으로 세워진 이들 가운데 아들들이 있었을 것 같습니다. 아들들이 제사장 일을 시작했는데, 유다의 선지자가 벧엘 산당 문이 닫힐 예언을 한 것이지요. 아들들의 장래를 생각한 아버지가 선지자를

타락시켜 그의 예언이 불발(不發) 되게 하려 한 듯합니다. 그러나 자기에게 임한 말씀대로 그 선지자를 죽이신 하나님을 보면서 선지자의 예언이 반드시 이뤄질 것을 알고, 13장 31-32절과 같이 말하지요. "그 사람을 장사한 후에 그가 그 아들들에게 말하여 이르되 내가 죽거든 하나님의 사람을 장사한 묘실에 나를 장사하되 내 뼈를 그의 뼈 곁에 두라 그가 여호와의 말씀으로 벧엘에 있는 제단을 향하고 또 사마리아 성읍들에 있는 모든 산당을 향하여 외쳐 말한 것이 반드시 이룰 것임이니라" 아멘.

여로보암은 유다에서 온 선지자를 통해 주어진 기회를 놓칩니다. 그 결과 아들이 죽습니다. 이 아들은 심판을 피할 수 있도록 미리 죽습니다. 14장 12-13절입니다. "너는 일어나 네 집으로 가라 네 발이 성읍에 들어갈 때에 그 아이가 죽을지라 온 이스라엘이 그를 위하여 슬퍼하며 장사하려니와 여로보암에게 속한 자는 오직 이 아이만 묘실에 들어가리니 이는 여로보암의 집 가운데에서 그가 이스라엘의 하나님 여호와를 향하여 선한 뜻을 품었음이니라" 아멘.

이후 여러 사람이 북국 이스라엘의 왕이 됩니다. 이 가운데 아합이 두드러집니다. 그리고 엘리야가 두드러집니다. 아합이 악했기에 하나님께서는 더 강력한 선지자를 통해 기회를 주셨습니다. 그러나 '엘리야-선지자의 무리-미가야' 로 이어지는 하나님 사람들의 경고에도 불구하고 아합은 사망의 길을 선택합니다. 여호사밧은 아합과 사돈지간이 됩니다. 분단 시대를 사는 우리에게 솔로몬과 여로보암 이야기, 아합과 여호사밧 이야기는 시사하는 바가 큽니다.

분단의 시기에 북국 이스라엘에는 엘리야와 엘리사 선지자가 있습니다. 우선 엘리야가 17장부터 등장하고 엘리사는 19장에 등장합니다. 엘리야는 길르앗에 우거하는 사람입니다. 길르앗은 요단 동편 땅으로 므낫세 반 지파의 땅입니다. 그런 그가 요단 서쪽 사마리아에 사는 아합에게 가서 하나님의 말씀을 전합니다. 그의 말이 없으면 수년 동안 비도 이슬도 내리지 않는답니다(17:1). 아합이 처음에는 이 말을 별로 대수롭지 않게 생각했나 봅니다. 엘리야를 잡아들이지 않았지요. 그러다가 가뭄이 심각해지자 엘리야를 잡으려 하였지요. 18장 10절입니다. "당신의 하나님 여호와께서 살아 계심을 두고 맹세하노니 내 주께서 사람을 보내어 당신을 찾지 아니한 족속이나 나라가 없었는데 그들이 말하기를 엘리야가 없다 하면 그 나라와 그 족속으로 당신을 보지 못하였다는 맹세를 하게 하였거늘" 아멘.

이것을 예상하신 하나님께서는 엘리야로 하여금 그릿 시냇가에 숨어 있게 하시더니(17:3), 살던 곳과 반대 방향인 시돈으로 가게 하셨습니다(17:9). 시돈은 아셀 지파의 경계로 언급됩니다. "에브론과 르홉과 함몬과 가나를 지나 큰 시돈까지 이르고"(수 19:28) 아멘. 시돈에 속한 사르밧에서 있었던 일은 유명한 얘기입니다. 사르밧의 과부는 믿음의 결단을 했고, 두 가지를 경험합니다. 하나는 엘리야를 통해 주신 말씀대로 통의 가루가 떨어지지 않고 병의 기름이 없어지지 않는 경험이고, 다른 하나는 죽은 아들이 다시 살아나는 경험이었습니다. 사르밧 과부의 신앙고백이 17장 24절에 있습니다. "여인이 엘리야에게 이르되 내가 이제야 당신은 하나님의 사람이시오 당신의 입에 있는 여호와의 말씀이 진실한 줄 아노라 하니라" 아멘.

엘리야의 말대로, 야고보서에 따르면 삼 년 육 개월 동안 비가 내리지 않다가(약 5:17), '저녁 소제 드릴 때'에 한 엘리야의 말을 하나님께서 들으십니다. 오후 세 시 상번제 드리는 시간입니다. 18장 36-37절입니다. "저녁 소제 드릴 때에 이르러 선지자 엘리야가 나아가서 말하되 아브라함과 이삭과 이스라엘의 하나님 여호와여 주께서 이스라엘 중에서 하나님이신 것과 내가 주의 종인 것과 내가 주의 말씀대로 이 모든 일을 행하는 것을 오늘 알게 하옵소서" 아멘. 그러나 승리의 기쁨은 잠시, 이세벨의 말을 들은 엘리야는 브엘세바를 거쳐 시내산으로 갑니다(19:1-8).

그곳에서 엘리야는 세 가지 사명을 받습니다. 그 사명 가운데 하나가 엘리사를 세우는 것이었습니다. 19장 15-17절입니다. "여호와께서 그에게 이르시되 너는 네 길을 돌이켜 광야를 통하여 다메섹에 가서 이르거든 하사엘에게 기름을 부어 아람의 왕이 되게 하고 너는 또 님시의 아들 예후에게 기름을 부어 이스라엘의 왕이 되게 하고 또 아벨므홀라 사밧의 아들 엘리사에게 기름을 부어 너를 대신하여 선지자가 되게 하라 하사엘의 칼을 피하는 자를 예후가 죽일 것이요 예후의 칼을 피하는 자를 엘리사가 죽이리라" 아멘. 엘리야는 하사엘과 예후 세우는 일을 하지 않고 엘리사를 세운 다음에 승천합니다. 결국 하사엘과 예후 세우는 일은 엘리사가 감당합니다(왕하 8:7-15; 9:1-10).

분단이라는 아픔의 시기에 하나님께서는 엘리야와 엘리사라는 강력한 선지자를 준비하시고 사용하셨습니다. 남국 유다에는 성전이 있었기에, 두 선지자를 북국 이스라엘에 두셨습니다. 왜곡이 심화될수록 더 큰 능력이 필요하나 봅니다.

질의와 응답

하나. "엘리야는 왜 시내산으로 내려갑니까?"

시내와 시온, 두 축이 있습니다. 엘리야가 시온 즉, 예루살렘으로 가지 않고 첫째 축인 시내산으로 내려왔습니다. 브엘세바를 거쳐(왕상 19:3) 호렙산에 이릅니다(19:8). 시내산 언약이 있는 '기본' 이 주어진 산입니다. 이유는 시온이 많이 어그러졌기 때문입니다. 남국 유다의 거룩이 북국에 영향을 끼치기보다, 북국 아합 집안의 가증함이 남국 유다 다윗 왕조를 물들입니다. 여기에 여호사밧이라는 나름 의로운 왕이 개입됩니다. 기본으로 돌아가고 있습니다. 시온이 미완이기 때문입니다. 시온은 예수님에게서 완성됩니다.

둘. "시내산 언약, 시온산 언약, 새 언약의 관계가 어떻게 되나요?"

시내산 언약은 이스라엘이 기업을 얻기 전에 하나님의 백성으로서 하나님과 체결한 언약입니다. 하나님의 백성이 되기 위한 조건을 듣고 말씀대로 살겠다고 약속하고 체결합니다. 시온산 언약은 이스라엘이 기업을 얻은 다음에, 특별히 예루살렘 전체가 이스라엘의 기업이 된 다음에, 하나님을 경외하는 다윗왕에게 주신 언약입니다. 왕조에 대한 약속입니다. 새 언약은 바벨론으로부터의 귀환 이후에 이뤄질 언약입니다. 궁극적으로는 예수님을 통해 맺어집니다. 시내와 비교할 때 시온은 '새' 언약입니다. 그런 의미에서, '시내산-예루살렘, 이 땅의 예루살렘-하늘의 예루살렘' 이라는 대조가 '시내-시온' 의 틀에서 언급됩니다. 시온 언약은 늘 '새' 언약입니다. 다만, '시온' 이 달라지고 새로워집니다. '시온=예수님' 으로 이해하면 쉬울 것 같습니다.

셋. "솔로몬의 공과는 무엇입니까? 분단이 주는 교훈은 무엇일까요?"

솔로몬이 '듣는 마음'을 잘 구했습니다. 요압과 시므이도 잘 처리했습니다. 그러나 '말씀대로' 라고 하는 부분이 부족했습니다. 왕으로서 많이 두면 안 되는, '병마, 아내, 은금' (신 17:16-17)을 많이 두었습니다. 말씀 불순종이 결국에는 우상숭배로 이어집니다.

솔로몬 사후에 남국과 북국이 나눠집니다. 상호존중이 필요했습니다. 상호존중은 야곱 당시에도 잘되지 않았습니다. 레아와 라헬, 요셉과 다른 형제들 모두 같이 가기 어려웠습니다. 결국 아프고 깨지고 망한 다음에야 하나 될 길이 열립니다. 물론 겸비하고 사랑이 많으면 같이 갈 수 있겠지요. 아마도 겸비와 사랑이 '아프고 깨지고 망하는' 일이 없으면 잘 생기지 않나 봅니다.

넷. "제사장과 선지자의 관계가 있듯, 제도권 교회와 선교회의 관계가 있지 않나 싶습니다. 둘의 관계를 어떻게 설정하는 것이 좋을까요?"

늘 '상호존중'이 원칙이라고 생각합니다. 나와 다른 편에 있는 상대방의 장점을 존중하고 약함에 대해서는 마음 아파하는 것이 중요하겠습니다. 상보(相補) 관계입니다. 예레미야는 제사장 집안인데 선지자로 부름을 받습니다. 아나돗의 제사장이니 아비아달과 연결됩니다. 엘리 집안이지요. 이사야와 에스겔도 제사장이었습니다. 제사장이 아닌 선지자도 있습니다. 아모스가 말합니다. "나는 선지자가 아니며 선지자의 아들도 아니라 나는 목자요 뽕나무를 재배하는 자로서 양 떼를 따를 때에 여호와께서 나를 데려다가 여호와께서 내게 이르시기를 가서 내 백성 이스라엘에게 예언하라 하셨나니" (암 7:14-15) 아멘. 선지자도, 제사장도 부름을 받은 일꾼 가운데 하나입니다.

Weekly Reading

17

열왕기하 2-22장

"역류"

왕하 2-4장	왕하 5-7장	왕하 8-10장	왕하 11-13장	왕하 14-16장	왕하 17-19장	왕하 20-22장

check

이번 통독 본문은 '엘리야의 승천' 부터 유다 왕 요시야 때의 '율법책 발견' 과 '여선지자 훌다의 예언' 까지입니다. 남자 선지자 엘리야에서 여자 선지자 훌다로 마무리되는 부분입니다. '여선지자(女先知者)' 라 불리는 이가 많지 않기 때문에 매우 의미 있는 본문에서 마무리되고 있습니다. 구약성경에서 여선지자로 불린 이는 '미리암(출 15:20), 드보라(삿 4:4), 훌다(왕하 22:14; 대하 34:22), 이사야의 아내(사 8:3), 노아댜(느 6:14)' 입니다.

통독 본문을 읽으면서 '역류, 역주행' 과 같은 개념이 떠올랐습니다. "물이 거슬러 흐름" 이나 "흐름을 거슬러 올라감"을 '역류' 라 합니다. "같은 찻길에서 다른 차량들이 달리는 방향의 반대 방향으로 달림"을 '역주행' 이라 부릅니다. 성전이 있는 유다의 거룩함이 북국 이스라엘로 흘러가기보다, 북국 이스라엘의 우상숭배가 남국 유다로 흘러갔기 때문입니다. 다윗 왕조의 하나님 경외가 북국의 다양한 왕조를 물들이기보다, 북국 왕조의 부정적인 모습이 남국의 다윗 왕조로 전이되었기 때문입니다.

역류

I.
물은 위에서 아래로 흐르고

음식은 식도를 지나 위장으로 들어간다.
그러나 강물이 불어나면 하수도 통해 하수 거꾸로 흐르기도 하고
식도 괄약근 힘 약해지면 위장 내용물 식도로 거슬러 올라오기도 한다.

하수(河水)가 집안으로 역류 되면 악취가 나고
위장의 내용물이 식도로 역류 되면 역류성 식도염이 생기기도 한다.

II.
자동차는 가는 방향이 정해져 있다.
연어도 이동 방향이 정해져 있다.

자동차가 다른 차량이 달리는 방향과 반대로 달리면 역주행이다.
이 점에서 연어의 회귀본능은 역주행이 아니라 '순주행'이다.

자동차가 역주행하여 발생한 사고는 심각한 결과를 낳는다.
그러나 연어의 회귀본능은 생명을 낳는다.

III.
예수님의 성육신은 역주행이 아니다.
예수님의 승천도 역주행이 아니다.

피조물에 대한 창조주의 사랑이니 순주행이고
성자 하나님께서 보좌 우편으로 올라가시니 회귀 순주행이다.

예수님의 순주행 성육신은 죄인의 회귀를 낳고,
예수님의 순주행 회귀 승천은 성도 회귀의 모델이다.

IV.
솔로몬 통해 성전 지으신 하나님은
어떤 흐름을 기대하셨을까?

예루살렘 성전의 거룩함이 북국 이스라엘로 흐르고
다윗 왕조의 하나님 경외가 북국 왕조에 흐르기를 기대하셨을 것이다.

그러나 도리어 북국의 우상숭배가 남국으로 흐르고
북국 왕조의 인본주의가 다윗 왕조에 접목되었다.

V.
거룩함이 남에서 북으로 흐를 것을 기대하셨으나
더러움이 북에서 남으로 역류 되었고,

하나님 경외가 남에서 북으로 흘러갈 것을 원하셨으나
자기애(自己愛)가 북에서 남으로 역류 되었으며,

상향평준화를 바라셨으나
하향평준화가 이뤄졌다.

VI.
하향평준화의 원흉은
오므리 아합 아하시야 여호람으로 이어지는 집안이다.

그러나 아합과 사돈 맺은 여호사밧도 무죄일 수 없고
아달랴의 남편 요람(여호람), 아달랴의 아들 아하시야, 아달랴 자신은 하향평준화의 원흉이다.

애석하다 아합! 아들 칠십 명의 머리, 광주리에 담길지 몰랐고,
애석하다 여호사밧! 요아스 뺀 모든 자손 죽임당할 것 예상 못 했다.

VII.
예후 일어나 아합 집안 정리하나
여호아하스 요아스 여로보암 2세에서 그 수명 다하고

대제사장 여호야다, 요아스 세워
아마샤 아사랴(웃시야) 요담 아하스 히스기야로 이어지는 계보 세우나,

스가랴 살룸 므나헴 브기히야 베가 호세아는 멸망의 길을 걷고
므낫세 아몬 요시야 여호아하스 여호야김 여호야긴 시드기야도 그 길 따라 걷는다.

VIII.
멸망의 길 크고 넓다 하셨고
생명의 길 좁고 협착하다 하셨으나,

모두들 멸망의 길 좋아하여 생명의 길 외면하니
생명이 멸망에게 잡아먹힌다.

생명수가 사해에 흘러 생명수 되게 하고 싶으시나
사해가 역류하는 기현상이 벌어진다.

IX.
오늘도 하나님은 순리를 바라시고
역류 아닌 회귀를 기대하시나,

사람들, 하나님의 법을 거스르고
회귀 아닌 역류에 목숨 거니,

이스라엘 유다 역사 반복되고
회개 회귀 돌이킴 변화 희박하다.

X.
평양대부흥 남쪽으로 흘렀으나
우상숭배 평양을 점령했고,

남한교회 세계선교 주역 되었으나
자본주의 남한교회 물들였다.

○○○교회, 무엇을 흘려보내고 무엇에 물들었나?
복음을 흘려보내고 말씀에 물들기를 기도한다.

엘리야와 엘리사의 시대는 해체와 융합의 시대였습니다. 이스라엘이 나뉩니다. 북쪽에는 이스라엘이, 남쪽에는 유다가 있습니다. 북쪽에는 벧엘과 단에 예배처소가 새롭게 형성됩니다. 북국 이스라엘의 초대 왕 여로보암은 백성들의 마음이 다윗 왕가에 향하지 않도록 금송아지 둘을 만들어 하나는 벧엘에, 하나는 단에 둡니다. 레위 자손 아닌 보통 백성으로 제사장을 삼습니다. 칠월이 아니라 팔월을 절기로 정합니다. 열왕기상 12장 33절입니다. "그가 자기 마음대로 정한 달 곧 여덟째 달 열다섯째 날로 이스라엘 자손을 위하여 절기를 정하고 벧엘에 쌓은 제단에 올라가서 분향하였더라" 아멘.

이러한 해체와 융합의 시대 가운데 한 지점을 기록한 열왕기하 2장의 이슈는 '내려가고 올라가기' 입니다. 국가와 개인의 흥망성쇠를 표현합니다. 북국과 남국의 연합하고, 아합 집안과 다윗 집안이 혼인으로 맺어짐으로, 이제 둘 다 망할 길이 열립니다. 열왕기하 2장에는 하늘 바람으로 엘리야를 올리시는 하나님이 소개됩니다. 1절입니다. "여호와께서 회오리 바람으로 엘리야를 하늘로 올리고자 하실 때에 엘리야가 엘리사와 더불어 길갈에서 나가더니" 아멘. 하나님께서 엘리야를 하늘로 올리려 하실 때 엘리야 곁에는 엘리사가 있었습니다. 그들은 길갈을 출발하여 어디론가 가고 있었습니다. 길갈이 어디인지에 대해 여전히 논의가 있어, 2018년 1월 이스라엘에 갔을 때 할례산으로 추정되는 아르가만(Argaman)에 갔습니다. 이스라엘 하이파 대학의 고고학 교수셨던 아담 제르탈(Adam Zertal) 교수님의 주장대로라면 이곳이 길갈로 추정됩니다.

이어지는 2절에서 우리는 혼자 있고 싶어 하는 엘리야를 발견합니다. 벧엘까지 혼자 가겠다고 합니다. 그런데 엘리야를 버리지 않겠다는, 따라가는 엘리사가 있습니다. 시어머니 나오미를 버리지 않겠다는 룻과 비슷합니다. 길갈로 추정되는 아르가만(-266미터)에서 벧엘(850미터)까지 직선거리 32킬로미터입니다. 고도 차이는 천백 미터 이상입니다. 엘리야가 말한 벧엘은 '하나님의 집' 이라는 뜻을 갖습니다. 그러니, '길갈'을 진짜 하나님의 집이라고 여긴 듯합니다. 벧엘로 '내려갔다' 고 표현하기 때문입니다. 진짜 하나님의 집인 길갈과 비교할 때, 당시 지명인 벧엘로 가는 것은 '내려가는 것' 이었습니다. 23절을 보면 여리고에서 벧엘로 가는 것은 '올라간다' 고 하였습니다.

이어지는 3절에는 벧엘에 있는 선지자들의 아들들이 등장합니다. 선지 생도라 부를 수 있겠습니다. 오염된 일꾼들입니다. '벧엘에서 나오는 이들' 이라는 표현에서 '하나님의 집에서 나온 이들' 이라는 의미를 갖습니다. 이들의 관심은 '지식' 에 있습니다. '아느냐?' 질문합니다. 그러나 엘리사에게는 아는 것이 중요하지 않습니다. 엘리야의 능력을 이어받는 것이 중요했습니다. 하여 '잠잠하라' 말합니다.

이어지는 4절에는 한 번 더 엘리사를 떼어 놓으려는 엘리야와, 룻처럼 따라붙는 엘리사가 소개됩니다. 여리고는 '정오' 라는 어근에서 나온 단어입니다. 해가 가장 높이 있는 상태를 표현하는 도시로 감으로써, 하나님께서 높이 올리실 것을 간접적으로 표현하는 듯합니다. 그래서인지 여리고에는 '내려갔다' 하지 않고 '여리고에 이르매, 도착했다' 고 기술합니다. 벧엘에서 여리고까지 직선거리 20킬로미터이고 고도 차이는 1,100미터입니다. 엘리야의 오르고 내림이 엘리사의 오르고 내림과 연결되고, 엘리사의 오르고 내림이 곧 이스라엘의 오르고 내림과 연결될 것이므로 이 장면이 중요하게 설명됩니다.

이어지는 5절에 보니, 여리고에 있는 선지 생도들도 벧엘에 있는 선지생도들과 같은 정보를 가지고 있습니다. 이들은 엘리야와 엘리사에게 '다가왔습니다'. 히브리어로 '나가쉬' 입니다. 다가왔는데, 우리말로 하면 '나가 쉬[조용]!' 가 됩니다. 그들 역시 벧엘의 선지생도들과 같은 지식을 가지고 있습니다. 그러나 '입 닥치라' 는 엘리사의 반응에서 뭔가 그들이 이해하지 못하는 긴장을 엘리사가 하고 있다는 것을 알 수 있습니다.

엘리야는 한 번 더 엘리사를 떼어 놓으려 합니다(2:6). 요단강으로 간다고 합니다. 엘리사는 마지막까지 따라붙습니다. 엘리야와 엘리사는 요단강 앞에서 서고, 선지생도들은 멀리서 두 사람을 바라봅니다(2:7). 엘리사와 여리고의 선지생도들이 대조됩니다. 엘리야를 끝까지 놓치지 않겠다는 엘리사와 조금만 따라가면 되는데도 따라가지 않는 여리고의 선지생도들입니다. 마침내 엘리야도 엘리사 떼어내기를 포기합니다. 8절입니다. "엘리야가 겉옷[망토, 영광]을 가지고 말아 물을 치매 물이 이리 저리 갈라지고 두 사람이 마른 땅 위로 건너더라" 아멘. 엘리야가 자기 겉옷을 취하여 접고는 물을 치자 물들이 이리저리로 쪼개집니다. 이어 둘이 요단강 동쪽으로 건넙니다. 여호수아 당시와 반대 방향입니다.

이어지는 9절을 보면, 마침내 엘리야가 엘리사에게 구하는 바를 얘기하도록 기회를 줍니다. 선지 생도들이 아는 바와 다른 것은 '엘리사 머리 위로부터' 가 아니라, '엘리사와 함께 있다가' 입니다. 엘리사는 엘리야에게 있는 영이 두 배로 자신에게 있기를 구합니다. 이제야 왜 엘리사가 엘리야를 끝까지 따라왔는지 알겠습니다. 그는 엘리야가 가고 나면, 사회 경제 종교적 해체 현상이 더욱 심해질 것을 알고 있었습니다. 그러한 해체 속에서 새로운 융합을 이뤄내려면 더 큰 성령의 권능이 필요했습니다.

엘리야 선지자가 하늘로 올라갑니다. 하나님 아들도 아닌 엘리야가 승천하니 에녹 반열입니다. 하나님을 경외하는 자 전형이 되니 그에게는 영광이고 우리에게는 모범입니다. 그러나 선지자의 제자들 믿음 없어 '하나님 그를 내팽개쳤다.' 주장합니다. 2장

16절입니다. "그에게 이르되 당신의 종들에게 용감한 사람 오십 명이 있으니 청하건대 그들이 가서 당신의 주인을 찾게 하소서 염려하건대 여호와의 성령이 그를 들고 가다가 어느 산에나 어느 골짜기에 던지셨을까 하나이다 하니라 엘리사가 이르되 보내지 말라 하니" 아멘. 엘리야가 하늘 못 올라간 용도 아니고, 하나님 손이 짧아 데려가지 못하심도 아니며, 하나님 선하지 않으셔서 썩은 동아줄 내리심도 아닌데, 어찌 깨달음이 그 모양인가?

모든 것이 풀어지고 새롭게 형성되는 해체와 융합의 시대를 어떻게 살아가야 할까요? 춘추전국시대와 같은 시대에 누구를 따라야 할까요? 엘리야, 엘리사 시대에 사람들은 머뭇거리기도 했고 방황하기도 했고 실족하기도 했습니다. 그러나 그 가운데서도 오바댜와 같은 사람이 있습니다. 아합의 왕궁 맡은 자 즉, 비서실장이지만 "이세벨이 여호와의 선지자들을 죽일 때에" "여호와의 선지자 중에 백 명을 오십 명씩 굴에 숨기고 떡과 물로 먹인" 사람입니다(왕상 18:13). 미가야 같은 사람도 있습니다(왕상 22:8-28). 시드기야와 사백 명의 선지자가 거짓 예언을 하지만 이에 주눅 들지 않고 하나님의 말씀을 가감 없이 전한 사람입니다.

또한 엘리사가 있습니다. 그는 그릇된 해체와 융합이 팽배하던 시대에 살았지만, 하나님 말씀에 기초한 새로운 해체와 융합을 시도했습니다. 여리고 성은 저주받은 성읍이었습니다. 여호수아의 저주가 아합 때에 실현된 성읍이었습니다. 기근이 오기 전 상황을 알려주는 말씀입니다. "그 시대에 벧엘 사람 히엘이 여리고를 건축하였는데 그가 그 터를 쌓을 때에 맏아들 아비람을 잃었고 그 성문을 세울 때에 막내 아들 스굽을 잃었으니 여호와께서 눈의 아들 여호수아를 통하여 하신 말씀과 같이 되었더라"(왕상 16:34) 아멘. 그런데 이러한 성읍을 엘리사가 고칩니다. 물 근원에 새 그릇에 담긴 소금을 뿌려 고칩니다(왕하 2:19-22).

또한 자신에게 '대머리야, 올라가라, 번제 드려라!' 놀려댔던 소년 패거리들에게, 아마도 오십 명 한 팀으로 다녔을 것으로 보이던 선지자의 제자들에게, 벧엘 제사가 틀렸음을 알려 벧엘 중심 제사에 대해 일침을 가합니다(왕하 2:23-25). 하나님께서는 엘리사의 말이 맞다는 것을 암곰 두 마리의 활동을 통해 증거 하셨습니다. 엘리야 올라감 분명하니 하늘로 시선 고정함이 마땅한데, 젊은 잡배들 어른 흉내질입니다. "대머리여 올라가라 대머리여 올라가라" 조롱하니, 엘리야 승천 빗대어 '너도 올라가라.' 말함이고, 여리고에서 벧엘까지 올라왔으니 '벧엘 제단에 올라 금송아지 예배하라.' 말함이며, 엘리야의 털 많음과 엘리사의 대머리를 비교했으니 '머리카락 더 빠져 대머리 더 진행되라.' 비웃음입니다. 2장 23-25절입니다. "엘리사가 거기서 벧엘로 올라가더니 그가 길에서 올라갈 때에 작은 아이들이 성읍에서 나와 그를 조롱하여 이르되 대머리여 올라가라 대머리여 올라가라 하는지라 엘리사가 뒤로 돌이켜 그들을 보고 여호와의 이름으로 저주하매 곧 수풀에서 암곰 둘이 나와서 아이들 중의 사십이 명을 찢었더라 엘리사가 거기서부터 갈멜 산으로 가고 거기서 사마리아로 돌아왔더라" 아멘. 머리카락 더 빠지길 바람은 품행 문제나, 금송아지 섬기라 함은 돌에 맞아 죽을 죄이고, 승천 비웃음은 신성모독입니다. 암곰 둘 숲에서 나와 42명 찢으니, 엘리사는 여호와의 불이 임했던 갈멜산에 오릅니다.

북쪽에서 엘리야 엘리사 선지자 몸부림하는데, 남쪽의 유다 왕 여호사밧 정신 못 차립니다. 아합과 아람 치다가 죽을 뻔한 걸 잊고, 아합의 손자 여호람과 모압을 치러 함께 나갑니다. 3장 7-8절입니다. "또 가서 유다의 왕 여호사밧에게 사신을 보내 이르되 모압 왕이 나를 배반하였으니 당신은 나와 함께 가서 모압을 치시겠느냐 하니 그가 이르되 내가 올라가리이다 나는 당신과 같고 내 백성은 당신의 백성과 같고 내 말들도 당신의 말들과 같으니이다 하는지라 여호람이 이르되 우리가 어느 길로 올라가리이까 하니 그가 대답하되 에돔 광야 길로니이다 하니라" 아멘. 예루살렘이 중심이니, 사람들이 예루살렘으로 올라간다고 보고 다른 곳으로 가면 '내려간다.' 말해야 하는데, 올라간다는 말을 먼저 꺼냅니다.

여호사밧의 타락 원인이 여기에 있는 듯합니다. '중앙 성소 사상'이 희미해진 것입니다. 하나님 중심을 버린 것이지요. 이스라엘 왕, 유다 왕, 에돔 왕이 모였는데, 하나님께서는 유다 왕만 보십니다. 3장 13-14절입니다. "엘리사가 이스라엘 왕에게 이르되 내가 당신과 무슨 상관이 있나이까 당신의 부친의 선지자들과 당신의 모친의 선지자들에게로 가소서 하니 이스라엘 왕이 그에게 이르되 그렇지 아니하니이다 여호와께서 이

세 왕을 불러 모아 모압의 손에 넘기려 하시나이다 하니라 엘리사가 이르되 내가 섬기는 만군의 여호와께서 살아 계심을 두고 맹세하노니 내가 만일 유다의 왕 여호사밧의 얼굴을 봄이 아니면 그 앞에서 당신을 향하지도 아니하고 보지도 아니하였으리이다" 아멘. 엘리사는 종교적인 일뿐 아니라 국가 간의 전쟁에도 개입합니다. 이스라엘과 유다, 에돔 왕이 승리할 수 있는 방침을 알려 줍니다. 묻지도 않고 전쟁을 시작한 여호람 왕을 인해 알려주지 않을 작정이었지만, 유다 왕 여호사밧으로 인해 알려줍니다.

또한 선지자 제자의 아들들이 종으로 팔리지 않는 길을 열어주기도 합니다(4:1-7). 믿음이 부족해서 이웃으로부터 그릇을 빌리지는 않았으나, 기름을 자신이 가진 그릇들에 채워 넣은 선지자의 제자의 아내는 아들 둘을 잃지 않습니다. 이처럼 해체와 융합의 시대에, 여리고 지역도, 벧엘의 소년들과 같은 종교계 유망주들도, 여호람 왕도, 선지자 제자의 아내도 부족합니다. 맘에 들게 하나님 뜻대로 살지를 못합니다.

이 시대에, 여리고처럼 불임이었지만 하나님의 사람을 존중한 한 사람이 소개됩니다. 엘리사가 갈멜산과 길갈(4:38) 사이를 오갈 때 수넴을 들렸다고 보기도 하지만, 2장 25절 및 4장 13절의 '왕' 이나 '군대 장관' 에 대한 표현을 고려할 때, 갈멜산과 사마리아 사이를 오갔을 가능성이 큽니다. 갈멜산(530미터)에서 수넴까지 30킬로미터이고, 수넴에서 길갈까지 70킬로미터이며, 수넴에서 사마리아까지 약 40킬로미터입니다. 갈멜산과 사마리아를 고려할 때 수넴은 중간 지점이었습니다.

하나님은 고군분투하는 엘리사를 돕는 분입니다. 선지자 제자의 두 아들이 종으로 팔리게 된 것을 모면하게 해주시더니, 수넴 여인의 아들을 살리셔서 그로 하나님이 어떤 분이신지 깨닫게 하십니다. 4장 28-37절에 있습니다. 아들을 안고 나가는 여인의 마음에 '하나님은 엘리야를 내팽개치시는 분이 아니다.' 하는 깨달음이, '벧엘의 금송아지가 아니라 갈멜의 여호와가 참 하나님' 이라는 깨달음이, '북국의 인본주의가 아니라 남국의 신본주의가 진리' 라는 깨달음이 찾아왔을 것입니다.

하나님께서는 오병이어의 기적의 그림자인 '이십 병(餠)과 채소 기적' 도 주십니다. 4장 42-44절입니다. "한 사람이 바알 살리사에서부터 와서 처음 만든 떡 곧 보리떡 이십 개와 또 자루에 담은 채소를 하나님의 사람에게 드린지라 그가 이르되 무리에게 주어 먹게 하라 그 사환이 이르되 내가 어찌 이것을 백 명에게 주겠나이까 하나 엘리사는 또 이르되 무리에게 주어 먹게 하라 여호와의 말씀이 그들이 먹고 남으리라 하셨느니라 그가 그들 앞에 주었더니 여호와께서 말씀하신 대로 먹고 남았더라" 아멘.

나아만의 나병 치유 사건도 주십니다. 5장에 나옵니다. 누가복음 4장 27절에서 예수님이 인용하신 사건입니다. "또 선지자 엘리사 때에 이스라엘에 많은 나병환자가 있었으되 그 중의 한 사람도 깨끗함을 얻지 못하고 오직 수리아 사람 나아만뿐이었느니라" 아멘. 이런 놀라운 기적을 눈으로 보고도 돈을 사랑한 게하시는 나병에 걸립니다. 5장 20-27절에 기록되어 있습니다. 엘리사의 거룩함이 나아만에게 흘러가는데, 나아만의 더러움이 게하시에게 역류 됩니다. 은 두 달란트 옷 두 벌 챙긴 게하시가 뭐 하나 봤더니, 엘리사 기적 팔아 왕 곁에 있습니다. 8장 4-6절에 있습니다.

왕도, 선지자의 사환도 타락한 시대에 나병환자 네 사람의 공로(功勞)가 소개됩니다. 6장 24절부터 7장 20절까지에는 아람과 이스라엘 사이의 전쟁이 소개됩니다. 아람은 이스라엘 통일왕국 시기에는 이스라엘을 넘보지 못했습니다. 사울 왕은 이스라엘 왕위에 오른 후에 '소바의 왕들' 도 쳤고 이겼습니다(삼상 14:47). 다윗은 "르홉의 아들 소바 왕 하닷에셀이 자기 권세를 회복하려고 유브라데 강으로 갈 때에 다윗이 그를 쳐서 그에게서 마병 천칠백 명과 보병 이만 명을 사로잡고 병거 일백 대의 말만 남기고 다윗이 그 외의 병거의 말은 다 발의 힘줄을 끊었더니 다메섹의 아람 사람들이 소바 왕 하닷에셀을 도우러 온지라 다윗이 아람 사람 이만 이천 명을 죽이고 다윗이 다메섹 아람에 수비대를 두매 아람 사람이 다윗의 종이 되어 조공을 바치니라"(삼하 8:3-6) 했습니다. 사울과 다윗이 왕일 때, 아람은 이스라엘을 넘보지 못했습니다.

그러나 우리나라가 내부 갈등으로 여러 갈래로 나뉘자 주변 국가들이 우리를 더 우습게 여기게 되었듯, 이스라엘도 남북이 분열된 다음에는 상황이 달라집니다. 특별히 유다 왕 아사는 북국 이스라엘 왕 바아사와의 전쟁이 길어지자 아람 왕에게 도움을 청합니다. 열왕기상 15장 18-22절을 보면, 아사는 성전 곳간과 왕궁 곳간에 남은 은금을 모두 가져다가 아람 왕 벤하닷에게 갖다 줍니다. 그러면서 말합니다. "나와 당신 사이에 약조가 있고 내 아버지와 당신의 아버지 사이에도 있었느니라 내가 당신에게 은금

예물을 보냈으니 와서 이스라엘 왕 바아사와 세운 약조를 깨뜨려서 그가 나를 떠나게 하라" 합니다. 아람 왕 벤하닷은 '얼씨구나 좋다!' 하고 이스라엘 성읍들을 칩니다. 그러자 북국 이스라엘 왕은 남국 유다를 치려고 건축하던 라마를 중단합니다. 이에 아사 왕은 전 국민을 동원하여 바아사가 라마를 건축하기 위해 사용하던 돌과 재목을 가져다가 '게바와 미스바'에 성을 건축합니다. 남북한이 싸우니 중국, 일본, 미국, 러시아가 유익을 보았듯, 남국 유다와 북국 이스라엘이 싸우니 아람이 큰 유익을 본 것입니다.

결국 아람과 이스라엘 사이에는 전쟁이 지속됩니다. 벤하닷은 아합과의 전쟁에서 지자 수치를 갚고자 했고 갚았습니다. 열왕기상 22장 31절을 보면 "아람 왕이 그의 병거의 지휘관 삼십이 명에게 명령하여 이르기를 너희는 작은 자나 큰 자나 더불어 싸우지 말고 오직 이스라엘 왕과 싸우라 한지라" 했습니다. 북국 이스라엘 왕 아합은 아람과의 전쟁에서 죽었습니다. 열왕기하 6-7장의 전쟁은 아람 왕 벤하닷(1세, 주전 900년경부터 841년경까지)과 아합의 아들이자 북국 이스라엘 왕인 여호람(주전 848-841년) 사이의 전쟁입니다.

이번 전쟁에서 이스라엘은 꽤 힘들었습니다. 아람 군대는 엘리사를 잡으러 도단을 포위했다가 실패했던 것을 만회하고 싶어서였는지(6:14-23), 사마리아를 포위했습니다. 사마리아는 요새와 같습니다. 요새의 특징이 무엇입니까? 들어오기도 어렵지만 나가기도 어렵습니다. 빙 둘러 포위하니 성내에 먹을 것이 없습니다. 부정한 동물이기에 먹지 않는 나귀의 머리 하나가 은 920그램에 팔립니다. 은 920그램은 요즘 시세로 410달러입니다. 44만 원 정도입니다. 그러나 당시 돈의 가치와 지금 돈의 가치가 다르기에 지금 돈으로 치면 400만 원 정도 된다고 봐도 좋습니다. 심지어 아이를 삶아 먹은 엄마들 얘기가 나옵니다. 그런데 전세가 역전됩니다. 죽음을 두려워하지 않은 네 명의 나병환자 때문입니다. 이들은 죽음도 두려워하지 않았습니다. 7장 3-4절입니다. "성문 어귀에 나병환자 네 사람이 있더니 그 친구에게 서로 말하되 우리가 어찌하여 여기 앉아서 죽기를 기다리랴 만일 우리가 성읍으로 가자고 말한다면 성읍에는 굶주림이 있으니 우리가 거기서 죽을 것이요 만일 우리가 여기서 머무르면 역시 우리가 죽을 것이라 그런즉 우리가 가서 아람 군대에게 항복하자 그들이 우리를 살려 두면 살 것이요 우리를 죽이면 죽을 것이라 하고" 아멘.

'어차피 죽을 것인데, 아람 군대에 가서 항복이라도 해보자.' 하고 말합니다. 죽어도 좋다. 그러나 살길을 저버리지는 말자는 태도입니다. 너무도 쉽게 자기 목숨을 저버리는 사람들, 자신을 죽이는 것을 용기라고 착각하는 사람들은 이해하지 못할 표현입니다. 이들은 공동체로부터도 버림받았습니다. 나병에 걸렸기에 성 바깥에서 삽니다. 전쟁이 났는데도 사람들은 그들을 성안으로 들이지 않았습니다. 나쁜 사람들! 죽으라는 거죠. 자식을 잡아먹으면서도 성을 포기하지 않습니다. 무엇을 위한 싸움이죠? 그러나 네 명의 나병환자는 죽는 것을 두려워하지 않고 살길을 모색했습니다.

반면 아람 군대는 죽음을 두려워했습니다. 그래서 확인해보지도 않고 소리만 듣고 도망갑니다. 네 명으로 구성된 군대로부터 도망갑니다. 굶주림과 질병에 지쳐 터벅터벅 걷는 소리에 쫓겨 갑니다. 하나님께서 역사하셨죠. 엘리사를 통해 주신 승리 약속이 이뤄지도록 이들 네 명의 걸음 소리를 사용하셨습니다. '터벅터벅' 이 '병거와 마병과 군대의 함성소리' 로 들리게 하셨습니다. 그러나 아람 군대에게 두려움이 없었다면 확인해볼 수도, 싸워볼 수도 있었을 것입니다. 그러나 그들은 말과 나귀마저 버리고 도망쳤고, 가지고 가던 물건도 도중에 다 팽개치고 도망갔습니다.

두려움이 있으면 싸움에서 이길 수 없습니다. 특별히 죽는 것을 두려워하면 승리할 수 없습니다. 두려워하면 틀린 생각을 하게 됩니다. 두려움에 붙들려있던 아람 군대와 이스라엘 왕은 틀린 생각을 했습니다. 6절입니다. "이는 주께서 아람 군대로 병거 소리와 말 소리와 큰 군대의 소리를 듣게 하셨으므로 아람 사람이 서로 말하기를 이스라엘 왕이 우리를 치려 하여 헷 사람의 왕들과 애굽 왕들에게 값을 주고 그들을 우리에게 오게 하였다 하고" 아멘. 12절도 봅니다. "왕이 밤에 일어나 그의 신복들에게 이르되 아람 사람이 우리에게 행한 것을 내가 너희에게 알게 하노니 그들이 우리가 주린 것을 알고 있으므로 그 진영을 떠나서 들에 매복하고 스스로 이르기를 그들이 성읍에서 나오거든 우리가 사로잡고 성읍에 들어가겠다 한 것이니라 하니" 아멘.

아람 부대와 이스라엘 왕은 죽기를 두려워하여 피할 생각뿐입니다. 도망갈 마음뿐입니다. 맞고 틀리고가 중요하지 않습니다. 그러나 나병환자들로 구성된 네 명의 군대는 바른 생각을 했습니다. '여기 있어도 죽고, 혹 성안으로 들어간다 해도 죽고, 그러니 먹을 것이 있는 아람 부대에 가서 항복하자.' 했습니다. 자존심 구기는 생각입니까?

그러나 자식 잡아먹는 어미들보다는 낫습니다. 모든 책임을 선지자에게 돌리는 이스라엘 왕보다는 낫습니다. 하나님의 말씀을 듣고도 '하늘 창이 열린들 가능하겠느냐?' 반문했던 장관보다도 낫습니다. 바르게 생각해야 이깁니다.

믿음의 선한 싸움에서 약한 것은 괜찮습니다. 사마리아에 있는 사람들과 아람 군대를 통틀어 가장 부정하고 가장 약한 사람들이 누구냐 물으면 나병환자 네 사람이라 답할 수 있습니다. 그런데 하나님께서는 약한 그들을 사용하셨습니다. 하나님께서는 우리의 강함보다 약함을 사용하실 때가 많습니다. 바울 사도에게 주님께서 말씀하셨습니다. "내 은혜가 네게 족하도다 이는 내 능력이 약한 데서 온전하여짐이라"(고후 12:9) 아멘. 주님의 능력이 우리의 강함으로 인해 방해받습니다. 강하면 교만해지기 쉽습니다. 강하면 자신을 의지하기 쉽습니다. 자기 생각이 강하면 하나님의 말씀을 받아들이지 않습니다. 회개하지 않습니다.

약한 것은 문제가 아닙니다. 키가 작은 것도, 나이가 많은 것도, 몸이 아픈 것도 괜찮습니다. 불신이 문제입니다. 2절입니다. "그 때에 왕이 그의 손에 의지하는 자 곧 한 장관이 하나님의 사람에게 대답하여 이르되 여호와께서 하늘에 창을 내신들 어찌 이런 일이 있으리요 하더라 엘리사가 이르되 네가 네 눈으로 보리라 그러나 그것을 먹지는 못하리라 하니라" 아멘. 17절도 봅니다. "왕이 그의 손에 의지하였던 그의 장관을 세워 성문을 지키게 하였더니 백성이 성문에서 그를 밟으매 하나님의 사람의 말대로 죽었으니 곧 왕이 내려왔을 때에 그가 말한 대로라" 아멘.

왕이 세운 장관은 하나님의 말씀도 믿지 않았지만, 백성의 처지도 이해하지 못했습니다. 자식마저 삶아 먹는 백성의 고통을 몰랐습니다. 그러니 성문에서 백성을 막아설 수 있으리라 생각했습니다. 자기를 너무 믿었습니다. 자식마저 삶아 먹는 백성이 관원을 쳐다보기라도 하겠습니까? 아람 군대가 도망갔다는데, 적진에 가면 먹을 게 있다는데 물불 가릴 것 없습니다. 배고파보지 않아 배고픈 사람 마음을 모릅니다. 고생해보지 않아 고생하는 사람 마음 모릅니다. 하나님 말씀대로 살며 억울해 보지 않아 경건하게 산다는 것이 뭔지 모릅니다.

거짓은 틀린 생각에서 나옵니다. 교만은 불신에서 나옵니다. 마귀는 거짓의 아비입니다(요 8:44). 하나님이 사랑이시라는 것을 믿지 않습니다. 자신이 하나님이 되려 합니다. 피조물이면서 조물주가 되려 합니다. 모든 존재는 자기 분수가 있습니다. 새는 날아야 하고 우리는 걸어야 합니다. 걸어 다니는 비둘기 볼품없습니다. '닭둘기' 입니다. 사람이 날면, 비행 청소년, 제비가 됩니다. 정직한 고백으로 거짓과 교만이 물러갑니다.

왕에게 정직한 신하가 있었네요. 13절입니다. "그의 신하 중 한 사람이 대답하여 이르되 청하건대 아직 성중에 남아 있는 말 다섯 마리를 취하고 사람을 보내 정탐하게 하소서 그것들이 성중에 남아 있는 이스라엘 온 무리 곧 멸망한 이스라엘 온 무리와 같으니이다 하고" 아멘. 이 신하는 말이 다섯 마리밖에 남지 않은 것을 알고 있습니다. 이스라엘이 망하게 된 것도 알고 있습니다. 정탐을 보내 사실 여부를 확인해야 한다고 주장합니다. 두려움에 붙들려 틀리게 생각하는 사람, 틀린 생각에서 거짓과 교만을 생산하는 사람은 말할 수 없는 내용입니다.

공부를 잘하려면 틀린 문제를 풀 수 있어야 합니다. 사업에 실패하지 않으려면 실패 요소를 줄여야 합니다. 교회가 거룩해지려면 더러운 것들을 제거해야 합니다. 마음이 깨끗해지려면 예수님을 마음에 모셔야 합니다. 욕심을 버리십시오. 죽음을 두려워하지 마십시오. 그리스도를 신뢰하십시오. 이 땅에 소망을 두지 마십시오. 그러나 바른 생각, 성경 기준에 부합된 삶으로 믿음의 선한 싸움에서 승리하십시오. 꼭 승리하세요. 전쟁은 이겨야 하는 것입니다.

나병환자 네 명의 군대가 한 말을 기억합니다. 3절입니다. "성문 어귀에 나병환자 네 사람이 있더니 그 친구에게 서로 말하되 우리가 어찌하여 여기 앉아서 죽기를 기다리랴" 아멘. 일반대학원 신약신학 학생들과 가족 소풍을 갔습니다. 공부하는 학생만 힘든 것이 아니라 가족들도 양보하고 헌신하니, 개강 전에 가족들을 위로하고 싶어서 미리 계획하고 시행했습니다. 그날 자기소개를 하는데, 원우 한 분이 본인이 신학교에 온 배경에 대해 말했습니다. 본인은 체육 교사였는데 신학을 하려고 하자 주변에서 말렸답니다. '지금 한국교회는 세월호와 같다' 면서요. 그런데 그 말 때문에, 신대원에 왔답니다. 체육 교사로서 2014년 4월 16일에 발생한 세월호 침몰로 힘들었기에, '지금 한국교회가 세월호라면, 나라도 들어가서 한 명이라도 더 구해야지.' 하는 마음으로 들어왔답니다.

자신이 여기 있는 사람 가운데에서 가장 공부를 못하는 사람이라고 소개하는 원우는 아이 세 명을 데리고 왔습니다. 아내 되는 사모님은 본인을 '가장 공부 못하는 사람의 아내'라고 소개하셨지요. 그래서 제가 그랬습니다. 아마도 신대원 성적이 가장 낮은 사람은 사실 저일 거라고요. 그리고 저는 신학석사 첫 학기에 성적 경고를 받았다고요. 학교에서 편지가 왔습니다. 한 번만 더 성적 경고를 받으면 퇴학이라고요. 성적 경고 받은 학점을 졸업학점으로 끌어올리려다 보니, 남들 두 학기에 끝내는 신학석사를 세 학기나 다녔습니다. 세 학기가 끝나고 성적표가 날아왔습니다. 그날 밤 한숨도 잠을 잘 수가 없었습니다. 졸업학점이 3.0인데, 세 학기 합산 평점이 3.00이었기 때문입니다. 모든 것이 하나님의 은혜입니다.

성적 경고나 받으면서 졸업 평점 간신히 받아 졸업할 거면 뭐 하러 공부합니까? 물을 수 있습니다. 그럼, 저는 이렇게 대답하겠습니다. 주님이 하라고 해서 합니다. 비록 나병환자 같고, 능력도 없고, 평판이 좋지 않더라도, 외톨이 같더라도, 주님께서 원하시는 것 같으니 교수하면서 담임 목회도 하고, 이제 정말 담임 목회 잘할 수 있는데 송별식도 합니다. '어쩔 수 없음' 그것이 주님의 능력과 만날 때, 한 영혼에 대한 사랑이 주님의 마음과 만날 때, 변화가 있고 역사가 있습니다.

'어쩔 수 없음' 앞에서 "우리가 어찌하여 여기 앉아서 죽기를 기다리랴" 하는 마음을 갖습니다. 아름다운 소식은 전하기만 하면 된다는 소신(所信)을 갖습니다. 9절입니다. "나병환자들이 그 친구에게 서로 말하되 우리가 이렇게 해서는 아니되겠도다 오늘은 아름다운 소식이 있는 날이거늘 우리가 침묵하고 있도다 만일 밝은 아침까지 기다리면 벌이 우리에게 미치리니 이제 떠나 왕궁에 가서 알리자 하고" 아멘. 자신을 낮추면 나병환자 군대가 됩니다. 그러나 마음을 높이면 게하시가 됩니다. 나아만에게 은 두 달란트, 옷 두 벌을 받은 게하시입니다.

게하시를 곁에 두었던 이스라엘 왕 요람(여호와께서 일어나신다)이 길르앗 라못에서 하사엘과 싸우다가 부상을 당했습니다(8:28). 그의 아버지 아합이 아람의 벤하닷 군대에게 전사한 것을 갚으려 한 것 같습니다. 아람의 특수부대를 물리친 것이 엘리사의 도움이었다는 것을, 사마리아를 에워싼 아람 군대가 물러간 것도 나병환자를 통해 역사하신 하나님의 도우심이라는 것을 깨닫지 못한 듯합니다. 두 번에 걸쳐 아람을 물리치다 보니 자기 힘으로 아람을 이길 수 있다는 생각이 든 것 같습니다. 단독으로 요단 동쪽 므낫세 지파의 땅인 길르앗 라못으로 갑니다. 해발 400미터 사마리아에서 해발 -300미터의 요단 강을 건너 해발 600미터의 길르앗 지역의 라못에 올라갑니다. 110킬로미터 정도 됩니다. 다메섹 군대는 좀 더 먼 120킬로미터를 이동했지만, 아람 군대 대부분은 그보다 짧은 길을 이동하여 라못으로 왔습니다. 해발고도도 700미터에서 500미터로, 다시 600미터로 달라지기에 그리 힘들지 않을 길을 왔습니다.

요람은 부상을 당했습니다. 사실 변변히 싸워보지도 못한 왕이 요람입니다. 요람 집안은 본래 군인 집안이었습니다. 오므리는 이스라엘 군대 절반의 지휘관이었죠. 그래서인지 아합은 전쟁을 실제로 많이 했습니다. 그러나 요람은 많이 다릅니다. 싸우려면 하나님께 여쭈었어야 했습니다. 그의 아버지 아합은 유다 왕 여호사밧과 같이 나가면서 여쭙지 않으려 했다가, 여호사밧의 요청으로 하나님의 선지자들에게 물었습니다. 시드기야와 400여 명의 선지자는 '올라가서 승리를 얻으소서' 했습니다(왕상 22:12). 미가야는 '가면 죽는다' 했습니다(22:19-23). 아합은 올라갔고 전사했습니다(22:29-36).

아버지가 길르앗 라못으로 올라가서 어떻게 되었는지 알고 있었을 요람은 유다 왕을 부르지도, 하나님께 여쭙지도 않습니다. 모압과의 전쟁, 나아만 장군의 치유, 수넴 여인 아들의 소생, 아람 특수부대의 눈이 먼 것, 사마리아를 둘러싼 아람 군대가 모든 걸 두고 도망친 것 모두 자기가 한 일이 아니라는 것을, 하나님께서 하신 일이라는 것을 기억했어야 했는데 그리 못했습니다. 11년간 하나님의 역사하심을 경험했으면, 의지할 만도 하련만 안 됩니다. 내 힘으로 안 된다는 걸 알 때도 되었는데, 하나님 의지하면 안 되는 일도 된다는 것을 알 때도 되었는데, 참 안 됩니다.

결국 그는 버림받습니다. 하나님께서 그를 버리시고 예후를 세우십니다. 아합의 큰 잘못에도 불구하고 여러 번 기회를 주시고, 그의 아들 아하시아에게도 기회를 주시고, 요람에게는 참으로 많은 기회를 주셨지만 돌이키지 않자 바꾸십니다. 하나님께서는 충분히 기회를 주십니다. 사람들이 보기에는 너무하다 싶도록 오래도록 충분히 많은 기회를 주십니다. 그러나 그 기회가 지나가면 국물도 없습니다. 사람들은 사랑의 하나님이 왜 지옥으로 보내시나? 묻습니다. 하나님이 사람들을 지옥으로 보내시는 게 아니고 그들이 지옥이 좋아서 갑니다. 마약을 먹으면 중독으로 결국 패가망신 망하는 것을 알지만 사람들이 합니다. 좋아서 먹습니다. 도박하면 망하는 걸 알고도, 망한 다음에 기회를 줘도 계속 도박합니다. 손을 잘라도 한다는 게 도박입니다.

도박하는 사람에게 '무얼' 하게 했더니 도박을 그만두더랍니다. 그게 뭔 줄 압니까? '정치' 입니다. 알코올 중독자에게 도박을 가르쳐주니 술을 끊더랍니다. 도박 중독자에게 정치를 가르쳐주니 도박을 끊더랍니다. 힘을 추구하는 정치든, 돈을 추구하는 도박이든, 즐거움을 추구하는 술이든, 쾌락을 추구하는 불륜이든, 안 되는 줄 알면서 좋아서들 합니다. 후회보다 원함이 커서 끊지 못합니다. 지옥도 마찬가지입니다. 좋아서들 갑니다. 마귀가 좋아서 갑니다. 마귀가 좋으니 마귀가 가는 델 졸졸 따라갑니다. 마태복음 25장에 있는 양과 염소의 비유를 보면, 주님이 왼편에 있는 자들에게 말씀하십니다. "저주를 받은 자들아 나를 떠나 마귀와 그 사자들을 위하여 예비된 영원한 불에 들어가라"(25:41) 아멘. 영원한 지옥 불은 마귀와 그 사자들을 위하여 예비되었습니다. 그런데, 하나님이 싫어서, 조물주가 싫어서, 자신을 구원하시려고 십자가를 지신 예수님이 싫어서, 진리대로 사는 게 싫어서, 사랑하며 사는 게 싫어서, 마귀가 좋아서, 거짓의 아비가 좋아서, 남을 등쳐먹더라도 부자로 사는 게 좋아서, 법을 어기더라도 높아지는 게 좋아서, 미워하고 살면서 남 험담하는 게 좋아서, 천국이 아니라 지옥으로 가는 것입니다.

"사람들이 세상에 임할 일을 생각하고 무서워하므로 기절하리니 이는 하늘의 권능들이 흔들리겠음이라"(눅 21:26) 하셨습니다. 십자가 처형을 당하러 가시는 예수님을 보며 여인들이 웁니다. 그때 예수님께서는 우는 여인들에게 울지 말라시며 "그 때에 사람이 산들을 대하여 우리 위에 무너지라 하며 작은 산들을 대하여 우리를 덮으라 하리라"(눅 23:30) 말씀하셨습니다. 사람들이 회개하지 않습니다. 산이 나를 덮었으면 좋겠다 생각합니다. 하나님께 나아오지 않습니다. 이사야 22장은 이 모습을 생생하게 보여줍니다. "그 날에 주 만군의 여호와께서 명령하사 통곡하며 애곡하며 머리 털을 뜯으며 굵은 베를 띠라 하셨거늘 너희가 기뻐하며 즐거워하여 소를 죽이고 양을 잡아 고기를 먹고 포도주를 마시면서 내일 죽으리니 먹고 마시자 하는도다 만군의 여호와께서 친히 내 귀에 들려 이르시되 진실로 이 죄악은 너희가 죽기까지 용서하지 못하리라 하셨느니라 주 만군의 여호와의 말씀이니라"(22:12-14). 사람들이 얼마나 악한 줄 아십니까? 스스로 목숨을 끊더라도 하나님을 의지하지는 않겠다고 말합니다.

요람이 그랬습니다. 그러다 부상을 입고, 길르앗 라못과 사마리아 사이에 있는 이스르엘로 돌아와 치료받습니다. 잇사갈 지파의 땅입니다. 여로보암 집안을 멸했던 이스라엘의 두 번째 왕조 바아사가 속했던 지파가 잇사갈 지파입니다. 요람은 길르앗 라못에서 70킬로미터 정도 뒤로 물러났습니다. 부상자가 자신뿐이었겠습니까? 그러나 홀로 돌아와 치료받습니다. 전우애라는 건 없죠. 이때 하나님께서는 엘리사의 명을 받은 한 선지 생도를 통해 예후에게 기름을 붓습니다. 아합이 죽은 지(주전 853년) 12년이 지난 주전 841년입니다. 아합 집안에 12년이라는 세월이 기회로 주어진 것입니다.

예후는 '여호와께서 그분이시다'라는 뜻을 갖고, 그의 아버지 여호사밧은 '여호와께서 판단하신다'라는 뜻을 갖습니다. 그는 성격이 급하고 추진력이 있습니다. 아무도 길르앗 라못을 떠나지 못하게 입단속을 한 다음(왕하 9:15), 무리를 이끌고 이스르엘로 향합니다(9:16). 성이 있던 텔 이스르엘은 크거나 견고한 요새가 아니었습니다. 예후가 이스르엘에 다가갑니다. 때마침 요람의 조카뻘인 유다 왕 아하시야가 이스르엘에 있습니다. 병문안 차 이스르엘에 와 있습니다. 아하시야의 어머니인 아달랴의 어머니와 요람의 어머니가 동일 인물입니다. 이세벨입니다. 그러니 아픈 요람은 병문안 온 아하시야의 외삼촌입니다.

이스르엘 성에서 파수를 보는 파수꾼이 보니 일단(一團)의 무리가 저 멀리 보입니다. 겁이 많은 요람은 병거 한 대를 보내게 합니다(9:17). 여차하면 도망갈 생각입니다. 므깃도로 도망갈 생각이었겠죠. 아하시야는 그곳에서 죽습니다. 보냄 받은 사자가 예후에게 가서 묻습니다. "왕이 '샬롬이냐?' 하고 묻습니다." 예후가 대답합니다. "샬롬 따지지 말고 방향을 바꿔 나를 따르라." 파수꾼이 보니 척후가 갔으나 돌아오지 않습니다(9:18). 심상치 않습니다. 두 번째 사자를 보냅니다. 둘째 척후도 예후에게 왕의 질문을 전했지만, 예후의 답은 동일합니다. "샬롬 따지지 말고 방향을 바꿔 나를 따르라." 말합니다(9:19). 둘째 척후도 다가오는 무리에 도달했지만 돌아오지 않습니다. 이때 척후는 모는 것이 예후 같다고 말합니다(9:20). 병거를 미치게 몬다고 합니다. '미치다' 는 표현은 11절에서 예후의 동료들이 선지 생도를 표현할 때 사용한 단어입니다.

예후 같다는 말에 요람은 안심한 듯합니다. 혹 승전보인가 싶어 유다 왕과 함께 예후를 맞으러 나갑니다. 그런데 마침 그들이 맞닥뜨린 곳이 다름 아닌 나봇의 기업이 있는 곳이었습니다. 나봇은 자신의 포도원을 빼앗으려는 아합에 의해 억울하게 죽었습니다. 미치게 병거를 모는 예후와 겁쟁이 요람이 절묘한 타이밍에 절묘한 곳에서 만났습니다. 요람은 부상 중이고 조카인 유다 왕 아하시야는 병문안 중일 때, 예후와 요람과 아하시야가 아합이 죽인 나봇의 포도원 곁에 섰습니다. 이것이 하나님의 타이밍과 인도입니다.

요람과 예후의 대화입니다. 9장 22절입니다. "요람이 예후를 보고 이르되 예후야 평안하냐 하니 대답하되 네 어머니 이세벨의 음행과 술수가 이렇게 많으니 어찌 평안이 있으랴 하더라" 아멘. 이세벨의 뜻은 '존귀가 어디 있느냐' 입니다. '존귀는 없다' 는 의미일 수 있습니다. 이름대로 그는 음행과 술수가 많습니다. 이세벨의 딸인 아달랴의 아들 아하시야가 왕이 될 때 나이가 22세였다고 8장 26절은 알려줍니다. 손자뻘 나이가 22세이니 환갑은 되었을 텐데도 예후는 이세벨의 음행을 들먹입니다.

예후의 답변에 요람이 놀랍니다. 적이 아니라 생각하고, 혹 예후가 승전보를 가져오지 않았나 싶어 아픈 몸이지만 병거 타고 마중 나왔는데, 잘못 나온 것을 깨닫습니다. 말머리를 돌리며 조카에게 외칩니다. '속았다!' 도망가지만 어림없습니다. 예후가 활시위에 화살을 먹여 있는 힘껏 당겨 놓으니, 화살이 요람 어깨 사이를 지나 심장을 뚫습니다(9:24). 즉사하여 병거에 머리를 처박습니다. 처참한 동시에 깔끔한 처리입니다.

이어 예후가 말합니다. 9장 25-26절입니다. "예후가 그의 장관 빗갈에게 이르되 그 시체를 가져다가 이스르엘 사람 나봇의 밭에 던지라 네가 기억하려니와 이전에 너와 내가 함께 타고 그의 아버지 아합을 좇았을 때에 여호와께서 이같이 그의 일을 예언하셨느니라 여호와께서 말씀하시기를 내가 어제 나봇의 피와 그의 아들들의 피를 분명히 보았노라 여호와께서 또 말씀하시기를 이 토지에서 네게 갚으리라 하셨으니 그런즉 여호와의 말씀대로 그의 시체를 가져다가 이 밭에 던질지니라 하는지라" 아멘. 여기서 '갚으리라' 는 단어가 '샬롬' 의 동사입니다. 샬롬이란 '부족한 것, 잘못된 것이 보충되어 회복된 상태' 를 가리킵니다.

예후는 엘리야의 예언을 실행되게 합니다. 미치게 병거 몰 듯, 유다 왕 아하시야도 죽입니다. 적절했나? 의문도 듭니다. 아하시야는 유다의 왕이었으니까요. 그래도 아합의 외손자이니까 적절해 보이기도 합니다. 예후는 이세벨도 죽게 만들고는 그의 시체를 밟습니다(9:30-33). 이어 사마리아에 편지를 써서 아합의 아들 칠십 명이 죽도록 합니다. 그러나 아합의 아들들을 죽인 아합에게 속한 자들도 모두 죽입니다. "예후가 아합의 집에 속한 이스르엘에 남아 있는 자들 다 죽이고 또 그의 귀족들과 신뢰 받는 자들과 제사장들을 죽이되 그에게 속한 자를 하나도 생존자를 남기지 아니하였더라" (10:11) 아멘.

사마리아에 가는 길에서 유다의 왕 아하시야의 형제들 즉, 아합의 외손자 일행 42명을 모두 죽입니다(10:12-14). 사마리아에 가서도 "아합에게 속한 자들을 죽여 진멸" 합니다(10:17). 바알 섬기는 자들을 죽이려고 "아합은 바알을 조금 섬겼으나 예후는 많이 섬기리라" 말하면서(10:18), 바알 제사장들뿐 아니라 바알을 섬기는 신도들까지 모아 모두 죽입니다. 물론, 자신은 "전심으로 이스라엘 하나님 여호와의 율법을 지켜 행하지 아니하며 여로보암이 이스라엘에게 범하게 한" "벧엘과 단에 있는 금송아지를 섬기는 죄에서" 떠나지 않습니다(10:31, 29). 이세벨의 술수를 책(責)했으나 자신도 그에 못지않은 기만(欺瞞)으로 많은 사람을 죽입니다. 예후는 28년이나 이스라엘을 다스립니다.

여기서 저는 미치도록 병거를 모는 예후가 어떻게 하나님만을 섬기는 데는 실패했을까 질문해보았습니다. 왕으로서 훈련기간이 없었다는 생각이 듭니다. 하나님께서는 호렙 산에서 엘리야에게 세 가지 사명을 주셨습니다(왕상 19:15-17). 그런데 엘리야는 앞 두 가지 명령은 제쳐두고 마지막 명령만 수행했습니다. 이어지는 19절을 보면 "엘리야가 거기서 떠나 사밧의 아들 엘리사를 만나니" 했습니다. 결국 하사엘에게는 기름이 부어지지 않습니다. 엘리사의 눈물 어린 예언만 주어집니다. 예후에게는 기름이 부어집니다. 엘리사의 선지 생도 가운데 한 청년이 가서 붓습니다. 그런데 예후는 바로 그날 왕이 됩니다. 단숨에 달려가 요람을 죽이고 왕이 됩니다. 왕이 되기 위한 준비 수업이 없었습니다. 그러니 긍휼이 없습니다. 왕의 직임을 병거 몰듯 수행합니다. 다윗과 예후의 차이가 여기에 있습니다. 다윗은 기름 부음을 받은 후에도 십수 년 훈련기간이 있었습니다. 바닥으로 내려갔습니다. 원통한 자, 빚진 자의 마음을 겪었습니다. 백성의 마음을 압니다. 그러나 예후는 그 기간이 없었습니다. 군인으로 살다가 쿠데타를 거쳐 바로 왕이 되었습니다.

훈련기간이 필요합니다. 낮아져야 합니다. 바닥에 편하게 있을 수 있어야 합니다. 미친 듯이 달릴 줄만 알면 모조리 죽입니다. 긍휼이 없습니다. 엘리야에게도 책임이 있습니다. 하나님께서 말씀하셨을 때 기름을 부었더라면 예후에게도 다윗처럼 마음 졸이며 고생하는 시간이 있었을 것입니다. 그러나 그는 충성 일변도의 삶을 살았고 하나님의 인정이 있자 곧바로 반역하였습니다. 하나님을 들먹이나 정작 전심으로 하나님을 찾지는 않았습니다. 자신의 신변, 생명과 관계된 일에 대해서는 미친 듯이 달리지 않았습니다. 다른 사람들 심판하는 데에만 미친 듯이 달렸습니다.

훈련받지 못한 예후는 미친 듯이 아합 집안을 멸했지만, 벧엘과 단에 있는 금송아지는 멸하지 못했습니다. 결국 사 대 만에 끝나는 집안이 되었습니다. 그러나 다윗 집안은 이어집니다. 예후가 여호사밧의 손자 아하시야와 그의 형제 42명을 죽일 때(10:13-14), 이세벨의 딸이자 아하시야의 부인인 아달랴는 자기 남편의 다른 아들들의 아들들, 즉 자기 피가 섞이지 않은 모든 손자를 죽입니다(11:1). 다윗의 집이, 정확하게 표현하면 여호사밧의 집이 끝날 뻔했습니다.

선망의 대상이던 다윗의 집이 어쩌다 이리 되었을까요? 요아스 하나 남겨 두고 여호사밧의 손자들과 증손자들이 모두 죽습니다. 아합 집과 혼인동맹을 맺었기 때문입니다. 북국과 힘을 합치면 좋을 것 같아 결혼을 통해 하나가 되려 했습니다. 그러나 아달랴가 누구입니까? 바울 숭배를 이스라엘에 대대적으로 도입한 이세벨의 딸입니다. 이세벨은 시돈 왕 엣바알의 딸입니다. 엣바알은 '바알과 함께'라는 뜻입니다. 하나님과가 아니라 바알과 함께 하는 아버지의 딸입니다. 엣바알은 자신의 딸 이름을 이세벨 즉, '존귀가 어디 있느냐?' 하는 이름을 주었습니다. '존귀한 것은 없다.' 하는 의미겠지요. 아달랴의 아버지는 '아합'입니다. '형이 아버지다' 혹은 '아버지가 형이다' 하는 의미입니다. 어찌 형이 아버지이며, 아버지가 형이 되겠습니까? 가장 기본적인 위계질서를 무시하는 이름이 아합입니다. 아버지를 형으로 삼는 아합과, 귀한 게 세상에 없다고 여기고 자신의 쾌락과 힘을 좇아 산 이세벨의 딸이 아달랴입니다.

아달랴 한 사람의 힘이 그리 막강할 수 있습니까? 막강할 수 있습니다. 그는 왕의 부인이자 왕의 어머니였기 때문입니다. 그러나 아달랴의 질주를 가로막은 한 여자가 있었습니다. 아하시야의 배다른 동생 여호세바였습니다. 성경에서 여호세바가 아하시야의 배다른 동생이라 표현하지는 않았지만, 우선 아하시야의 형제들이 사십이 명이나 있다고 말하여 요람의 아내가 아달랴 말고도 여럿 있었다는 것을 암시하고, 요아스에 대해서는 아하시야가 아합 집에서 얻은 부인이 아니라 브엘세바 사람 시비아에게서 얻은 아들이라고 표현하기 때문입니다(12:1). 아달랴 핏줄이 아닌 여호세바가, 역시 아합 집안의 핏줄이 아닌 요아스를 살린 것으로 보는 것이 맞겠습니다. 아달랴가 권세를 가질 때 아달랴 핏줄이 아닌 자손은 찬밥입니다. 자기 아들이 죽자 왕의 자손들을 모두 죽이는 것을 통해, 아달랴가 모계 왕조를 세우려 했다는 것을 예상할 수 있습니다. 다윗의 혈통이 아니라 아달랴 혈통의, 어떤 면에서 이세벨 혈통의 왕조를 형성하려 한 것입니다.

역대하를 보면, 여호세바는 대제사장 여호야다의 아내가 되었습니다(대하 22:11). 여호야다와 여호세바 부부는 다윗 혈통 왕위가 이어지도록 요아스를 숨겨 길렀고, 마침내 다윗 왕조 부활에 성공합니다. 이런 과정을 보면서, 집을 키워보려던 여호사밧의 의도가 잘못되었음을 확인하게 됩니다. 집을 키우려다 완전히 망할 뻔했습니다. 요아스 하나만 빼고 모두 죽었으니까요. 아하시야의 형제만 42명이었으니 '왕의 자손'이 얼마나 많았겠습니까? 형통할 줄 알았으나 망하는 길이었습니다. 세상 풍조가 그렇습니다. 따라가면 좋을 것 같지만, 집안을 일으키는 길인 것 같지만, 재산 싸움에 권력 쟁투에 결국 패가망신의 길이 됩니다. 예수님 따라가면 아버지가 아들과, 아들이 아버지와, 어머니와 딸이, 딸과 어머니가, 시어머니와 며느리가, 며느리와 시어머니가 갈라서는 길 같지만(마 10:35) 하나 되는 길이요, 함께 사는 길입니다.

우리는 누구와 함께 멍에를 맬지 잘 생각해야 합니다. 고린도후서 6장 14-16절에서, "너희는 믿지 않는 자와 멍에를 함께 메지 말라 의와 불법이 어찌 함께 하며 빛과 어둠이 어찌 사귀며 그리스도와 벨리알이 어찌 조화되며 믿는 자와 믿지 않는 자가 어찌 상관하며 하나님의 성전과 우상이 어찌 일치가 되리요" 하였습니다. 동역할 때, 멍에를 같이 멜 때 고려해야 할 요소로, 의와 불법, 빛과 어둠, 그리스도와 벨리알 즉, 쓸데없는 일에 목숨 거는 자들, 믿는 자와 믿지 않는 자를 제시합니다. 부와 명예, 지위와 재산, 학벌과 출신 등을 기준으로 제시하지 않았습니다. 의로운지, 빛 가운데 거하는지, 그리스도를 따르는지, 하나님을 신뢰하는지가 기준입니다. 친구 삼는 기준을 성경에서 제시하는 대로 정하십시오. 그러면 여호사밧처럼 되지 않습니다.

다윗이 비록 우리아의 아내를 범했지만, 그는 본래 가나안 7족속 가운데 하나인 헷 사람 우리아를 30용사 가운데 하나로 세웠습니다. 하나님과 그분 백성을 향한 그의 사랑을 확인했기 때문입니다. 다윗 언약에 대한 편파적인 확대 해석으로 다윗은 우리아에 대한 자신의 권한을 지나치게 적용했습니다. 세상 왕의 기준을 하나님 나라 왕인 자신에게 적용했습니다. 그럼에도 그는 블레셋 사람과도, 헷 사람과도, 친구가 되었습니다. 하나님을 경외하는 이라면 누구와도 친구가 되었습니다. 다윗 왕국의 강성함이 거기에서 기인했습니다. 하나님을 욕되게 하는 자라면 골리앗이라도 두려워하지 않고 덤볐습니다. 누구라도 하나님의 영광을 훼손한다면 그냥 두지 않았습니다.

그런데, 요아스가 집중하고 있는 성전 보수라는 게 정말 그에게 중요했을까 의문이 듭니다. 12장 17-18절입니다. “그 때에 아람 왕 하사엘이 올라와서 가드를 쳐서 점령하고 예루살렘을 향하여 올라오고자 하므로 유다의 왕 요아스가 그의 조상들 유다 왕 여호사밧과 여호람과 아하시야가 구별하여 그린 모든 성물과 자기가 구별하여 드린 성물과 여호와의 성전 곳간과 왕궁에 있는 금을 다 가져다가 아람 왕 하사엘에게 보냈더니 하사엘이 예루살렘에서 떠나갔더라” 아멘. 자기 증조부, 조부, 부친, 그리고 자기가 하나님께 드린 모든 것을 아람 왕에게 갖다 바쳤습니다. 자기 권세 유지하려고요. 전쟁하지 않고 편해 보려고요. 역대하 24장 15절 이하를 보면, 요아스는 대제사장 여호야다가 130세에 죽고 유다 방백들이 자신을 지지하자 “그의 조상들의 하나님 여호와의 전을 버리고 아세라 목상과 우상을 섬겼”습니다(24:17).

성전 보수 그것은 핑계였습니다. 12장 4절 이하를 보면, 요아스는 성전 보수를 제사장 몫으로 시행하라고 명합니다. 시행되지 않아도 자신이 30세가 될 때까지는 문제 삼지 않습니다. 자신의 세력이 구축될 때까지 가만히 있다가 힘이 생기자 문제 삼습니다. 자신의 은인이자 고모부인 대제사장 여호야다를 부릅니다. 이때 여호야다는 120세 정도 되었습니다. 그런데도 함부로 말합니다. "너희가 어찌하여 성전의 파손한 데를 수리하지 아니하였느냐 이제부터는 너희가 아는 사람에게서 은을 받지 말고 그들이 성전의 파손한 데를 위하여 드리게 하라"(12:7). 본래 성전 건축은 다윗 왕가가 비용을 내어 이뤄졌습니다. 성전 제물이 돈으로 바뀌고 있는 당시 상황에서 제사장 몫을 성전 수리에 사용하면, 제사장들은 자기 일에 집중하기 어렵게 됩니다. 그러나 제사장들은 왕의 말에 동의합니다. 13절을 보면, 왕은 성전에 드린 은으로 성전제사에서 사용되는 기명을 만들지 못하게 합니다. 이것도 부적절합니다. 본래 성전 기명은 성전에 드려진 금과 은으로 만들게 되어있습니다.

요아스의 향후 행적을 통해 볼 때, 요아스의 성전 수리는 자기 위상을 위한 것이었습니다. 제사장들을 돌아보지 않습니다. 백성들이 산당에서 제사지내기 때문에 제사장들의 생활은 점점 어려워지는데, 그런 것은 생각하지 않습니다. 자신이 제사장들의 목숨 건 노력으로 왕이 된 것도 생각하지 않습니다. 오직 성전만 수리되면 모든 것이 될 것처럼 거기에만 힘을 쏟습니다. 성전기명에 관심이 없다는 말은 성전제사에 관심이 없다는 것을 의미합니다. 예배당만 크게 지어놓으면 됩니까? 안에서 드려지는 예배는 아무렇게나 드려져도 됩니까? 아닙니다. 예배당이야 타일이 좀 떨어져도, 화장실이나 샤워실이 좀 부족해도, 에어컨이 없어 좀 더워도 괜찮습니다. 그러나 예배는 신령과 진정으로 드려져야 맞습니다. 겉은 번지르르하고, 화장실은 호텔 화장실 같고, 더운 여름에 은행보다 더 시원하게 해놓아도, 하나님 경외 없는 예배가 드려진다면 그게 무슨 교회입니까?

요아스의 성전 수리는 자신의 위상을 높이려는 시도의 결과였습니다. 자신이 괜찮은 왕이라는 것을 보여주려는 노력의 결과였습니다. 제사야 어찌 드리든, 제사장들이야 생활을 어떻게 하든, 헌물이 율법대로 드려지든 말든, 그런 것은 중요하지 않았습니다. 그러다 보니 그는 성전을 버린 자신에 대해 하나님께서 여호야다의 아들 스가랴 선지자를 통해 책망하실 때, 그를 "여호와의 전 뜰 안에서 돌로 쳐죽"입니다. 역대하 25장 21절입니다. 여호야다는 아달랴와 같이 민족의 원수라 해도 성전에서 죽이지 말라 했습니다. 열왕기하 11장 15절입니다. "제사장 여호야다가 군대를 거느린 백부장들에게 명령하여 이르되 그를 대열 밖으로 몰아내라 그를 따르는 자는 모두 칼로 죽이라 하니 제사장의 이 말은 여호와의 성전에서는 그를 죽이지 말라 함이라" 아멘. 하나님을 경외하기에 성전 안에서 사람을 죽이지 말라 한 것입니다. 아달랴라 할지라도 말입니다. 그런데 요아스는 은인의 아들, 그것도 자신을 책망하시는 하나님의 선지자 스가랴를 성전 뜰 안에서 돌로 쳐 죽입니다.

어쩌다 이리되었습니까? 이 모든 책임이 아달랴에게만, 아합 집안에게만 있습니까? 아닙니다. 요아스 자신에게도 있습니다. 12장 2-3절입니다. "요아스는 제사장 여호야다가 그를 교훈하는 모든 날 동안에는 여호와 보시기에 정직히 행하였으되 다만 산당들을 제거하지 아니하였으므로 백성이 여전히 산당에서 제사하며 분향하였더라" 아멘. 요아사는 여호야다가 그를 교훈하는 날 동안만 여호와 보시기에 정직하게 행했습니다. 그의 신앙은 의존적이었습니다. 내 속에서 생수의 강이 흘러나와야 하는데, 내 잔이 넘쳐야 하는데, 남이 부어줘야 넘치고, 겉 불만 붙었으니 쉽게 무너집니다.

요아스의 문제는 자기 스스로 신앙생활을 하지 않고 다른 사람에 의존하여 신앙생활을 했다는 데에 있습니다. 아이들도 강압적으로 부모의 말에만 의존하여 신앙 생활하지 않도록 주의를 기울여야 합니다. 지침(가이드라인), 훈련 모두 필요합니다. 그러나 자발성이 배제된다면 사춘기 되기 전에 교회를 떠날 것입니다. 저는 가끔 애들에게 말합니다. "아빠 말이라도 성경에 위배된 것이라면 순종하지 않아도 된다." 애들이 엇나가는 것 같아도 내버려 둘 때 있습니다. 제가 하루 종일 따라다니며 말씀대로 살라고 채근(採根)할 수는 없지 않겠어요? 최선을 다해 말씀대로 살도록 돕지만, 때로 바쁘면 '너희끼리 예배드려라.' 하고, '너희끼리 밥 먹어라.' 하고, 성경을 따라 읽히다가도 '혼자 읽어라.' 하고 그러지요. 성경에서 멀어지는 것 같으면 날마다 작정하고 기도하지요. 제힘으로 되지 않으니까요. 성경이 좋아서 읽고, 주님이 좋아서 따르고, 말씀을 마음에 새기는 것이 기쁨이 될 때, 홀로 설 수 있고 신앙이 안정됩니다.

요아스, 그는 다윗 집안사람이었습니다. 하나님의 약속에 기초하여 아름답고 건강한 집을 지을 수 있었습니다. 그러나 실패했고 신하들의 반역으로 살해당했습니다. 성전 수리라는 이슈를 들고 나왔지만, 성전 제사라는 중심은 버렸습니다. 결국 돈을 중시했고, 자기 생명을 위해서는 헌물이라도 아람 왕에게 갖다 바치는 망령된 자가 되었습니다. 결국 선지자를 성전 뜰 안에서 돌로 쳐 죽였습니다. 아름답지 못한 집안을 만들었습니다.

아합의 아내 이세벨과 이세벨의 딸 아달랴가 죽고, 엘리사도 죽자, 남국과 북국 동맹은 깨집니다. 요아스의 아들 아마샤와 예후의 손자 요아스 사이에 전쟁이 있습니다. 14장 8-14절에 있습니다. 거룩함을 저버리고 아합 집안과 손잡은 여호사밧, 아합 집안을 정리한 예후 집안과 전쟁을 시작한 아마샤, 두 왕 가운데 누가 더 문제가 큰지 생각합니다. 거룩함을 흘려보내지 못한 여호사밧과, 엘리사를 통한 하나님 역사의 통로가 된 요아스을 업신여긴 아마샤 둘 가운데 누가 더 문제가 큰지 생각합니다.

성전에서 분향하려 하다가 제사장에게 화를 낼 때 이마에 나병이 생긴 아사랴(웃시야) 이후, 다윗 왕조에는 여호와 신앙에 대한 냉소가 싹트기 시작합니다. 요담, 아하스로 이어지는 시기입니다. 비록 히스기야 때 잠깐 반짝하지만, 므낫세 아몬으로 이어지면서 깊은 암흑기에 접어듭니다. 그래서 요시야의 개혁만으로 돌아서기에는 거룩함에서 너무 멀리 갔습니다.

북국은 여로보암 2세 때 강성했으나 강성함의 이유를 하나님에게서 찾지 않음으로, 결국 예후의 집도, 나라도 멸망의 길로 접어듭니다. 14장 23-27절에 있습니다. 요나가 25절에 나오는 것이 흥미롭습니다. "이스라엘의 하나님 여호와께서 그의 종 가드헤벨 아밋대의 아들 선지자 요나를 통하여 하신 말씀과 같이 여로보암이 이스라엘 영토를 회복하되 하맛 어귀에서부터 아라바 바다까지 하였으니" 아멘. 예후의 집은 사 대만인 스가랴에서 끝납니다. 예언대로 이뤄집니다. 10장 30절입니다. "여호와께서 예후에게 이르시되 네가 나보기에 정직한 일을 행하되 잘 행하여 내 마음에 있는 대로 아합 집에 다 행하였은즉 네 자손이 이스라엘 왕위를 이어 사대를 지내리라 하시니라" 아멘. 예후 집안을 끝으로 북국에서는 소망이 사라집니다. 결국 북국 이스라엘은 남국 유다왕 아하스 때 망합니다. 히스기야 때 유월절을 지키면서 마음을 합하는 일이 있었으나, 므낫세 때가 되자 되려 아합의 망령이 살아납니다. 21장 1-15절에 있습니다. 이런 정황이니 요시야의 개혁으로 멸망을 돌이키지 못합니다.

요시야 왕은 정말 괜찮은 왕 가운데 하나였습니다. 역대하 35장 16절 이하에서는 그가 왕이 된 지 열여덟째 해에 지킨 유월절에 대해, 열왕기하 22장의 사건이 일어났던 그의 나이 26세 때의 유월절에 대해 "그 때에 모인 이스라엘 자손이 유월절을 지키고 이어서 무교절을 칠 일 동안 지켰으니 선지자 사무엘 이후로 이스라엘 가운데서 유월절을 이같이 지키지 못하였고 이스라엘 모든 왕들도 요시야가 제사장들과 레위 사람들과 모인 온 유다와 이스라엘 무리와 예루살렘 주민과 함께 지킨 것처럼은 유월절을 지키지 못하였더라" 이렇게 평가했습니다. 열왕기하 22장 2절입니다. "요시야가 여호와 보시기에 정직히 행하여 그의 조상 다윗의 모든 길로 행하고 좌우로 치우치지 아니하였더라" 아멘. '다윗의 모든 길', '좌우로 치우치지 않았다' 하는 표현은 보통 표현이 아닙니다.

그런데 그의 마지막이 어떠했습니까? 23장 29-30절입니다. "요시야 당시에 애굽의 왕 바로 느고가 앗수르 왕을 치고자 하여 유브라데 강으로 올라가므로 요시야 왕이 맞서 나갔더니 애굽 왕이 요시야를 므깃도에서 만났을 때에 죽인지라 신복들이 그의 시체를 병거에 싣고 므깃도에서 예루살렘으로 돌아와 그의 무덤에 장사하니 백성들이 요시야의 아들 여호아하스를 데려다가 그에게 기름을 붓고 그의 아버지를 대신하여 왕으로 삼았더라" 아멘. 역대하 35장 20절 이하는 이 상황에 대해 좀 더 자세하게 기록합니다. 요시야는 아합처럼 변장하고 싸우다 전장에서 화살에 맞았지만 힘겹게 싸우다 죽지 않고 예루살렘으로 후송되었습니다. 신복들에게 암살당하지도 않았고, 신복들의 존경과 백성들의 사랑을 받았습니다. 선지자 예레미야는 애가까지 지어 노래했습니다. 그럼에도, "하나님의 입에서 나온 느고의 말을 듣지 아니하고" 하는 옥의 티로 인해, 이건 뭘까? 하는 의문을 갖게 됩니다.

다윗의 길로 행했고, 좌우로 치우치지 않았고, 더구나 22장 19-20절을 보면, "내가 이 곳과 그 주민에게 대하여 빈 터가 되고 저주가 되리라 한 말을 네가 듣고 마음이 부드러워져서 여호와 앞 곧 내 앞에서 겸비하여 옷을 찢고 통곡하였으므로 나도 네 말을 들었노라 여호와가 말하였느니라 그러므로 보라 내가 너로 너의 조상들에게 돌아가서 평안히 묘실로 들어가게 하라니 내가 이 곳에 내리는 모든 재앙을 네 눈이 보지 못하리라 하셨느니라 하니 사자들이 왕에게 보고하니라" 했습니다. 평안한 죽음에 대한 약속이 있었습니다. 말씀대로 살았습니다. 그런데, 전장에서 화살에 맞아 후송되다 죽었습니다. 요시야에 대한 평가가 너무 좋았기에 그의 마지막에 대해 이해하기 어렵다는 말씀입니다.

여러 해 전 아내가 '그래도 요시야 때 다니엘이 자랐어요.' 하더라고요. 맞습니다. 요시야는 주전 640년부터 609년까지 왕이었습니다. 8세에 왕이 되었고, 16세인 주전 632년에 "아직도 어렸을 때 곧 왕위에 있은 지 팔 년에 그의 조상 다윗의 하나님을 비로소 찾"았다고 역대하 34장 3절에 소개됩니다. 초등학교 1-2학년 나이에 왕이 되었지만 중학교 졸업할 때쯤 되었을 때 성숙한 신앙을 갖게 되었습니다. 20세인 주전 628년, 왕이 된 지 12년이 되었을 때는 "유다와 예루살렘을 비로소 정결하게 하여 그 산당들과 아세라 목상들과 아로새긴 우상들과 부어 만든 우상들을 제거하여 버"렸다고 역대하는 소개합니다. 20세 때 1차 종교개혁을 단행한 것입니다. 그리고 열왕기하 22장에서도 소개하듯 26세인 주전 622년 때, 성전을 수리하고 발견된 율법책의 말씀을 듣고 회개하고 하나님의 말씀을 구한 다음 대대적인 2차 종교개혁을 단행하였습니다. 하여 역대하 34장 33절에 따르면, "이와 같이 요시야가 이스라엘 자손에게 속한 모든 땅에서 가증한 것들을 다 제거하여 버리고 이스라엘의 모든 사람으로 그들의 하나님 여호와를 섬기게 하였으므로 요시야가 사는 날에 백성이 그들의 조상들의 하나님 여호와께 복종하고 떠나지 아니하였더라" 하였습니다.

그런데 다니엘이 포로로 끌려갈 때가 주전 607년이었으니, 다니엘은 요시야의 2차 종교개혁 즈음에 태어났을 가능성이 큽니다. 이때 즉 주전 622년에 태어났다면, 포로로 끌려갈 때의 나이가 15세였습니다. 다니엘은 요시야의 종교개혁으로 유다가 하나님의 말씀대로 살던 시절에, 예루살렘에서 어린 시절과 사춘기를 보냈습니다. 그랬기에 그의 결단과 삶이 가능했겠습니다.

요시야의 종교개혁은 큰 의미가 있고, 그 영향을 받은 다니엘과 세 친구, 이어지는 세대 속에 선한 영향을 끼쳐 포로귀환공동체가 건강하게 설 수 있는 기틀을 마련했습니다. 그런데 왜 그는 전장에서 화살에 맞는 최후를 맞이해야만 했을까요? 그게 단순히 하나님께서 예루살렘에 내리는 모든 재앙을 보지 못하기 위해서라면 너무 잔인하지 않은가 하는 생각을 할 수 있습니다.

우리가 혈통적으로나 역사적으로 중간에 있듯, 요시야도 중간에 있었습니다. 그가 말합니다. 열왕기하 22장 13절입니다. "너희는 가서 나와 백성과 온 유다를 위하여 이 발견한 책의 말씀에 대하여 여호와께 물으라 우리 조상들이 이 책의 말씀을 듣지 아니하며 이 책에 우리를 위하여 기록된 모든 것을 행하지 아니하였으므로 여호와께서 우리에게 내리신 진노가 크도다" 아멘. 요시야는 앞선 선배들이, 조상들이 말씀대로 살지 않은 것으로 인해 당시의 재앙이 있다는 것을 깨달았습니다. 하나님은 순종과 불순종의 결과에 대해 미리 말씀하셨고, 이스라엘은 불순종했으며, 하나님께서 말씀하신 불순종의 결과들이 요시야 주변에 널브러져 있습니다. 주어진 상황이 재앙입니다. 축복이 아닙니다.

더구나 요시야의 할아버지 므낫세로 인해 이미 멸망은 결정되었습니다. 23장 24-26절에 있습니다. 이미 심판은 결정되었습니다. 국제 정세 속에서 시간도 결정되었습니다. 결국 요시야는 어느 시점 이전에 죽어야 했습니다. 예루살렘 멸망을 목도하지 않으려면요. 물론 바로 느고에 의해 죽지 않고 좀 더 살다가 죽었을 수도 있었을 것입니다. 그가 죽은 것은 주전 609년이었지만, 예루살렘 멸망은 이로부터 이십여 년이 지난 뒤에 일어났으니까요. 그러나 그의 아들 여호아하스가 제위 석 달 만에 바로 느고에 의해 폐위된 것을 보면, 그는 가장 적절한 시점에 죽었을 가능성이 큽니다. 그의 사후 석 달 동안 장례가 충분히 이뤄질 수 있었으니까요.

그럼에도, 그의 삶에서 예수님을 발견합니다. 비록 애굽 왕 바로 느고의 입에서 나오는 하나님의 말씀을 듣지 않아 죽기는 했지만, 인생이기에 예수님처럼 완전할 수는 없었지만, 중상을 입어 므깃도에서 예루살렘까지 직선거리 90킬로미터 실제거리 약 120킬로미터 정도를 이동하면서 고통 가운데 죽은 그의 상황에서, 제자와 같은 신복들의 그에 대한 사랑에서, 백성들의 사랑과 '예레미야의 애가'(대하 35:25)에서 예수님의 십자가 죽음 당시 상황을 떠올릴 부분들이 있습니다.

우상을 척결하고 종교개혁을 단행한 부분에서, 성전을 수리했지만 요아스처럼 건물로 인한 자기과시에 그치지 않고 말씀에 기초한 회개와 종교개혁과 유월절 행사로 이은 요시야에 대한 기술(記述)에서 예수님을 발견합니다. 예수님은 당시 종교 지도자들이 장로의 가르침으로 말씀을 폐하는 것을 신랄하게 비판하셨습니다. 성전을 청결케 하셨고 회개를 촉구하셨으며 유월절 어린양이 되셨습니다. 역대하 35장 7절에 따르면,

요시야는 유월절 행사를 위해 "자기의 소유 양 떼 중에서 어린 양과 어린 염소 삼만 마리와 수소 삼천 마리를 내어 유월절 제물로 주"었습니다.

요시야의 어린 시절에 대한 묘사 즉, 16세, 20세에 있었던 다윗의 하나님을 찾은 것과 1차 종교개혁을 단행한 것, 그의 2차 종교개혁이 26세에 있었다는 부분도, 12세에 아버지께 속한 아버지 집에 있고자 하셨던 예수님과 30세쯤 공생애를 시작하신 예수님과 연결됩니다.

마태복음 1장의 족보를 보면 요시야는 바벨론으로 사로잡혀 갈 때의 끝자락에 있었습니다. 11-12절입니다. "바벨론으로 사로잡혀 갈 때에 요시야는 여고냐와 그의 형제들을 낳으니라 바벨론으로 사로잡혀 간 후에 여고냐는 스알디엘을 낳고 스알디엘은 스룹바벨을 낳고" 아멘. 유다의 마지막 왕 시드기야는 언급되지 않습니다. 요시야와 그의 아들 여고냐, 열왕기하에 소개된 이름으로는 여호야긴이 언급됩니다. 요시야의 아들들 여호아하스, 여호야김, 여호야긴은 모두 왕을 지냈습니다. 석 달, 십일 년, 석 달 다스렸습니다. 다니엘은 여호야김 삼 년 때 포로로 끌려갔고요. 열왕기하는 포로로 끌려간 여호야긴 즉 여고냐의 회복으로 끝납니다. 25장 27-30절입니다. "유다의 왕 여호야긴이 사로잡혀 간 지 삼십칠 년 곧 바벨론의 왕 에윌므로닥이 즉위한 원년 십이월 그 달 이십칠일에 유다의 왕 여호야긴을 옥에서 내놓아 그 머리를 들게 하고 그에게 좋게 말하고 그의 지위를 바벨론에 그와 함께 있는 모든 왕의 지위보다 높이고 그 죄수의 의복을 벗게 하고 그의 일평생에 항상 왕의 앞에서 양식을 먹게 하였고 그가 쓸 것은 날마다 왕에게서 받는 양이 있어서 종신토록 끊이지 아니하였더라" 아멘.

요시야의 아들 여호야긴 왕은 주전 598/597년에 바벨론 포로로 끌려갔습니다. 그러니 37년 뒤면 561/560년에 지위가 회복됩니다. 포로귀환이 이로부터 32년쯤 뒤인 538년에 이뤄진 것을 생각할 때, 하나님께서는 적절한 시기에 여호야긴 왕의 지위를 회복시키셨습니다. 하나님의 백성들이 여호야긴의 손자 스룹바벨과 함께 귀환할 수 있도록 미리 준비하셨습니다.

요시야 그는 역사 가운데 살면서 앞선 선조들의 죄를 회개하고 자신 당대에 남겨진 문제를 끌어안고 회개하며 개혁을 단행했습니다. 그의 회개와 개혁으로 이스라엘은 포로기를 보낼 준비를 할 수 있었습니다. 포로로 끌려가는 것을 막을 수는 없었지만, 포로로 끌려갔을 때 우상을 숭배하지 않고 신앙을 지킨 다니엘과 같은 일꾼들이 준비될 수 있었습니다. 요시야의 아들 여호야긴이 왕 위에 있을 때는 악을 행했지만, 결국 긴 세월 연단 끝에 회복됩니다. 요시야의 증손자 스룹바벨은 포로귀환의 기수가 됩니다.

우리도 역사 가운데 살면서 우리에게 주어진 환경에 대해 분낼 수 있습니다. 그러나 요시야처럼 반응한다면, 예수님처럼 반응한다면, 반응은 달라질 것입니다. 주어진 환경에 대해 개혁 가능한 대상으로, 하나님께서 도와주시면 개혁할 수 있다고 여기고 개혁을 단행할 것입니다.

남국에는 성전과 제사장과 선지자와 다윗 왕조가 있었고, 북국에는 선지자 엘리야, 엘리사, 요나와 하나님의 명을 받들어 아합 집을 심판한 예후 집안이 있었습니다. 서로 좋은 점은 배우고 수용하고, 자신의 잘못된 점을 버리고 개선했다면 좋았을 것입니다. 그러나 상대방의 나쁜 점을 배우고, 자신의 좋은 부분으로 선한 영향을 끼치는 데 실패했습니다. 이런 모습이 기독교 단체 간에, 교단 사이에, 교회와 신자 사이에 있지는 않은지 되짚어 봅니다.

질의와 응답

하나. "사사기에는 왕이 없어서 문제라고 했는데, 왕정 시기를 어떻게 봐야 할까요?"

다윗의 자손들이 다윗 같지 못했습니다. 그래서 점점 하향길을 간 것 같습니다. 결국 망합니다. 지나고 보니, 다윗 같은 왕이 중요했습니다. 그 '다윗 같은 왕', 다윗의 자손으로 예수님이 오셨습니다. 그리고 왕정 시대를 꼼꼼하게 살펴보니, 때마다 하나님의 은혜가 있었습니다. 망하고 끌려간 것도 은혜였습니다. 궁극적인 회복을 위한 과정이었습니다.

둘. “유월절을 왜 지키지 않았을까요?”

두 번째 유월절에도 지키지 못한 이들이 생겼습니다. 결국 마음의 문제였습니다. 하나님 경외가 유지되면, 구원 감사와 구원 감사를 기념하는 유월절이 지켜지겠지요. 고린도전서 11장을 보니, 성찬도 잘 지켜지지 않았네요. “그런즉 너희가 함께 모여서 주의 만찬을 먹을 수 없으니 이는 먹을 때에 각각 자기의 만찬을 먼저 갖다 먹으므로 어떤 사람은 시장하고 어떤 사람은 취함이라”(11:20-21) 아멘.

셋. “왕에 따라 백성의 신앙이 달라지네요.”
네. 지도자가 중요합니다.

넷. “열왕기하 2장의 올라가고 내려감이 이후 국가의 흥망성쇠를 잘 표현해주는 것 같습니다. 엘리야가 지나간 지명들이 의미가 있나요?”

길갈, 벧엘, 여리고, 요단, 요단 동편으로 갔지요. 이곳들은 먼저, 하나님의 은혜를 생각나게 하는 곳들입니다. 길갈은 애굽의 수치가 굴러간 곳이지요(수 5:9). 벧엘은 야곱이 하나님을 만난 곳입니다(창 28:19). 여리고는 가나안 땅에 와서 얻은 첫 성이지요(수 6장). 여리고 앞 요단강과 요단 동편은 ‘요단 도하’를 떠올리는 곳입니다(수 3장).

그런데 엘리야 엘리사 당시에는 이곳들에서 하나님에 대한 반역을 읽을 수 있었습니다. 아합 때에 벧엘 사람 히엘이 여리고를 건축했습니다(왕상 16:34). 벧엘에는 여로보암의 금송아지가 섰습니다(왕상 12:29). 길갈에서는 사울의 불순종이 있었네요(삼상 13:8-15). 엘리야와 엘리사는 요단강 서쪽에서 동쪽으로 요단을 도하(渡河)합니다. 엘리야는 요단 동쪽에서 승천하고, 엘리사는 요단을 다시 건너옵니다. 뭔가 다시 시작하는 느낌이랄까요.

Weekly Reading 열왕기하 23장 – 역대상 18장

18 "눈을 감았다가 뜨고 보니"

왕하 23-25장	대상 1-3장	대상 4-6장	대상 7-9장	대상 10-12장	대상 13-15장	대상 16-18장

check

아버지와 아들은 늘 겹쳐지는 두 대상입니다. 아브라함과 이삭이, 이삭과 에서-야곱이, 야곱과 열두 아들이, 다윗과 솔로몬이, 솔로몬과 르호보암이, 히스기야와 므낫세가 겹쳐지는 부분이 있듯이, 아마샤와 아사랴도 겹치는 부분이 있습니다. 아들이면서 아버지인 저 역시 위로는 아버지와 아래로는 아들과 겹치지요.

사실, 이스라엘과의 동맹에 성공한 '여호사밧'과 동맹에 실패한 '아마샤'도 겹치는 부분이 있습니다. 이스라엘 왕 요아스의 말("레바논 가시나무가 레바논 백향목에게 전갈을 보내어 이르기를 네 딸을 내 아들에게 주어 아내로 삼게 하라 하였더니 레바논 들짐승이 지나가다가 그 가시나무를 짓밟았느니라 네가 에돔을 쳐서 파하였으므로 마음이 교만하였으니 스스로 영광을 삼아 왕궁에나 네 집으로 돌아가라 어찌하여 화를 자취하여 너와 유다가 함께 망하고자 하느냐", 왕하 14:9-10)을 고려할 때, 아마샤는 군사적으로 우월한 지배자의 위치에서 북국 이스라엘과 관계하고 싶었던 것 같습니다. 딸을 며느리로 데려오는 것은 대부분 승전국이 패전국에게 행하는 일이었으니까요. 아합의 딸을 며느리 삼은 여호사밧과 요아스의 딸을 힘으로 데려오려 한 아마샤가 겹치는 부분이 있습니다.

이번 통독은 요시야의 개혁부터 여호야긴의 회복 부분이 담긴 열왕기하 23-25장과, 아담부터의 역사를 다시 되새기는 역대기 기록 가운데 '아담'부터 '다윗의 주변 정복'

까지입니다. 창세기부터 열왕기하를 재정리합니다. 역대기의 '역사를 보는 관점[사관]'은 '포로 상태로부터의 귀환 실현' 입니다. 열왕기의 끝은 '유다의 왕 여호야긴의 회복' 으로 끝나지만, 역대기는 '포로 상태로부터의 회복 실현' 에서 마무리됩니다.

같은 역사이지만 시점이 약간 달라지면서, 역사 진행을 조금 더 경험하면서, 특별히 '포로귀환' 이라고 하는 역사 경험을 하면서, 뭔가 보이는 것이 달라졌습니다. 개인 역사에서도 이런 부분이 있지요. 예수님을 믿으면서 그 이전의 개인 역사가 달리 보일 수 있습니다. '절망의 이유였던 부분' 이 예수님을 만나는 '계기' 가 되었다면, '절망의 이유' 도 '은혜' 로 다가옵니다. 우리나라 역사도 1945년 8월 15일 해방을 기점으로 바라보는 것과 1950년 6월 25일 내전을 기점으로 바라보는 것이 다르겠지요.

여호야긴의 회복은 주전 561년입니다. "유다의 왕 여호야긴이 사로잡혀 간 지 삼십칠 년 곧 바벨론의 왕 에윌므로닥이 즉위한 원년 십이월 그 달 이십칠일"(왕하 25:27)에 회복됩니다. 포로로 끌려온 지 37년만입니다. 주전 588/587년 경 포로로 끌려올 때 여호야긴의 나이는 18세였습니다. 그러니 55세쯤 되었겠네요. 한창때인 소년의 나이에 포로로 끌려왔는데, 인생이 저무는 시기에 회복됩니다.

역대기의 마지막에 등장하는 고레스 칙령은 주전 538년에 있었습니다. 그러니 열왕기와 역대기의 시점 차이는 561-538=23년입니다. 23년의 차이가 큰 차이를 만들었습니다. '약속에 기초한 근본적인 회복' 이 가져온 차이입니다. 그래서 이 차이를 '눈을 감았다가 뜨고 보니' 로 표현해보았습니다.

눈을 감았다가 뜨고 보니

I.
눈을 감았다가 뜨고 보니
라헬이 아니고 레아입니다.
칠 년 노동 끝날 줄 알았더니
새로운 칠 년 시작됩니다.

눈을 감았다가 뜨고 보니

열여덟 청춘 포로 여호야긴 오십오 세 중년 되어 대접받습니다.
감옥에서 평생 썩을 줄 알았더니
여생을 왕과 함께 보냅니다.

눈을 감았다가 뜨고 보니
지나간 세월보다 남은 세월이 적습니다
마냥 사는 게 인생인 줄 알았더니
두고 떠나는 게 인생입니다.

눈을 감았다가 뜨고 보니
새 건물 새 자동차 모두 중고(中古) 되었습니다.
중고 된 내 몸
날마다 새로워지는 속사람으로 위로받습니다.

눈을 감았다가 뜨고 보니
어르신 돌아가시고 안 계십니다.
언제까지나 그 자리에 계실 줄 알았더니
빈자리에 가슴 여밉니다.

눈을 감았다가 뜨고 보니
품 안의 아기 부쩍 컸습니다.
언제나 클까 했더니
'다 컸구나!' 감탄합니다.

II.
눈을 감았다가 뜨고 보니
아침이 되었습니다.
캄캄한 어둠은 어딜 갔는지 보이지 않고
밝은 대낮 반깁니다.

눈을 감았다가 뜨고 보니
주변이 달라졌습니다.

없던 건물 들어서고
새 친구들 옆에 많습니다.

눈을 감았다가 뜨고 보니
마음에 미소가 있습니다.
이를 악물고 살았는데
이젠 마음 깊이 사랑이 있습니다.

눈을 감았다가 뜨고 보니
예수님 가까이 다가서 있습니다.
전에는 그분이 다가오셨는데
지금은 내가 그분 곁으로 다가갑니다.

눈을 감았다가 뜨고 보니
온통 말씀입니다.
전에는 성경만 말씀이더니
이제는 스쳐 지나가는 바람도 말씀입니다.

눈을 감았다가 뜨고 보니
감았다가 뜰 만합니다.
새 세상이 열리고
새싹이 돋기 때문입니다.

III.
눈을 감았다가 뜨고 보니
성전이 훨씬 더 중요해 보입니다.
아담 때부터 포로귀환 때까지
성전이 중심이었습니다.

눈을 감았다가 뜨고 보니
유다가 훨씬 더 중요합니다.
그에게서 다윗이 나왔기에
결과적으로 그렇습니다.

눈을 감았다가 뜨고 보니
다윗 왕조가 더욱 중요합니다.
돌아보니 성전 보전이
그들의 임무였습니다.

눈을 감았다가 뜨고 보니
레위 지파 제사장이 참 중요합니다.
성전 봉사뿐 아니라
성전 회복의 중심에 레위인들이 있습니다.

눈을 감았다가 뜨고 보니
역사가 다시 보입니다.
망해가는 역사가 아니라
예수님께로 향해가는 역사입니다.

눈을 감았다가 뜨고 보니
사람들이 다시 보입니다.
전에는 잘못했던 게 많이 보였는데
이제는 잘했던 게 크게 보입니다.

열왕기하는 우리가 잘 아는 대로 남국 유다의 멸망과 여호야긴의 회복으로 끝납니다. 요시야가 개혁을 시도했지만 안타깝게도 젊은 나이에 전사합니다. 므깃도에서 애굽 왕 바로 느고를 막다가 죽습니다. 그의 죽음으로 유다는 다시 일어설 수 없는 지경에 이른 것 같으나, 그의 개혁은 헛되지 않았습니다. 다니엘 및 그의 세 친구와 같은 세대를 낳았기 때문입니다. 이 세대는 이어 포로귀환 세대를 낳았습니다. 이 점에서 요시야의 개혁은 유다의 생존을 위한 의미 있는 몸부림이었습니다. 열왕기하 23장 24-25절입니다. "요시야가 또 유다 땅과 예루살렘에 보이는 신접한 자와 점쟁이와 드라빔과 우상과 모든 가증한 것을 다 제거하였으니 이는 대제사장 힐기야가 여호와의 성전에서 발견한 책에 기록된 율법의 말씀을 이루려 함이라 요시야와 같이 마음을 다하며 뜻을 다하며 힘을 다하여 모세의 모든 율법을 따라 여호와께로 돌이킨 왕은 요시야 전에도 없었고 후에도 그와 같은 자가 없었더라" 아멘.

요시야를 이어 왕이 될 사람은 여호야김이었으나, 백성은 여호아하스를 왕으로 세웁니다. 23장 31-36절에 있습니다. 여호아하스가 석 달간 왕위에 있었는데, 여호야김이 왕이 될 때의 나이는 25세, 여호아하스가 왕이 될 때의 나이는 23세입니다. 이로 볼 때, 여호야김이 여호아하스보다 두 살 위라는 계산이 나옵니다. 비록 바로 느고가 요시야를 죽이기는 했으나, 요시야의 아들들 가운데 나이가 더 많은 아들로 왕을 교체했습니다. 역대상 3장 15절에 요시야의 아들들에 대해 "맏아들 요하난과 둘째 여호야김과 셋째 시드기야와 넷째 살룸이요"라고 하여 여호아하스가 없기에, 요하난이 여호아하스라고 주장되기도 하지만, 나이 차이로 인해 그렇게 보기는 어렵습니다. 더구나 예레미야 22장 11절을 보면, 살룸=여호아하스입니다. 그러므로 요시야의 큰아들 요하난은 아버지보다 먼저 혹은 전장에서 같이 죽었을 것으로 추측해봅니다.

여호야김이 죽고 그의 아들 여호야긴이 왕이 되지만, 석 달간 다스리고서는 바벨론으로 끌려갑니다. 그의 나이 열여덟 살입니다. 24장 8, 15절입니다. "여호야긴이 왕이 될 때에 나이가 십팔 세라 예루살렘에서 석 달간 다스리니라 그의 어머니의 이름은 느후스다요 예루살렘 엘라단의 딸이더라", "그[느부갓네살]가 여호야긴을 바벨론으로 사로잡아 가고 왕의 어머니와 왕의 아내들과 내시들과 나라에 권세 있는 자도 예루살렘에서 바벨론으로 사로잡아 가고" 아멘.

유다의 마지막 왕 시드기야는 여호야긴의 숙부 즉, 여호야김의 동생입니다. 예레미야서에 자주 등장하는 시드기야는 하나님께서 여러 번 주신 기회를 선용하지 못했습니다. 결국 예수님의 족보에는 등장하지도 못합니다. 마태복음 1장 11-12절입니다. "바벨론으로 사로잡혀 갈 때에 요시야는 여고냐[여호야긴]와 그의 형제들을 낳으니라 바벨론으로 사로잡혀 간 후에 여고냐는 스알디엘을 낳고 스알디엘은 스룹바벨을 낳고" 아멘. 요시야의 손자 여고냐가 특별히 언급됩니다. 여호아하스, 여호야김, 시드기야 세 사람은 모두 요시야의 아들들이지만 언급되지 않습니다. 세 사람 모두 왕이 되었지만, 족보에 올라갈 자격은 상실한 듯합니다. 여고냐[여호야긴] – 스알디엘 – 스룹바벨은 포로기와 포로귀환 시기에 중요한 인물들입니다.

열왕기하는 여호야긴의 회복으로 마무리됩니다. 25장 27-30절입니다. "유다의 왕 여호야긴이 사로잡혀 간 지 삼십칠 년 곧 바벨론의 왕 에윌므로닥이 즉위한 원년 십이월 그 달 이십칠일에 유다의 왕 여호야긴을 옥에서 내놓아 그 머리를 들게 하고 그에게 좋게 말하고 그의 지위를 바벨론에 그와 함께 있는 모든 왕의 지위보다 높이고 그 죄수의 의복을 벗게 하고 그의 일평생에 항상 왕의 앞에서 양식을 먹게 하였고 그가 쓸 것은 날마다 왕에게서 받는 양이 있어서 종신토록 끊이지 아니하였더라" 아멘.

이제 역대상입니다. 족보로 시작되는 역대기가 성경에 익숙하지 않은 이들에게는 '단순한 이름의 나열' 로 보이지만, 성경 인물에 관심을 기울인 사람에게는 '언약의 성취' 입니다. 우선 1장 1절부터 9장 34절까지를 살펴봅니다. 1장 1절부터 2장 2절까지는 아담부터 야곱의 열두 아들까지의 족보가 소개됩니다. 창세기의 요약과 같습니다.

2장 3절부터 55절까지는 유다 지파의 족보입니다. 유다가 중요한 이유는 창세기를 읽을 때 말씀드렸습니다. 요셉과 비교되는 유다의 기여, 야곱의 예언에 담겨있는 유다의 위치에 대해 설명했습니다. 15절에 다윗이 나옵니다. "여섯째로 오셈과 일곱째로 다윗을 낳았으며" 아멘. 어떤 분위기에서 다윗이 태어났는지 소개됩니다. 이 부분을 이해할 때 어려운 점이 있는데, 그 부분은 9절의 '글루배' 와 18-24절의 '갈렙' 및 42-55절의 '갈렙' 을 동일 인물로 보면 해결이 될 것으로 보입니다. 헤스론의 세 아들 여라므엘, 람, 글루배[갈렙]에 대해 자세히 소개됩니다. 다윗은 이 가운데 둘째 '람' 자손에 속합니다.

역대상 족보를 볼 때 가장 혼동되는 집안이 갈렙 집안 관련 족보입니다. 갈렙 관련 족보는 세 군데에 나옵니다. 2장 18-20절, 2장 42-55절, 그리고 4장 11-20절입니다. 역대상 2장 42-55절은 둘로 나뉩니다. 42-49절과 50-55절입니다. 앞부분은 우리가 잘 아는 갈렙이고 뒷부분은 우리가 잘 모르는 갈렙입니다. 우리가 잘 모르는 갈렙은 2장 18-20절에 나오는 갈렙과 연결됩니다. "헤스론의 아들 갈렙이 그의 아내 아수바와 여리옷에게서 아들을 낳았으니 그가 낳은 아들들은 예셀과 소밥과 아르돈이며 아수바가 죽은 후에 갈렙이 또 에브랏에게 장가 들었더니 에브랏이 그에게 훌을 낳아 주었고 훌은 우리를 낳고 우리는 브살렐을 낳았더라" 아멘.

우리가 잘 모르는 갈렙이 소개된 중요한 이유는 '훌'과 '브살렐'에게 있습니다. 훌은 아론과 함께 모세의 손을 들어주었던 사람입니다. 여호수아가 아말렉 족속과 싸울 때 "모세가 손을 들면 이스라엘이 이기고 손을 내리면 아말렉이 이기더니 모세의 팔이 피곤하매 그들이 돌을 가져다가 모세의 아래에 놓아 그가 그 위에 앉게 하고 아론과 훌이 한 사람은 이쪽에서, 한 사람은 저쪽에서 모세의 손을 붙들어 올렸더니 그 손이 해가 지도록 내려오지 아니한지라 여호수아가 칼날로 아말렉과 그 백성을 쳐서 무찌르니라"(출 17:11-13) 하였습니다. 이 훌의 아버지가 갈렙이었고, 이 훌의 손자가 성막 건축 책임자로 부름받은 브살렐입니다. "모세가 이스라엘 자손에게 이르되 볼지어다 여호와께서 유다 지파 훌의 손자요 우리의 아들인 브살렐을 지명하여 부르시고 하나님의 영을 그에게 충만하게 하여 지혜와 총명과 지식으로 여러 가지 일을 하게 하시되 금과 은과 놋으로 제작하는 기술을 고안하게 하시며 보석을 깎아 물리며 나무를 새기는 여러 가지 정교한 일을 하게 하셨고"(출 35:30-33) 하였습니다.

우리가 잘 아는 갈렙, 여분네의 아들 갈렙은 출애굽 당시에 삼십 대 후반[39세]일 가능성이 큽니다. 여호수아 14장을 보면, 갈렙이 정탐할 때 자신의 나이가 40세였다고 말하기 때문입니다. 그러므로 브살렐의 증조부 갈렙과 여분네의 아들 갈렙을 다른 사람이라고 봐야 맞습니다. 훌의 아버지 갈렙은 헤스론의 아들이기도 합니다. 정리하면 헤스론의 아들 갈렙은 훌의 아버지이고 브살렐의 증조부입니다. 2장 50절 이하에서 헤스론의 아들 갈렙 얘기를 덧붙입니다. 50절에 훌이 언급됩니다. "갈렙의 자손 곧 에브라다의 맏아들 훌의 아들은 이러하니 기럇여아림의 아버지 소발과" 아멘. 동시에 여러 지명이 나옵니다. 기럇여아림, 베들레헴, 벧가델, 소라, 에스다올 등입니다. 이 지역은 갈렙이 기업으로 받은 헤브론 북쪽 및 북서쪽에 위치합니다. 또한 55절은 헤스론의 아들 갈렙 자손에게서 서기관 종족이 나왔음을 강조하고 있습니다.

한편, 2장 42절부터 49절까지는 여분네의 아들 갈렙 자손 얘기를 하고 있습니다. 어떻게 알 수 있습니까? 49절 끝을 보면 갈렙의 딸이 악사라고 알리고 있습니다. 이 갈렙은 그나스 사람입니다. 민수기 32장 12절입니다. "그러나 그나스 사람 여분네의 아들 갈렙과 눈의 아들 여호수아는 여호와를 온전히 따랐느니라 하시고" 아멘. 여호수아 14장 6절에 갈렙이 그니스 사람이라고 되어있지만, 민수기의 '그나스'와 같은 표현입니다.

그나스가 누구일까요? 에서의 손자입니다. 창세기 36장을 보면 에서의 아들 엘리바스의 아들 가운데 그나스가 있습니다. 이 그나스의 자손에 속한 사람이 여분네입니다. 사사기 1장 13절을 보면, "갈렙의 아우 그나스의 아들인 옷니엘이 그것(즉, 기럇 세벨)을 점령하였으므로 갈렙이 그의 딸 악사를 그에게 아내로 주었더라" 하였습니다. 갈렙의 남자 형제의 이름은 아예 그나스였습니다. 정리하면, 에서의 자손 가운데 그나스 자손인 여분네는 유다 지파에 속한 여자와 결혼을 하였습니다. 그리고 아들을 낳았는데, 적어도 둘을 낳았습니다. 갈렙과 그나스입니다. 갈렙이라는 단어가 '개'를 뜻하는 '켈렙'과 가장 비슷합니다. 아마도 이방인 남자와의 사이에서 태어난 아들이라고 그런 이름을 준 것 같습니다. 혹, 헤스론의 아들의 이름, 다시 말해 훌의 아버지 이름을 따라 갈렙이라는 이름을 주었을 수도 있습니다.

헤스론의 아들의 이름을 따랐든, '개'라는 단어와 유사한 이름을 따랐든, 그 갈렙은 가나안 정탐 당시 유다 지파의 대표가 되었고 믿음의 보고를 하였습니다. 그는 여호수아와 함께 가나안 땅에 들어간 두 사람 가운데 한 사람이 되었습니다. 출애굽 당시 이십 세 이상은 이 두 사람을 빼고는 모두 약속의 땅에 들어가지 못했습니다. 그리고 갈렙의 아우 그나스의 아들 옷니엘은 이스라엘 초대 사사가 되었습니다.

역대상 4장 11-20절은 여분네의 아들인 갈렙과 그나스의 자손을 소개합니다. 이들의 이름은 아마도 포로귀환 때의 사람들로 생각됩니다. 13절에 그나스가 있고 15절에 여분네의 아들 갈렙의 자손이 나옵니다. 출애굽 당시 믿음의 고백을 했던 갈렙과 가나안 정복 과정에서 헌신적인 수고를 아끼지 않았던 옷니엘의 집안이 바벨론 포로 귀환 당시에도 중요한 역할을 했다는 것을 알 수 있습니다. 이처럼 믿음의 수고는 헛되지 않습니다.

역대상 3장에는 익숙한 이름이 많습니다. 다윗의 아들들도, 솔로몬부터 시작되는 왕의 계보도 익숙합니다. 3장 15-19절 이해가 좀 어렵지만, 제17과에서 설명했습니다. 요시야의 큰아들 요하난이 아버지보다 먼저 혹은 같이 죽었다고 보고, 넷째 살룸은 예레미야 22장 11절을 근거로 여호아하스의 어린 시절 이름 정도로 보면 되겠습니다.

유다와 다윗의 족보를 뒤로 하고, 역대상 4장부터 유다(4:1-23), 시므온(4:24-43), 르우벤(5:1-10), 갓(5:11-17), 므낫세 반 동쪽(5:18-26), 레위(6:1-81), 잇사갈(7:1-5), 베냐민(7:6-12), 납달리(7:13), 므낫세 반 서쪽(7:14-19), 에브라임(7:20-29), 아셀(7:30-40) 자손의 족보가 소개됩니다. 스불론과 단의 족보가 소개되지 않습니다. 포로 생활 및 귀환과 관계가 있지 않나 싶습니다. 유다의 다른 자손과 관련하여 '여분네의 아들 갈렙' 이 4장 15절부터 소개됩니다. 시므온 자손과 관련하여 모우님 사람의 진멸[헤렘]이 소개됩니다(4:41). 이어 요단 동편을 기업으로 받은 두 지판 반(르우벤, 갓, 므낫세 반 지파)이 먼저 소개됩니다(5장). 유다, 시므온, 요단 동편 두 지판 반이 먼저 언급된 다음에, 레위 지파가 언급됩니다(6장). 유다에도, 요단 동편에도, 북국 이스라엘에도 속하지 않는 그룹입니다.

하나님께서는 모든 사람에게 기회를 주십니다. 하나님의 뜻을 따라 살 기회, 하나님과 함께 할 기회, 높아질 기회, 자유로울 기회 등입니다. 그런데 사람들은 그 기회를 놓칠 때가 많습니다. 우선 르우벤은 야곱의 큰아들로 태어나 장자 권을 가졌으나 아버지 침상을 더럽혔습니다. 아버지 소유를 자기 것인 체하였습니다. 결국 장자 권을 빼앗겼습니다. 에서처럼 장자 권을 팔지는 않았습니다. 빼앗겼습니다. 5장 6절에 보면 르우벤의 지도자 브에라를 통해 르우벤 지파의 결국이 소개됩니다. 주전 733년 경, 앗수르 왕에 의해 포로로 끌려갑니다. 그러나 7-10절을 보면 그들은 길르앗 동쪽 온 땅에서 장막에 거주했었습니다. 장자 권은 빼앗겼으나 요단 동편 땅을 기업으로 받았고 성공했습니다. 하나님 섬길 기회가 충분히 있었습니다. 그러나 그러지 못했습니다.

이어지는 5장 11-22절을 볼 때, 갓은 비옥한 땅인 바산에 거주했습니다. 이들은 유다 왕 요담과 이스라엘 왕 여로보암 2세 때 족보에 기록되었습니다. 요단 동편 땅이 처음에는 좋아 보였습니다. 또한 이들도 번성한 적이 있었습니다. 그러나 궁극적으로는 좋지 않았습니다. 르우벤, 갓, 므낫세 반 지파의 군대가 44,760명일 때, 하나님을 의지함으로, 하나님의 도우심으로 승리한 적이 있었습니다. 낙타 오만, 양 이십오만, 나귀 이천, 사람 십만이라는 전리품을 얻기도 하였습니다. 20절을 보면, 결국 사로잡히는 때가 임했습니다. 5장 23-26절을 보면, 므낫세 반 지파도 번성한 적이 있었습니다. 헤르몬 까지 영역이 넓었습니다. 그러나 죄를 범하였고 우상을 숭배했습니다. 앗수르 왕에 의해 멀리 이주 되었습니다.

이어지는 6장 1-15절을 보면, 레위 지파는 하나님의 전에서 섬기는 직분을 받았습니다. 우선 대제사장이라는 직임으로 혈통으로 이어졌습니다. 그러나 이들도 바벨론으로 끌려갔습니다. 이때 대제사장은 여호사닥이었습니다. 하나님께서 레위 제사장 직분이 이어지도록 축복하셨지만, 결국 포로로 끌려간 것입니다. 6장 16-30절에는 사무엘 집안이 소개됩니다. 이들은 고라 자손으로 기회를 빼앗긴 것 같았습니다. 그러나 요엘과 아비야라는 사무엘의 두 아들로 이어졌습니다. 6장 31-48절을 보면, 언약궤가 평안을 얻었을 때 찬송하는 자들이 세워졌습니다. 그핫[고핫]-고라 자손에게서 사무엘이 나오고, 요엘의 아들 헤만은 찬송하는 자가 됩니다. 게르손 자손 가운데에서는 아삽이, 므라리 자손에게서는 에단이 찬송하는 자가 됩니다. 6장 49-53절을 볼 때, 아론과 그의 자손들의 임무가 무엇입니까? 속죄입니다. 분향하고 제사드리고 지성소에 들어가며 속죄했습니다. 6장 54-81절을 보니, 속죄 직무를 맡고 찬송하는 직무를 맡은 레위 자손들에게 하나님께서는 거주지를 골고루 주셨습니다.

이어 잇사갈, 베냐민, 납달리, 요단 서쪽의 므낫세 반, 에브라임, 아셀 자손이 소개됩니다. 다음으로 베냐민이 다시 나옵니다. 8장입니다. 베냐민과 더불어 기브온도 함께 소개됩니다. 특별히 29절부터는 기브온-기스-사울로 이어지는 이스라엘 초대 왕에 대해 말합니다. 이로 볼 때, 8장에서 베냐민 지파를 다시 소개하는 이유는 사울 때문인 것 같습니다. 사울은 매우 중요한 사람이지요. 물론 다윗보다는 덜 중요하지만요. 이스라엘의 초대 왕이었으니까요. 사울 집안과 관련하여 요나단의 자손을 빼놓을 수 없습니다. 어쩌면 사울보다는 요나단의 자손들에 대해 언급하느라 베냐민 자손을 한 번 더 소개하는 것일 수도 있습니다. 8장 34-40절에 있습니다.

다음으로 포로 생활에서 돌아온 백성이 소개됩니다. 9장 1-34절에 있습니다. 유다 자손, 베냐민 자손, 에브라임과 므낫세 자손, 제사장, 레위 사람, 문지기, 섬기는 자, 찬송하는 자가 차례로 소개됩니다. 포로귀환으로 성전 봉사가 하나님 백성 가운데 가장 핵심적인 일이 된 것을 읽을 수 있습니다. 9장 22-34절에 있습니다.

이제 9장 35절부터 18장까지를 살펴봅니다. 사울 통치부터 다윗의 암몬 정복 직전까지의 내용입니다. 밧세바 사건이 암몬 정복과 관계되지만, 역대상에서는 밧세바 사건을 소개하지 않습니다. 사울 통치 부분(9:35-10:14)에서 핵심은 요나단의 족보와 사울의 죽음입니다. 요나단의 족보는 9장 40-44절에서 한 번 더 소개됩니다. '사울은 망했지만 요나단은 망하지 않았다는 것'을 부각하여 드러냅니다. 이어 사울의 죽음을 자세하게 소개합니다. 사울 통치 당시에 있었던 어떤 일도 소개되지 않습니다. 사울에 대한 평가인 10장 13-14절을 봅니다. "사울이 죽은 것은 여호와께 범죄하였기 때문이라 그가 여호와의 말씀을 지키지 아니하고 또 신접한 자에게 가르치기를 청하고 여호와께 묻지 아니하였으므로 여호와께서 그를 죽이시고 그 나라를 이새의 아들 다윗에게 넘겨 주셨더라" 아멘.

역대상 11장부터 마지막 장 29장까지가 다윗에 대한 부분입니다. 역대상의 3분의 2가 다윗에게 집중됩니다. 무슨 내용으로 채워지는지 봅니다. 우선 다윗이 왕이 된 내용이 짧게 소개되고(11:1-3), 장차 성전이 세워질 예루살렘 정복과 다윗의 강성이 언급됩니다(11:4-9). 사울과 다윗의 근본적인 차이가 어디에 있습니까? '여호와 경외'에 있습니다. 하나님을 경외하는 자는 날로 강성해지지만, 하나님을 경외하지 않는 자는 그의 날이 길지 못합니다. 이것은 만고불변의 진리입니다.

그럼, 다윗이 하나님을 경외한 증거가 무엇입니까? 우선 요압이 군지휘관이 되게 하고 그의 다양한 불순종에도 불구하고 살려 둔 것입니다. 11장 6-8절입니다. "다윗이 이르되 먼저 여부스 사람을 치는 자는 우두머리와 지휘관으로 삼으리라 하였더니 스루야의 아들 요압이 먼저 올라갔으므로 우두머리가 되었고 다윗이 그 산성에 살았으므로 무리가 다윗 성이라 불렀으며 다윗이 밀로에서부터 두루 성을 쌓았고 그 성의 나머지는 요압이 중수하였더라" 아멘.

요압은 다윗의 조카입니다. 그런데 요압은 자신의 정적은 모두 숙청했습니다. 다윗의 뜻에 반하더라도 자신의 군지휘관 직을 위협하는 사람은 누구라도 살려 두지 않았습니다. 요압은 다윗과 정치적인 계약을 맺고 떠나는 아브넬을 왕 몰래 불러 죽였습니다. 그것도 반기려는 체하면서 죽였습니다. 요압은 다윗의 아들 압살롬을 죽였습니다.

물론 압살롬이 반역을 일으키기는 했지만 왕의 아들이고, 다윗왕이 "나를 위하여 젊은 압살롬을 너그러이 대우하라"(삼하 18:5) 했는데도 죽였습니다. 그것도 머리채가 나무에 걸려있었기 때문에 사로잡기 좋았는데도 죽였습니다. 압살롬의 군지휘관 아마사도 죽였습니다. 아마사와 요압은 이종사촌입니다. 그러나 아마사가 자기 대신 군지휘관이 될까 봐 죽였습니다. 그러나 다윗은 요압을 죽이지 않았습니다. 군지휘관 자리에서 내려오게 하지도 않았습니다. 다만 솔로몬에게 유언만 합니다(왕상 2:5-6). 다윗은 "먼저 여부스 사람을 치는 자는 우두머리와 지휘관을 삼으리라" 한 약속대로 요압을 군지휘관 삼았고 이후 경질의 기회가 두 번 있었으나 요압이 내정된 후임자를 살해하는 바람에 그 직을 박탈하지 않았습니다. 이것이 하나님 경외입니다. 내 맘에 들지 않아도 원칙을 깨지 않는 것, 내 맘에 들지 않아도 강포를 행하지 않는 것, 이것이 하나님 경외입니다. 그러므로 다윗이 하나님을 경외한 증거가 요압이라는 그의 군지휘관에 대한 태도에서 발견됩니다.

반면, 사울은 자기 맘에 들지 않는 사람은 누구라도 죽이려 했습니다. 우선 다윗을 죽이려 했습니다. 다윗은 사울의 군대를 이끌고 전쟁을 수행하는 장군이었습니다. 국방부 장관까지는 아니더라도 사단장 정도는 되었음에도, 여인들이 '사울은 천천, 다윗은 만만' 이라고 노래하자 죽이려 했습니다. 전쟁에서 진 것도 아닙니다. 다윗이 자기 자리를 노린 것도 아닙니다. 늘 충성하는 다윗이지만 자기보다 인기가 높은 것을 견디지 못했습니다.

사울은 놉의 제사장들을 죽였습니다. 사울은 에돔 사람 도액을 시켜 "세마포 에봇 입은 자 팔십오 명을 죽였고 제사장들의 성읍 놉의 남녀와 아이들과 젖 먹는 자들과 소와 나귀와 양을 칼로 쳤"습니다(삼상 22:18-19). 아멜렉 진멸 명령은 불순종하고 제사장 동네는 진멸시켰습니다. 이유는 하나입니다. 다윗을 도와주었다는 이유 하나입니다. 이뿐만이 아닙니다. 다윗을 돕는다고 자기 아들 요나단도 죽이려 합니다. 얼마나 이기적인지요. 이처럼 하나님을 경외하지 않는 자는 자기 마음에 들지 않는 사람을 내치는 경향이 있고, 하나님을 경외하는 자는 자기 마음에 들지 않아도 합당한 이유가 없으면 내치지 않는 경향이 있습니다.

둘째로 다윗이 여호와를 경외한 증거는 11장 4절에 있습니다. "다윗이 온 이스라엘과 더불어 예루살렘 곧 여부스에 이르니 여부스 땅의 주민들이 거기에 거주하였더라" 아멘. 예루살렘에 대한 관심이 증거입니다. 아브라함이 아들 이삭을 대신하여 숫양을 바쳤던 모리아 산입니다. 아브라함이 십일조를 바쳤던 멜기세덱이 다스리던 곳입니다. 다윗은 왕이 되자 하나님 예배 처소, 중앙 예배 처소에 대한 깊은 관심을 가졌습니다. 아합처럼 어디 좋은 포도원 있나 보고 그 포도원 주인을 죽이는 그런 짓을 하지 않았습니다. 사울은 왕이 되어서도 자기 집을 벗어나지 못했습니다. 관원(官員)도 자기 지파 내에서 주로 등용했습니다. 그러나 다윗은 왕이 되자, 예배 처소에 관심을 기울였고 법궤를 모실 곳을 준비했습니다.

여호와를 경외하는 자는 예배 처소에 관심이 많습니다. 예배에 관심이 많습니다. 예배를 드립니다. 어디 구경하는 것보다 교회 와서 예배드리기를 즐깁니다. 예배를 자주 드리면 범사가 형통합니다. 제가 종종 하는 얘기가 있습니다. '뛰는 놈 위에 나는 놈 있다고 하는데, 나는 놈 위에 타고난 사람이 있고요, 타고난 사람 위에 열심 있는 사람이 있고요, 열심 있는 사람 위에 즐기는 사람이 있고요, 즐기는 사람 위에 은혜받은 사람이 있어요. 아무리 백이 좋고 열심히 해도요, 은혜받은 사람은 이길 수가 없습니다. 그럼, 은혜는 언제 받는가? 예배드릴 때 받습니다. 이 진리를 모르니까, 사람들이 고3이라고 교회 안 보내고 학교 보내고 학원 보내는 거예요.'

다윗이 하나님을 경외하는 세 번째 증거는 11장 3절에 있습니다. "이에 이스라엘의 모든 장로가 헤브론에 있는 왕에게로 나아가니 헤브론에서 다윗이 그들과 여호와 앞에 언약을 맺으매 그들이 다윗에게 기름을 부어 이스라엘의 왕으로 삼으니 여호와께서 사무엘을 통하여 전하신 말씀대로 되었더라" 아멘. '말씀대로' 입니다. 여호와를 경외하면 말씀대로 됩니다. 약속이 성취됩니다. 하나님을 경외하지 않으면 약속이 성취되지 않습니다. 가룟 유다에 대한 기도가 무엇입니까? "유다는 이 직무를 버리고 제 곳으로 갔나이다"(행 1:25) 입니다.

아말렉 진멸을 불순종한 사울에게 사무엘이 한 말이 무엇입니까? "거역하는 것은 점치는 죄와 같고 완고한 것은 사신 우상에게 절하는 죄와 같음이라 왕이 여호와의 말씀을 버렸으므로 여호와께서도 왕을 버려 왕이 되지 못하게 하셨나이다"(삼상 15:23) 입니다. 결국 블레셋으로부터의 구원을 위해 세움을 받은 사울은 블레셋과의 전쟁에서 죽고 맙니다. 그것도 자살로 그의 인생이 끝납니다. 왕으로 세우신 하나님의 뜻이 이뤄지지 않습니다.

말씀대로 되시면 되시는 이유가 있습니다. 하나님을 경외하기 때문입니다. 말씀대로 안 되시는 이유도 여호와 경외에서 찾으시면 되겠습니다. 하나님을 두려워하지 않기에 말씀을 중시하지 않고 우선시하지 않고 그러니 말씀대로 되지 않습니다. 나보다 더 하나님을, 내가 하고 싶은 것보다 더 하나님을, 내 성향보다 더 하나님을, 내 이웃보다 더 하나님을, 모든 것보다 더 하나님을 앞세우세요. 그러면 말씀대로 됩니다.

네 번째 근거는 11장 2절에 있습니다. "전에 곧 사울이 왕이 되었을 때에도 이스라엘을 거느리고 출입하게 한 자가 왕이시었고 왕의 하나님 여호와께서도 왕에게 말씀하시기를 네가 내 백성 이스라엘의 목자가 되며 내 백성 이스라엘의 주권자가 되리라 하셨나이다 하니라" 아멘. 목자와 주권자의 삶입니다. 일단 '주권자'는 '말하는 자' 입니다. 목자는 말 그대로 '먹이고 돌보는 자' 입니다. 다윗은 이스라엘 백성을 먹이고 돌보고 지키고, 백성에게 가고 알리고 말했습니다. 이를 통해 한 것이 '출입하게 하는 것' 이었습니다. 백성으로 나가고 들어오게 하였습니다. 인도(引導)했습니다. 목자가 양을 우리 바깥으로 데리고 나가 먹이고 마시게 하면서 맹수가 오면 물리치듯, 다윗은 이스라엘을 데리고 나가 싸울 때 목자와 같이 그들과 함께하였습니다. 또한 목자가 양을 우리 안으로 데리고 들어와 쉬게 하고 평안케 하듯, 다윗은 이스라엘이 성읍과 집으로 돌아와 자기 생활을 영위할 수 있도록 하였습니다. 싸움을 일삼지 않았고 일상을 살도록 했으며, 전쟁 가운데 있더라도 군인들을 양을 대하듯 하였습니다. 소모품 대하듯 하지 않았습니다.

여호와 경외는 백성을 대하는 태도에서 나타납니다. 여호와 경외는 자녀를 대하는 태도에서 나타납니다. 여호와 경외는 성도를 대하는 태도에서 드러납니다. 사울이 신하들에게 한 말입니다. "너희 베냐민 사람들아 들으라 이새의 아들이 너희에게 각기 밭과 포도원을 주며 너희를 천부장, 백부장을 삼겠느냐 너희가 다 공모하여 나를 대적하며 내 아들이 이새의 아들과 맹약하였으되 내게 고발하는 자가 하나도 없고 나를 위하여 슬퍼하거나 내 아들이 내 신하를 선동하여 오늘이라도 매복하였다가 나를 치려 하는 것을 내게 알리는 자가 하나도 없도다"(삼상 22:7-8) 아멘. 사울은 고발하는 자를 찾고 있습니다. 자기를 위해 울어줄 백성을 찾습니다. 백성의 목자가 아닙니다. 백성을 다그치고 의심하는 자입니다.

정리하면, 다윗이 여호와를 경외하는 증거가 역대상 11장 1-9절에 드러납니다. 차례로 보면, 첫째는 백성에 대한 목자의 태도이고, 둘째는 말씀 성취이며, 셋째는 예배에 대한 관심이고, 넷째는 불편한 사람 요압에 대한 용납입니다.

'다윗의 강성해진 이유' 에 이어, 11장 10-47절에는 용사들의 이름이 나열됩니다. 사무엘하 23장과 비교하면 이름이 더 추가됩니다. 41절의 "헷 사람 우리아"가 사무엘하 23장에 소개된 마지막 이름이니, "알래의 아들 사밧"부터 추가된 이름입니다. 12장에는 지파별로 다윗을 도운 용사들이 소개됩니다. 1-7절에는 다윗이 시글락에 숨어 있을 때 도우러 온 베냐민 지파 용사들이, 8-18절에는 다윗이 요새에 있을 때 도우러 온 갓, 베냐민, 유다 자손 용사들이, 19-22절에는 다윗이 블레셋 사람들과 함께 사울을 치려 할 때 그에게 돌아온 므낫세 지파 용사들이 소개됩니다. 23-37절에는 다윗을 이스라엘 전체 왕으로 세울 때 왔던 용사들이 소개됩니다. 유다, 시므온, 레위, 아론, 베냐민, 에브라임, 므낫세 반, 잇사갈, 스불론, 납달리, 단, 아셀, 요단 동편 두 지파 반(르우벤, 갓, 므낫세 반) 이상 이스라엘 열두 지파에서 용사들이 모두 나아와 다윗을 왕으로 세웠습니다. 12장 38-39절입니다. "이 모든 군사가 전열을 갖추고 다 성심으로 헤브론에 이르러 다윗을 온 이스라엘 왕으로 삼고자 하고 또 이스라엘의 남은 자도 다 한 마음으로 다윗을 왕으로 삼고자 하여 무리가 거기서 다윗과 함께 사흘을 지내며 먹고 마셨으니 이는 그들의 형제가 이미 식물을 준비하였음이며" 아멘.

이어지는 13-16장은 언약궤를 다윗성에 들이는 내용이 중심입니다. 13장에는 '실패' 가, 15-16장에는 '성공' 이 소개됩니다. 실패와 성공 이야기 사이에 '다윗 궁전 건축' 과 '다윗의 처자식' 얘기가 14장에 나옵니다.

다윗은 자신을 돕고자 하기만 하면 베냐민 출신이라 하더라도 받았고 지휘관을 삼았습니다. 별다른 증거나 증인 없이 본인 입으로 '도우러 왔다.' 이렇게 말만 하면 충분했습니다. 다윗은 사람들을 믿었고, 이전 관계를 따지지 않고 받았습니다. 그러다 보니 많은 사람이 몰려왔고 다윗과 함께 있는 것을 즐거워했습니다. 12장을 보면, 339,600명이 1,222명의 우두머리 및 대장들과 함께 다윗을 한마음으로 왕으로 삼으려 했고 사흘을 지내며 잔치했습니다. 34만 명이 넘는 장정들이 모여 사흘간 잔치했습니다. 대단합니다.

이러한 순간에도 다윗은 하나님과 예배에 관심을 가졌습니다. 자신을 왕으로 기름 부으신 분이 하나님이시고, 하나님을 섬기는 일은 중요하기 때문입니다. 확실히 다윗은 하나님을 경외하는 사람입니다. 수많은 사람이 자신에게 몰려왔다 하여 거기에 취하지 않고, 하나님의 궤 옮길 것을 제안합니다. 그런데 아쉽게도 이 일은 실패로 끝납니다. 물론 15장을 보면, 석 달 뒤에 성공합니다. 그러나 온 백성의 염원에도 불구하고 웃사는 죽었고 법궤는 다윗성으로 들어오지 못합니다.

왜 그랬을까요? 저는 '주객전도' 라는 말로 이유를 표현해보고 싶습니다. '주객전도' 란 "주인과 손의 위치가 서로 뒤바뀐다는 뜻으로, 사물의 경중 · 선후 · 완급 따위가 서로 뒤바뀜을 이르는 말" 입니다. 다윗은 13장 3절에서 "우리가 우리 하나님의 궤를 우리에게로 옮겨오자 사울 때에는 우리가 궤 앞에서 묻지 아니하였느니라" 말하지만, 궤를 옮기는 일에 대해 하나님께 여쭙지 않았습니다. 어쩌면 궤를 옮기는 것이 그에게는 당연한 일이었습니다. 당연했기에 굳이 물을 필요가 없었습니다. 13장 1-2절입니다. "다윗이 천부장과 백부장 곧 모든 지휘관과 더불어 의논하고 다윗이 이스라엘의 온 회중에게 이르되 만일 너희가 좋게 여기고 또 우리의 하나님 여호와께로 말미암았으면 우리가 이스라엘 온 땅에 남아 있는 우리 형제와 또 초원이 딸린 성읍에 사는 제사장과 레위 사람에게 전령을 보내 그들을 우리에게로 모이게 하고" 아멘.

다윗은 34만을 이끌고 자신에게 온 천부장 340명 및 백부장 3,400명과 '하나님을 궤를 다윗성으로 옮기는 문제' 를 의논했습니다. 그러나 하나님과는 의논하지 않았습니다. 그리고 하나님보다 백성들을 앞세웁니다. 2절에서 '만일 너희가 좋게 여기고' 가 먼저 나옵니다. 백성의 의견이 중요하다는 말입니다. 이어 '우리의 하나님 여호와께로 말미암았으면' 하고 말하는데, 이 표현이 좀 어렵습니다. 직역하면 '우리가 우리 하나님 여호와로부터 터져 나왔다면' 입니다. 무슨 말입니까? '우리의 이 큰 모임이 하나님의 도우심으로 만들어진 것이라면' 하는 뜻입니다.

갑자기 만들어진 이 모임을 다윗은 '터지다'는 단어를 사용하여 표현합니다. 13장 11절에 나오는 '베레스'입니다. 이 단어는 유다 아들의 이름입니다(창 38:28-30). 세라는 손만 먼저 나왔고, 전체가 먼저 나온 것은 베레스였습니다. 세라의 자손에 아간이 있고, 베레스의 자손에 헤스론, 갈렙, 이새가 있습니다. 다윗은 베레스의 자손입니다. 그런 그가 놀랍도록 큰 무리를 하나님께서 터뜨리신 것으로 표현한 것은 의도가 있어 보입니다. 자신이 베레스의 자손이므로 하나님께서 이렇게나 큰 복을 주셨다는 생각이 있습니다.

누가 봐도 이 모임은 하나님의 도우심으로 가능했습니다. 그리고 하나님의 궤를 좋은 곳으로 모시는 것은 아무리 생각해도 좋은 일이었습니다. 그래서 모든 백성이 찬성했습니다. 그런데 법궤 이동이 사람들의 결정으로 가능한가요? 13장 3절에서 다윗은 "우리가 우리 하나님의 궤를 우리에게로 옮겨오자" 이렇게 말합니다. '옮겨오자'라는 단어는 '여행하게 하자, 돌게 하자'는 뜻을 갖습니다. 다윗은 '우리가 법궤를 움직이게 하자.' 이렇게 말한 것입니다.

그리고 모든 것을 더 확실하게 하려고 온 이스라엘을 불러 모았습니다. 모든 백성이 원하면 하나님의 법궤는 옮길 수 있다고 생각한 것입니다. 그런데 다윗이 취한 방법을 보면, 그가 충분히 신중하지 못했다는 것을 발견합니다. 법궤는 고핫 자손이 어깨에 메어 옮겨야 했습니다. 민수기 4장 15절입니다. "진영을 떠날 때에 아론과 그의 아들들이 성소와 성소의 모든 기구 덮는 일을 마치거든 고핫 자손들이 와서 맬 것이니라 그러나 성물을 만지지 말라 그들이 죽으리라 회막 물건 중에서 이것들은 고핫 자손이 맬 것이며" 아멘. 고핫 자손이 매어 옮길 회막 안 지성물 가운데 첫 번째 언급된 것이 '법궤, 증거궤, 언약궤, 하나님의 궤'라 불리는 궤입니다. 13장 6절에 이 궤가 왜 '하나님의 궤'라 불리는지 설명됩니다. "여호와께서 두 그룹 사이에 계시므로 그러한 이름으로 일컬음을 받았더라" 아멘.

하나님께서 궤 위 두 그룹 사이에 계십니다. 그래서 이 궤를 '하나님의 궤'라 부릅니다. 다윗은 이스라엘 백성의 왕으로 기름 부음 받고 하나님의 영에 감동된 사람입니다. 여러 어려움 가운데 훈련되었고 이제는 온 이스라엘 백성의 왕이 되었습니다. 그러므로 하나님께서 계신 궤를 옮김에 있어 법대로 해야 했습니다. 그러나 다윗은 하나님보다 백성의 의견을 존중한 것에서 더 나아가, 말씀보다 이전의 성공사례를 따랐습니다. 블레셋 사람들이 에그론에서 벧세메스로 궤를 옮길 때의 방법을 따랐습니다(삼상 6:10-16). 새 수레에 궤를 싣고 소를 사용하여 이동시킨 것입니다. 그런데 젖 나는 암소를 사용한 블레셋 사람들과 달리 수소를 사용한 듯합니다. 13장 9절의 '주저앉은 소'가 '수소'이기 때문입니다. 뭔가 어설픕니다. 블레셋 사람들보다도 궤를 옮기는 방법에 주의를 기울이지 않아 보입니다.

사람들의 의견과 사람들의 수에는 깊은 관심을 기울였으면서도, 정작 궤 자체에는, 하나님의 의중에는 별 관심이 없었습니다. 13장 7절입니다. "하나님의 궤를 새 수레에 싣고 아비나답의 집에서 나오는데 웃사와 아히오는 수레를 몰며" 아멘. 하나님의 궤를 새 수레에 실었습니다. '싣고'는 '태웠다'는 말입니다. 궤를 무슨 짐 옮기듯 한 것입니다. 웃사와 아히오는 수레를 몹니다. 자동차 몰 듯, 웃사와 아히오는 수레를 몰고 있습니다. 수레를 몬다는 말은 법궤도 몬다는 내용이 내포되어 있습니다. 웃사는 '여호와로 강하게 되었다'는 의미를 갖습니다. '아히오'는 '여호와의 형제'라는 뜻입니다. 뭔가 하나님과 맞먹는다는 느낌이 있습니다.

기럇여아림에서 예루살렘까지는 직선거리가 14킬로미터입니다. 고도 차이는 별로 나지 않지만 내려가고 올라가는 것을 반복해야 하는 길입니다. 실제 이동 거리는 30킬로미터는 되었을 것이니 법궤를 어깨에 메어 옮기는 것은 무척 힘들었을 것입니다. 그럼에도, 그것이 법이니 그리했어야 했는데, 그리되지 못했습니다. 누구의 의견이 반영되었는지는 모르지만, 말씀대로 되지 못하고 블레셋 사람들이 사용했던 방법과 유사한 방법이 차용되었습니다.

웃사와 아히오는 마치 개선장군처럼 수레를 몰고 갑니다. 하나님의 법궤는 마치 전리품처럼 수레에 끌려갑니다. 이때 다윗은 뭘 했을까요? 13장 8절입니다. "다윗과 이스라엘 온 무리는 하나님 앞에서 힘을 다하여 뛰놀며 노래하며 수금과 비파와 소고와 제금과 나팔로 연주하니라" 아멘. 별문제 없어 보입니다. 그러나 '뛰놀며'라는 단어가 걸립니다. 이 단어는 '웃다'라는 기본뜻을 가지는데, 조롱 섞인 웃음을 기본적으로 의미하기 때문입니다. 다윗과 이스라엘 온 무리가 하나님을 조롱하지는 않았겠지만, 본문에서 그들의 행동을 '조롱'으로 표현하고 있습니다. 조롱은 아니더라도 '히히거리는' 정도는 되었던 것 같습니다. 뭔가 이루었다는 태도입니다. 하나님과 충분히 상의하지 않았고 하나님의 말씀을 따르지 않았음에도 불구하고, 궤를 실은 수레가 움직이는 것만으로 그들에게는 기쁨이 있습니다. '이제는 됐다.' 하는 것 같습니다.

그런데 문제가 생겼습니다. 기돈이라는 사람의 타작마당에 도착했을 때입니다. 수소가 주저앉은 것입니다. 소들이 뛰었다고 번역되었는데, 이 단어의 기본뜻은 '넘어지다, 주저앉다' 입니다. '뛰었다' 는 것은 '발광(發狂)' 을 표현하는데, '주저앉았다' 는 '무기력(無氣力)' 을 표현합니다. 소들이 힘을 잃고 맥없이 주저앉은 것입니다. 법궤의 무게 때문이 아니라 하나님의 위엄으로 인해 더 이상 갈 수 없었던가 봅니다. 소들이 주저앉자 웃사는 손을 뻗어 궤를 붙들었습니다. 궤가 수레에서 아래로 떨어지지 않게 하려는 시도입니다. 그런데 하나님께서 이 행동에 진노하셨습니다. 그래서 웃사를 치셨고 웃사는 그 자리에서 즉사했습니다.

저는 웃사의 행동에서 주객전도를 발견합니다. 본래 다윗에게서 주객전도가 계속 발견되었었습니다. 하나님보다 백성을 더 중시하는 그의 태도, 말씀보다 이전의 성공 사례를 더 중시하는 그의 태도에서 주객전도를 읽을 수 있습니다. 그런데 궤를 붙잡으려 했던 웃사의 태도에서도 주객전도를 읽습니다. 자신이 궤를 책임진다는 생각으로 인해 궤를 붙들었기 때문입니다. 궤는 하나님이 계시는 곳입니다. 궤를 붙든다는 말은 하나님을 붙든다는 말인데, 하나님을 자신이 돌본다고 생각하지 않았다면, 적어도 궤를 자신이 책임지고 있다고 생각하지 않았다면 취하지 않을 행동을 웃사가 한 것입니다. 자신이 붙들지 않으면 궤에 무슨 일이 생길 거라 여겼을까요?

하나님께서는 궤가 블레셋의 전리품이 되는 것도 허락하셨습니다. 그러나 블레셋 동네에 가는 곳마다에서, 아스돗, 가드, 에그론에서 하나님께서 하나님 되심을 드러내셨습니다. 결국 블레셋은 여호와의 법궤가 전리품이 될 수 없다는 것을 깨닫고 벧세메스로 돌려보낸 것입니다. 하나님의 영광은 하나님께서 지키십니다. 하나님은 사람들의 돌봄을 받아야 하는 우상이 아니십니다. 그런데 순간 착각한 것입니다. 아니 어쩌면 오랜 기간 궤를 보면서 너무 익숙해졌기에 자신들이 궤를 돌본다고 생각했는지도 모릅니다.

웃사가 죽자 다윗은 많이 당황했습니다. 이 일로 그의 낯이 뜨거워졌습니다. 11절입니다. "여호와께서 웃사의 몸을 찢으셨으므로 다윗이 노하여 그 곳을 베레스 웃사라 부르니 그 이름이 오늘까지 이르니라" 아멘. 다윗이 노했다고 번역되어 있지만, '이 일이 다윗에게는 낯 뜨거운 일이었습니다.' 이렇게 표현되는 것이 좋겠습니다. 10절의 '여호와께서 진노하사' 와 같은 동사를 사용되었습니다. 그러나 10절에서는 여호와가 주어이고 11절에서는 다윗은 주어가 아닙니다. '다윗에게' 라고 되어있습니다. 만일 다윗이 화를 냈다면 12절에 나오는 "그 날에 다윗이 하나님을 두려워하여"와 양립하기 어려워 보입니다.

다윗이 이때의 모임을 표현할 때 '터지다' 를 뜻하는 '베레스' 와 같은 단어를 2절에서 사용했다고 말씀드렸습니다. '이 큰 모임을 하나님께서 터뜨리셨다.' 하는 의미로 다윗이 '파라쯔' 를 사용합니다. 그런데 하나님께서 웃사를 '파라쯔' 하신 것입니다. 하나님이 웃사의 몸을 찢으셨다고 표현했는데, 간단히 번역하면 '하나님께서 웃사를 터뜨리셨다.' 입니다. 웃사가 터진 것입니다. 웃사의 상태가 일반적인 상태가 아니었습니다. 풍선이 터지듯, 터져서 죽은 모양이었습니다. 오죽하면 다윗이 그곳 이름을 '웃사가 터진 곳' 이라는 의미로 '베레스 웃사' 라 불렀겠습니까?

다윗은 자신이 베레스의 자손인 것을 자랑스럽게 생각한 것이 분명합니다. 그래서 많은 사람이 모인 것을 하나님께서 터뜨려주신 것이라고 표현했습니다. 그런데 하나님의 터뜨리심이 그에게 큰 타격이 되는 것을 경험합니다. 다윗은 궤를 다윗성으로 옮기는 엄청나게 중요하고 큰 프로젝트를 성공시키지 못합니다. 모든 지휘관과 의논하고 온 이스라엘을 불러 모아 진행한 일인데 하나님의 반대에 부딪혔습니다. 이제 그의 권위는 땅에 떨어졌습니다.

낙심된 다윗의 마음을 12절에서 읽을 수 있습니다. "그 날에 다윗이 하나님을 두려워하여 이르되 내가 어떻게 하나님의 궤를 내 곳으로 오게 하리요 하고" 아멘. 이때의 마음을 다윗은 시편 30편에 이렇게 표현했습니다. "내가 형통할 때에 말하기를 영원히 흔들리지 아니하리라 하였도다 여호와여 주의 은혜로 나를 산 같이 굳게 세우셨더니 주의 얼굴을 가리시매 내가 근심하였나이다" 아멘. 시편 30편은 '성전 낙성가' 입니다. 다윗이 성전을 지은 적이 없으니 장막을 지어놓고 궤를 올린 사건과 연관되어 보입니다. 다윗은 법궤 들이기가 실패하기 전까지는 형통했습니다. 그래서 '영원히 흔들리지 아니할 것이라' 는 확신이 있었습니다. 산처럼 견고하게 세워졌다는 확신이 들었습니다. 그러나 주님께서 얼굴을 가리시니 즉시로 공황(恐惶) 상태가 되었다고 말합니다. 어리둥절하고 황망한 상태가 되었습니다.

터지는 게 늘 안 좋은 것은 아닙니다. 양수가 터지면 새 생명이 태어납니다. 그러나 지뢰가 터지면 생명이 위험합니다. 꽃망울이 터지면 주변이 향기로 가득하지만, 사고가 터지면 사이렌 소리 가득합니다. 웃음보가 터지면 행복지수 상승하지만, 분통이 터지면 불행 지수 올라갑니다. 다윗은 터지면 다 좋을 줄 알았습니다. 특종 나는 줄 알았습니다. 주객이 바뀌면 특종이 비보로 끝날 수 있다는 것을 몰랐습니다.

하지만 다윗에게는 회복 가능성이 있습니다. 그가 하나님을 두려워하기 때문입니다. 그는 블레셋 사람들처럼 다른 꼼수를 부리지 않았습니다. 사울처럼 어찌 되었든 자기가 정한 목적을 무리해서라도 이루려 하지 않았습니다. 멈췄습니다. 모든 걸 그 자리에서 멈췄습니다. 다윗의 결정이 13절에 있습니다. "다윗이 궤를 옮겨 자기가 있는 다윗성으로 메어들이지 못하고 그 대신 가드 사람 오벧에돔의 집으로 메어가니라" 아멘. 못했다기보다 하지 않았습니다. 다윗은 뜻을 접었습니다. 포기했습니다. 하나님의 반대를 꺾으려 하지 않았습니다. 비록 주객전도의 방식으로 일을 진행하기는 했지만, 하나님의 분명하신 뜻을 알게 된 이상, 고집부리지 않았습니다. 이것이 다윗의 하나님 경외입니다. 이것이 다윗이 하나님 마음에 든 이유입니다. 하나님께서 아니라고 하시면 자신도 아니라고 결정하는 태도를 다윗은 가졌습니다.

매우 당황스러운 사건이 발생하지만, 해피엔드입니다. 14절입니다. "하나님의 궤가 오벧에돔의 집에서 그의 가족과 함께 석 달을 있으니라 여호와께서 오벧에돔의 집과 그의 모든 소유에 복을 내리셨더라" 아멘. 이 오벧에돔을 학자들은 역대상 26장 4절에 나오는 오벧에돔과 동일 인물로 생각합니다. 26장 4-9절은 고라 자손으로 문지기 역할을 한 세 사람의 집안을 소개합니다. 그 가운데 두 번째로 소개되는 인물이 오벧에돔입니다. 오벧에돔의 아들 여덟을 소개한 다음에 "이는 하나님이 오벧에돔에게 복을 주셨음이라" 이렇게 덧붙입니다. 오벧에돔도 사무엘의 아버지 엘가나처럼 고라 자손이었습니다. 본래 가드에서 살았었나 봅니다. 그래서 13장 13절에는 '가드 사람' 이라고 소개됩니다. 이스라엘 사람들이 있는 곳에서 자리 잡고 살기 어려웠던 사람입니다.

가드는 유다 지파의 기업으로 분배되었지만, 블레셋이 강성할 때 가드는 블레셋 사람들의 땅이었습니다. 다윗이 마지막으로 도피한 곳이 가드 왕 마옥의 아들 아기스의 땅이었고 시글락은 아기스의 성읍 가운데 하나였던 것을 생각하면, 오벧에돔도 도망자 다윗처럼 아기스가 다스리던 가드에서 살다가 다윗 왕권이 확립되면서 기럇여아림과 예루살렘 사이 어느 지점에 정착해서 살게 된 것으로 보입니다. 오벧에돔은 역대상 15장 24절에도, 16장 38절에도 나옵니다. 그의 이름의 뜻은 '에돔의 종' 입니다. 이름도 별로이고, 출신지도 별로인 사람입니다. 혈통도 고라 자손이니 별로입니다. 그런데 궤가 오벧에돔의 집에 머물게 되었고 하나님께서는 오벧에돔의 집에 복을 주셨습니다. 어쩌면 이 집에 궤를 두게 하시려고 오벧에돔 집 근처에서 소를 주저앉게 하셨을 수 있습니다.

하나님은 겸손한 자에게 복을 주십니다. 웃사처럼 자신이 하나님을 지켜드리겠다는 태도를 가진 사람을 가증하게 보십니다. 하나님께서 인생을 돌보시는 것이지, 인생이 하나님을 돌봐드리는 게 아니기 때문입니다. 또한, 다윗이라 하더라도 주객이 전도된 태도와 방식으로 진행되는 일에 대해서는 책임지지 않으십니다. 오히려 이뤄지지 않게 하십니다. 다윗에게는 이것이 축복입니다. 이 일로 인해 더욱 여쭈어 행하게 됩니다. 자신이 하나님의 자리를 정하는 것이 아니고, 하나님께서 자신의 자리를 정하시는 분이라는 것을 확실히 깨닫습니다. 그래서 압살롬이 반역하자 도망하고, 시므이가 저주하자 "그가 저주하는 것은 여호와께서 그에게 다윗을 저주하라 하심이니 네가 어찌 그리하였느냐 할 자가 누구겠느냐" 말합니다(삼하 16:10).

이어지는 14장 8-12절도 보면, 블레셋이 쳐들어왔을 때 치러 올라갈지, 하나님께서 승리를 주실지에 대해 구체적으로 여쭙고 행합니다. 결국 '물을 쪼갬같이 하나님께서 대적을 흩으셨다.' 이렇게 고백합니다(14:11). 여기서 '물을 쪼갬같이' 의 '쪼갬' 도 '베레스' 이고, '흩으심' 도 '파라쯔' 즉, '베레스' 이며, 바알브라심의 브라심도 '베레스' 입니다. 웃사를 터뜨리셔서 주저앉았던 다윗의 마음이 다시 회복됩니다.

레위 지파 고핫(그핫) 자손이 궤를 어깨에 메어 옮기는 것이 그렇게나 중요했습니다. 왜 그럴까요? 15장 2절에 있습니다. "다윗이 이르되 레위 사람 외에는 하나님의 궤를 멜 수 없나니 이는 여호와께서 그들을 택하사 여호와의 궤를 메고 영원히 그를 섬기게 하셨음이라 하고" 아멘. 레위 지파는 영원토록 하나님을 섬기도록 선택되었습니다. 그들에게는 기업이 분배되지 않았습니다. 농사를 짓도록 땅이 부여되지 않았습니다. 그들은 말씀과 기도에, 예배 즉 제사 섬김에 집중해야 했습니다.

그들은 흩어져 살아야 했습니다. 이스라엘 백성이 거룩을 유지할 수 있도록 돕는 빛과 소금이어야 했습니다. 그들은 노래하는 일 즉, 찬송하는 일에 전념했습니다. 성전 문지기로서 성물을 지키고 성전을 지키는 일을 했습니다. 제사 때 제물을 다루었습니다. 피를 쏟고 가죽을 벗기고 고기를 자르고 태우는 일을 하였습니다. 매일 반복되는 제사를 통해 하나님의 구속이 이스라엘에게 꾸준히 전달되도록 하는 직무를 받았습니다.

이 직무는 귀한 일이었고 그들만이 할 수 있었습니다. 이스라엘 공동체 안에 그 일만 있었던 것은 아닙니다. 공동체 안에는 다양한 업무가 있었습니다. 생산과 유통, 유지 및 보수, 행정과 외교 등 다양한 일이 있었습니다. 그러나 하나님의 성물과 관련된 일을 레위 자손이 맡았습니다. '레위'는 '연합'을 의미합니다. 그들은 풀과 같았습니다. 접착제 본드(bond)와 같았습니다. 공동체가 하나 되도록 자신을 녹이는 이들이었습니다. 풀로 붙이고 나면 풀은 보이지 않듯, 그들은 늘 보이지 않아야 하는 이들이었습니다. 그래서 이들은 성막 바깥 포장 안에서 일했고, 성전 안에서 지냈습니다. 백성들의 십일조로 먹고살았습니다. 백성이 십일조를 드리지 않으면 성전을 떠나 방랑하기도 했습니다. 성전 직무를 떠나면 가난한 소작민이 되었습니다. 자기 땅이 없이 남의 땅을 기경(起耕)하여 먹고사는 자들이 되었습니다. 그러다 보니 하나님 주신 일보다 먹고사는 일에 더 마음을 기울이기도 했습니다.

예배에서 중요한 이들이 레위 자손이었습니다. 그러나 역대상 13장을 보면 하나님의 궤를 옮기는 데 레위 자손은 중요하지 않았습니다. 그들이 궤를 어깨에 메지 않았을 뿐 아니라 그들을 모았다는 말이 없습니다. 그런데 15장에서는 레위 자손을 얼마나 모았는지를 숫자까지 알립니다. 총 862명입니다. 12장에 나오는 군인들의 숫자와 비교하면 400분의 1밖에 되지 않는 수입니다. 사무엘하 6장에서 궤를 옮기기 위해 뽑은 사람 삼만과 비교하면 35분의 1밖에 되지 않습니다. 그러나 궤를 옮길 때는 그들이 중요했습니다. 왜냐하면 그것이 그들의 직무였기 때문입니다.

레위 사람들과 함께 강조되는 것이 있습니다. '거룩'입니다. '성결'로 표현되었습니다. 15장 12절입니다. "그들에게 이르되 너희는 레위 사람의 지도자이니 너희와 너희 형제는 몸을 성결하게 하고 내가 마련한 곳으로 이스라엘의 하나님 여호와의 궤를 메어 올리라" 아멘. '몸을 성결하게 하라'는 명령입니다. 레위 사람은 맡은 직무의 특성상 하나님 가까이 있게 되어있습니다. 그러므로 거룩해야 합니다. 세상일이나 가족 관련 일에 너무 매이면 안 됩니다. 구별이 필요합니다.

레위 자손이 몸을 성결하게 준비하지만, 이스라엘 자손도 그와 못지않은 거룩이 필요합니다. 결국 교역자나 평신도나 다 함께 추가해야 할 것이 있습니다. 15장 13절입니다. "전에는 너희가 메지 아니하였으므로 우리 하나님 여호와께서 우리를 찢으셨으니 이는 우리가 규례대로 그에게 구하지 아니하였음이라 하니" 아멘. 찢으셨다는 '파라쯔'입니다. '베레스'와 관련된 단어입니다. 왜 실패했는가? 규례대로 하나님을 구하지 않았기 때문입니다. '하나님께서 정해주신 법도를 따라 모든 것이 이뤄지도록 최선을 다하는 것' 이것이 중요합니다. 결국은 이것을 위해 레위 자손도 있고 성결하게 하는 일도 있습니다. 교회는 끊임없이 모든 것이 말씀대로 되도록 조정합니다. 언제까지요? 모든 것이 말씀대로 이뤄질 때까지요. 부족할 수 있습니다. 그러나 부족함을 채우기 위한 노력을 게을리하는 것은 악한 것입니다.

결국, 법대로, 말씀대로 궤를 옮깁니다. 15장 14-15절입니다. "이에 제사장들과 레위 사람들이 이스라엘 하나님 여호와의 궤를 메고 올라가려 하여 몸을 성결하게 하고 모세가 여호와의 말씀을 따라 명령한 대로 레위 자손이 채에 하나님의 궤를 꿰어 어깨에 메니라" 아멘. 레위 자손이 무엇을 어깨에 멨습니까? 채입니다. 출애굽기 25장 13절 이하를 보면, "조각목으로 채를 만들어 금으로 싸고 그 채를 궤 양쪽 고리에 꿰어서 궤를 메게 하며 채를 궤의 고리에 꿴 대로 두고 빼내지 말지며" 하였습니다. 채는 금으로 싸여있습니다. 다시 말해, 채를 어깨에 메면 어깨에 닿는 재질이 금입니다. 딱딱합니다. 무겁습니다. 아픕니다. 십자가와 같습니다.

레위 사람을 왜 구별합니까? 십자가와 같은 것을 지고 갈 수 있도록 구별합니다. 십자가 지는 것을 누가 좋아하겠습니까? 우리가 구별되면 될수록, 은혜를 받으면 받을수록, 우리는 레위 자손과 같고 왕 같은 제사장이 됩니다. 그때 우리의 삶은 법궤의 채를 멘 삶이 됩니다. 무거운 궤를 멘 삶입니다. 하나님의 언약 돌판이 들어있는 궤입니다.

만나가 든 항아리, 싹이 난 아론의 지팡이가 든 궤입니다. 세상의 자랑이 아니라, 반역의 역사, 은혜의 증거, 생명 말씀이 들어있는 궤입니다. 생명 및 은혜와 함께 반역이 있는 궤입니다. 그 궤를 메고 가고 계시면 레위 자손입니다. 반역하고 있다면, 레위 자손이 아닙니다. 물론 왕 같은 제사장도 아니지요.

'너희는 택하신 족속이요 왕 같은 제사장들' 이라 한 베드로전서를 보면, 그리스도와 같이 선을 행함으로 고난을 받아야 '왕 같은 제사장' 입니다(벧전 2:19-25). 아무나 '왕 같은 제사장' 이 아닙니다. 예수님의 제자들은 '왕 같은 제사장' 입니다. 예수님의 말씀을 보면, 제자들의 수준은 직무 수행 중인 제사장과 같습니다. 레위 사람보다 더 구별된 이들입니다. 아론이 직무 수행 중일 때 두 아들 나답과 아비후가 죽습니다. 이때 모세가 아론과 그의 아들 엘르아살과 이다말에게 말합니다. "너희는 머리를 풀거나 옷을 찢지 말라 그리하여 너희가 죽음을 면하고 여호와의 진노가 온 회중에게 미침을 면하게 하라 오직 너희 형제 이스라엘 온 족속은 여호와께서 치신 불로 말미암아 슬퍼할 것이니라 여호와의 관유가 너희에게 있은즉 너희는 회막 문에 나가지 말라 그리하면 죽음을 면하리라"(레 10:6-7).

레위기 21장 10절 이하입니다. "자기의 형제 중 관유로 부음을 받고 위임되어 그 예복을 입은 대제사장은 그의 머리를 풀지 말며 그의 옷을 찢지 말며 어떤 시체에든지 가까이 하지 말지니 그의 부모로 말미암아서도 더러워지게 하지 말며 그 성소에서 나오지 말며 그의 하나님의 성소를 속되게 하지 말라 이는 하나님께서 성별하신 관유가 그 위에 있음이니라 나는 여호와니라" 아멘. 예루살렘으로 가시는 예수님께서 어떤 사람에게 '나를 따르라' 하셨습니다. 그가 "나로 먼저 가서 내 아버지를 장사하게 허락하옵소서" 대답했습니다. 그러자 예수님은 "죽은 자들로 자기의 죽은 자들을 장사하게 하고 너는 가서 하나님의 나라를 전파하라"(눅 9:60) 하셨습니다.

제자에 대한 예수님의 기준이 직무 수행 중인 제사장과 같다는 것을 알 수 있습니다. 지금은 목회자의 성결도, 성도들의 성결도 많이 흐트러졌습니다. 공예배(公禮拜)에 대한 인식도, 시간 및 재정 사용에 대한 부분도 많이 세속화되었습니다. 그래서 '직무 수행 중인 제사장' 수준의 '제자들' 을 만나 보기가 쉽지 않습니다. 그러나 우리의 목표는 '직무 수행 중인 제사장' 수준입니다. 그것이 기준이고 목표입니다. 부족할 수 있습니다. 그러나 점점 수준이 나아져야 정상입니다.

다윗은 레위 사람을 세워 찬송하게 합니다. 16장 4절입니다. "또 레위 사람을 세워 여호와의 궤 앞에서 섬기며 이스라엘 하나님 여호와를 칭송하고 감사하며 찬양하게 하였으니" 아멘. 이어지는 17장이 "다윗이 그의 궁전에 거주할 때"로 시작하고 '다윗 집' 에 대한 말씀이 이어지기에, 13-17장은, '법궤 – 다윗 집 – 법궤 – 다윗 집' 의 구조로 이뤄져 있습니다. 다윗이 강성해지는데 '용사' 가 매우 중요한 부분이었습니다. 그러나 '하나님의 궤' 는 더 중요한 부분이었지요. '하나님의 궤' 가 다윗성에 들어오면서 다윗 왕권은 견고해졌습니다. 그런데 '하나님의 궤' 보다 더 중요한 부분이 있었는데, 그것은 '하나님의 약속' 이었습니다. '하나님의 집, 하나님의 나라' 였습니다.

우리는 어느 때보다 집에 대한 관심이 많은 시대를 살고 있습니다. 바울 사도가 디모데전서 6장 7-8절에서 "우리가 세상에 아무 것도 가지고 온 것이 없으매 또한 아무것도 가지고 가지 못하리니 우리가 먹을 것과 입을 것이 있은즉 족한 줄로 알 것이니라" 권하였지만, 우리는 내가 사는 집에 대한 관심이 많습니다. 넓이뿐 아니라 동네, 가구 등 내부 시설과 실내 장식(인테리어)까지 신경 씁니다. 바울 사도의 권면을 받아 넓이나 시설, 분위기가 아니라, 깨끗한지, 그곳에서 경건 생활이 유지되는지 하는 것에 더 마음을 두면 좋겠습니다.

대궐 같은 집에 살면 무엇하겠습니까? 찰스 디킨스의 *Bleak House*를 보면, 주인공인 에스더의 생모는 라이체스터 데드록 경의 아내로 저택에서 살아가지만 행복하지 않은 정도가 아니라 불행합니다. 이 소설은 매우 인상 깊은 장면으로 끝납니다. 아이가 죽은 줄 알고 연인을 버리고 가족들의 권유에 따라 귀족의 아내가 된 데드록 여사가 연인이 묻힌 공동묘지 쇠창살 문턱에 엎드려 죽는 장면입니다. 이 연인은 선장을 지냈던 제임스 호돈입니다. 이 소설은 니모(nobody)라 불리는 호돈 선장의 죽음에서 시작하고, 주인공 에스더를 낳은 호돈 선장의 연인 데드록 여사의 죽음으로 끝납니다. 직업이 변호사인 분들도 읽을 만합니다. '얀디스 앤 얀디스' 라는 상속 소송 건이 소설 전반에 흐르고 있기 때문입니다. '승소했지만 승소로 얻게 될 땅값과 소송비용이 비슷하다.' 뭐 이런 것입니다.

자신이 낳은 아이가 살아 있는 줄도 모르고 지역 귀족의 아내로 살아가는 데드록 여사는 연인에 대한 미안함, 남편에 대한 죄송함, 거기에 자신의 과거를 빌미로 자신을 압박하는 가족 전담 변호사에 대한 증오, 장성하여 자기 앞에 나타난 친딸에 대한 사랑과 죄책감, 자신을 가족 전담 변호사 살해의 용의자로 주목하는 세상에 대한 두려움, 이 모든 감정을 안고 그는 자기 연인이 묻힌 공동묘지를 목표 삼아 여행을 떠납니다. 자신을 구하려 따라오는 탐정을 따돌리며 마침내 남편이 묻힌 공동묘지에 도착하지만 들어갈 수도 없습니다. 문이 잠겨있기 때문입니다. 추위와 굶주림, 긴 여정의 고단함과 죗값을 치렀다는 안도감에 얼어 죽은 데드록 여사의 죽음에서 죽음만이 해결할 수 있는 세상의 문제를 봅니다. 동시에 그도 교회에 다니는 사람이고, 등장인물 모두가 교회에 속한 사람인데, 왜 진실하지 못할까? 왜 용서하지 못할까? 왜 다시 시작하지 못할까? 하는 질문과 아쉬움이 있습니다.

다윗도 본래는 집에 관심이 없었습니다. 도망자 주제에 집을 어디에 쓰겠습니까? 아둘람 굴에 머물렀습니다. 요새에도 가보았고 망명도 해보았습니다. 그러나 어디에도 안식처가 없었습니다. 그래서 '여호와가 나의 피난처' 라는 노래를 종종 불렀습니다. 그러던 그가 왕이 되었습니다. 이스라엘 전체의 왕이 되었습니다. 힘을 얻었고 집도 얻었습니다. 아내들과 자녀들이 생겼습니다. 넉넉해졌습니다. 그러자 한 가지 생각이 떠올랐습니다. 17장 1절입니다. "다윗이 그의 궁전에 거주할 때에 다윗이 선지자 나단에게 이르되 나는 백향목 궁에 거주하거늘 여호와의 언약궤는 휘장 아래에 있도다" 아멘.

다윗이 볼 때 하나님의 집은 형편 없었습니다. '휘장' 이라는 단어는 '흔들리다, 떨다' 라는 단어에서 나왔습니다. '견고하지 않고 흔들리는 것' 이 '커튼, 휘장' 입니다. 자신은 견고한 집에 삽니다. 그것도 수입 원목인 백향목으로 지은 집에 삽니다. 그런데 하나님의 언약궤는 흔들리는 천 조각 안에 있습니다. 갑자기 죄송하다는 생각, 좀 더 가면, 안쓰럽다는 생각이 듭니다. 나 같은 것도 백향목 집에 사는데, 하나님의 언약궤가 견고하지 못한 집에 있다는 것이 마음에 걸립니다.

선지자 나단은 '하나님이 다윗과 함께 계시니 마음에 있는 바를 모두 행하라.' 말합니다. 그러나 하나님의 생각은 달랐습니다. 하나님의 입장은 분명히 'No!' 입니다. 4절입니다. "가서 내 종 다윗에게 말하기를 여호와의 말씀이 너는 내가 거할 집을 건축하지 말라" 아멘. 여기서 우리는 하나님께서 함께하는 왕이라 하여 모든 걸 맘대로 하면 안 된다는 것을 깨닫게 됩니다. 다윗은 '종' 입니다. 종이 주인을 움직이려 하면 안 되는 것입니다. 주객전도입니다. 예수님마저도 이렇게 말씀하셨습니다. "그러므로 예수께서 이르시되 내가 진실로 진실로 너희에게 이르노니 아들이 아버지께서 하시는 일을 보지 않고는 아무 것도 스스로 할 수 없나니 아버지께서 행하시는 그것을 아들도 그와 같이 행하느니라"(요 5:19) 아멘. 예수님께서도 스스로는 아무것도 하실 수 없다고 하셨습니다. 하물며 다윗이겠습니까? 다윗 마음대로 성전 건축 결정을 하면 안 되었습니다. 그런데 선지자 나단마저 이 점을 모르고 있었습니다.

그 밤에 하나님께서 나단에게 말씀하셨습니다. 세 가지를 말씀하셨습니다. 첫째는 하나님 집의 특성은 견고함에 있지 않고 '유동성' 에 있다는 것입니다. 다윗은 도망자의 삶을 살았기에 견고함과 안정이 좋아 보였습니다. 그러나 '백성 가운데 거하시는 하나님, 백성과 함께 여행하시는 하나님' 께서는 하나님 집의 유동성을 중요하게 생각하셨습니다. 5-6절입니다. "내가 이스라엘을 애굽에서 올라오게 한 날부터 오늘까지 집에 있지 아니하고 오직 이 장막과 저 장막에 있으며 이 성막과 저 성막에 있었나니 이스라엘 무리와 더불어 가는 모든 곳에서 내가 내 백성을 먹이라고 명령한 이스라엘 어느 사사에게 내가 말하기를 너희가 어찌하여 내 백향목 집을 건축하지 아니하였느냐고 말하였느냐 하고" 아멘.

하나님께서는 집에 거하신 적이 없었습니다. 더구나 백향목 집을 요구하신 적이 없었습니다. 사사 가운데 누구에게도 '내 집이 허접하다. 새집 지어달라.' 하신 적이 없었습니다. '그런데, 다윗 네가 뭔데, 내 집을 백향목으로 짓겠다는 거냐?' 하십니다. '왜! 좋은 집에 사니까? 집의 수준이 사는 사람의 수준을 결정하는 것 같냐? 그럴 수 있겠지? 그러나 나는 아니다. 내가 좋은 집에서 살려 했으면 이스라엘 백성 데리고 광야로 나왔겠냐? 애굽의 바로 왕을 죽이고 왕궁을 차지했겠지. 무슨 집을 지어 나를 영화롭게 하겠느냐? 하늘이 내 보좌이고 땅이 내 발등상이다. 넓고 넓은 우주 공간이 내 의자밖에 안 되는데, 무슨 집을 무엇으로 짓겠다고? 내 집을 백향목으로? 그건 네 생각이고.'

'너 원래 목동이었다. 개구리가 올챙이 적 생각이 안 난다는데, 기억은 나니? 너는 내 백성 이스라엘 앞에서 얘기하는 자이다. 너는 네 앞가림도 잘 못해서 블레셋 아기스 앞에서 미친 척하고 그랬지? 결국 네 대적을 끊어 준 것도 나고, 네게 큰 이름을 준 것도 나다. 이스라엘 백성에게 정착과 안정과 평안의 은혜를 준 것도 나고, 이제는 당하지 않고 살게 할 이도 나다. 너의 대적을 처리하는 것도 나고, 네 집을 지어 줄 이도 나다. 그러니 네가 내게 이래라저래라 말하는 게 아니고, 내가 너에게 말하는 게 순리란다.'

하나님께서는 다윗이 하나님의 집을 짓는 게 아니고, 하나님께서 다윗의 집을 지어 주신다고 말씀하십니다. '까불지 마라.' 하십니다. '착각하지 마라, 분수를 알아라.' 하십니다. 7-10절입니다. "또한 내 종 다윗에게 이처럼 말하라 만군의 여호와께서 이처럼 말씀하시기를 내가 너를 목장 곧 양 떼를 따라다니던 데에서 데려다가 내 백성 이스라엘의 주권자로 삼고 네가 어디로 가든지 내가 너와 함께 있어 네 모든 대적을 네 앞에서 멸하였은즉 세상에서 존귀한 자들의 이름 같은 이름을 네게 만들어 주리라 내가 또 내 백성 이스라엘을 위하여 한 곳을 정하여 그들을 심고 그들이 그 곳에 거주하면서 다시는 옮겨가지 아니하게 하며 악한 사람들에게 전과 같이 그들을 해치지 못하게 하여 전에 내가 사사에게 명령하여 내 백성 이스라엘을 다스리던 때와 같지 아니하게 하고 또 네 모든 대적으로 네게 복종하게 하리라 또 네게 이르노니 여호와가 너를 위하여 한 왕조를 세울지라" 아멘.

'주권자'(17:7)라는 단어는 '이르노니'(17:10)에서 나온 단어입니다. 다윗은 하나님께서 하시는 말씀을 백성에게 전달할 직무를 맡은 사람입니다. 그런데 자기가 말을 발(發)한 것입니다. 언약궤 옮길 때는 하나님과 의논하지 않고 이전 성공사례를 따르다가 낭패를 봤는데, 성전 관련해서는 하나님을 가르치려 한 것입니다. 오죽하면 소크라테스가 '네 자신을 알라' 했겠습니까? 사람들이 우스갯소리로 '네 꼬라지를 알라'로 바꿔 표현하기도 합니다. 저희집 가훈은 꽤 괜찮은 표현으로 되어있습니다. '경천애인 근검관재 입신유공' 뭐 그렇죠. 그러나 제 좌우명은 단순합니다. '내 분수를 알자.' 입니다. 저는 제 꼬락서니를 압니다. 어리석고 무지한, 무정하고 형편없는 저 자신을 잘 압니다. 아무 소망 없는, 좋은 게 있으면 다 은혜이고, 안 좋은 건 다 내 탓인 저 자신을 압니다. 그래서 거칠 게 없는데, 그것마저도 지나칠까 봐 염려됩니다.

하나님 집의 유동성과 더불어 '다윗아! 내가 한다.' 말씀하신 하나님께서는 먼 장래의 일까지 알려주십니다. 다윗의 자손 가운데 하나를 세우시겠다고, 그의 나라를 견고하게 하시겠다고 말씀하십니다. 오직 예수 그리스도에게 적용될 말씀을 하십니다. '그가 나를 위해 집을 지을 것이다. 그리고 나는 그의 보좌를 영원토록 견고하게 해줄 것이다. 부자 관계와 영원한 은혜를 보장한다. 내가 그를 내 집에 세운다. 내 나라에 영원토록 세운다. 그의 자리가 영원할 것이다.' 이렇게 말씀하십니다. 하나님은 '집이 아니라 나라를 지으시는 하나님' 이시고, '유한한 집이 아니라 영원한 집을 지으시는 하나님' 이십니다.

유한한 인생은 백 년 너머를 생각하기 어렵고, 시야가 좁은 인생은 눈에 보이는 곳의 경치만 좋아도 감탄하지만, 하나님은 다르십니다. 영원하신 하나님은 영원하지 않은 것의 폐해와 가증함을 아시고, 모든 것을 아시고 보시는 하나님께서는 부분의 안정이 아니라 전체의 복지를 생각하십니다. 과거와 현재와 미래를 보시며, 모든 인류 전체를 생각하십니다. 한 나라만이 아니라 모든 나라를, 한 세대만이 아니라 모든 세대를 생각하십니다. 하나님을 경외하는 자에게 은혜를 베푸시되, 천 대까지 은혜를 베푸시는 분입니다. 11-14절입니다. "네 생명의 연한이 차서 네가 조상들에게로 돌아가면 내가 네 뒤에 네 씨 곧 네 아들 중 하나를 세우고 그 나라를 견고하게 하리니 그는 나를 위하여 집을 건축할 것이요 나는 그의 왕위를 영원히 견고하게 하리라 나는 그의 아버지가 되고 그는 나의 아들이 되리니 나의 인자를 그에게서 빼앗지 아니하기를 내가 네 전에 있던 자에게서 빼앗음과 같이 하지 아니할 것이며 내가 영원히 그를 내 집과 내 나라에 세우리니 그의 왕위가 영원히 견고하리라 하셨다 하라" 아멘.

우리의 마음은 조급하여 지금 당장 내가 원하는 것이 이뤄지지 않으면 힘들어하지만, 하나님께서는 사탄의 심판이라 하더라도 모든 증거가 준비될 때까지 기다리십니다. 밀과 가라지 비유(마 13:24-30)에서 알 수 있듯이 가라지마저 충분히 자랄 때까지 기다리십니다. 가라지가 열매를 맺지 못한다는 것도 분명해지고, 밀이 열매를 맺어 밀이라는 것도 분명해질 때까지입니다. 하나님은 가나안 사람들의 죄악이 관영할 때까지, 꽉 찰 때까지도 기다리셨습니다. 그래서 아브라함에게 그 땅을 주시겠다 약속하실 때 이미 400년이라는 기간을 말씀하셨습니다. 말라기서 4장에서 읽을 수 있듯이, 선지 엘리야를 보내시겠다고 말씀하셨지만, 믿음의 공동체가 메시아를 받을 준비가 되기까지 400여 년을 또다시 기다리신 분이 하나님이십니다. '다시 오마, 속히 오마.' 하신 약속이 주어진 지 천구백 년이 넘었지만, 구원을 완성하기 위해 예수님 재림을 유보하시는 하나님이십니다. 천 년이 하루 같기도 하시지만, 하루가 천 년 같기도 하시기에, 우리가 느끼는 것보다 천 배, 만 배, 희로애락의 기폭이 크시지만 인내하시는 하나님이십니다.

찰스 디킨즈의 *Bleak House*, 다시 말해 '황량한 집' 이라는 소설에는 다양한 집이 소개됩니다. 정말 먹을 것도 없어 아이가 굶어 죽는 집부터, 매일 잔치를 열어도 될 만큼 부자인 데드록 경의 집까지 소개됩니다. 그런데 책 제목과 연관된 '블릭 하우스' 는 비록 황량하지만 문제를 해결하는 집이고, 오가는 사람 별로 없지만 따뜻한 인정이 오가는 집입니다. 집주인이 그런 사람이기 때문입니다. 이 사람 이름은 '존 얀디스' 입니다. '얀디스 앤 얀디스' 상속 건의 최종 수혜자가 된 두 젊은 남녀의 후견인이기도 하고, 주인공인 에스더의 이모가 죽은 다음에 에스더의 후견인이 되기도 한 '존 얀디스' 는 에스더를 사랑하게 됩니다. 그러나 에스더가 다른 사람을 사랑하는 것을 알고, 사랑을 양보하고 두 사람이 잘살 수 있도록 아름다운 집을 선물로 줍니다. 탐욕으로 일그러진, 모두가 자신이 가진 것을 가지고 다른 사람을 얽어매려고 하는 사회에서 그나마 성경적 가치를 삶 속에서 구현해 보려는 사람입니다. 분명 가졌고 능력도 있지만 성실하면서도 차분하게, 지혜롭지만 동시에 베푸는 자로 서 있습니다.

어쩌면 하나님께서도 '비록 황량해 보인다 해도 따뜻한 집' 을 원하셨던 것 같습니다. 때론 하나님 집에서 가장 중요한 법궤가 블레셋의 전리품이 된다고 하더라도, 하나님의 하나님 되심이 드러나 이스라엘 백성이 하나님과 친밀해지기를 원하셨던 것 같습니다. 백성의 환호성 소리보다 오벧에돔의 작은 집 거주를 더 기뻐하신다는 것을 보이셔서, 하나님과 함께한다는 것이 진짜 뭔지를 보여주고 싶으셨던 것 같습니다. 무엇보다, 다윗에게 '네가 내 집을 짓는 게 아니고 내가 너의 집을 짓되, 너의 스케일(도량, 度量)으로는 상상할 수 없이 크고 넓고 깊고 영원한 집을 지어준다.' 말씀하심으로, 하나님의 어떠하심을 드러내 보이십니다.

하나님의 집, 그것의 재료는 백향목이 아닙니다. 사람이고 생명입니다. 고린도전서 3장 9절입니다. "우리는 하나님의 동역자들이요 너희는 하나님의 밭이요 하나님의 집이니라" 아멘. 하나님께서는 개별 교회를 하나님께서 거하시는 집 삼으시는 것을 기뻐하십니다. 그리고 이 집이 영원한 하늘 성전과 잇대어 있기를 원하십니다. 우리는 자기 중심성에서 벗어날 필요가 있습니다. 안정 추구 성향을 바꿀 필요가 있습니다. 하나님 집의 중심은 하나님이십니다. 그리고 하나님 집의 중요한 특성은 유동성에 있습니다. 백향목처럼 물질적인 것이 아닙니다.

그래서 교회는 중요한 결정을 할 때마다 하나님의 뜻을 중시합니다. 내 생각, 내 상황이 아니라, 하나님의 생각, 하나님의 입장을 알려 합니다. 교회 건물을 관리하기는 하지만, 관리의 목적이 재산 증식에 있지 않고 예배와 교제에 있습니다. 냉난방하고 식사를 준비하는 목적도 예배와 교제에 있습니다. 대상을 너무 넓히지 않는 게 좋습니다. 하나님께서 개별 교회에 허락하신 성도들이 대상입니다. 대사회봉사가 중요하지만, 성도들이 모여 예배드리고 교제하는 것을 넘어설 수 없습니다.

우리는 오늘도 하나님의 말씀을 따라 하나님의 집을 돌봅니다. 때로는 눈을 들어 한국 교회와 세계 교회를 사랑하는 마음으로 기도합니다. 그러나 대부분은 옆에 있는 형제와 자매를 돌봅니다. 교회가 빌딩이 아니라고 속상해하실 필요 없습니다. 아픔의 소리가 여전히 많이 들립니다. 바깥에서도 아우성치지만, 우리 내부에서도 살려달라는 외침이 있습니다. 외침을 들을 때마다 공산혁명, 민주혁명으로도 해결되지 않는 인간 본성의 문제를 만납니다. 예수 그리스도의 십자가가 아니면 해결되지 않는 뿌리 깊은 죄의 문제를 만납니다. 그분의 보혈이 흘러야 해결되는 인간 분노의 문제를 만납니다. 예배를 통해 제물 되신 그리스도, 우리를 위해 보혈 흘리신 예수님께 더욱 가까이 나아가길 원합니다. 그분의 마음 받고 배우기를 원하고, 그분이 모퉁이돌 된 교회이기를 원합니다. 다윗처럼 내가 가진 것으로 하나님의 집을 판단하는 어리석음에 빠지지 않기를 원하고, 예수님처럼 내 생명까지라도 하나님의 집을 위해 내놓기를 바랍니다. 그분의 사랑을 알기 때문이고, 죄의 폐해를 알기 때문이고, 역사의 결국을 예상하기 때문입니다.

하나님의 약속을 받은 다윗의 감사 기도가 17장 16-27절에 있습니다. 다윗의 기본 태도는 "옳습니다, 주님!"입니다. 다윗이 하나님의 집을 백향목으로 짓겠다고 하자 하나님께서는 '안 된다.' 하셨습니다. 본래 하나님께서 하늘 성전 모형과 그림자로 만들라 명하신 성막의 재료가 백향목이 아니었습니다. 성막 재료에 사용된 나무는 조각목이었습니다. 아카시아인데 '조각목'이라 불린 이유는 나무 둥치가 두껍지 않아 이리저리 붙여 만들어야 했기 때문에 조각목이라 불렸습니다. 교회는 유명한 사람 한 사람으로 이뤄지는 공동체가 아닙니다. 여러 사람이 이리저리 만나 공동체를 이룹니다.

교회를 지을 때도 한 사람이 예배당 건물 건축 비용 전체를 헌금하는 것은 적절하지 않습니다. 이스라엘 백성이 출애굽 하여 성막을 지을 때도 하나님께서 이렇게 명하셨습니다. "이스라엘 자손에게 명령하여 내게 예물을 가져오라 하고 기쁜 마음으로 내는 자가 내게 바치는 모든 것을 너희는 받을지니라"(출 25:2) 아멘. 출애굽기 35장을 보면, "마음이 감동된 모든 자와 자원하는 모든 자가 와서 회막을 짓기 위하여 그 속에서 쓸 모든 것을 위하여, 거룩한 옷을 위하여 예물을 가져다가 여호와께 드렸으니"(21절) 하면서 일곱 절에 걸쳐 자세히 나열한 다음에 "마음에 자원하는 모든 남녀는 누구나 여호와께서 모세의 손을 빌어 명령하신 모든 것을 만들기 위하여 물품을 드렸으니 이것이 이스라엘 자손이 여호와께 자원하여 드린 예물이니라"(29절) 하였습니다. 거기에 "섬기는 일에 소용되는 조각목이 있는 모든 자는 가져왔으며" 하였습니다.

하나님께서 '다윗 너는 아니다.' 하시면서, 그가 본래 목동이었음을 상기시키셨고, 지금의 다윗이 있게 된 것이 모두 하나님의 은혜였음도 언급하셨습니다. 동시에 하나님께서 '다윗의 집'을 지으실 것이고, 다윗의 자손 가운데 한 사람이 '하나님의 집'을 지을 거라 말씀하셨습니다. 이에 대해 다윗이 기도로 반응합니다. 다윗은 자신에 대해 인정합니다. "나는 누구이오며 내 집은 무엇이기에" 하면서(17:16) 자신이 목동이었는데 왕이 된 것을 인정합니다. "옳습니다, 주님! 저는 목동이었습니다. 저는 왕이 될 만하지 않았습니다." 이렇게 고백합니다.

또한, 자신의 미래에 대한 하나님의 관심, 자신에 대한 하나님의 관심을 확인하고서, '신적 존재인 분이 어찌 저 같은 자에게 이리도 깊은 관심을 보이십니까?' 기도합니다. 자신에게 영광을 부여하시니 몸둘 바를 모르겠다고도 말합니다. 17장 18절입니다. "주께서 주의 종에게 베푸신 영예에 대하여 이 다윗이 다시 주께 무슨 말을 하오리이까 주께서는 종을 아시니이다" 아멘. 이것이 하나님을 경외하는 자의 반응입니다.

하나님께서 '까불지 마라.' 하신다고, '제가 어때서요?' 하고 대드는 것은 하나님을 경외하는 자의 태도가 아닙니다. 하나님 앞에서 겸손하시고 하나님을 진심으로 경외하십시오. '나대지 마라' 하시면, '네, 나대지 않겠습니다.' 하고, '까불지 마라.' 하시면, '네, 까불지 않겠습니다.' 하는 것입니다. '잠잠하라.' 하시면, '네, 잠잠하겠습니다.' 하고, '잠잠하지 말고 말하라.' 하시면, '네, 잠잠하지 않고 말하겠습니다.' 하는 것입니다.

자신에 대해 인정한 다윗은 하나님께서 하신 일을 인정하고 찬송합니다. '종을 위해 마음 들여 일하시고 이루셨습니다. 제가 종인데 주님이 일하셨습니까? 어찌 그리하셨습니까? 세상에 이런 신이 어디 있습니까? 종을 위해 일해주는 신이라뇨? 자기 백성을 구속(救贖)하는 신도 없습니다. 이 점에서 이스라엘은 특별합니다. 구속의 은혜를 입었기 때문입니다. 당신과 이스라엘은 영원토록 백성과 하나님, 하나님과 백성의 관계입니다.' 19-22절입니다. "여호와여 주께서 주의 종을 위하여 주의 뜻대로 이 모든 큰 일을 행하사 이 모든 큰 일을 알게 하셨나이다 여호와여 우리 귀로 들은 대로는 주와 같은 이가 없고 주 외에는 하나님이 없나이다 땅의 어느 한 나라가 주의 백성 이스라엘과 같으리이까 하나님이 자기 백성을 구속하시려고 나가사 크고 두려운 일로 말미암아 이름을 얻으시고 애굽에서 구속하신 자기 백성 앞에서 모든 민족을 쫓아내셨사오며 주께서 주의 백성 이스라엘을 영원히 주의 백성으로 삼으셨사오니 여호와여 주께서 그들의 하나님이 되셨나이다" 아멘.

이어 다윗은 하나님의 말씀에 근거하여 간구합니다. 자신에게 주신 언약을 영원토록 견고하게 해주시라 기도합니다. 23-24절입니다. "여호와여 이제 주의 종과 그의 집에 대하여 말씀하신 것을 영원히 견고하게 하시며 말씀하신 대로 행하사 견고하게 하시고 사람에게 영원히 주의 이름을 높여 이르기를 만군의 여호와는 이스라엘의 하나님 곧 이스라엘에게 하나님이시라 하게 하시며 주의 종 다윗의 왕조가 주 앞에서 견고히 서게 하옵소서" 아멘. '이스라엘 백성과 언약을 맺듯 일개 개인의 집인 저의 집에 대해 언약을 주시다니요? 그 언약을 이스라엘과 하나님과의 관계처럼 영원한 관계가 되게 해주십시오. 말씀하신 대로, 언약하신 대로 이루십시오. 당신의 이름이 견고하고 크심 같이, 당신이 이스라엘의 하나님이심같이, 다윗의 집도 당신 앞에서 견고하게 하옵소서. 당신이 나의 하나님이시기 때문이고, 이 언약을 종의 귀에 들려주셨기 때문입니다. 그를 위하여 집을 지으시겠다고 주님께서 말씀하시니 종이 기도할 힘을 얻어 기도합니다.' 이렇게 기도합니다.

하나님의 말씀을 다윗은 '이 좋은 것' 이라고 26절에 말합니다. 하나님이 주시는 것은 좋은 것입니다. 뭐든지 좋은 것입니다. 27절에서는 당신이 종의 집을 축복하셔서 영원토록 당신 앞에 있게 하시는 것을 기뻐하셨다고 고백합니다. 하나님을 축복하시는 분으로, 영원토록 송축될 분으로 고백합니다. 하나님의 거절에 대해 다윗은 오히려 기뻐했습니다. 하나님의 축복이 얼마나 큰 축복인지 알았기에 찬송했습니다. 이 축복을 받고 싶으십니까? 이미 받으셨습니다. 하나님께서 허락하신 다윗 언약은 예수님에게서 완전히 이뤄졌습니다. 그리고 이제 예수님을 주님과 그리스도로 믿는 모든 이들은 이 언약 가운데 있습니다. 하나님의 말씀을 읽으실 때마다, 내게 주시는 말씀으로 받을 때마다, '옳습니다, 주님' 하십시오. 인정하는 기도를 드리고, 감사하는 기도를 드리십시오. 그러면 됩니다.

이어지는 18장은 다윗이 주변을 정복한 이야기입니다. "다윗이 어디로 가든지 여호와께서 이기게" 하셨습니다(18:6, 13). 그러나 이때로부터 뭔가 삐거덕거리기 시작합니다. 형편이 바뀌고 위치가 달라지면서 마음이 달라지지 않는다면 좋겠지만, 쉽지 않나 봅니다.

이번 성경 통독은 우리에게 시대를, 역사를 다시 보도록 돕습니다. '눈을 감았다가 뜨고 보니' 많이 달라져 있네요. 유다의 왕들 특별히 요시야의 아들과 손자들에 대한 기록을 통해, 역대상에서 새롭게 기술되는 인류와 이스라엘의 역사 기록을 통해, 우리 자신의 역사와 현주소를 재점검할 수 있기를 바랍니다.

시각을 바꾸면 정말 중요한 것이 보입니다. 정말 중요한 사람이 보입니다. 삶을 돌아보고 정말 중요했던 것이 무엇인지, 누구에게 잘했어야 하는지 지혜롭게 생각해봅시다. 이스라엘이 포로 상태에서 돌아오고 보니, 인류에 대한 마음이 열립니다. 정말 중요했던 것은 성전, 다윗, 그의 자손이었습니다. 법궤가 중요했고, 법궤보다 언약이 더 중요했습니다. 돌아보니 예배드린 시간이 남는 시간이고, 하나님을 이유로 행한 일이 남는 일입니다. 뭔가를 하기보다 마음 깊이 사랑해야 했습니다. 그런 우리, 그런 교회 되기를 기도합니다.

질의와 응답

하나. "역대상 1-9장에는 족보가 있습니다. 족보가 주는 메시지는 무엇일까요?"

한 사람의 일생이 이름으로 표현됩니다. 역사의 궤적이 건물과 부동산으로 헤아려지지 않고 사람의 흐름으로 읽힙니다. 하나님을 경외하는 자들이 남습니다.

둘. "역대상 6장 33절 이하를 보면, 사무엘 집안의 족보가 상향식으로 표현되었습니다. 이유가 무엇일까요?"

엘가나가 고라 자손임을 알려주려 한 듯합니다. 시편 2권에는 고라 자손의 시가 많지요. 다윗 왕국의 발전에 중요했던 이들로 고라 자손이 있습니다.

셋. "왕을 소개할 때 어머니를 소개하는 이유가 무엇일까요?"

상식적으로 생각해도 어머니가 중요하지요. 이스마엘이 아니라 이삭이 약속의 자손인 이유가 이삭의 어머니 사라에게 있습니다. 이세벨의 딸 아달랴가 악행을 합니다. 하나님께서는 아달랴의 아들 아하시야가 예후에 의해 처단되게 하시고, 브엘세바 사람 시비아의 아들 요아스로 왕권이 이어지게 하십니다.

넷. " '다윗의 길' 과 '여로보암의 길' 이라는 것이 무엇일까요?"

다윗의 중요한 특성은 '여호와 경외' 입니다. 여쭈어 행합니다. 가끔 사람을 더 중시하기도 했지만, 결국에는 하나님께로 돌아옵니다. 반면, 여로보암은 자기를 위해 하나님의 법을 바꿉니다. '나의 유익을 위해 하나님의 법도를 바꾸는 것' 이 '여로보암의 길' 이고, '내게 손해가 되더라도 하나님의 법도를 따르는 것' 이 '다윗의 길' 이겠습니다.

다섯. “공동체적인 구원이 무엇입니까?”

구원의 ‘공동체성’ 이 개신교에서는 많이 강조되지 않습니다. 그러나 유아세례는 구원의 공동체성이 인정되어야 베풀 수 있습니다. 지나친 개교회주의로 공동체성이 훼손됩니다. 교회끼리 교인 쟁탈전을 한다면, 잘못하는 것이겠지요. 사도신경을 통해 “거룩한 공회”를 믿는다고 고백합니다. ‘공회’ 란 ‘공교회’ 입니다. 개별 교회에서 신앙생활을 하지만, 노회 총회 교단 우주적 교회 등에 대한 고려가 있어야겠습니다.

여섯. “열왕기하와 역대하의 차이를 23년으로 표현하셨습니다. 23년 만에 역사관이 바뀔 수 있을까요?”

포로로부터의 귀환이라는 중요한 사건으로 인해 사관에 변화가 생겼다고 생각합니다. 우리도 한일합병조약 전과 후, 해방 전과 후, 육이오 전과 후, 올림픽 전과 후, IMF 전과 후, 코로나19 전과 후 등 중요한 사건을 전후해서 관점이 달라졌다고 생각합니다.

일곱. “위기의 때에 기회를 잡으려면 어떻게 해야 할까요?”

정직하고 진실하게 문제를 바라보고, 하나님을 의지하는 마음으로 기도하며, 하나님 뜻에 부합되는 변화를 추구하는 것이 중요해 보입니다.

Weekly Reading

역대상 19장－역대하 10장

19 "성전 봉사자와 성전"

대상 19-21장	대상 22-24장	대상 25-27장	대상 28장-대하1장	대하 2-4장	대하 5-7장	대하 9-10장

check

이번 통독은 다윗이 암몬과 아람 연합군을 무찌르고 암몬의 수도 랍바를 점령했다는 기사부터 르호보암이 솔로몬을 이어 왕이 된 부분까지입니다. 다윗의 성전 건축 준비와 성전 봉사자 정비, 그리고 솔로몬의 성전 건축이 주요 내용입니다.

성전 봉사자와 성전

I.
하나님께서는 집을 먼저 지으셨다.
하늘 궁창 공간 먼저 지으시고 해 달 별 두셨고
아래 궁창 공간 여시고 새들 지으셨으며,
뭍이 드러나자 풀 채소 나무 나게 하시고
물에 물고기 번성케 하셨다.

그런데 성전봉사자가 성전보다 먼저 세워진다.
제사장 레위인
성가대 문지기
곳간지기 기타 등등

성전보다 먼저 정비된다.
하늘 성전 이미 있기 때문인가?
봉사자 미리 정해지면 더 실용적인가?
봉사자들 기도로 더 잘 지어지고
지어지자마자 성전 제사 곧바로 시작되니
성전 봉사자 성전보다 먼저 준비됨이 유익이다.

II.
집이 클수록 더 많은 사람 들어가니
일단 크게 짓는 것도 방법이나,
사람 수에 집 크기 맞춤이 지혜이다.
봉사자 넉넉하게 정해 놓고 맞춰 지으니
실속 있게 지은 집니다.

부동산 정책에 집값 요동하고
사람 수 그대로인데 집은 없다 하고
건물 수도 큰 차이 없는데 들어갈 집 없다 하니,
봉사자 수에 집 크기 맞춘
다윗의 지혜 귀하다.

사람 위에 사람 없고
사람 아래에 사람 없으니
크고 작은 집 말고
알맞은 집 알맞게 지어
모두가 행복함이 지혜이다.

III.
국민 숫자 헤아리려다 정신 바짝 든 다윗
오르난의 타작마당에서 성전 결심 굳힌다.
일꾼 모으고 재료 준비하고
아들 솔로몬 불러 당부하고

방백 불러 솔로몬 도우라 명한다.
아들 솔로몬 왕으로 세우고는 제사장과 레위 사람 모은다.
제사장은 24반열로 순서 정하고 남은 레위인은 우열 없이 제비뽑는다.
찬송 맡은 이들도 24반열이고 문지기로는 고라 자손 으뜸이다.
곳간지기 관원 재판관 봉사직 부여되니
레위 자손 빵빵하고 짱짱하다.

제사장 레위인처럼
왕을 섬기는 관원들도 24,000명씩 12반열이다.
지파 지도자 세워지고
다윗 왕의 재산 맡은 자까지 배정되니
성전 세울 준비 끝!

IV.
다윗의 준비재료 설계도 감사 기도 힘입어
솔로몬은 짓기만 하면 된다.
크신 하나님의 집이니 커야 하고
영광스러운 하나님의 집이니 영광스러워야 하며
거룩하신 하나님의 집이니 거룩해야 한다.

일천 번제 드려 지혜 부귀 약속받고
모리아산 오르난 타작마당에 성전 건축 시작이다.
성전 크기 $60 \times 20 \times 30 = 36000^3$규빗이니
성막 크기 $30 \times 10 \times 10 = 3000^3$규빗 열두 배다.
낭실까지 고려하면 더 웅장하다.

성전 봉헌 생각하면 성공이나
일천 부인 머물게 할 왕궁 생각하니
다윗 지혜 아쉽다.
분명 일천 부인 준비하고 지은 집 아닐 테니
큰 집 지어 놓고 사람 채운 듯하다.

다윗 인생에서 가장 아픈 기억이 있다면 사무엘하 11장 밧세바 사건입니다. "해가 바뀌어 왕들이 출전할 때가 되매 요압이 그 군대를 거느리고 나가서 암몬 자손의 땅을 격파하고 들어가 랍바를 에워싸고 다윗은 예루살렘에 그대로 있더니"(대상 20:1) 이 구절이 사무엘하 11장에서는 다윗의 범죄로 이어졌는데, 역대상에서는 그 부분 빠지고 "요압이 랍바를 쳐서 함락시키매"로 바로 이어집니다.

그러나 다윗의 인구조사는 사무엘하 24장처럼 소개됩니다. 몇 가지 차이가 있다면, '사탄'이 등장하는 것(대상 21:1)과 요압이 '레위와 베냐민 사람'을 계수에서 빠뜨린 것(21:6)입니다. 인구조사가 문제 되는 이유 가운데 하나로 제안되는 것은 '속전'입니다. 출애굽기 30장 12-16절과 민수기 3장 44-51절에 있습니다. 인구조사 때 이스라엘 백성의 수와 레위 자손의 수를 비교하여 남은 부분을 속전으로 계산했네요. 그런데 요압이 레위인을 계수하지 않은 것을 보면, '속전'을 염두에 두지 않은 인구 조사였습니다.

또한, 인구 조사가 성전 건축으로 이어진 점도 다릅니다. 다윗도 도망 다니다가 왕이 되고 왕궁에 정착하고 주변 나라들을 정복하면서 조금씩 달라집니다. 사백 명, 육백 명의 대장이었다가 수십만 명의 왕이 되니 뭔가 더 확실한 지지가 필요해졌습니다. 그래서 하나님의 궤를 다윗성으로 들이려 했습니다. 좋은 집, 그것도 백향목으로 지은 궁전에 살다 보니, 하나님의 집도 좋은 재료로 지어드리고 싶다는 생각이 들었습니다. 무엇보다, 주변 나라들과 싸워 이겨 진정 제왕이 되자 백성의 규모를 알고 싶어졌습니다.

역대상 21장 1절에 쓰인 '계수'라는 단어는 민수기에 등장하는 '계수'와는 다른 단어입니다. 민수기에 많이 등장하는 '계수'에 해당하는 단어는 '등록'에 가깝습니다. '방문하여 머리를 들게 하는 일'입니다. 역대상 2장 2절의 '계수'는 민수기의 '계수'와 비슷합니다. 그런데 2장 1절의 '계수'는 말 그대로 '숫자 파악'입니다. 이 단어는 창세기 13장 16절에 처음 나옵니다. 하나님께서 아브람에게 하신 말씀입니다. "내가 네 자손이 땅의 티끌 같게 하리니 사람이 땅의 티끌을 능히 셀 수 있을진대 네 자손도 세리라" 아멘. 땅의 티끌을 센다고 할 때, 티끌에게 이름을 부여하며 헤아리지는 않습니다.

다윗의 인구 조사가 아브라함에게 주신 약속과 관계가 있다는 것은 역대상 27장

23-24절을 보면 알 수 있습니다. "이스라엘 사람의 이십 세 이하의 수효는 다윗이 조사하지 아니하였으니 이는 여호와께서 전에 말씀하시기를 이스라엘 사람을 하늘의 별 같이 많게 하리라 하셨음이라 스루야의 아들 요압이 조사하기를 시작하고 끝내지도 못해서 그 일로 말미암아 진노가 이스라엘에게 임한지라 그 수효를 다윗 왕의 역대지략에 기록하지 아니하였더라" 아멘.

민수기에서 20세 이상의 수효를 헤아린 것은 기업 분배와 관련이 있었습니다. 수가 많으면 넓은 땅을 주고자 숫자를 헤아린 것입니다. 그런데 이스라엘은 이미 기업을 받았습니다. 기업 분배가 끝났습니다. 기업 분배를 이유로 숫자를 헤아릴 필요가 없었습니다. 그런데 다윗이 사탄에게 격동되어 이스라엘 전체의 숫자를 알고자 한 것이었습니다. 알고 싶어서 인구 조사를 했습니다. 21장 2절입니다. "다윗이 요압과 백성의 지도자들에게 이르되 너희는 가서 브엘세바에서부터 단까지 이스라엘을 계수하고 돌아와 내게 보고하여 그 수효를 알게 하라 하니" 아멘. 다윗은 이번에도 하나님의 율법을 지키지 않았습니다. 하나님의 궤를 처음에 옮길 때 레위 자손이 궤를 어깨에 메도록 하지 않았던 것처럼, 하나님의 집에 사용되는 나무는 조각목이어야 한다는 율법을 벗어나 백향목으로 지으려 했던 것처럼, 이스라엘 자손의 숫자를 헤아릴 때는 1인당 성전세 반 세겔씩을 생명의 속전으로 내야 하는 규정을 지키지 않았습니다(출 30:12-16). 출애굽기 38장 25-26절을 보면, 당시 "계수된 회중이 드린 은은 성소의 세겔로 백 달란트와 천칠백칠십오 세겔이니 계수된 자가 이십 세 이상으로 육십만삼천오백오십 명인즉 성소의 세겔로 각 사람에게 은 한 베가 곧 반 세겔씩이라" 하였습니다. 다윗이 인구를 조사할 때 이십 세 이상 남자가 반 세겔씩 냈다면 은 이백 달란트가 조금 넘었겠습니다. 은 이백 달란트가 큰돈이지만, 다윗이 성전 건축을 위해 드린 은이 백만 달란트(대상 22:14)였던 것을 생각하면 오천분의 일(1/5,000)밖에 되지 않는 돈입니다.

'하나님의 궤를 들인 사건', '하나님의 집과 관련된 의도'와 더불어, 다윗이 율법을 따르지 않는 세 번째 시도가 역대상 21장에 있는 인구 조사입니다. 결국, 남자 장정들만 칠만 명이 죽습니다. 14절입니다. "이에 여호와께서 이스라엘 백성에게 전염병을 내리시매 이스라엘 백성 중에서 죽은 자가 칠만 명이었더라" 아멘. 원문에는 장정을 의미하는 '이쉬'라는 단어가 쓰였습니다. 인구 조사로 인해 생긴 재앙으로 어른 남자들만 죽었습니다.

그런데 '멸하는 천사'가 예루살렘에 와서 여부스 사람 오르난의 타작마당에 이르렀을 때, 하나님께서는 갑자기 재앙 내림을 후회하십니다. 궤를 옮길 때는 오벧에돔이 도움이 되었는데, 인구 조사 때는 오르난이 중요한 역할을 합니다. 오르난은 여부스가 무너지고 다윗성이 된 다음에, 성 바깥 북쪽에 타작마당을 마련했습니다. 오르난은 분명 부지런한 사람입니다. 전염병으로 장정 칠만 명이 죽었다는 소문이 자자했을 텐데도, 자신이 해야 할 추수를 네 명의 아들과 함께 수행하고 있습니다. 21장 20절입니다. "그 때에 오르난이 밀을 타작하다가 돌이켜 천사를 보고 오르난이 네 명의 아들과 함께 숨었더니" 아멘. 영역본들은 대체로 오르난은 숨지 않고 아들들만 숨은 것으로 번역합니다. 이에 따르면 오르난은 정말 담대한 사람입니다.

예루살렘에는 하나님의 궤가 있습니다. 다윗 언약이 주어진 곳입니다. 오르난의 타작마당은 '모리아 산'입니다(대하 3:1). 이삭이 드려진 곳입니다. 다윗이 세 번이나 율법을 어겼지만, 하나님께서는 아브라함에게 주신 약속을 기억하셨습니다. 이에 천사와 선견자 갓을 통해 다윗에게 명하십니다. 18절입니다. "다윗은 올라가서 여부스 사람 오르난의 타작마당에서 여호와를 위하여 제단을 쌓으라" 아멘. 다윗은 순종했고 하나님께서는 예배를 받으셨습니다. 26-27절입니다. "다윗이 거기서 여호와를 위하여 제단을 쌓고 번제와 화목제를 드려 여호와께 아뢰었더니 여호와께서 하늘에서부터 번제단 위에 불을 내려 응답하시고 여호와께서 천사를 명령하시매 그가 칼을 칼집에 꽂았더라" 아멘.

다윗의 인구 조사는 이렇게 하여 정리되었습니다. 그럼 인구 조사는 어떻게 하여 시작되었을까요? 사탄의 충동이 있었습니다. 21장 1절입니다. "사탄이 일어나 이스라엘을 대적하고 다윗을 충동하여 이스라엘을 계수하게 하니라" 아멘. 그럼 인구 조사에 대한 다윗의 반응으로 마지막에 소개된 것이 무엇인가요? 두려움입니다. 30절입니다. "다윗이 여호와의 천사의 칼을 두려워하여 감히 그 앞에 가서 하나님께 묻지 못하더라" 아멘. 여기서 '그 앞'이란 '기브온 산당에 있는 모세의 성막과 번제단'을 가리킵니다.

충동으로 시작했고 두려움으로 마쳐졌습니다. 충동이 들어 뭔가를 하는 것은 좋지 않습니다. '충동구매'가 좋지 않은 것처럼요. 그러나 두려움으로 절제하는 것은 좋습니다. 그럼, 충동 말고 어떻게 되어 뭔가를 하는 것이 좋을까요? '감동' 입니다. 감동되어 진심으로 뭔가를 하는 것이 좋습니다. 그럼, 두려움 말고 어떻게 되어 뭔가를 하지 않으면 좋지 않을까요? '낙심이나 절망' 입니다. 낙심하거나 절망해도 뭔가를 하지 않게 됩니다. 그러나 좋은 이유가 아닙니다.

역대상 22-29장은 사무엘하에는 없는 부분입니다. 우선 22장 1-19절에는 다윗이 성전을 위해 준비한 재료, 일꾼, 장인, 솔로몬에게 한 부탁, 방백들에게 한 부탁이 소개됩니다. 특히, 7-8절에는 다윗이 성전을 건축하면 안 되는 이유가 새롭게 제시됩니다. "다윗이 솔로몬에게 이르되 내 아들아 나는 내 하나님 여호와의 이름을 위하여 성전을 건축할 마음이 있었으나 여호와의 말씀이 내게 임하여 이르시되 너는 피를 심히 많이 흘렸고 크게 전쟁하였느니라 네가 내 앞에서 땅에 피를 많이 흘렸은즉 내 이름을 위하여 성전을 건축하지 못하리라" 아멘. 다윗이 성전 건축을 위해 드린 금이 십만 달란트, 은이 백만 달란트입니다(22:14). 한 달란트를 30킬로그램만 잡아도, 금이 3,000톤이고, 은이 30,000톤입니다. 금값을 3.75그램에 27만 원, 은값을 3.75그램에 4천 원으로 계산하면, 다윗이 드린 금은 216조 원이고, 은은 32조 원입니다. 화폐 가치가 지금보다는 당시에 더 컸으니 '드려진 금과 은의 가치만 수천조 원'이라 해도 과장이 아닙니다.

다윗은 레위 사람들을 모읍니다. 23장 1-6절에 있습니다. 민수기 4장을 보면 레위인 가운데 "삼십 세부터 오십 세까지 회막 봉사와 메는 일에 참여하여 일할 만한 모든 자 곧 그 계수된 자는 팔천오백팔십 명이라"(4:47-48) 했습니다. 이로 볼 때, 38,000명은 모세 당시보다 4.4배 많습니다. 다윗이 레위 자손을 이십 세 이상으로 계수하라 유언했으니 더 많은 봉사자가 세워졌을 것입니다. 23장 26-27절입니다. "레위 사람이 다시는 성막과 그 가운데에서 쓰는 모든 기구를 멜 필요가 없다 한지라 다윗의 유언대로 레위 자손이 이십 세 이상으로 계수되었으니" 아멘.

제사장인 아론 자손들은 24반열로 나누었습니다. 엘르아살 자손이 16반열, 이다말 자손이 8반열입니다(24:4). 엘리가 이다말 자손인 것이 영향이 있었을 것 같습니다. 아비야 반열이 여덟째 반열이니, 세례 요한의 아버지 사가랴가 이다말 자손 아비야 반열이었겠습니다. 반열은 제비로 결정되었습니다. 24장 5-6절입니다. "이에 제비 뽑아 피차에 차등이 없이 나누었으니 이는 성전의 일을 다스리는 자와 하나님의 일을 다스리는 자가 엘르아살의 자손 중에도 있고 이다말의 자손 중에도 있음이라 레위 사람 느다넬의 아들 서기관 스마야가 왕과 방백과 제사장 사독과 아비아들의 아들 아히멜렉과 및 제사장과 레위 사람의 우두머리 앞에서 그 이름을 기록하여 엘르아살의 자손 중에서 한 집을 뽑고 이다말의 자손 중에서 한 집을 뽑았으니" 아멘.

성가대가 매우 중요하게 언급됩니다. 아삽의 아들이 넷, 여두둔의 아들이 여섯, 헤만의 아들이 열넷입니다. 모두 스물넷 성가대가 세워집니다. 사무엘의 손자 헤만의 자손이 스물네 개의 성가대 가운데 열네 개의 성가대를 맡습니다. 25장 2-5절에 있습니다. 성전 문지기와 곳간지기 등은 26장에 소개됩니다. 나는 교회에서 어떤 직임을 수행하는지 생각해봅시다.

이어지는 27장 1-15절에는 왕을 섬기는 열두 반열이 소개됩니다. 각각 이만 사천 명이나 됩니다. 28만 8천 명입니다. 각 지파를 관할하는 지도자 이름도 나옵니다. 16-24절에 있습니다. 왕의 재산을 관리하는 이들도 많네요. 25-31절에 있습니다. 33절에는 아히도벨과 후새가 나옵니다. 사무엘하에서는 압살롬 반역 때 입장이 갈렸던 모사들이지요.

다윗은 이스라엘 모든 고관과 후임 왕인 솔로몬까지 모두 소집하고 성전 건축을 지시합니다. 28장 1-10절에 있습니다. 11절부터는 설계도가 소개됩니다. 11-12절만 봅니다. "다윗이 성전의 복도와 그 집들과 그 곳간과 다락과 골방과 속죄소의 설계도를 그의 아들 솔로몬에게 주고 또 그가 영감으로 받은 모든 것 곧 여호와의 성전의 뜰과 사면의 모든 방과 하나님의 성전 곳간과 성물 곳간의 설계도를 주고" 아멘.

이어지는 역대상 29장에는 다윗과 지도자들이 드린 추가예물이 소개됩니다. 정말 많이 드렸네요. 29장 3절과 6-9절에 있습니다. 이어지는 다윗의 감사 기도는 역대상의 하이라이트입니다. 10-19절에 있습니다.

죽고 혼나고 죽고를 겪으면서 다윗은 많이 달라졌습니다. 다윗의 달라진 모습이 다윗의 기도에 잘 녹아 있습니다. 이 기도가 우리의 기도가 될 수 있기를 바랍니다. 우선

이 기도는 주기도문의 송영과 관계됩니다. 11절을 보시면 '위대하심, 권능, 영광, 승리, 위엄, 천지에 있는 것, 주권' 이 하나님께 속했다고 말합니다. 주기도문의 송영 부분, '대개 나라와 권세와 영광이 아버지께 영원히 있사옵나이다.' 하는 부분이 이 부분에서 왔습니다. 본래 주기도문은 '다만 악에서 구하시옵소서' 에서 끝납니다(마 6:13). 악이 성하니 악에서 구원받는 것이 매우 중요하기 때문입니다. 주기도문을 생각할 때 악에 대한 부분을 염두에 두어야 맞습니다. 그러나 주기도문이 예배에 사용되면서 찬송으로 마무리하고 싶어 송영 부분이 추가된 것입니다. 그리고 그 송영이 다윗의 기도에서 왔습니다. 교회는 그만큼 다윗의 기도를 중요하게 생각했습니다. 본래는 주기도문과 관계가 없었지만, 관계가 생긴 것입니다.

10절에도 주기도문과 비슷한 부분이 있습니다. '우리 조상' 이라는 부분입니다. 히브리어로는 '우리 아버지' 입니다. '우리 아버지 이스라엘의 하나님 여호와여' 하면, '우리 아버지' 와 '이스라엘' 을 동격으로 볼 수도 있지만, '우리 아버지' 와 '여호와' 를 동격으로 볼 수도 있습니다. 하나님을 아버지라 부르는 전통은 구약성경에서 드물게 나타납니다. '하나님은 고아와 과부의 아버지이시다.' 하는 표현이 있습니다. 다윗이 이스라엘을 우리 조상이라 불렀을 가능성이 더 큽니다. 그러나 주기도문을 아는 우리로서는 '우리 아버지' 라는 표현이 눈에 띕니다.

이어지는 12절은 야고보서 1장 17절과도 연관되어 보입니다. "온갖 좋은 은사와 온전한 선물이 다 위로부터 빛들의 아버지께로부터 내려오나니 그는 변함도 없으시고 회전하는 그림자도 없으시니라" 아멘. 12-13절입니다. "부와 귀가 주께로 말미암고 또 주는 만물의 주재가 되사 손에 권세와 능력이 있사오니 모든 사람을 크게 하심과 강하게 하심이 주의 손에 있나이다 우리 하나님이여 이제 우리가 주께 감사하오며 주의 영화로운 이름을 찬양하나이다" 아멘. 다윗의 부와 영광이 어디에서 왔는지를 읽을 수 있습니다. 하나님께로부터 왔습니다. 그러니 부와 영광이 아니라, 부와 영광의 근원이신 하나님을 따라야겠습니다.

이어지는 14절에서 "드릴 힘이 있었나이까"는 매우 독특한 표현으로 되어있습니다. '힘을 제한했다' 는 표현입니다. '이처럼 자발적으로 드리려고 우리가 힘을 제한했다.' 말합니다. 힘을 어떤 일에 집중하여 사용하고 다른 용도로 사용하는 것을 제한했다는 말입니다. 다윗은 '우리가 아무것도 아니기에, 사랑을 받았기에 힘을 집중하여 사용했다.' 고백합니다. 14절입니다. "나와 내 백성이 무엇이기에 이처럼 즐거운 마음으로 드릴 힘이 있었나이까 모든 것이 주께로 말미암았사오니 우리가 주의 손에서 받은 것으로 주께 드렸을 뿐이니이다" 아멘.

이어지는 15절에서는 '우리는 별 볼 일 없는 나그네였습니다. 거처도 없이 음지의 삶을 살았습니다.' 이렇게 고백합니다. 16절에서는 '그러므로 우리가 드린 모든 것들은 모두 다 하나님으로부터 왔습니다. 그러니 사실은 당신 것입니다.' 고백합니다. 17절에서는 '마음을 테스트하시는 하나님, 정직을 기뻐하시는 하나님, 결국 마음이 정직한지 테스트하시는 하나님'을 고백합니다. '정직한 마음으로 이 모든 것을 드립니다. 다른 꿍꿍이속이 없습니다. 뒤로 호박씨 까지 않습니다. 저뿐 아니라 당신의 백성들도 자원하는 마음으로 기쁘게 드렸습니다.' 고백합니다. 정직이 중요합니다. 내 생각, 내 감정, 내 마음을 정직하게 인식하는 것이 중요합니다. 정직하게 인식하고 있는지 확인될 필요도 있습니다. 나와 다른 시각을 가진 사람의 평가가 자신의 평가를 바로잡아 주기도 합니다.

이어지는 18-19절은 간구입니다. '이 마음을, 기쁘게 자원하는 마음으로 예물 드릴 마음이 백성들 마음속에 영원히 간직되도록 도우시옵소서.' 하는 간구이고, '내 아들 솔로몬에게 평강의 마음을 주셔서 당신의 계명을 지키게 하시고 성전을 건축하게 하옵소서.' 하는 간구입니다. 여기서 우리는 마음에 평강이 있어야 하나님의 계명을 지킬 수 있다는 점을 알게 됩니다. 여기서 다윗은 성전을 '요새(要塞)'를 의미하는 단어로 표현합니다. 성전을 매우 견고한 장소로 표현한 것입니다.

기도를 마치고 다윗은 온 회중에게 하나님을 송축하라고 권면합니다. 이에 번제 삼천 마리와 관제를 드리고 화목제를 풍성히 드립니다. 셀 수 없을 만큼 많이 드립니다. 잔치합니다. 솔로몬의 왕 임직식이 있습니다. 기쁘게 드리고 잔치하는 즐거움이 있습니다. 부와 영광은 그냥 오는 것이 아닙니다. 부와 영광의 근원 되시는 하나님을 신뢰하는 자에게, 즐거이 드리고 대접하는 것을 기뻐하는 자에게 있습니다.

역대하 1-9장에는 성전 건축과 더불어 솔로몬이 소개됩니다. 열왕기상과 비교되는 부분이 있습니다. 다윗과 달리 솔로몬은 '성전 예배'를 소홀히 했지요. 솔로몬의 관심은 '재화를 비축하고 힘을 기르는데' 있었습니다. 재화와 힘은 하나님께서 주시는 것이므로, 그분을 경외하면 되는데 그걸 몰랐습니다. 그럼에도, 역대기 기자는 솔로몬에 대해 관대했습니다. '눈을 감았다가 뜨고 보니' 다윗 왕조의 중요성이 더욱 다가왔기 때문이지요.

솔로몬은 다윗과 이후 유다 왕들을 연결하는 분기점입니다. 다윗이 '기준'이라면, 솔로몬은 또 하나의 '다른 기준'입니다. 솔로몬이 죽은 다음에 나라는 갈립니다. 이후 역대기는 열왕기와 달리 남국 유다의 왕들에 집중합니다. 이런 측면에서 역대하는 '솔로몬과 그의 자손들 이야기'라고 불릴 만합니다. 이들의 평가는 '얼마나 다윗과 같았는가?' 하는 것이었습니다. '다윗과 같았다.' 하는 말은 '하나님의 나라와 의'에 관심을 기울였다는 말이고, '다윗과 달랐다.' 하는 말은 '세상 나라와 의'에 관심을 기울였다는 말입니다.

솔로몬은 성전을 지었다는 측면에서 매우 특별합니다. 앞서 살펴본 것처럼, 역대상은 우리에게 다윗이 하나님으로부터 영감을 받아 성전 설계도를 그리고 솔로몬에게 설명했다고 알려줍니다(대상 28:11-19). 그뿐 아니라, 다윗은 재료를 준비했고(22:2-16; 29:2-5) 성전 봉사자들의 반열까지 지정하여 준비했습니다(대상 23-26장). 역대하는 솔로몬이 다윗의 명대로 성전을 완성하고 봉헌했다고 소개합니다. '성전'과 '예배', '성전 예배'는 역대기에서 가장 중요하게 다뤄지는 요소입니다. '하나님의 나라와 의'는 '성전 예배'와 직결됩니다. 하나님의 나라와 의는 성전 예배를 통해 임합니다. 그러기에 성전 예배가 소홀해지면 '하나님의 나라와 의'는 약화될 수밖에 없습니다.

그럼, 성전을 짓고 봉헌한 솔로몬은 성전 예배에 집중했을까요? 안타깝게도 솔로몬은 성전을 짓는 데는 7년을, 왕궁을 짓는 데는 13년을 사용합니다. 물론, 역대기는 이 사실을 강조하지 않습니다(왕상 6:38 비교). 더구나 다윗이 별로 관심을 기울이지 않았던 '국고성, 병거성, 마병성' 건축에 심혈을 기울입니다. 다윗의 관심은 '성전 예배'에 있었고, 솔로몬의 관심은 '재화를 비축하고 힘을 기르는데' 있었습니다. '성전 예배'에 집중했던 다윗은 전쟁에서 늘 승리했고, 재화를 비축하고 말과 병거를 사들여 힘을 기른 솔로몬이 죽자 나라는 분열됩니다. 안에 있는 적도 이기지 못한 것입니다. 그가 아람 나라보다 더 북쪽에 건설한 하맛소바, 다드몰, 하맛의 모든 국고성(대하 8:3-4)은 그가 죽은 다음에 북국 이스라엘조차 쓰지 못하는 건물이 됩니다. 레바논에 건축한 것(8:6)도 마찬가지였습니다. "그가 다스리는 온 땅에 건축하고자 하던 것을 다 건축"했으나(8:6), 그가 죽은 다음에 건축물 대부분은 유다를 대적하는 나라들의 소유가 된 것입니다. 무엇을 위해 그리 지었는지 불쌍한 마음마저 듭니다.

그러나 역대기 기자는 솔로몬에 대해 관대합니다. 솔로몬 건축의 결론을 '성전 건축'으로 갈음합니다. "솔로몬이 여호와의 전의 기초를 쌓던 날부터 준공하기까지 모든 것을 완비하였으므로 여호와의 전 공사가 결점 없이 끝나니라"(8:16) 아멘. 역대하 기자는 솔로몬의 성전 건축 얘기를 시작하면서도 다윗 때와 모세 때를 얘기합니다. 열왕기에는 없는 내용입니다. "다윗이 전에 예루살렘에서 하나님의 궤를 위하여 장막을 쳐 두었으므로 그 궤는 다윗이 이미 기럇여아림에서부터 그것을 위하여 준비한 곳으로 메어 올렸고 옛적에 훌의 손자 우리의 아들 브살렐이 지은 놋 제단은 여호와의 장막 앞에 있더라 솔로몬이 회중과 더불어 나아가서 여호와 앞 곧 회막 앞에 있는 놋 제단에 솔로몬이 이르러 그 위에 천 마리 희생으로 번제를 드렸더라"(대하 1:4-6) 아멘. 솔로몬의 '일 천 번제' 이야기가 '놋 제단' 및 '회중'과 연결됩니다.

솔로몬의 성전 건축을 위해 후람[히람]에게 전한 말에도 성전 제사 표현이 곁들여 집니다. "이제 내가 나의 하나님 여호와의 이름을 위하여 성전을 건축하여 구별하여 드리고 주 앞에서 향 재료를 사르며 항상 떡을 차려 놓으며 안식일과 초하루와 우리 하나님 여호와의 절기에 아침 저녁으로 번제를 드리려 하오니 이는 이스라엘의 영원한 규례니이다"(2:4) 아멘. 또한 하나님의 크심에 대해서도 언급됩니다. "내가 건축하고자 하는 성전은 크니 우리 하나님은 모든 신들보다 크심이라 누가 능히 하나님을 위하여 성전을 건축하리요 하늘의 하늘들의 하늘이라도 주를 용납하지 못하겠거든 내가 누구이기에 어찌 능히 그를 위하여 성전을 건축하리요 그 앞에 분향하려 할 따름이니이다"(2:5-6) 아멘.

두 가지 모두 열왕기에는 없는 표현입니다. 성전 제사 규례의 중요성과 성전을 짓는 솔로몬의 마음이 후람[히람]에게도 충분히 표현된 것으로 소개됩니다. 후람[히람]에게 전한 말과 연관된 한 가지를 더 설명하면, 두로 왕 후람[히람]이 보낸 사람이 성전 제작 재료 전체를 잘 다루는 사람으로 소개된다는 것입니다. 역대하 2장 7절을 보면, 솔로몬은 "금, 은, 동, 철로 제조하며 자색 홍색 청색 실로 직조하며 또 아로새길 줄 아는 재주 있는 사람 하나"를 요청했고, 2장 14절을 보면, 이 사람은 "능히 금, 은, 동, 철과 돌과 나무와 자색 청색 홍색 실과 가는 베로 일을 잘하며 또 모든 아로새기는 일에 익숙하고 모든 기묘한 양식에 능한 자"입니다.

성전과 기구에 대한 기술이 소개된 역대하 3-4장과 열왕기상 6-7장을 비교해보면, 구조와 기구에 대한 역대기의 기술이 덜 자세한 것을 알 수 있습니다. 반면, 물두멍뿐 아니라 등잔대와 진설병상까지 열 개씩 둔 점이 강조됩니다. "또 규례대로 금으로 등잔대 열 개를 만들어 내전 안에 두었으니 왼쪽에 다섯 개요 오른쪽에 다섯 개이며 또 상 열 개를 만들어 내전 안에 두었으니 왼쪽에 다섯 개요 오른쪽에 다섯 개이며"(대하 4:7-8) 아멘. 열왕기에는 등잔대가 열 개인 것은 "내소 앞에 좌우로 다섯씩 둘 정금 등잔대"(왕상 7:49)라는 표현으로 알 수 있지만, 진설병상까지 열 개인 것은 표현되지 않았습니다.

성전을 봉헌할 때도 예배 관련 부분이 역대기에는 강조되어있습니다. 역대하 5장 12-13절에는 성가대원들과 나팔 부는 제사장 120명의 찬송과 연주를 자세히 소개합니다. 성전 봉헌기도에서도 차이를 읽을 수 있습니다. 열왕기상 8장 50-53절에 있는 '귀환 기도'가 빠지고, 시편 132편 8-10절에 있는 '다윗의 인애'가 추가됩니다. 열왕기상 8장 61-64절과 비교해보면, '백성의 찬송'과 '예전'도 추가로 소개됩니다. "이스라엘 모든 자손은 불이 내리는 것과 여호와의 영광이 성전 위에 있는 것을 보고 돌을 깐 땅에 엎드려 경배하며 여호와께 감사하여 이르되 선하시도다 그의 인자하심이 영원하도다 하니라"(대하 7:3)와 "그 때에 제사장들은 직분대로 모셔 서고 레위 사람도 여호와의 악기를 가지고 섰으니 이 악기는 전에 다윗 왕이 레위 사람들에게 여호와께 감사하게 하려고 만들어서 여호와의 인자하심이 영원함을 찬송하게 하던 것이라 제사장들은 무리 앞에서 나팔을 불고 온 이스라엘은 서 있더라"(7:6)입니다. '성전 예전'에 대한 강조는 역대하 8장 13-16절에서도 읽을 수 있습니다(왕상 9:25-26 비교). 특히, 8장 14절을 보면, 솔로몬이 "그의 아버지 다윗의 규례를 따라 제사장들의 반열을 정하여 섬기게 하고 레위 사람들에게도 그 직분을 맡겨 매일의 일과대로 찬송하며 제사장들 앞에서 수종들게 하며 또 문지기들에게 그 반열을 따라 각 문을 지키게 하였으니 이는 하나님의 사람 다윗이 전에 이렇게 명령하였음이라" 이렇게 소개합니다.

솔로몬은 평가하기가 힘든 사람입니다. 솔로몬의 재판, 솔로몬의 지혜, 솔로몬에게 주신 영광, 솔로몬을 통해 주신 잠언, 전도서, 아가서, 특별히 솔로몬 성전을 생각하면 그는 분명 다윗의 자손으로 본받을 인물 같습니다. 반면, 그의 인간적이고 정치적인 모습, 많은 아내와 우상숭배, 나라의 나뉨을 생각하면, 본받으면 안 되는 인물 같습니다.

솔로몬은 분명 하나님의 사랑을 많이 받았습니다. 여디디야라는 이름까지 친히 주셨습니다(삼하 12:25). '여호와께 사랑을 입음' 이라는 의미의 이름입니다. 그럼, 솔로몬은 무슨 뜻일까요? 평강을 의미하는 샬롬과 같은 뜻을 갖습니다. 솔로몬은 '평화로운, 완벽한' 을 뜻합니다. 실제로 솔로몬 때는 이스라엘 나라에 전쟁이 없었습니다. 다윗이 이미 수많은 전쟁을 통해 주변을 평정했기 때문에 솔로몬 때에는 알아서 조공을 바쳤습니다.

하나님의 사랑을 받고 평화를 누렸던 솔로몬은 "이스라엘 자손이 애굽 땅에서 나온 지 사백팔십 년"에, 자신이 왕이 된 지 사 년에 성전 건축을 시작했습니다(왕상 6:1). 성전건축은 칠 년 걸렸습니다(왕상 6:38). 이때 솔로몬의 나이는 몇 살이었을까요? 정확하게 알기는 어렵습니다. 성경은 유독 솔로몬이 왕이 된 나이를 알려주지 않습니다.

솔로몬은 밧세바의 막내아들입니다. 역대상 3장 5절에 보면, 밧세바를 통해 다윗이 얻은 아들은 '시므아, 소밥, 나단, 솔로몬' 네 명이었습니다. 시므아가 맨 처음에 태어났다가 어렸을 때 죽은 아들의 이름이라면 네 번째 아들입니다. 다윗이 30세에 왕이 되었고 헤브론에서 7년 6개월, 예루살렘에서 33년을 다스렸습니다. 밧세바를 통해 첫 아들을 낳았을 때의 나이를 40대 초반으로 잡고 다윗이 50세쯤 되었을 때 솔로몬이 태어났다고 보면, 솔로몬이 왕이 될 때의 나이는 스무 살 정도이고 성전 봉헌은 삼십대 초반에 이뤄졌다고 볼 수 있습니다.

다윗의 주제는 나라였고 솔로몬의 주제는 건축이었습니다. 얼마나 건축을 많이 했으면 솔로몬이 죽은 다음에 백성들이 르호보암에게 나와서 "왕의 아버지께서 우리의 멍에를 무겁게 하였으나 왕은 이제 왕의 아버지께서 우리에게 시킨 고역과 메운 무거운 멍에를 가볍게 하소서 그리하시면 우리가 왕을 섬기겠나이다"(대하 10:4) 그렇게 말했겠습니까? 우리식으로 표현하면 다윗은 공부를 많이 못 했고 솔로몬은 공부를 많이 했습니다. 다윗은 부수는데 능한 사람이었고 솔로몬은 짓는데 능한 사람이었습니다.

나라가 중심 주제였던 다윗은 하나님의 나라를 생각했고 하나님 나라의 왕이신 그리스도를 늘 모시고 살았습니다. 건축이 주제였던 솔로몬은 성전을 7년간 지었고 자신의 왕궁은 13년간 지었고 국고성, 병거성, 마병의 성들을 건축했습니다. 국고성에는 자신의 재산을 병거성과 마병성에는 자신이 사들인 병거와 마병을 두었습니다. 성을 많이 지었는데 사람을 위한 성들이 아니고 재산과 무기를 위한 성들을 많이 지었습니다.

다윗과 솔로몬 둘 다 40년을 통치했으나 은사와 달란트가 달랐고 사명이 달랐습니다. 그러다 보니 깨닫는 바도 달랐습니다. 매우 다양한 갈등에서 출발하여 모든 갈등이 해결된 상태에서 사역을 마무리한 다윗은 찬송으로 그의 삶을 마무리했습니다. 모든 것이 갖춰진 상태에서 출발한 솔로몬은 결국 나라가 쪼개지는 것으로 그의 통치를 결론지었습니다. 이 모든 것이 솔로몬만의 책임은 아니었습니다. 분명 사울의 옷자락을 자르고 유다 지파만의 왕으로 등극하여 7년 반을 다스린 다윗에게 분단의 씨앗이 있었습니다. 다윗은 모든 전쟁에서는 승리했지만 자기 내면의 전쟁에서 패했습니다. 충신 우리아를 죽이고 밧세바를 아내로 맞이했습니다. 밧세바의 막내이자 넷째 아들로 태어난 솔로몬은 이 모든 가정의 짐을 진 채로 왕이 되었습니다. 그는 왕이 되고서는 아버지 집에서 왕 서열 1위였던 아도니야를 숙청했고 다윗의 천적 요압도 숙청했습니다.

스무 살쯤에 왕이 된 것으로 보이는 솔로몬은 그의 나이 서른 살쯤에 성전건 축이라는 대단한 과업을 이루었고 깨달은 바가 컸습니다. 연필 한 자루 제작하려 해도 그 안에 과학과 수학이 있고 예술이 있습니다. 하물며 성전이겠습니까? 십오만 삼천육백 명이 칠 년 동안 동원되었습니다. 연봉을 이천만 원만 잡아도 인건비만 21조 5천만 원이 넘습니다. 재료비는 더 천문학적입니다. 건물 하나에 도시 하나 건설할 만한 비용이 들어갔습니다. 그 과정에서 솔로몬이 깨달은 것은 하나님의 크심입니다. 그리고 인간의 나약함입니다. 나약하지만 회개하는 인생에 대한 축복입니다. 이러한 깨달음은 이방인에게까지 미치는 하나님의 구원에 대한 깨달음으로 이어지고, 마침내는 하나님 백성의 포로로 끌려감과 귀환에 대한 깨달음으로 귀결됩니다.

왕이 된 지 십일 년이 지났지만, 솔로몬은 아직 젊습니다. 자신을 어리다 표현했던 기브온 산당에서의 기도 때보다는 나이가 든, 그리고 하나님이 주신 지혜와 형통이 여전했던 시기에 한 솔로몬의 기도입니다. 역대하 6장 12-42절에는 "솔로몬의 기도"가 소개됩니다. 우선 그의 기도 자세가 12-13절에 소개됩니다. 그는 본인이 만든 놋 단상에 올라갔습니다. 높이가 세 규빗입니다. 1.5미터 정도입니다. 아이들 키만큼 위로 올라갔습니다. 무릎을 꿇고 하늘을 향해 두 손을 들었습니다. 놋으로 만든 단상이니 튼튼하기도 했겠지만, 왠지 놋으로 만든 제단과 비슷한 모습입니다. 놋 단상 위에 올라 무릎을 꿇고 두 손을 든 그의 모습을 떠올려보니 제물 같다는 생각이 듭니다. 그는 백성 앞에서 제물이 되어 기도합니다.

그의 기도는 하나님에 대한 고백으로 시작합니다. 14절에서는 마음 다해 하나님을 따르는 종들을 위해 언약과 인자를 지키시는 하나님을 고백합니다. 15절에서는 말씀하시고 이루시는 하나님을 고백합니다. 그의 평생을 통해, 특별히 그가 왕이 되고 성전을 짓는 과정을 통해 깨달은 하나님입니다. 16-17절은 이러한 깨달음에 기초한 간구입니다. 말씀하신 대로 지켜 달라 기도합니다. 하나님은 분명 약속을 지키시는 하나님이십니다. 그러니 하나님께서 하나님의 말씀을 잘 지켜달라는 요청은 하지 않아도 되는 것 같습니다. 그런데 그 앞에 '다윗을 위하여' 라는 표현이 있다는 것을 생각하면, '하나님을 마음 다해 따랐던 하나님의 종 다윗을 생각해서 말씀대로 해달라.' 하는 의미로 이해할 수 있겠습니다.

이어지는 17절은 '하나님의 말씀이 신뢰받게 해달라.' 하는 기도입니다. '확실하게 하옵소서' 로 번역된 표현은 '당신의 말씀이 믿어지게 해달라.' 하는 기도입니다. 누구에 의해 믿어져야 할까요? 우선은 자신이고 다음으로는 이어 왕이 될 다윗의 자손들입니다. 그리고 지금 함께 있는 하나님의 백성들이고 이어 백성이 될 이들입니다. 하나님의 말씀이 믿어져야 백성으로 살고 하나님의 종으로 살 수 있기 때문입니다. 역사 속에서 자신의 개인 삶 속에서 신실하신 분으로 입증된 그 하나님, 그러나 자신과 백성들은 연약하고 믿음이 부족하니 믿음을 달라고 다윗의 마음을 고려해 달라고 기도합니다. 18절에서는 자신과 성전을 비교하면서 하나님과 비교하면 자신이 건축한 성전은 아무것도 아니라고 고백합니다. 하늘들의 하늘이라는 표현을 통해 성전이 얼마나 하찮은 것인지를 고백합니다.

그러면서 몇 가지를 이어 간구합니다. 하나님의 얼굴을 돌려 귀를 기울이시고 눈을 열어달라 기도합니다. 19-20절입니다. "그러나 나의 하나님 여호와여 주의 종의 기도와 간구를 돌아보시며 주의 종이 주 앞에서 부르짖는 것과 비는 기도를 들으시옵소서 주께서 전에 말씀하시기를 내 이름을 거기에 두리라 하신 곳 이 성전을 향하여 주의 눈이 주야로 보시오며 종이 이 곳을 향하여 비는 기도를 들으시옵소서" 아멘. '성전은 하찮습니다. 그럼에도, 얼굴을 이쪽으로 돌려주십시오. 바라봐 주십시오. 탄원과 간구를 들어주십시오. 눈을 열고 봐주십시오.' 이렇게 기도합니다. 분명 대단한 성전을 지었습니다. 그러나 솔로몬은 이 성전이 하나님 앞에서는 대단한 것이 아니라는 것을 잘 알고 있습니다. 이러한 지식이 우리에게 필요합니다. 이러한 인정이 필요합니다. '우리는 대단하지 않고, 우리가 이루려고 하는 프로젝트는 대단하지 않습니다. 하나님 앞에서 우리와 우리의 계획은 보잘것없습니다. 대단한 것을 지어도 하나님이 쓰시지 않으면 아무것도 아닙니다.' 하는 인정입니다.

솔로몬은 아무리 멋지게 지어 봉헌식을 한다 해도 하나님의 인정이 없으면 아무것도 아니라고 기도하고 있습니다. 하나님의 이름이 있어야 의미가 있다고, 하나님께서 기도를 들어주셔야 이 성전이 가치 있는 건물이 된다고 고백합니다. 교회 건물도 마찬가지입니다. 기도하는 곳이 되어야 가치 있는 건물이 되고, 하나님께서 이곳에서 하는 기도에 귀를 기울이셔야 의미 있습니다. 교회 건물의 가치는 세상 가치로 계산되는 것이 아닙니다.

그러기에 솔로몬은 21절의 기도를 합니다. 확신의 기도입니다. 들으시고 용서해 달라는 기도를 확신 있게 합니다. 약속이 있고 말씀대로 지어졌으니 하나님께서 들어주실 것이라고, 들어주시고는 용서해주실 것이라고 기도합니다. 이러한 기도는 순종한 사람만이 할 수 있는 기도입니다.

이어지는 23-24절은 개인에게 행한 대로 심판하시라는 기도입니다. '누군가 이웃에게 죄를 지으면 조정과정에서 맹세하겠지요. 그러면 맹세대로 되겠지요. 왜냐하면 이곳은 하나님께서 얼굴을 향하시고 귀를 기울이시고 눈으로 주목하여 보고 계시는 성전이니까요. 당신은 들으시고 행하시고 심판하시겠지요. 그래서 악인에게는 악이 의인에게는 의가 돌아갑니다.' 이렇게 기도합니다. 하나님의 용서가 악인에게는 심판이요, 의인에게는 칭의입니다. 성전에서 한 기도를 하나님께서 응답하신다는 것은 개인적인 문제에 대한 하나님의 간섭이 있음을 의미합니다.

이어지는 24-25절은 백성에 관한 얘기입니다. 백성이 죄를 지어 전쟁에서 졌을 때를 상정하고 있습니다. 이 백성은 하나님의 백성입니다. 전쟁에서 진 하나님의 백성은 돌아와 하나님의 이름을 송축하고 기도하고 은혜를 구할 것입니다. 그럼, 하나님은 용서하실 것입니다. 그리고 하나님께서는 그들을 약속의 땅으로 되돌리실 것입니다. 하나님의 용서는 회복으로 이어집니다. 솔로몬은 불순종을 '기업 잃음' 으로, 회개와 회복을 '기업 회복' 으로 바로 이어 표현하고 있습니다.

사실 바벨론 포로는 한 번 발생한 것이 아니었습니다. 이스라엘의 역사 속에서 수시로 일어난 일이었습니다. 무슨 말입니까? 약탈당하고 전쟁에서 지고 점령당하고 조공을 바치고 하는 모든 순간은 기업을 잃는 순간들이었습니다. 바벨론 포로는 결정적인 예에 속할 뿐입니다.

솔로몬은 교회 공동체가 주저앉았을 때 어떻게 해야 하는지 알려줍니다. 하나님의 이름을 인정하고 주님께로 돌아와서 간구해야 합니다. 하나님의 이름을 인정한다는 표현은 하나님의 이름을 송축한다로 표현할 수 있습니다. 하나님을 높여야 회복이 있습니다. 어려움의 순간에 앗수르를 높인 아하스는 실패했습니다. 어려움의 순간에 애굽을 의지한 왕들도 실패했습니다. 어려움의 순간일수록 하나님을 의지해야 회복이 있습니다.

이어, 26-27절에서는 인간의 죄로 인해 하나님께서 하늘을 제어하셔서 비가 오지 않는 문제를 다룹니다. 이때 하나님의 백성들은 기도하게 될 것이고 하나님의 이름을 송축하게 될 것입니다. 이처럼 죄에서 돌아설 때 하나님의 용서가 있게 될 것이고 비가 다시 내리게 될 것입니다. "만일 그들이 주께 범죄함으로 말미암아 하늘이 닫히고 비가 내리지 않는 주의 벌을 받을 때에 이 곳을 향하여 빌며 주의 이름을 인정하고 그들의 죄에서 떠나거든 주께서는 하늘에서 들으사 주의 종들과 주의 백성 이스라엘의 죄를 사하시고 그 마땅히 행할 선한 길을 가르쳐 주시오며 주의 백성에게 기업으로 주신 주의 땅에 비를 내리시옵소서" 아멘. 천재지변의 문제가 인간의 순종, 불순종 문제요, 하나님 경외의 문제임을 솔로몬은 깨달았습니다.

이어지는 28-31절에서는 확대된 형태의 재난을 다룹니다. 기근, 재앙, 전염병, 시듦, 깜부기, 메뚜기, 황충, 원수의 압박으로 인한 재앙과 질병 문제를 다룹니다. 기도와 간구가 있어야 해결될 문제입니다. 확대된 형태의 재난문제를 다루면서 솔로몬은 하나님에 대한 깨달음을 30절에 담았습니다. "주만 홀로 사람의 마음을 아심이니이다" 아멘. 아담 아들들의 마음을 하나님이 아십니다. 아담의 마음을, 가인과 아벨의 마음을 아시는 하나님, 다윗과 솔로몬의 마음을 아시는 하나님은 우리의 마음을 아십니다. 사람은 외모를 보지만 하나님은 마음 중심을 보십니다. 누가 하나님을 경외하는지, 누가 진실한지, 누가 사랑이 있는지 하나님이 아십니다.

마음을 아시는 하나님께 예배드리는 우리에게 필요한 것은 하나님 경외입니다. 31절입니다. "그리하시면 그들이 주께서 우리 조상들에게 주신 땅에서 사는 동안에 항상 주를 경외하며 주의 길로 걸어가리이다" 아멘. 항상, 하나님이 주신 땅에서, 주님을 경외하며 그분의 길을 따라가는 것입니다. 건축을 통해 솔로몬이 깨달은 것입니다. 건축은 정직하기 때문입니다. 방수 처리가 부실하면 비가 샙니다. 단열을 잘하면 겨울에 따뜻하고 여름에 시원합니다. 건축을 잘하면 500년 지나도 끄떡없지만, 부실하게 지으면 50년은커녕 5년도 지나지 않아 무너집니다.

인간의 연약함을 깨달은 솔로몬은 이방인에 대한 마음이 생겼습니다. 36절 앞부분에 "주께 범죄하지 아니하는 사람이 없사오니"에서 '주께'는 본래 없습니다. '범죄하지 아니하는 사람이 없다.' 이것은 솔로몬의 인간 이해이자 다윗의 인간 이해였습니다. '의인은 하나도 없다.' 하는 다윗의 시편 고백을 솔로몬은 '죄를 짓지 않는 아담은 없다.' 이렇게 표현했습니다. '아담은 모두 다 죄를 짓는다.' 하는 깨달음 속에서 솔로몬의 시야는 이방인에게로 향했습니다. 그래서 성전 건축에 이방인들을 대거 투입했습니다. 심지어, 두로 왕 후람에게 도움을 청하기도 했습니다. 32-33절에서 솔로몬은 이방인들이 성전에 나아올 것에 대한 확신과 이방인들에 대한 하나님의 일하심에 대한 확신을 표현합니다. 이방인들이 하나님의 이름을 알도록, 하나님을 두려워하도록, 성전과 하나님과의 관계를 알도록 일하실 하나님에 대한 확신을 표현합니다.

솔로몬의 마지막 깨달음은 하나님 백성의 실패와 회복에 대한 것이었습니다. 일상의 전쟁에서 그들은 패할 수 있습니다. 그러나 그들은 기도하게 될 것이고, 하나님께서는 그들의 기도를 들으시게 될 것이고, 마침내 정의를 시행하실 것입니다. 그러나 백성의 죄가 더해지게 되면, 하나님께서 하나님 백성에게 진노하게 되시고 그래서 원수에게 넘기게 되시면 포로로 끌려가는 일이 있게 될 것입니다. 36절입니다. "주께 범죄하지 아니하는 사람이 없사오니 그들이 주께 범죄하므로 주께서 그들에게 진노하사 그들을 적국에게 넘기시매 적국이 그들을 사로잡아 땅의 원근을 막론하고 끌고 간 후에" 아멘.

'하나님의 기업을 떠날 수밖에 없게 되었을 때라도, 하나님의 진노에도 불구하고, 원수에게 넘겨졌음에도 불구하고, 포로로 끌려갔을지라도, 돌이키게 되어 돌아오고 간구하게 될 것입니다. 돌아가게 되고 회개하게 될 것입니다. 하나님께서 들으시고 행하시고 사하실 것이기 때문입니다. 물론 이 과정에서 이 성전이 훼파되는 일이 있겠지만, 하나님의 하나님 되심으로 인해 회복이 있을 것입니다.' 이렇게 솔로몬이 기도합니다. 37-39절에 있습니다.

우리의 전공이 다르고 달란트가 다릅니다. 자신에게 특화된 것을 통해 하나님과 하나님의 뜻을 잘 깨닫는 것이 중요합니다. 갈라디아서 6장 4절입니다. "각각 자기의 일을 살피라 그리하면 자랑할 것이 자기에게는 있어도 남에게는 있지 아니하리니 각각 자기의 짐을 질 것이라" 아멘. 더불어, 사명을 통해 깨닫는 것도 적당히 하는 것이 좋겠습니다. 솔로몬은 건축 관련 깨달음을 너무나 지나치게 확장했습니다. 그래서 그의 40년 통치가 건물 짓다가 끝났습니다. 우리도 전공과 달란트가 다르기에 깨닫는 것이 있습니다. 그러나 보편성을 가지도록 힘쓸 필요가 있습니다. 40-42절이 이 사실을 간접적으로 표현합니다. 이 부분은 성전에 올라가는 노래인 시편 132편의 8-10절과 유사한 내용입니다. 열왕기상 8장에는 없는 기도이지요. 솔로몬이 기도는 했겠으나 충분히 깨닫지 못했던 기도가 역대기에 소개되고 있습니다. "나의 하나님이여 이제 이곳에서 하는 기도에 눈을 드시고 귀를 기울이소서 여호와 하나님이여 일어나 들어가사 주의 능력의 궤와 함께 주의 평안한 처소에 계시옵소서 여호와 하나님이여 원하옵건대 주의 제사장들에게 구원을 입게 하시고 또 주의 성도들에게 은혜를 기뻐하게 하옵소서 여호와 하나님이여 주의 기름 부음 받은 자에게서 얼굴을 돌리지 마시옵고 주의 종 다윗에게 베푸신 은총을 기억하옵소서 하였더라" 아멘. '다윗에게 베푸신 은총'은 '다윗의 인자들'입니다. 다윗의 성전 사랑, 예배 사랑을 가리킵니다.

역대기를 읽다 보면 이상한 게 있습니다. 이상하게 관대합니다. 열왕기상하와 비교하면 그렇다는 말입니다. 솔로몬이 이방 여인들과 결혼하고 이방 신들에게 제사한 것을 매우 비판적인 어조로 기술했던 열왕기와 달리, 역대기는 그 문제를 거의 언급하지 않습니다. 모르지는 않을 텐데, 왜 그럴까요? 열왕기 기자는 므낫세를 천하에 나쁜 왕으로 기술합니다. 므낫세 때문에 유다가 안 망할 수 없다고 말합니다. 그런데 역대기 기자는 므낫세가 바벨론으로 포로로 끌려갔고 그때 겸손해졌다고, 겸손히 기도했다고, 기도해서 돌아와서 잘한 게 있다고 말합니다. 심지어 므낫세의 아들 아몬을 그의 아버지와 비교하면서 "그의 아버지 므낫세가 스스로 겸손함 같이 여호와 앞에서 스스로 겸손하지 아니"했다고 평가하기까지 합니다(대하 33:23).

눈이 다른 것입니다. 시각이 달라졌습니다. 좀 더 지나 보니, 달라진 것입니다. 할아버지 할머니가 왜 더 관대합니까? 자식들 장성하기까지 키워 놓고 보니 애들을 그리 닦달할 일이 아니었습니다. 어렸을 때 그리하면 큰일 나는 줄 알았는데, 가만 보니 우리 애만 그런 게 아닙니다. 그렇게 크면 크게 잘못될 줄 알았는데 그것도 아닙니다. 전화위복이란 게 있습니다. 맨날 사고 쳐서 걱정했는데 창의적인 기업가가 되었습니다. 집에만 붙어있어서 좀 나가라고 했는데 작가가 되었습니다.

르호보암에게 아버지의 모사들이 권면한 것과 자기 친구들이 권면한 것이 달랐습니다. 솔로몬의 모사들은 백성을 알았습니다. 그러나 르호보암의 친구들은 금수저들의 시각밖에 없었습니다. 백성이 굽신거리니 힘이 없는 줄 알았습니다. 백성의 요구를 들어주라는 말을 듣지 않고 백성을 더 윽박지르라는 말을 들은 르호보암을 백성이 떠납니다. 르호보암만 떠난 것이 아니라 하나님도 떠납니다.

똑같이 면접해도 점수가 다릅니다. 각자 좋아하는 성향이 있습니다. 누구는 똑똑한 게 좋고, 누구는 진지한 게 좋습니다. 누구는 분명한 게 좋고 누구는 균형 잡힌 게 좋습니다. 누구는 변하지 않는 게 좋고 누구는 개선되는 게 좋습니다. 자신감이 누구에게는 겉멋으로 보이고 누구에게는 성령충만으로 보입니다. 지나친 공손함이 누구에게는 충성스럽게 보이고 누구에게는 야망으로 보입니다.

역대기 기자의 시각은 어떤 것이었을까요? 역대기의 처음과 끝을 보면 역대기 기자의 시각을 엿볼 수 있습니다. 역대기의 시작은 '아담'이고 역대기의 끝은 고레스의 포로귀환 칙령입니다. 사무엘상하와 열왕기상하의 시작과 끝은 엘가나의 회복과 여호야긴의 회복입니다. 범위가 다릅니다. 역대기는 아담부터 담고 있고 열왕기는 사무엘의 아버지 엘가나부터 담고 있습니다. 고라 자손 엘가나입니다. 시편 2권에 고라 자손의 시가 많이 실려있습니다. 하나님 나라는 어떤 사람들에 의해 발전되는가? 고라 자손과 같은 이들로 인해 발전합니다. 아버지 고라가 하나님의 뜻에 반하여 행동할 때 동조하지 않은 이들입니다. 인간적으로 보면 그러면 안 되지요. 아버지와 한배를 타야지요. 그런데 고라의 아들들은 아버지와 행동을 같이하지 않았습니다. 그래서 살아 남았습니다. 그러나 그들에게는 '고라 자손'이라는 오명이 붙었습니다.

그런데 이상하지요? 정통 제사장 집안인 엘리의 집이 타락할 때 그 자리를 고라 자손 엘가나의 아들 사무엘이 채웁니다. 역사의 아이러니이고, 인간사의 패턴[유형]입니다. 부자가 삼대를 못 가는 거죠. 그러니 선 줄로 생각이 들거든 넘어질까 조심하라고 말씀하셨습니다(고전 10:12). 넉넉하다 할 때 가난이 찾아오고 높아졌다 싶을 때 망하는 것입니다. 소망 없고 손가락질당하던 고라 자손 엘가나의 집에서 소망 없고 손가락질당하던 여자가 하나 있습니다. 누구죠? 한나입니다. 그 한나는 식음을 전폐하고 기도할 만큼 마음에 고통이 있습니다. 그런데 그 고통이 회복의 출발점이 됩니다. 고라 자손을 통한 하나님 백성의 회복이 사무엘서의 시작에 있습니다.

그럼, 열왕기서의 마지막에 누가 있습니까? 여호야긴이 있습니다. 마태복음 1장 10-12절의 족보를 보면, 요시야의 아들 여호아하스, 여호야김, 시드기야가 족보에서 생략되고 여호야긴의 다른 이름인 여고냐만 남습니다. 요시야의 세 아들이 모두 삭제됩니다. 여호야긴의 손자 스룹바벨 때에 포로귀환이 이뤄집니다. 스룹바벨은 총독이라 불리고, 재건된 성전도 스룹바벨 성전이라 불립니다. 이로 볼 때 여호야긴의 회복은 엘가나의 회복과 마찬가지로 기적이었습니다.

본래 여호야긴은 왕이 될 사람이었습니다. 그러나 백성이 작은 아버지인 여호아하스를 왕으로 세웠기에 왕이 되기 어렵게 되었습니다. 그런데 애굽 왕 느고가 여호아하스를 폐위하고 여호야김을 왕으로 세운 것입니다. 그래서 여호야긴은 왕이 되었습니다. 그런데 여호야긴은 고작 백 일 동안 왕 노릇을 했고 바벨론으로 끌려갑니다. 어렵게 왕이 되었는데 백 일 동안 왕이었다가 포로로 끌려간 것입니다. 그런데 그가 바벨론에서 대접받기 시작합니다. 있을 수 없는 일이지요. 더구나 바벨론을 멸망시킨 고레스는 여호야긴의 손자 스룹바벨을 총독 삼아 유다 자손을 약속의 땅으로 돌려보냅니다.

사무엘상하와 열왕기상하는 하찮게 된 두 사람의 회복으로 시작과 끝을 장식합니다. 중간도 비슷합니다. 사울이 자신을 스스로 낮출 때 왕으로 삼으셨고, 다윗이 목동일 때 왕으로 세우십니다. 하나님을 중시하는 자는 서고 하나님을 멸시하는 자는 넘어집니다.

그런데 역대기는 하나님 나라에 대한 태도와 함께, 세상 나라에 대한 태도를 함께 고려합니다. 하나님 나라와 세상 나라에 대한 태도를 알 수 있는 척도로 '성전 예배'가 제시됩니다. 모든 것이 성전과 예배로 이어집니다. 하나님에 대한 태도 문제가 아니라 하나님과 세상 사이에서 어느 편에 서 있는가로 질문이 달라졌습니다. 그러다 보니 솔로몬에 대한 평가가 달라집니다. 그가 다윗의 규례를 따라 성전 예배를 지속했으니 된 것입니다. 성전이 훼파되고 나라가 망한 다음에 다시 돌아와 성전을 짓고 보니, 성전 예배를 지속한 것만으로도 솔로몬은 충분히 훌륭했던 것입니다. 그렇게나 부하고 강했는데 그 정도 어긋났으면 양호한 거죠.

젊은이들은 기성세대를 쉽게 비판하는 경향이 있습니다. 그러나 부모가 되어보지 않고 부모를 비판하는 것, 부자가 되어보지 않고 부자를 비판하는 것, 인생의 여러 요소를 경험하기 전에 넘겨짚어 판단하는 것은 성급하다고 하겠습니다. 특별히 하나님에 대해 잘 알지 못할 때의 판단, 하나님을 경외하지 않은 상태에서의 의견, 긍휼의 눈이 충분히 형성되지 못한 상태에서의 생각들은 교정의 가능성을 많이 가지고 있습니다.

역대기에는 포로귀환이라는 회복이 가미되었습니다. 레위기 26장과 신명기 28장에서 순종의 복과 불순종의 화를 말할 때 '포로로 끌려가는 것'은 가장 심각한 형태의 멸망이었습니다. 그런데 포로귀환을 하고 보니, 그 멸망에서 회복되고 보니 하나님이 좀 더 보입니다. 그 하나님은 '받아주시는 하나님' 입니다. 어쩌면 이런 이유로 히브리어 성경의 가장 마지막에 역대기가 있을 수도 있다 생각합니다. 우리말 구약성경의 끝은 말라기입니다. 그런데 히브리어 구약성경의 끝은 역대하입니다. 말라기는 세례 요한의 사역과 잘 연결되는 선지서입니다. 그러나 역대기는 새로운 사관을 담고 있기에 구약성경의 마지막 책으로서 적절한 부분이 있습니다. '받아주시는 하나님을 가장 잘 보여주시는 예수님' 과 잘 연결됩니다.

역대하 7장 1-22절에는 성전 낙성식 혹은 봉헌식 장면과 하나님께서 솔로몬에게 주신 말씀이 소개됩니다. 우선 성전 봉헌식은 7월 절기 때 이뤄집니다. 우리로 하면 추석 즈음입니다. 7월 8일부터 15일까지 봉헌식을 하고 7월 15일부터 22일까지 초막절을 지키고 7월 23일에 백성을 집으로 보냈습니다. 8-10절입니다. "그 때에 솔로몬이 칠 일 동안 절기를 지켰는데 하맛 어귀에서부터 애굽 강까지의 온 이스라엘의 심히 큰 회중이 모여 그와 함께 하였더니 여덟째 날에 무리가 한 성회를 여니라 제단의 낙성식을 칠 일 동안 행한 후 이 절기를 칠 일 동안 지키니라 일곱째 달 제이십삼일에 왕이 백성을 그들의 장막으로 돌려보내매 백성이 여호와께서 다윗과 솔로몬과 그의 백성 이스라엘에게 베푸신 은혜로 말미암아 기뻐하며 마음에 즐거워하였더라" 아멘. 솔로몬 왕이 드린 22,000마리의 소와 120,000마리의 양은 두 주간의 절기 행사에 참여한 백성들의 양식이 되었습니다. "하맛 어귀에서부터 애굽 강까지의 온 이스라엘의 심히 큰 회중"을 위한 양식입니다. 어쩌면 역사상 가장 성대한 성전 봉헌식이 치러졌습니다.

그런데 열왕기하 8장 61-64절과 비교해보면, 앞서 본 것처럼, 역대하 7장 3절과 6절이 특별합니다. 백성이 엎드려 경배하며 하나님을 찬송한 내용이 부각됩니다. 제사장들이 직분대로 서서 나팔을 붑니다. 백성들은 서 있습니다. 레위 사람들은 다윗이 만든 악기를 가지고 찬송합니다. 여호와의 영광이 여호와의 전에 가득하여 제사장들이 여호와의 전에 들어갈 수 없을 때, 백성은 경배하고 찬송하며, 레위 자손들은 악기를 연주하며 찬송합니다. 찬송이 그리도 중요했다는 것입니다. 어쩌면 성전 건물보다도 찬송이 중요했습니다. 제사보다도 찬송이 중요했습니다. 제사는 예수 그리스도의 영원

'한 제물로 대체되지만, 찬송은 그때나 지금이나 유효하지요.

지금도 마찬가지입니다. 건물보다 중요한 것이 사람이고, 사람의 일 가운데 가장 중요한 것이 예배이고 찬송입니다. 은혜를 받으면 찬송이 솟아나고 은혜가 식으면 찬송부터 사라집니다. 요한계시록을 보니 끝까지 살아남는 것이 찬송입니다. 모든 민족이 모여 찬송하는 것은 계속됩니다.

솔로몬의 다양한 건축사업에 부정적인 측면이 있지만, 역대기 기자는 솔로몬의 건축을 신랄하게 비판하지 않습니다. 성전 건축에 7년, 왕궁 건축에 13년이라고 하는 정보도 제공하지 않습니다. 성전과 왕궁 건축이 마무리 되었을 때 하나님께서 주신 말씀을 자세히 소개합니다. 열왕기와 비교할 때 특별한 부분은 13-15절입니다. 이 표현은 레위기 26장과 신명기 29장의 주제입니다. 순종의 복과 불순종의 화에 대한 내용이 압축적으로 표현되었습니다. 팬데믹 시대를 살기에 '전염병' 이라는 부분이 특별히 눈에 띕니다. 14절의 '스스로 낮추고' 는 '겸손히 항복하는 것' 을 의미합니다. 본래 순서는 항복이 먼저이고, 다음이 기도와 하나님의 얼굴을 찾는 것이고, 다음이 악한 길에서 떠나는 것입니다. 항복 없이 기도 없고 기도 없이 변화 없습니다. 그런데 항복 없이 기도하려 하고 기도 없이 바뀌려 합니다. 하나님 앞에 무릎을 꿇어야 회복이 있는 것입니다. 그러나 자신을 높이는 인류는 항복하지 않습니다.

오늘은 '공간' 과 '공간을 채울 사람' 의 측면에서 통독 본문을 살펴보았습니다. 이 관점에서 보니, 솔로몬의 관심은 '공간' 에 있었고, 다윗의 관심은 '공간을 채울 사람' 에 있었다고 말할 수 있겠습니다. 결국 '공간' 에 관심을 둔 솔로몬에게서 사람들은 떠났고, '공간을 채울 사람' 에 관심을 둔 다윗에게 사람들은 몰려왔습니다. 지금도 비슷합니다. 우리의 관심이 어디에 있는지 따져볼 필요가 있겠습니다. 우리의 관심이 '공간' 에 있는지, '공간을 채울 사람' 에 있는지 따져야겠습니다.

질의와 응답

하나. "태초부터 하나님의 관심은 성전이 아니었나 하는 생각이 듭니다. 성전의 흐름에 대해 간단히 말씀해주실 수 있을까요?"

에덴이 성전이었고, 예수님은 십자가에서 에덴을 회복시키셨다고 생각합니다. '오늘 네가 나와 함께 낙원에 있으리라.' 말씀하셨는데, '낙원' 이 헬라어로는 '에덴' 에 해당하는 단어입니다. 에덴과 예수님 사이에, '모세 성막-솔로몬 성전-스룹바벨 성전-증축된 헤롯 성전' 이 있습니다. 이제는 '하늘 성전에 잇댄 지상 성전' 으로는 '성도' 와 '교회' 가 있습니다.

둘. "인구 조사에 대해 요압은 부정적이었습니다. 그런데 왜 다윗은 인구 조사를 진행시켰을까요?"

사탄이 충동했다고 하는데(대상 21:1), 아마도 다윗은 자신의 세(勢)를 알고 싶었나 봅니다. 그런데, 역대기 기자는 요압이 베냐민과 레위인을 계수하지 않은 것(21:6)이 더 나빴다고 얘기하는 것 같습니다.

셋. "히브리어 성경의 마지막 책이 역대기라고 하셨는데, 그 순서가 가지는 의미가 있을까요?"

열왕기와 비교해서, 역대기는 고레스의 포로귀환 칙령이 반영된 사관이 반영된, 어떤 면에서 '받아주시는 하나님' 이 중심인 책이라고 말씀드렸습니다. '받아주시는 하나님' 과 '예수님의 초림' 은 잘 연결됩니다. 물론, 말라기의 기록 시기가 가장 늦고, 말라기 4장 5절의 '선지자 엘리야' 가 '세례 요한' 과 잘 연결되기에 현 순서도 좋습니다. 말라기서의 마지막 단어가 '헤렘' 이기에 '헤렘으로 오신 예수님' 이 소개된 복음서와도 잘 연결됩니다.

Weekly Reading

20

역대하 11-31장

"제로"

대하 11-13장	대하 14-16장	대하 17-19장	대하 20-22장	대하 23-25장	대하 26-28장	대하 29-31장

check

"값이 없는 수, 전혀 없음"을 제로(0)라고 부릅니다. 한편, 제로는 기준의 의미로도 쓰입니다. "항공기가 정해진 항공로나 경로를 따라 비행할 수 있도록 조종사에게 지시하는 장치"를 '제로 리더(Zero Reader)'라 부르고, "매년 증액하거나 새로 추가하는 사업뿐 아니라 모든 정부 사업의 예산이 근본부터 경제성 검토의 대상이 되도록 하는 예산 책정 방법"을 '제로베이스(Zero-base) 예산'이라 부르며, '해발고도'를 '제로 미터(Zero meter)'라 부르기도 합니다.

역대하를 읽으면서 자꾸만 바닥으로 치닫는 다윗 왕가의 모습에서 '제로'를 읽습니다. '소망 제로, 바닥 제로, 기준 제로'입니다. 소망이 점점 없어져 제로가 되고, 낮은 곳으로 계속 내려가 제로에 다다릅니다. 그런데 우리에게 소망이 없을 때, 오직 예수 그리스도만이 우리의 소망이라 고백할 때의 상태가 '제로'이겠으니, '제로인 바닥'에서 우리의 구주이시자 기준이신 예수님을 발견합니다.

제로

I.

제로는 소망이다.

새로 시작할 수 있기 때문이다.
제로는 바닥이다.
아무것도 없기 때문이다.

제로는 기준이다.
균형점이기 때문이다.

II.
무에서 온 땅과 만물과 사람이 창조되었으니
처음엔 소망이 있었다.

하마터면 다시 제로가 될 뻔 했으나
하나님의 은혜로 여덟 명이 남아 바닥은 면했다.

하나라도 남는다면 남은 것이다.
제로가 아니니까.

III.
다윗 왕조는 제로에서 시작되었다.
다윗이 이새의 아들이지, 사울의 아들이 아니었으니까.

많은 자손들이 다윗의 뒤를 이어 왕이 되었다.
그런데 자꾸 바닥으로 내려간다.

바닥에서 누구를 만날 것인가?
기준을 만난다.

IV.
예수님은 시작이다.
태초에 말씀이 계셨고 그가 없이 생겨난 것이 없다.

그분이 성육신하셨다.
바닥으로 내려오셨다.

바닥에 내려오신 그분이 기준이다.
바닥에서 기준이신 그분을 만난다.

V.
르호보암의 기준은 다윗과 솔로몬이었습니다.
여로보암이 아니었습니다.

그러나 강해지자 바닥으로 내려갑니다.
압살롬의 딸로 후사를 얻습니다.

르호보암이 바닥으로 내려갈수록
소망은 사라지고 그리스도를 갈망하게 됩니다.

VI.
아비야의 기준은 성전제사였습니다.
그에게 자부심도 있었습니다.

아사는 아비야보다 바닥으로 내려갑니다.
선견자 하나니를 옥에 가둡니다.

왕들이 하나님의 사람들을 멀리할수록
하나님의 해결책만 남습니다.

VII.
여호사밧은 기준을 새롭게 합니다.
찬송으로 모압, 암몬, 세일을 이깁니다.

그러나 아합의 딸 아달랴를 며느리 삼으니
여호사밧의 아들 여호람은 바닥을 찍습니다.

아우들을 모두 죽이고 창자에 병이 들어 죽습니다.
바닥에서 믿음의 주요 온전케 하시는 예수님을 바라봅니다.

VIII.
아하시야의 기준은 아합 집이었습니다.
그는 아합의 딸 아달랴의 아들입니다.

아달랴가 다윗 집에서 여왕이 되니
예상하지 못한 바닥입니다.

대제사장 여호야다 부부로 소망이 생깁니다.
요아스가 왕이 되는 길이 열립니다.

IX.
요아스의 기준은 여호야다였습니다.
그러나 기준이 오래가지 못합니다.

여호와의 전을 버리고
여호야다의 아들 스가랴를 죽입니다.

제단과 성전 사이에서 죽임을 당한 사가랴의 피를
언급하신 예수님에게 소망을 둡니다.

X.
기준을 버릴 뿐 아니라 대적한 요아스를 아마샤가 이어받습니다.
그에게 기준이 있었을까요?

하나님의 도우심으로 에돔을 이기지만
그들의 신들로 자기 신을 삼습니다.

부적절함을 지적하는 선지자를 때리려는 아마샤에게서
예수님을 때리는 사람들의 모습을 엿봅니다.

XI.
강성함을 교만으로 이어간 웃시야에게서
교만의 새로운 측면을 읽습니다.

웃시야 요담 아하스 히스기야에게서
새로운 바닥을 읽습니다.

여호와의 종을 앙망할 수밖에 없는
바닥입니다.

XII.
매우 다양한 다윗의 자손들이 그의 뒤를 잇지만
기준을 존중하는 이들을 만나기가 쉽지 않습니다.

새로운 바닥에 도달하는 이들은 많지만
바닥에 이르는 이유가 선한 이들을 만나기가 어렵습니다.

예수님을 기준 삼아 그분의 자리를 바닥 삼아
흔쾌히 그 자리에서 시작하는 이들이 그립다.

솔로몬의 아들 르호보암이 왕이 됩니다. 그의 부인 가운데 두 명이 특별히 언급됩니다. '이새의 아들 엘리압의 딸 아비하일의 소생 마할랏'과 '압살롬의 딸 마아가'입니다. 역대하 11장 18-23절에 있습니다. 분명 큰아들은 아닌 것 같은데, 르호보암의 마음이 마아가의 아들 아비야에게 있습니다. 율법에 반하는 행동입니다. 신명기 21장 15-17절의 율법입니다. "어떤 사람이 두 아내를 두었는데 하나는 사랑을 받고 하나는 미움을 받다가 그 사랑을 받는 자와 미움을 받는 자가 둘 다 아들을 낳았다 하자 그 미움을 받는 자의 아들이 장자이면 자기의 소유를 그의 아들들에게 기업으로 나누는 날에 그 사랑을 받는 자의 아들을 장자로 삼아 참 장자 곧 미움을 받는 자의 아들보다 앞세우지 말고 반드시 그 미움을 받는 자의 아들을 장자로 인정하여 자기의 소유에서 그에게는 두 몫을 줄 것이니 그는 자기의 기력의 시작이라 장자의 권리가 그에게 있음이니라" 아멘.

분명 마할랏이 '여우스, 스마랴, 사함'이라는 아들들을 낳았지만(11:19), 그리고 분명 "그 후에 압살롬의 딸 마아가에게 장가들었"는데(11:20), 마아가의 아들로 후계자를 삼고자 한 것입니다. 르호보암의 의도대로 마아가의 아들 아비야가 후계자가 된 것으로 보입니다. 그럼에도, 13장 2절은 아비야의 어머니에 대해 다른 소개를 합니다. "예루살렘에서 삼 년 동안 다스리니라 그의 어머니의 이름은 미가야요 기브아 사람 우리엘의 딸이더라 아비야가 여로보암과 더불어 싸울새" 아멘. 이름을 '마아가' 대신 '미가야'로 소개하고, '압살롬의 딸' 대신 '기브아 사람 우리엘의 딸'이라는 표현을 사용합니다.

"압살롬은 아들 셋과 딸 하나를 낳았는데 딸의 이름은 다말"(삼하 14:27)이라 하였고, 압살롬이 아들이 없다는 표현도 발견되는 것(삼하 18:18)을 통해 추측할 때, 압살롬의 아들들은 일찍 죽은 듯합니다. 다른 딸이 없다면 그의 딸 이름은 다말입니다. 이에 사무엘하 14장 27절과 역대하 11장 18절 및 13장 2절을 함께 이해하려다 보니, 마아가는 압살롬의 손녀이고, 미가야(다말)가 압살롬의 딸이며, 미가야(다말)가 우리엘과 결혼하여 낳은 딸이 마아가일 수 있다고 생각하기도 하고, '마아가=미가야, 압살롬=우리엘' 이렇게 여기기도 합니다.

그런데 역대하 11장 22절의 "왕으로 세우고자 함이었더라"를 고려하면, 혹시 역대기 기자가 '후계자 부분에 관해 르호보암이 의도한 대로 이뤄지지 않았다는 것'을 강조했을 수도 있겠습니다. 르호보암은 압살롬('평강의 아버지')의 딸 마아가('누르는 자, 압제하는 자')를 사랑하여 그의 아들 아비야를 후계자로 세웠지만, 막상 아비야에게 어머니 역할을 한 이는 기브아 사람 우리엘('하나님은 나의 빛이다')의 딸 미가야('누가 여호와와 같은가')였다는 것입니다. '마아가'가 '다말'의 다른 이름이든, '마아가'가 '다말'의 딸이든, 르호보암의 의도대로 되지 않았다는 것이죠.

결국 아비야가 왕이 된 것은 어머니 '마아가' 때문이었는데, 아비야에게 어머니 역할을 한 이는 '미가야'였다고 표현했을 수 있습니다. 기브아가 사울의 동네인 것을 생각하면, 미가야의 아버지인 우리엘은 베냐민 지파 사람이었겠습니다. 르호보암이 "그의 모든 아들을 유다와 베냐민의 온 땅 모든 견고한 성읍에 흩어 살게" 한 것(11:23)을 생각할 때, 아비야가 베냐민 지파 사람의 딸로부터 영향을 받았을 가능성을 생각할 수 있겠네요.

이제, 선지자 스마야를 통해 르호보암에게 주신 말씀을 함께 읽어봅니다. 12장 5절입니다. "그 때에 유다 방백들이 시삭의 일로 예루살렘에 모였는지라 선지자 스마야가 르호보암과 방백들에게 나아와 이르되 여호와께서 이같이 말씀하시기를 너희가 나를 버렸으므로 나도 너희를 버려 시삭의 손에 넘겼노라 하셨다 한지라" 아멘. 반면, 13장 4-12절에 있는 아비야의 말을 봅니다. 왠지 아비야의 긍정적인 부분이 그의 어머니라 불리는 '기브아 사람 우리엘의 딸 미가야'와 관계될 수 있겠다는 생각이 듭니다. 르호보암이 생각하지 못한 변화이고, 이 변화에서 하나님의 개입을 읽습니다.

특히 아비야의 아들 아사 왕이 할머니로 보이는 마아가를 태후의 자리에서 폐한 것을 생각할 때 더욱 그렇습니다. 15장 16-17절입니다. "아사 왕의 어머니 마아가가 아세라의 가증한 목상을 만들었으므로 아사가 그의 태후의 자리를 폐하고 그의 우상을 찍고 빻아 기드론 시냇가에서 불살랐으니 산당은 이스라엘 중에서 제하지 아니하였으나 아사의 마음이 일평생 온전하였더라" 아멘. 마아가의 남편 르호보암은 일찍 죽었지만, 압살롬의 딸 마아가는 손자 아사가 왕이 되었을 때도 살아있었습니다. 그런데 그가 아세라의 가증한 목상을 만들었습니다. 아사는 할머니 마아가를 태후의 자리에서 폐위합니다. 그런데 이 아사가 선견자 하나니를 어떻게 대했는지 16장 7-10절에 있습니다. 10절만 봅니다. "아사가 노하여 선견자를 옥에 가두었으니 이는 그의 말에 크게 노하였음이며 그 때에 아사가 또 백성 중에서 몇 사람을 학대하였더라" 아멘. 하나님의 간섭에도 변하지 않는 인생의 마음을 읽습니다. 아사는 분명 온전한 마음이 있었고 온전한 마음이 유지되는 기간에는 전쟁이 없었습니다. 그러나 그의 마음이 온전한지 시험이 있었는데 바로 이스라엘의 공격이었습니다. 이때 아사는 아람을 의지했고, 아람을 의지함으로 아람이 그의 손을 벗어나게 되었습니다. 다시 전쟁이 있으리라 예언됩니다. 온전한 마음을 해치는 두 가지 마음은, 사람을 의지하는 마음과 재물을 탐하는 마음입니다(16:2-6).

다음으로 이어지는 여호사밧은 분명 좋은 왕으로 평가될 수 있습니다. 17장 3-6절에 있습니다. 그러나 여호사밧은 유다의 어떤 왕보다도 더 심각한 잘못을 합니다. 바로 북국 아합 왕의 딸 아달랴로 며느리를 삼은 것입니다. 여호사밧이 북국 이스라엘 왕 아합과 함께 출전하려 할 때, 바른말 한 선지자 이름이 '미가야' 였다는 것이 특별합니다(18:18-27). 아합과 사돈을 맺고 멍에를 함께 멘 실책에도 불구하고, 여호사밧은 개혁을 했고(19:4-7) 매우 특별한 하나님의 도움을 경험하기도 합니다(20:20-23).

여호사밧이 바뀌었습니다. 어쩌다 긍정적으로 바뀌었을까요? 가만히 생각해보니 아합이랑 전쟁 나갔다가 죽을 뻔하고 바뀐 것 같습니다. 왕복을 입은 자기는 안 죽고 변장을 한 아합이 죽은 것을 보고 깨달은 것 같습니다. 또한 말씀을 가까이하니 바뀐 것 같습니다. 19장 4절 이하를 보면, "여호사밧이 예루살렘에 살더니 다시 나가서 브엘세바에서부터 에브라임 산지까지 민간에 두루 다니며 그들을 그들의 조상들의 하나님 여호와께로 돌아오게 하고"로 시작합니다. 왕이 전도합니다. 전도해보니 알겠습니다. 사람들이 얼마나 하나님을 떠나있는지를요. 동시에 사람들의 모습에서 내 모습이 보입니다. 내 모습이 보이니 달라집니다.

성경만 보고 있으면 잘 모릅니다. 그런데 부딪혀 보면 좀 더 분명하게 알 수 있습니다. 사람들을 알 수 있고 나 자신을 알고 마귀의 정체를 압니다. 사람들이 돈을 얼마나 사랑하는지 알 수 있습니다. 예외는 없습니다. 조금만 방심하면 돈으로 마음이 기울 수 있습니다. 교회가 돈과 연루되면 눈을 부릅뜨고 신앙과 관계되면 점잖게 가만히 있는 것을 보고 알 수 있습니다. '아, 돈이 중요했구나.'

유다가 어려워졌습니다. 전쟁입니다. 모압, 암몬, 세일 자손 즉 에돔이 함께 쳐들어 왔습니다. 20장 1절입니다. "그 후에 모압 자손과 암몬 자손들이 마온 사람들과 함께 와서 여호사밧을 치고자 한지라" 아멘. 이길 수가 없습니다. 그런데 벌써 엔게디까지 와 있습니다(20:2). 사해를 이미 건너왔습니다. 이제 이삼일이면 예루살렘까지 올 수 있는 거리입니다. 어떻게 할까요? 그 전에 다른 질문을 합니다. 어떻게 했어야지요? 북국 이스라엘과 아람을 치러 가지 않고 자국 방비부터 확인했어야 했습니다. 정신을 못 차린 것입니다. 겨울이 와야 겨울이 오는 것을 압니까? 모압과 암몬과 에돔이 유다가 약해지면 가만둘 줄 알았습니까? 그러니 본래는 확장이 아니라 내실(內實)을 갖춰야 했습니다. 여호사밧은 자기를 몰랐습니다. 그런데 전쟁이 나자 깨달았습니다. 자신이 얼마나 무능한지를요. 두려웠습니다. 기도하고 금식을 선포합니다(20:3-4).

문제는 누구에게나 발생할 수 있습니다. 그런데 어떻게 대처하느냐가 중요합니다. 비록 준비는 부족했지만, 시간도 별로 없지만 여호사밧은 기도했습니다. 기도 내용이 20장 6-12절에 소개됩니다. 솔로몬의 기도를 정확하게 기억하지는 못하지만 흐름을 기억하고 기도합니다. 역대하 7장에 있는 기도에 근거하여 기도하고 있습니다. 주전 968년에 기도한 내용이 백 년이 지난 다음에 적용됩니다. 하나님의 말씀은 백 년이 지나도 믿고 기도하면 적용됩니다. 지금도 그렇습니다. 믿으면 됩니다. 안 믿으니 역사가 안 일어나는 것입니다.

여호사밧이 기도할 때 응답이 왔습니다. 온 백성이 함께 금식하며 기도했습니다. 길게 기도할 시간도 없습니다. 그러나 믿음으로 간절히 절박한 마음으로 기도했습니다. 근거를 가지고 기도했습니다. 응답이 왔습니다. 성가대장 집안에 임했습니다. 아삽 자손에게 임했습니다. 지침이 내려집니다. 20장 15-17절입니다. "야하시엘이 이르되 온 유다와 예루살렘 주민과 여호사밧 왕이여 들을지어다 여호와께서 이같이 너희에게 말씀하시기를 너희는 이 큰 무리로 말미암아 두려워하거나 놀라지 말라 이 전쟁은 너희에게 속한 것이 아니요 하나님께 속한 것이니라 내일 너희는 그들에게로 내려가라 그들이 시스 고개로 올라올 때에 너희가 골짜기 어귀 여루엘 들 앞에서 그들을 만나려니와 이 전쟁에는 너희가 싸울 것이 없나니 대열을 이루고 서서 너희와 함께 한 여호와가 구원하는 것을 보라 유다와 예루살렘아 너희는 두려워하지 말며 놀라지 말고 내일 그들을 맞서 나가라 여호와가 너희와 함께 하리라 하셨느니라 하매" 아멘.

지침을 받았습니다. 그러나 따르지 않으면 아무 소용 없습니다. 구원군이 온 것도 아닙니다. 하나님께서는 "내일 그들을 맞서 나가라" 하셨습니다. 여러분 같으면 맞서 나갈 수 있겠습니까? 이들은 찬송했습니다. 18-19절입니다. "여호사밧이 몸을 굽혀 얼굴을 땅에 대니 온 유다와 예루살렘 주민들도 여호와 앞에 엎드려 여호와께 경배하고 그핫 자손과 고라 자손에게 속한 레위 사람들은 서서 심히 큰 소리로 이스라엘 하나님 여호와를 찬송하니라" 아멘. 이 찬송이 '하는 찬송' 입니까, 아니면 '되는 찬송' 입니까? 하나님의 말씀이 믿어지면 '되는 찬송' 이고, 믿으려 노력하며 부른 찬송이면 '하는 찬송' 입니다. 밤새 도망간 사람이 없으니 '되는' 찬송이었고 이어지는 20절에서 아침에 일찍 일어난 걸 보니 '되는' 찬송이었습니다. 염려했으면 잠을 제대로 이루지 못했을 것입니다.

그들은 일찍 일어났고 드고아 들까지 다시 말해 예루살렘에서 베들레헴을 거쳐 산지 끝자락까지 내려왔습니다. 적군을 향해 전진했습니다. 어떻게 되었습니까? 20-23절에 있습니다. 22-23절입니다. "그 노래와 찬송이 시작될 때에 여호와께서 복병을 두어 유다를 치러 온 암몬 자손과 모압과 세일 산 주님들을 치게 하시므로 그들이 패하였으니 곧 암몬과 모압 자손이 일어나 세일 산 주민들을 쳐서 진멸하고[헤렘시키고] 세일 주민들을 멸한 후에는 그들이 서로 쳐죽였더라" 아멘. 이것이 찬송의 능력입니다. 하나님을 높입시다.

그러나 여호사밧은 아달랴의 손을 벗어나기가 쉽지 않았습니다. 아달랴의 남편 여호람이 어떤 왕이었습니까? 21장 4-5절입니다. "여호람이 그의 아버지의 왕국을 다스리게 되어 세력을 얻은 후에 그의 모든 아우들과 이스라엘 방백들 중 몇 사람을 칼로 죽였더라 여호람이 왕위에 오를 때에 나이가 삼십이 세라 예루살렘에서 팔 년 동안 다스리니라" 아멘. 모든 아우를 죽였습니다. 여호람의 아들 아하시야는 어땠습니까? 그는 아달랴의 아들입니다. 22장 2-9절에 있습니다. 하나님께서는 북국 이스라엘을 개혁한 님시의 아들 예후를 통해 아하시야를 죽이십니다.

이에 아달랴는 자신이 왕이 됩니다. 어떻게 했습니까? 여호람이 한 방법을 사용했습니다. 22장 10절입니다. "아하시야의 어머니 아달랴가 자기의 아들이 죽은 것을 보고 일어나 유다 집의 왕국의 씨를 모두 진멸하였으나" 아멘. 그러나 한 사람이 살아남았습니다. 그 사람이 요아스입니다. 22장 11-12절에 있습니다. 마침내 아달랴가 죽고 요아스가 왕이 됩니다. 대제사장 여호야다가 백부장들과 함께 이 일을 성사시킵니다. 23장 1-11절에 있습니다. 아달랴는 제거되었으나 요아스가 변합니다. 24장 15-22절에 있습니다. 이것이 유다 왕가의 모습입니다. 요아스의 아들 아마샤의 모습을 잠깐 볼까요? 25장 11-16절에 있습니다. 안하무인입니다.

웃시야의 모습은 우리에게 잘 알려져 있습니다. 26장 16-21절에 있습니다. 웃시야를 보니 열정도 있으면서 겸손하기는 어려운가 봅니다. 웃시야는 한 마디로 열정이 있는 사람이었습니다. 제일 먼저 한 일이 건축이었습니다. 26장 2절을 보니 엘롯을 건축하여 유다에게 돌렸습니다. 엘롯은 8장 17절에 보면 에돔 땅 바닷가에 있는 항구입니다. 에세온게벨과 나란히 언급됩니다. 이 항구는 무역하기에 좋은 곳입니다. 웃시야는 16세에 왕이 되어 52년간 다스렸습니다. 당시 기준으로 오래도 살았지만 통치도 오래 했습니다. 아버지 아마샤는 19년 다스렸고 아들 요담이 16년 다스린 것을 생각하면 정말 오래도록 왕이었습니다. 어머니가 예루살렘 사람이라는 것은 칭찬 같습니다. 26장 5절은 중요한 기준을 제시합니다. '하나님을 찾는 동안 형통했다.' 입니다. 열정이 있는 사람은 열정의 방향이 중요합니다.

웃시야는 블레셋을 쳤습니다. 그리고 블레셋 사람들 가운데에 성읍들을 건축했습니다. 하나님께서는 그를 도와주셨습니다. 블레셋, 아라비아, 마온을 쳤습니다. 암몬은 조공을 바칩니다. 웃시야가 유명해집니다. 26장 8절입니다. "암몬 사람들이 웃시야에게 조공을 바치매 웃시야가 매우 강성하여 이름이 애굽 변방까지 퍼졌더라" 아멘. 웃시야가 열정이 있어서 유명해진 것이 아니고 하나님께서 도와주셔서 유명해졌습니다. 열정이 있는 사람이 기억해야 할 부분입니다. 그의 열심은 끝이 없습니다. 북국 이스라엘 왕 요아스가 허문 예루살렘 성벽을 보수합니다(26:9). 목축과 농사도 많이 짓습니다(26:10). 군사도 많습니다(26:11-13). 강한 군대에 다양한 무기까지 있습니다(26:14). 최신무기도 개발합니다(26:15). 더 유명해졌습니다. 이유가 무엇이었습니까? 그의 열정과 부지런함 때문이었습니까? 아닙니다. 기이한 도우심 때문이었습니다. 26장 15절입니다. "또 예루살렘에서 재주 있는 사람들에게 무기를 고안하게 하여 망대와 성곽 위에 두어 화살과 큰 돌을 쏘고 던지게 하였으니 그의 이름이 멀리 퍼짐은 기이한 도우심을 얻어 강성하여짐이었더라" 아멘.

마침내 웃시야의 열정은 영적은 부분에까지 발휘됩니다. 성전에 들어가 분향하려고 합니다. 26장 16절은 망할 만큼 교만해졌다는 의미입니다. 망할 만큼 교만해져서 그릇 행하게 되었고 마침내는 성전에 들어가서 분향하려 했습니다. 얼마나 교만한지가 중요합니다. 건방진 수준, 자만하는 수준, 망할 만큼 교만한 수준이 있습니다. 분향은 신령한 행동입니다. 그러나 왕이 분향하는 것은 하나님의 법을 어기는 행동입니다. 분명 책망과 저지가 있었습니다(26:16-18). 그러나 분을 냅니다. 19절입니다. "웃시야가 손으로 향로를 잡고 분향하려 하다가 화를 내니 그가 제사장에게 화를 낼 때에 여호와의 전 안 향단 곁 제사장들 앞에서 그의 이마에 나병이 생긴지라" 아멘. 향로를 잡고 화를 냅니다. 제사장에게까지 화를 내니 나병이 발합니다. 하나님과 사람 모두에게 교만했습니다. 살아생전에 왕권을 빼앗깁니다. '좋은 것을 많이 받았으니 감사하며 살게 하시고 남의 것을 탐내지 말게 하소서.' 이렇게 기도하게 됩니다. 열정의 방향이 주님께 있기를 기도하게 됩니다.

요담은 그리 중요해 보이지 않는 왕입니다. 그의 아버지 웃시야는 26장에 스물세 절에 걸쳐 소개됩니다. 52년 통치했습니다. 그의 아들 아하스는 28장에서 스물일곱 절에 걸쳐 소개됩니다. 16년 통치했습니다. 그러니 통치 길이가 소개의 길이를 결정하는 것은 아닌 듯합니다. 요담에게는 아홉 절만 할애됩니다. 그나마 27장 8절은 1절과 겹칩니다. 8절입니다. "요담이 왕위에 오를 때에 나이가 이십오 세요 예루살렘에서 다스린 지 십육 년이라" 아멘. 이렇게 소개된 사람은 역대기에서 요담뿐입니다. 할애된 구절도 적은데 그나마 반복된 내용까지 있으니 요담은 더 중요해 보이지 않습니다.

그래서 더 관심이 갑니다. 요담의 통치는 베일에 가려 있습니다. 아버지 웃시야가 나병에 들어 왕 노릇을 할 수 없었기 때문에 아버지 생전에 왕 노릇을 시작합니다. 왕이 될 때의 나이가 25세였습니다. 그리 어린 나이가 아닙니다. 아버지 웃시야는 16세에 왕이 되었고 할아버지 아마샤는 25세에 왕이 되었습니다. 증조부 요아스는 7세에 왕이 되었고 아들 아하스는 20세에 왕이 되었습니다. 요담은 결혼도 이미 했고 아들 아하스가 태어나고 4년쯤 지났습니다. 왕이 될 만한 나이이고 상황입니다. 그런데 아버지가 살아계시니 늘 고려하고 살아야 했을 것입니다. 심지어 어떤 학자들은 요담이 아버지보다 먼저 죽었을 거라 말하기도 합니다. 대체로 왕 노릇의 반은 아버지 살아생전에 하고 반은 아버지 돌아가신 다음에 했을 거라고 추측합니다.

아버지보다 먼저 죽었을 거라고 생각하는 이들은 이사야서 6장과 7장을 근거로 삼습니다. 웃시야가 죽었다는 얘기가 6장에 나오는데, 7장에서 아하스가 왕이던 얘기로 이어지기 때문입니다. 이유가 충분하지는 않으니, 요담이 아버지보다 먼저 죽었다고 생각하기는 어려우나, 그래도 뭔가 아버지의 그늘이 많이 느껴지는 아들이 요담입니다. 그래서인지, 요담은 아버지를 많이 의식한 듯합니다. 27장 2절입니다. "요담이 그의 아버지 웃시야의 모든 행위대로 여호와 보시기에 정직하게 행하였으나 여호와의 성전에는 들어가지 아니하였고 백성은 여전히 부패하였더라" 아멘. 여기서 "여호와의 성전에는 들어가지 아니하였고"에 대한 평가가 갈리는 듯합니다. 이 부분이 잘했다고 보는 이들은 26장 16절에 웃시야가 "여호와의 성전에 들어가서 향단에 분향하려 한지라"와 연결하여, 아버지의 과오(過誤)를 반복하지 않은 것으로 이해합니다. 잘못했다고 보는 이들은 요담이 대관식에 참석하지 않은 것으로 봅니다. 잘못했다고 볼 가능성은 "정직하게 행하였으나"의 '나'에 있지요. 잘했지만, 성전에 들어가지 않은 것은 잘못했다는 뉘앙스가 있습니다.

아버지의 과오를 반복하지 않았는데 뭘 잘못한 것일까요? 왠지 이어지는 "백성은 여전히 부패하였더라"가 힌트가 될 수 있을 것 같습니다. 여기 '부패'라는 단어는 26장 16절의 '악을 행하여'와 같은 표현입니다. 웃시야가 망할 만큼 교만해졌습니다. 백성의 상태가 웃시야와 같이 가고 있습니다. 백성은 요담의 아버지 웃시야와 같이 갑니다. 요담은 아버지와 같이 가지 않습니다. 무엇이 잘못된 것이지요?

이어지는 3절의 표현을 보면, 그가 여호와의 전 윗문을 건축했다고 말합니다. 이건 또 뭘까요? 성전에 들어가지 않는 그가 성전 윗문을 왜 건축했을까요? 이어지는 오벨 성벽은 성전 주변 성벽으로 알려져 있습니다. 성벽을 '많이' 증축했습니다. 성전 윗문만 건축한 게 아니고 성전 주변의 성벽도 많이 건축했습니다. 뭔가 느낌이 오지 않으세요? 성전으로 들어가는 길에 장벽을 세우는 듯한 느낌 말입니다. 4절을 보면 여호람 왕이 산당을 세웠던(21:11) 유다 산지에 성읍을 건축합니다. 또한 여호사밧이 수풀 지역(쉐펠라)에 건축한 진영(17:12)을 재건축합니다. 아사와 아버지 웃시야가 건축한 망대도 재건축합니다(14:6; 26:9, 10, 15).

안전이라는 주제에서 3절과 4절은 연결됩니다. 성전을 보호한다는 명목으로 성전으로 가는 진입장벽을 높이는 것과, 성읍, 진영, 망대를 건축하여 일상에서의 안전을 도모하는 것이 연결된다는 말씀입니다. 안전을 추구한 요담에게 잠시의 승리도 있고 많은 양의 조공도 있습니다. 5절입니다. "암몬 자손의 왕과 더불어 싸워 그들을 이겼더니 그 해에 암몬 자손이 은 백 달란트와 밀 만 고르와 보리 만 고르를 바쳤고 제이년과 제삼년에도 암몬 자손이 그와 같이 바쳤더라" 아멘. 솔로몬이 후람의 벌목하는 백성에게 준 곡식이 밀 2만 고르와 보리 2만 고리였으니 적은 양이 아닙니다. 많은 양도 아닙니다. 솔로몬의 세입금이 금 666달란트였습니다. 적지도 많지도 않은 조공을 3년 받았습니다. 3년만 받은 것 같습니다.

이어지는 6절이 중요해 보입니다. "요담이 그의 하나님 여호와 앞에서 바른 길을 걸었으므로 점점 강하여졌더라" 아멘. 이 구절의 '점점 강하여졌더라' 는 웃시야와 관련하여 표현된 '강함' 과 다릅니다. 26장 8절과 15절입니다. "암몬 사람들이 웃시야에게 조공을 바치매 웃시야가 매우 강성하여 이름이 애굽 변방까지 퍼졌더라", "또 예루살렘에서 재주 있는 사람들에게 무기를 고안하게 하여 망대와 성곽 위에 두어 화살과 큰 돌을 쏘고 던지게 하였으니 그의 이름이 멀리 퍼짐은 기이한 도우심을 얻어 강성하여 짐이었더라" 아멘. 웃시아의 경우 하나님의 도우심, 특별한 도우심으로 강해졌다고 말합니다. 어쩌면 웃시야는 이 특별한 도우심에 대한 강력한 열망으로 분향까지 계획했는지 모릅니다. 분향까지 하면 더 잘 도와주시지 않겠는가? 하는 생각을 했을 수도 있습니다. 한편, 요담과 관련해서는 '스스로 강해졌다'는 표현이 쓰입니다. 재귀(再歸)의 의미가 있는 동사 형태를 사용했습니다. 하나님의 도우심 없이 자기 힘으로 강해졌다는 말입니다.

여기서 요담의 공과(功過)가 갈립니다. 그는 다윗 성에 장사됩니다. 왕들의 묘실에 대한 언급이 없습니다. 왕들의 묘실에 접한 땅 곧 그의 조상들의 곁에 장사된 아버지 웃시야보다 못하고요. 유다 성읍에 장사된 할아버지 아마샤보다는 낫습니다. 증조부 요아스와 수준이 같습니다. 요아스 장례가 24장 25절에 소개됩니다. "다윗 성에 장사하였으나 왕들의 묘실에는 장사하지 아니하였더라"입니다.

아버지의 그늘을 벗어나기 어려워 안전을 중시한 요담의 결말입니다. '아버지를 두려워하지도 부러워하지도 않고, 멸시하지도 않으면서 하나님을 경외하며 살았더라면 더 좋았을 텐데' 하는 생각이 듭니다. 아버지의 공과를 바로 알고 공은 따르고 과는 버렸으면 좋았을 텐데, 뭔가 두려움이, 동시에 멸시가 있었던 것 같습니다. 이런 마음이 교회 봉사를 열심히 하는 부모를 둔 자녀들에게 있는 것 같습니다. 공과를 구별하지 않고 통째로 버리는 것이지요.

요담이 아버지의 그늘을 벗어나기 어려워 안전을 중시한 것과 달리, 그 아들 아하스는 왠지 '종교적 실효성을 찾아 헤매는 듯한 인상'을 받습니다. 윗 성문도 짓고 성전 주변의 벽을 높이고 뭔가 종교적 행동을 하지만 별로 실효를 거두지 못하는 아버지 요담을 보면서, 아하스는 '저건 아닌데…' 하는 생각을 했나 봅니다. 별로 도움이 안 되는 것 같은 이스라엘의 하나님 여호와를 버리고 도움을 줄 것 같은 도우미를 찾아다닙니다.

그 모습이 심각합니다. 28장 2절입니다. "이스라엘 왕들의 길로 행하여 바알들의 우상을 부어 만"듭니다. 아합 집의 신은 바알이었습니다. 아합은 "시돈 사람의 왕 엣바알의 딸 이세벨을 아내로 삼고 가서 바알을 섬겨 예배하고 사마리아에 건축한 바알의 신전 안에 바알을 위하여 제단을 쌓"았습니다(왕상 16:31). '엣바알'은 '바알과 함께'라는 뜻입니다. 아합은 하나님의 자리에 바알을 놓고 숭배하는 자의 딸을 데려와 아내로 삼아 북국은 물론 남국까지 바알숭배에 물들게 됩니다. 아하스가 바알을 숭배하나 제

재하는 세력이 없습니다.

바알 숭배의 이유는 28장 23절에서 엿볼 수 있습니다. "자기를 친 다메섹 신들에게 제사하여 이르되 아람 왕들의 신들이 그들을 도왔으니 나도 그 신에게 제사하여 나를 돕게 하리라 하였으나 그 신이 아하스와 온 이스라엘을 망하게 하였더라" 아멘. 북국 이스라엘 왕 베가가 쳐들어옵니다. 그러니 마음이 흔들립니다. 이스라엘 왕이 섬기는 바알을 섬기면 혹 이스라엘의 침공을 벗어날까 싶어 바알을 섬깁니다.

어느 정도였을까요? 자기 자녀를 불살라 제물로 바칠 만큼 열심히 바알을 숭배합니다. 3절입니다. "또 힌놈의 아들 골짜기에 분향하고 여호와께서 이스라엘 자손 앞에서 쫓아내신 이방 사람들의 가증한 일을 본받아 그의 자녀들을 불사르고" 아멘. 아들들을 불살랐다고 되어있습니다. 예레미야 19장에 보면 바알에게 아들들을 바친 일에 대한 말씀이 있습니다. "또 그들이 바알을 위하여 산당을 건축하고 자기 아들들을 바알에게 번제로 불살라 드렸나니 이는 내가 명령하거나 말하거나 뜻한 바가 아니니라 그러므로 보라 다시는 이 곳을 도벳이나 힌놈의 아들의 골짜기라 부르지 아니하고 오직 죽임의 골짜기라 부르는 날이 이를 것이라 여호와의 말이니라"(19:4-5) 아멘.

복을 받으려고 우상에게 열심을 냅니다. 아들들을 태워죽이기까지 합니다. 아하스는 일찍 자녀를 낳기 시작했습니다. 히스기야가 왕 위에 오를 때 나이가 25세라 하였으니, 계산해 보면 아하스가 12세쯤일 때 히스기야를 낳았습니다. 이 부분이 부담스러워 요담과 아하스가 3년 정도 함께 통치했다고 추정하기도 합니다. 그러나 웃시야와 달리 요담은 아들에게 미리 왕권을 넘겨줄 이유는 없었습니다. 그래서 본문을 그대로 받으면 아하스는 매우 이른 나이부터 아이들을 낳기 시작했습니다. 그래서인지 아들들에 대해 귀히 여기는 마음이 없습니다. 하나도 아니고 여러 아들들을 바알에게 제물로 바칩니다. 이유는 하나입니다. 자기를 위해서입니다.

어떻게 이럴 수가 있을까? 싶은데, 세상을 보고 뉴스를 보면 아닌가 봅니다. 이런 사람들이 있습니다. 우리는 아니겠지요? 자식을 노후대책으로 생각하지는 않으시지요? 내가 복을 받기 위해 자식을 희생시키지는 않으시지요? 자신을 생각하는 아하스의 노력은 끝이 없습니다. 4절을 보니 "또 산당과 작은 산 위와 모든 푸른 나무 아래에서 제사를 드리며 분향"했습니다. 적군의 신들에게 잘 보이려고 노력을 기울일 뿐 아니라,

모든 종류의 신들에게 제사합니다. 약간 복에 미친 것 같습니다. 성전에서 분향까지 하려 했던 웃시야의 열심을 보는 듯합니다. 냉담했던 요담과 달리 아하스는 종교적인 열심을 냅니다. 그런데 자기 생각대로 하는 것은 요담을 닮았습니다. 종교적인 열심은 할아버지를 닮았고, 자기 생각대로 하는 것은 아버지를 닮았습니다. 어떻게 아하스같은 왕이 나올 수 있나? 질문해보니, 할아버지와 아버지를 조금씩 닮았습니다.

이처럼 복을 받으려고 온갖 잡신들에게 마음이 빼앗겨버린 아하스를 하나님께서는 어떻게 대하셨을까요? 우선은 아람 왕의 손에 넘기십니다. 28장 5절 앞부분을 보시면 "그러므로 그의 하나님 여호와께서 그를 아람 왕의 손에 넘기시매 그들이 쳐서 심히 많은 무리를 사로잡아 다메섹으로 갔으며" 했습니다. 여기 '그의 하나님 여호와' 라는 표현에 주목해보십시오. 아하스는 자신이 뿌리도 없고 소속도 없고 자기 마음대로 해도 되는 것처럼 생각하고 행동했습니다. 그러나 엄연히 그는 뿌리가 있었습니다. 다윗의 자손이었습니다. 소속도 있었습니다. 하나님 백성의 왕이었습니다. 그러므로 자기 마음대로 하지 않고 하나님과 맺은 언약을 지켜야 했습니다. 소속을 분명히 해야 합니다. 소속 따로 행동 따로인 아하스를 하나님께서 아람 왕에게 넘기십니다. 백성이 고생입니다. 포로로 끌려갑니다. 바벨론으로 끌려가기 전에 이미 많은 백성들이 끌려가기 시작합니다.

아람에게 당해도 정신을 차리지 못합니다. 5절 뒷부분부터 보면, "또 이스라엘 왕의 손에 넘기시매 그가 쳐서 크게 살육하였으니 이는 그의 조상들의 하나님 여호와를 버렸음이라 르말랴의 아들 베가가 유다에서 하루 동안에 용사 십이만 명을 죽였으며 에브라임의 용사 시그리는 왕의 아들 마아세야와 궁내대신 아스리감과 총리대신 엘가나를 죽였더라" 했습니다. 동족 이스라엘에게 당합니다. 하루에 용사 십이만 명이 죽었습니다. 왕이 아끼는 아들 마아세야, 왕궁을 담당하는 아스리감, 왕 다음의 이인자(二人者) 엘가나도 죽습니다. 최측근 세 명이 죽었습니다. 책임감을 느껴야 했습니다. 언약을 어기고 자기 마음대로 사는 것의 책임이 얼마나 큰지 회개해야 했습니다. 그러나 회개하지 않습니다.

하나님께서는 아람과 이스라엘을 통해 아하스가 깨닫기를 바라셨습니다. 이런 일들이 우리에게도 있습니다. 우리가 하나님께 속한 자이기 때문에, 세례를 받고 신앙을 고백한 하나님의 자녀이기 때문에, 세상 장단에 춤을 추다 보면 이런 일들이 있습니다. 우상에게 무릎을 꿇고 돈을 사랑하고 사람에게 마음을 빼앗기다 보면 이런 일들이 있습니다. 그건 우상을 덜 섬겨서가 아니라 하나님에게서 멀어져 있기에 일어나는 일입니다. 아들을 훈육하지 않는 아버지가 없듯이, 하나님께서는 자녀인 우리의 삶에 관여하십니다. 그게 싫으십니까? 그럼, 안타까운 상황입니다. 아직도 진리보다는 나를 사랑하고 있기 때문입니다. 나보다 진리를 사랑해야 나를 벗어날 수 있습니다.

하나님께서 아하스를 치기만 하신 것이 아니었습니다. 28장 8절부터 15절까지의 긴 얘기를 읽어보면, 선지자 오뎃과 선지자의 말을 존중하는 우두머리 즉, 아사랴, 베레갸, 여히스기야, 아마사를 통해 포로로 끌려가는 유다 백성 이십만 명과 가족들을 돌려보내는 일이 있었습니다. 예루살렘에서 사마리아까지는 직선거리만 56킬로미터입니다. 실제로는 70-80킬로는 되기 때문에 여러 날 걸려 사람들을 포로로 끌고 왔습니다. 그런데 선지자가 가로막자 이들을 돌려보냅니다. 다시 원상복구 시킵니다. 15절입니다. "이 위에 이름이 기록된 자들이 일어나서 포로를 맞고 노략하여 온 것 중에서 옷을 가져다가 벗은 자들에게 입히며 신을 신기며 먹이고 마시게 하며 기름을 바르고 그 약한 자들은 모두 나귀에 태워 데리고 종려나무 성 여리고에 이르러 그의 형제에게 돌려준 후에 사마리아로 돌아갔더라" 아멘.

먹이지도 않고 끌고 왔나 봅니다. 동족을 짐승 끌 듯했습니다. 가축도 이렇게 대우하면 안 되지요. 그러나 욕심에 눈이 먼 이스라엘 군대는 12만 명을 죽이는 것도 모자라 20만 명과 가족들을 포로로 끌고 갑니다. 9절부터 보면 오뎃 선지자가 이렇게 말합니다. "너희 조상의 하나님 여호와께서 유다에게 진노하셨으므로 너희 손에 넘기셨거늘 너희의 노기가 충천하여 살육하고 이제 너희가 또 유다와 예루살렘 백성들을 압제하여 노예로 삼고자 생각하는도다 그러나 너희는 너희의 하나님 여호와께 범죄함이 없느냐 그런즉 너희는 내 말을 듣고 너희의 형제들 중에서 사로잡아 온 포로를 놓아 돌아가게 하라 여호와의 진노가 너희에게 임박하였느니라" 아멘.

하나님께서 유다를 그들의 손에 넘기더라도 '노기'가 충천하여 12만 명이나 죽이면 안 되었습니다. 하나님의 도구가 되더라도 자기 분수가 있습니다. 인생이 인생을 향해 가질 수 있는 분수가 있습니다. 또한, 동족을 노예 삼는 것은 율법에서 금한 일입니다.

레위기 25장 42-43절입니다. "그들은 내가 애굽 땅에서 인도하여 낸 내 종들이니 종으로 팔지 말 것이라 너는 그를 엄하게 부리지 말고 네 하나님을 경외하라" 아멘. 이어지는 46절입니다. "이방인 중에서는 너희가 영원한 종을 삼으려니와 너희 동족 이스라엘 자손은 너희가 피차 엄하게 부리지 말지니라" 아멘. 감정이 격해지고 갈등이 깊어지니 동족끼리 죽이고 종 삼는 일들이 있습니다. 우리는 이러한 일을 우리 일로 겪고 있습니다. 남북 분단과 이념 갈등, 그리고 이어진 육이오 전쟁입니다. 요즘 다시 이 갈등이 심해지고 있습니다. 적절하지 않습니다.

여호와의 진노가 너희에게 임박했다는 오뎃의 말은 이때로부터 십 년만에 실제가 됩니다. 오뎃이 말을 할 때가 주전 732년인데, 이로부터 십 년 정도가 지난 주전 722년에 북국 이스라엘이 앗수르에 의해 망하기 때문입니다. 지금 당장 어떻게 될지, 내년에 어떻게 될지 모릅니다. 십 년 뒤는 정말로 예상할 수 없습니다. 그런데도 사람들의 관심은 땅에 있습니다. 부동산에 있습니다. 재산에 있습니다. 이웃과 하나님, 하나님과 이웃에게는 관심이 없어 보입니다. 생명에게 관심이 있는지, 말씀에 대한 고려가 있는지 의심스럽습니다.

그런데 사마리아로 돌아오던 에브라임 자손의 우두머리 몇 사람이 선지자의 말을 존중합니다. 포로들을 돌려보냅니다. 그러나 아하스에게는 감사가 없습니다. 28장 16절입니다. "그 때에 아하스 왕이 앗수르 왕에게 사람을 보내어 도와 주기를 구하였으니" 아멘. 하나님의 도우심으로 포로들이 돌아왔으니 뭔가 변화가 있으면 좋겠는데, 아하스는 앗수르 왕에게 도움을 청합니다. 그 결과는 더 참담했습니다. 에돔, 블레셋에게 당합니다(28:17-18). 남동쪽과 서남쪽의 세력들에게 당합니다. 아람과 이스라엘에게 당했는데, 이제는 아버지 요담과 웃시야 때 조공을 받던 이들에게 당합니다. 전세가 역전이 됩니다. 17절의 '이는'은 없는 것이 좋겠습니다. 에돔이 쳐서 앗수르 왕에게 도움을 청한 것이 아닙니다. 앗수르 왕에게 도움을 청하니 에돔과 블레셋으로부터도 당하게 된 것입니다.

마음이 얼마나 중요한지 모릅니다. 하나님을 즐거워하는 마음이 있으면 되는데, 그 마음이 없어서 문제입니다. 19-20절입니다. "이는 이스라엘 왕 아하스가 유다에서 망령되이 행하여 여호와께 크게 범죄하였으므로 여호와께서 유다를 낮추심이라 앗수르 왕 디글랏빌레셀이 그에게 이르렀으나 돕지 아니하고 도리어 그를 공격하였더라" 아멘. 이제 절반 왔습니다. 28장을 보면 아하스의 타락의 정도가 여덟 단계로 진행되는데, 이제 4단계를 지났다는 말입니다. 바알을 섬기고, 아들들까지 바알에게 바치고, 모든 제단에서 우상을 섬기더니, 하나님의 간섭은 아랑곳하지 않고 앗수르에게 손을 내민 것입니다. 이스라엘의 신들, 주변의 각종 우상이 도움이 안 되는 것 같으니 저 멀리 앗수르 왕에게 도움을 청합니다. 자신을 파괴하는 이 마음이 요담을 아버지로 둔 이 세대에게 있습니다. 결국은 남을 파괴하고 자신까지 파괴하는 열심입니다. 다양한 형태의 성범죄와 연쇄 살인은 종교적 실효성을 찾아 헤매는 아하스가 일으킵니다.

경건의 모양은 있으나 경건의 능력은 상실한(딤후 3:5) 요담이 회개하지 않으면 아하스는 계속 양산됩니다. '복을 얻기 위한 통로로 종교를 이용하는' 웃시야의 회개가 없으면 요담은 양산됩니다. 결국 하나님을 즐거워하지도, 경외하지도 않으면서 물질적인 축복을 위해 하나님을 찾았던 웃시야가 회개해야, 종교적인 냉담함을 가지고 하나님 없이 살아보려 한 요담이 회개해야, 종교적 실효성을 찾아 온갖 우상에게 자신을 팔아치운 아하스가 회개할 수 있는 것입니다. 쉽게 말해서, 돈 벌려고 교회 왔으면 회개해야 하고, 교회는 다니나 마음은 세상에 있으면 회개해야 한다는 말입니다. 회개가 없으면 요담과 아하스로 세상은 가득하게 됩니다. 지금 우리가 그렇습니다.

아하스의 남은 네 단계를 보겠습니다. 지금 회개하지 않으면 이 길로 갈 것입니다. 21절이 다섯 번째 단계입니다. 사람에게 하나님의 것과 내 것을 갖다 퍼주는 단계입니다. 사람을 우상 삼는 단계입니다. 22-23절이 여섯 번째 단계입니다. 새로운 신을 찾아 헤매는 단계입니다. 24절이 일곱 번째 단계입니다. 하나님에 대한 증오를 표현합니다. 하나님 전의 기구들을 부숩니다. 여호와의 전 문을 닫습니다. 요담은 성전 진입장벽을 높였습니다. 아하스는 아예 문을 닫아 버립니다. 25절이 마지막 8단계입니다. "유다 각 성읍에 산당을 세워 다른 신에게 분향하여 그의 조상들의 하나님 여호와를 진노하게 하였더라" 아멘. 우상숭배 장려입니다.

돈을 사랑하고 우상숭배를 종용하고 있다면 아하스의 8단계에 있습니다. 교회를 부수는 7단계 이야기는 '신은 죽지 않았다(God is not dead)' 라는 영화에 그려져 있습니다. 현재 미국의 이야기입니다. 멀리 있는 우상까지 찾아 섬기는 6단계 이야기를 영국에서 경험했습니다. 영국에서 주치의 선생님 휴가일 때 만난 늙은 영국 의사 선생님으로부터 자기가 불교를 믿게 된 얘기를 들었습니다. 아하스가 된 것입니다. 사람에게 하나님의 것과 내 것을 퍼주는 5단계 얘기를 한국에 있는 큰 교회와 관련하여 듣습니다. 정권에게 잘 보이기 위함입니다.

하나님의 돌보심에도 불구하고 사람을 의지하는 4단계는 한국교회에서 종종 발견합니다. 온갖 잡신을 의지하는 3단계는 한국교회 목회자 가운데 흔합니다. 수단과 방법을 가리지 않고 숫자와 세와 부를 늘리면 잘한 목회라고 생각하는 사상이 상당히 깊이 뿌리 내려 있습니다. 자식을 바알에게 바치는 2단계 사상은 한국교회 성도들 가운데 흔합니다. 이스라엘 왕들의 길, 바알 우상 숭배는 이 나라 곳곳에 만연합니다.

우리가 회개하지 않으면, 다시 말해 하나님을 즐거워하는 상태, 하나님만을 두려워하는 상태로 되돌아가지 않으면, 요담과 아하스 가득한 이 땅은 5단계, 6단계, 7단계, 8단계로 들어갈 것입니다. 정신을 차리지 않으면, 아니 이미 상당히 막장으로 왔습니다. 말씀을 가까이하시고, 처음 받았던 은혜를 다시 사모하십시오. 은혜는 돈을 벌려고, 성공하려고 받는 것이 아닙니다.

웃시야, 요담, 아하스에 이어 히스기야가 왕이 됩니다. 히스기야 본문을 읽으면서 '왕이 달라지면 나라가 달라지는구나.' 깨닫습니다. 아하스의 7단계가 성전 기명을 모아다가 부수는 것이었습니다. 성전에 대한 증오 표시입니다. 그런데 히스기야는 완전히 반대입니다. 북국이 망한 것도 영향을 끼쳤을 것 같습니다. 하나님이 빼신 백성, 12지파 가운데 9지파가 속해 있는 북국 이스라엘이 망한 것입니다. 자신들을 괴롭히기도 했기에 무척이나 부담스러웠던 나라였습니다. 우리로 하면 북한 같은 나라지요. 그런데 그 나라가 망했습니다.

그러다 보니 어떤 일이 있습니까? 북쪽에서 사람들이 내려옵니다. 특별히 경건한 사람들이 내려옵니다. 30장 11절입니다. "그러나 아셀과 므낫세와 스불론 중에서 몇 사람이 스스로 겸손한 마음으로 예루살렘에 이르렀고" 아멘. 아셀, 므낫세, 스불론 지파 가운데어서 몇 사람이 스스로 겸손한 마음으로 예루살렘에 왔습니다. 아하스 때만 해도 하루에 십이만 명을 죽이고 이십만 명과 가족을 끌고 가던 이들이었습니다. 그런데 망하고 나니 겸손한 마음이 생기는 이들이 있습니다. 망한다고 겸손해지지 않습니다. 오히려 독이 오르고 악을 쓰는 사람들이 있습니다. 그런데 이들은 겸손한 마음으로 예루살렘에 왔습니다.

누구와 같이 있느냐가 매우 중요합니다. 노래하는 사람과 같이 있으면 노래를 부르게 됩니다. 불평하는 사람과 같은 방을 쓰면 불평으로 하루를 시작해서 불평으로 하루를 마무리하게 됩니다. 그래서 친구가 중요하고 동료가 중요합니다. 겸손한 사람들이 내려오니 유다 사람들도 겸손해집니다. 물론 모두가 다 겸손하지는 않았습니다. 18절을 보면, "에브라임과 므낫세와 잇사갈과 스불론의 많은 무리는 자기들을 깨끗하게 하지 아니하고 유월절 양을 먹어 기록한 규례를 어"깁니다. 무지한 건지, 조심성이 없는 건지, 아니면 경험이 없는 건지, 어떤 상태에서 유월절 양을 먹어야 하는지 모릅니다. 북국에서 내려온 이들은 모세 율법에 훨씬 덜 익숙합니다. 그러니 부정한 상태에서 유월절 양을 먹습니다.

그러나 북국이 망하고 겸손한 이들이 함께한 것이 유다 백성들에게는 유익했습니다. 망하고 보니 우상숭배는 안 되는 일이었습니다. 그래서 유월절을 위해 모였지만 우상 제단부터 제거합니다. 14절입니다. "무리가 일어나 예루살렘에 있는 제단과 향단들을 모두 제거하여 기드론 시내에 던지고" 아멘. 먹는 데 관심이 있는 게 아니고, 제대로 먹는 데 관심이 있습니다. 의미 없는 절기가 아니라 한 번을 지키더라도 의미 있게 지켜야 한다는 것을 알게 되었습니다. 열 번 찍어 안 넘어가는 나무가 없다지만, 열 번 모두 의미 있게 찍어야 넘어가는 것입니다. 건성으로 도끼질하면 백 번, 천 번, 만 번을 찍어도 넘어가지 않습니다. 예배도 그렇습니다. 한 번 한 번을 의미 있게 드릴 때 유익합니다.

기도도 그렇습니다. 자주 드리는 기도 중요합니다. 그러나 역대하 30장 18-20절의 기도를 보니 한 번에 회복됩니다. 자신을 깨끗하게 하지 않고 유월절 양을 먹었습니다. 병이 들었습니다. 이때 히스기야가 기도합니다. 18절 마지막 부터입니다. "선하신 여호와여 사하옵소서 결심하고 하나님 곧 그의 조상들의 하나님을 구하는 사람은 누구든지 비록 성소의 결례대로 스스로 깨끗하게 못하였을지라도 사하옵소서" 아멘. 20절입니다. "여호와께서 히스기야의 기도를 들으시고 백성을 고치셨더라" 아멘. 어떻게 되었습니까? 왕이 드린 한 번의 기도를 하나님께서 즉각 들어주셨습니다.

규례를 어겼습니다. 법을 어겼습니다. 그래서 문제가 생겼습니다. 제물을 드린 것도 아닙니다. 법을 어긴 자가 회개한 것도 아닙니다. 그런데 왕의 기도 한 마디에 하나님께서 모두를 고쳐주셨습니다. 기도의 실효성 유무는 하나님께서 결정하십니다. 히스기야의 기도는 실효성이 있었습니다. 한 번 기도했는데, 규례를 어겨 병이든 백성들이 치료됩니다. 히스기야 왕이 믿음이 좋아서 그렇습니까? 아닙니다. 여러 요소가 있습니다. 그 가운데 하나가 이미 말씀드린 '우상 제단과 향단 제거' 입니다. 30장 14절에 있습니다.

이어지는 15절을 보면, 제사장과 레위 사람이 부끄러워했습니다. 30장 15절입니다. "둘째 달 열넷째 날에 유월절 양을 잡으니 제사장과 레위 사람이 부끄러워하여 성결하게 하고 번제물을 가지고 여호와의 전에 이르러" 아멘. 왜 부끄러워했습니까? 둘째 날 열넷째 날에 유월절을 양을 잡았기 때문입니다. 본래 유월절은 몇 월 며칠입니까? 정월 14일입니다. 그런데 정월 14일에 지키지 못했습니다. 왜 규례대로 지키지 못했을까요? 이유가 30장 2-3절에 있습니다. '성결하게 한 제사장들이 부족했기' 때문입니다. 거룩 측면에서 하향 조정이 이뤄진 것입니다. 전체적으로 부정해지고 하나님을 경외하지 않으니 거룩해야 할 제사장들마저 많이들 부정한 상태에 있었습니다. 제사장들이 준비되지 않아 유월절을 2월 14일에 지키게 되니 창피한 것입니다. 사람들이 묻습니다. '본래 1월 14일 아닙니까?' '아, 우리가 부정해서….' '아, 제사장이 그래도 됩니까?' '그게 안 지키다 보니….' '아, 다른 사람은 안 지켜도 제사장은 지켜야 되는 것 아닙니까?' 뭐 이런 거죠. 부끄러움을 느낀 제사장과 레위인들이 번제를 드립니다. 헌신을 다짐합니다. 다시는 이러지 말아야겠다고 결심합니다.

번제를 드린 다음에 제사장과 레위인들이 무엇을 합니까? 16절입니다. "규례대로 각각 자기들의 처소에 서고 하나님의 사람 모세의 율법을 따라 제사장들이 레위 사람의 손에서 피를 받아 뿌리니라" 아멘. 모세 율법을 따라 피를 뿌립니다. 본래 유월절 어린 양의 피는 문지방과 설주에 바르게 되어있습니다. 다같이 모여 있으니 문지방과 설주는 얼마 없지요. 그래도 피를 바르는 마음으로 뿌립니다. 이뿐만이 아닙니다. 부정한 사람을 위해 유월절 양을 잡아주었습니다. 17절입니다. "회중 가운데 많은 사람이 자신들을 성결하게 하지 못하였으므로 레위 사람들이 모든 부정한 사람을 위하여 유월절 양을 잡아 그들로 여호와 앞에서 성결하게 하였으나" 아멘. 본래는 가족별로 양을 잡아야 하는데 부정해져서 잡을 수 없으니 대신 잡아줍니다. 양 잡는 게 쉽습니까? 어렵지요. 힘들지요. 그러나 겸손한 마음으로 헌신합니다. 이런 상황에서 드려진 기도가 히스기야의 기도입니다. 백성을 위한 왕의 기도입니다. 백성에게는 우상을 미워하는 마음이, 제사장들과 레위인들에게는 본인들의 직무를 제대로 감당하지 못했다는 부끄러운 마음이, 더 나아가 헌신하는 마음과 율법대로 지키려는 마음이 있습니다. 레위인들은 부정한 사람들을 위해 유월절 양을 대신 잡아줍니다.

그러니 왕도 겸손한 마음으로 기도합니다. "선하신 여호와여 사하옵소서" 기도합니다. 백성을 사랑하는 마음으로 기도합니다. 하나님을 구하기로 결심한 사람들을 위해 기도합니다. '성소의 결례대로 스스로 깨끗하게 못하였을지라도 사하옵소서' (30:19). 마음 중심을 보시는 하나님께서는 히스기야의 기도를 들으시고 고쳐주셨습니다. 기도자에게 필요한 마음이 이 마음입니다. 부끄러워하는 마음, 결단하는 헌신의 마음, 그리고 도우려는 마음입니다.

하나님의 응답에 백성은 기뻤습니다. 그래서 무교절을 기쁨으로 지켰습니다. 레위 사람들과 제사장들은 찬송하며 연주했습니다. 21절입니다. "예루살렘에 모인 이스라엘 자손이 크게 즐거워하며 칠 일 동안 무교절을 지켰고 레위 사람들과 제사장들은 날마다 여호와를 칭송하며 큰 소리 나는 악기를 울려 여호와를 찬양하였으며" 아멘. 히스기야는 "여호와를 섬기는 일에 능숙한 모든 레위 사람들을 위로"했습니다. 그들의 마음에 말했습니다. 귀한 이들입니다. 말씀을 맡은 이들은 설교할 기회가 없어도 말씀을 봐야 합니다. 기도할 일이 없는 것 같아도 주의 종들은 기도를 위해 시간을 떼어 둡니다. 칭찬 들을 자들이 칭찬 들을 때 백성은 즐거워하고 하나님께 감사합니다. 22절입니다. "히스기야는 여호와를 섬기는 일에 능숙한 모든 레위 사람들을 위로하였더라" 아멘.

이제 분위기가 달라집니다. 자기를 위해 종교적인 열심을 가지고 살다가 얻은 것도 많았지만 나병도 얻었던 웃시야, 아버지의 종교적인 열심에 식상하여 겉으로는 종교심이 있는 것처럼 보였지만 실상은 하나님께 냉담했던 요담, 종교적인 실효성을 찾아 자신이 이미 알았던 우상들뿐 아니라 자신이 알지 못했던 우상들까지 찾아다니며 우상숭배를 했던 아하스와 비교할 때, 히스기야 본문의 분위기가 다릅니다.

'웃시야, 요담, 아하스 시대를 지났는데, 어떻게 이런 일이 있을 수 있지?' 하는 생각이 듭니다. 성경기자도 깜짝 놀랐습니다. 그래서 30장 26절에 이렇게 말합니다. "예루살렘에 큰 기쁨이 있었으니 이스라엘 왕 다윗의 아들 솔로몬 때로부터 이러한 기쁨이 예루살렘에 없었더라" 말합니다. 이 말은 이런 기쁨이 다윗 때에는 있었다는 의미를 담고 있습니다. 법궤를 들이며 옷이 흘러내리는 줄도 모르고 춤을 추었던 다윗의 시대에는 이런 기쁨이 있었습니다. 그러나 돈에 마음을 빼앗긴 솔로몬 시대로부터는 이런 기쁨이 없었습니다. 긴 세월입니다. 300년 가까이 되는 긴 세월입니다. 이 세월 동안 이런 기쁨, 온 백성이 하나님을 인해 기뻐하는 기쁨이 없었습니다.

불쌍하지요. 항상 기쁜 것이 신자의 정상적인 상태인데, 300년을 쪼들려 살았으니 불쌍하지요. 우리나라도 이 기쁨을 잊은 지 오래인 것 같습니다. 해방의 기쁨도 잠시, 분단과 전쟁, 잘살아보자며 힘쓰며 애쓰면서 돈 버는 재미는 늘었지만, 이제는 모든 행복의 기준이 서울에 집이 있느냐에 잡혀있으니까요. 서울에 집이 있으세요? 그럼, 행복하세요? 서울에 집이 있다고 행복한 게 아닙니다. 히스기야 본문을 보면서 어떻게 하여 예루살렘에 기쁨이 회복되었는지 살펴봅니다.

이 기쁨은 사실 29장부터 시작되었습니다. 성전 청결부터이지요. 사실 아하스는 성전 제사를 멈추었습니다. 모든 우상에게 제사하면서도 하나님께는 제사하지 않았습니다. 29장 3-11절에 있습니다. 히스기야는 왕이 된 첫째 해 첫째 달부터 그간의 흐름을 뒤집었습니다. 그는 제사장들과 레위 사람들에게 책임을 우선적으로 물었습니다. 그들이 게을렀다고 말합니다. 12절에 보면, 이에 레위 사람들이 일어났습니다. 이상하지요. 제사장들이 일어난 것이 아닙니다. 16절에 보면, 제사장들도 일하기 시작했습니다. 1월 1일부터 성전에 있는 우상기명들을 빼기 시작했습니다. 16일 걸렸습니다. 29장 17절입니다. "첫째 달 초하루에 성결하게 하기를 시작하여 그 달 초팔일에 여호와의 낭실에 이르고 또 팔 일 동안 여호와의 전을 성결하게 하여 첫째 달 십육 일에 이르러 마치고" 아멘.

성전이 깨끗하게 되었습니다. 기뻤습니다. 그래서 예물을 드렸습니다. 그런데 어떤 일이 있었을까요? 제사장이 부족해서 번제 짐승들의 가죽을 제대로 벗기지 못하는 일이 발생했습니다. 29장 31-34절에 있습니다. 레위 사람들의 성결하게 함이 제사장들보다 성심이 있었습니다. '성심'은 '마음이 올곧았다.' 이런 표현의 번역입니다. 마음이 진실했습니다. 마음이 정직했습니다. 마음이 똑바로 되어 있었습니다. 누가요? 레위인들이죠. 본래 레위인들은 제사장들이 성전에서 섬기는 일을 할 때 돕는 위치에 있었습니다. 그런데 성전에 폐쇄되자 제사장들의 마음이 레위인들보다 더 낙심되어 나태해진 것입니다.

그런데 이때 첫째 기쁨이 있었습니다. 29장 35-36절입니다. "번제와 화목제의 기름과 각 번제에 속한 전제들이 많더라 이와 같이 여호와의 전에서 섬기는 일이 순서대로 갖추어지니라 이 일이 갑자기 되었으나 하나님께서 백성을 위하여 예비하셨으므로 히스기야가 백성과 더불어 기뻐하였더라" 아멘. 이 일이 갑자기 되었지만, 하나님께서 이 일이 잘 세워지게 하셨기 때문에 기쁨이 있었습니다. 하나님께서 도우셨습니다. 하나님께서 도우셔야 기쁨이 있는 것입니다. 이 기쁨이 힘이 되어 히스기야의 마음에 유월절을 지키고 싶은 마음이 생겼습니다. 그런데 사실 1월 14일은 이미 지났지요. 그래도 아직 무교절 기간이니 지켜보려고 했습니다. 그런데 제사장들이 또 문제입니다. 30장 2-3절입니다. "왕이 방백들과 예루살렘 온 회중과 더불어 의논하고 둘째 달에 유월절을 지키려 하였으니 이는 성결하게 한 제사장들이 부족하고 백성도 예루살렘에 모이지 못하였으므로 그 정한 때에 지킬 수 없었음이라" 아멘. 그리고 이번에는 망한 북국 이스라엘 동족들에게도 기회를 주고 싶었습니다. 그래서 보발군을 보냈습니다. 어떤 반응이 있었습니까? 30장 10-12절에 있습니다. 대부분 조롱했지요. 그러나 겸손한 마음으로 참여하는 이들이 있었습니다.

이어지는 30장 13-22절은 이미 설명한 것과 같습니다. 백성에게는 우상 제단과 향단을 제거하겠다는 결단이 있었습니다. 제사장과 레위인들은 자신들로 인해 2월 14일에 유월절이 지켜지는 것에 대한 부끄러운 마음을 가졌고, 결단의 헌신을 번제를 통해 보였으며, 백성들을 위해 자신들이 하지 않아도 되는 헌신까지 추가했습니다. 무지하고 조급하여 자신들을 깨끗하게 하지도 않고 유월절 양을 먹어 병에 걸린 이들을 위해 히스기야 왕은 하나님께 기도했습니다. 그래서 두 번째 기쁨이 왔습니다. 21-22절에 있습니다.

이어 세 번째 기쁨이 있습니다. 23-25절에 있습니다. 너무 좋아서 일주일을 더 지킵니다. 왕들과 방백들은 헌신했고, 제사장들도 추가 봉사임에도 불구하고 많이 노력합니다. 모두가 기뻐합니다. 이제 제사장과 레위인들이 자기 역할을 시작합니다. 27절입니다. "그 때에 제사장들과 레위 사람들이 일어나서 백성을 위하여 축복하였으니 그 소리가 하늘에 들리고 그 기도가 여호와의 거룩한 처소 하늘에 이르렀더라" 아멘. 제사장들과 레위인들이 축복하고 하늘은 응답합니다. 제사장과 레위인들이 회개했고 그들이 자기 역할로 돌아왔습니다. 종교적 실효성이 컸습니다. 그러자 백성들의 각자의 성읍으로 돌아가면서 종교적 실효성이 없는 것들을 부습니다. 31장 1절입니다. "이 모든 일이 끝나매 거기에 있는 이스라엘 무리가 나가서 유다 여러 성읍에 이르러 주상들을 깨뜨리며 아세라 목상들을 찍으며 유다와 베냐민과 에브라임과 므낫세 온 땅에서 산당들과 제단들을 제거하여 없애고 이스라엘 모든 자손이 각각 자기들의 본성 기업으로 돌아갔더라" 아멘.

이에 히스기야가 제사장과 레위인들을 세웁니다. 31장 2절입니다. "히스기야가 제사장들과 레위 사람들의 반열을 정하고 그들의 반열에 따라 각각 그들의 직임을 행하게 하되 곧 제사장들과 레위 사람들에게 번제와 화목제를 드리며 여호와의 휘장 문에서 섬기며 감사하며 찬송하게 하고" 아멘. 왕이 헌신합니다(31:3). 백성에게 헌신하도록 말합니다(31:4). 왕의 명령에 예루살렘 거민들이 반응합니다(31:5). 유다 성읍에 사는 이들도 반응합니다(31:6-7). 왕이 하나님을 송축하고 백성을 칭찬합니다(31:8). 이러한 모든 상황에 대한 대제사장의 보고입니다. 31장 10절입니다. "사독의 족속 대제사장 아사랴가 그에게 대답하여 이르되 백성이 예물을 여호와의 전에 드리기 시작함으로부터 우리가 만족하게 먹었으나 남은 것이 많으니 이는 여호와께서 그의 백성에게 복을 주셨음이라 그 남은 것이 이렇게 많이 쌓였나이다" 아멘.

이번 통독을 통해 우리의 기준이신 예수님과 하나님의 말씀을 생각합니다. 바닥으로 내려가는 이유가 불순종 때문인지, 순종 때문인지 생각합니다. 순종 때문에 바닥으로 내려가면 소망이 있습니다.

질의와 응답

하나. “르호보암의 아들 아비야의 어머니 이름이 ‘압살롬의 딸 마아가’(대하 11:20)와 ‘우리엘의 딸 미가야’(13:2)로 소개된 부분을 설명해 주셨는데, 한 번 더 정리해주시면 감사하겠습니다.”

르호보암이 장자가 아닌 아비야를 왕으로 세운 이유가 아비야의 어머니 마아가에게 있었다고 역대하 11장 20절은 설명하는 듯합니다. 그런데 13장 2절에서 미가야가 아비야의 어머니로 제시되는 것을 보고, ‘아비야의 실제적인 어머니 역할을 한 사람은 압살롬의 딸이 아니라 우리엘의 딸이었다고 말하고 싶은 것은 아닐까?’ 하는 추측을 해보았습니다. 모든 것이 르호보암의 의도대로 되지는 않았다는 거죠.

둘. “왕의 어머니가 왕에게 영향을 크게 끼치는 것 같은데요. 여호사밧의 어머니에 대한 정보가 있을까요?”

여호사밧의 어머니에 대한 정보는 열왕기와 역대기 모두에 없습니다. 우선 르호보암의 어머니는 암몬 사람 나아마였습니다(왕상 14:31). 르호보암은 아내가 열여덟 명이고 첩이 예순 명이었는데(대하 11:21), 압살롬의 딸 마아가의 아들 아비야에게 왕위를 물려주었지요. 아비야는 아내가 ‘열넷’이었다고 합니다(대하 13:21). 아사의 어머니 마아가는 그 가운데 한 사람이었겠죠. 아사는 어머니 마아가를 태후의 자리에서 폐했습니다. 아세라의 가증한 목상을 만들었기 때문이죠(15:16). 아사의 아내 얘기 즉, 여호사밧의 어머니 얘기는 언급되지 않습니다. 특이사항이 없었나 봅니다.

셋. “오르난의 타작마당이 성전 터가 됩니다. 어떤 의의가 있을까요?”

사람을 쓸 때 혈연관계가 중요했던 사울과 달리, 다윗 주위에는 이방인이 많았습니다. 오르난도 이방인이고요. 여호와의 천사가 갓을 통해 다윗에게 명령하기를 “다윗은 올라가서 여부스 사람 오르난의 타작 마당에서 여호와를 위하여 제단을 쌓으라” 하셨으니(대상 21:18), 이방인인 오르난의 타작마당이 성전 터가 된 데는 하나님의 인도가 있었다고 생각합니다. 거기에 다윗의 결정도 있었지요. “다윗이 이르되 이[오르난의 타작마당]는 여호와 하나님의 성전이요 이는 이스라엘의 번제단이라 하였더라"(대상 22:1) 아멘. 성전이 만민이 기도하는 집이니, 이방인인 오르난의 타작마당에 성전이 세워진 것은 중요해 보입니다. 하나님의 인도와 다윗의 결정이 낳은 합작품 같다는 생각이 듭니다. 물론, 다윗의 결정에는 두려움도 한몫했습니다. "옛적에 모세가 광야에서 지은 여호와의 성막과 번제단이 그 때에 기브온 산당에 있었으나 다윗이 여호와의 천사의 칼을 두려워하여 감히 그 앞에 가서 하나님께 묻지 못하더라"(대상 21:29-30) 했습니다.

넷. "이사야 43장 18절을 보면, 이전 일을 기억하지 말며 옛날 일을 생각하지 말라고 하시고, 이어지는 19절에서 '새일'을 행한다고 하셨는데, '이전 일'은 무엇이고 '새일'은 무엇인가요?"

이사야 43장 16-17절의 표현을 보면, 출애굽이 '이전 일'입니다. 이와 유사한 당시의 '이전 일'은 이사야 37장 36절에 소개된 앗수르 군대 185,000명의 죽음입니다. '새일'은 바벨론 포로에서 귀환하는 것입니다. 43장 21절이 유명하지요. "이 백성은 내가 나를 위하여 지었나니 나를 찬송하게 하려 함이니라" 아멘. 이 구절의 '나를 찬송하게 하려'는 '나의 찬송을 부르게'가 더 나아 보입니다. 열왕기는 여호야긴 지위의 회복으로, 역대기는 성전 회복의 기초가 되는 고레스 칙령으로 끝납니다. 포로귀환을 통해 하나님의 백성들은 하나님의 노래를 하나님과 같이 부를 것입니다. 하나님께서 좋아하시는 것을, 백성들도 좋아하게 될 것입니다. 출애굽으로 이스라엘 백성은 노예 상태에서 해방되고 가나안을 기업으로 받습니다. 출 바벨론으로 이스라엘 백성은 하나님만을 좋아하는 시온의 은혜로 나아갈 것입니다. 시온의 은혜는 십자가로 귀결됩니다. 하나님을 위해 고난도 즐겁게 받는 상태이지요. 백성이 시온의 은혜로 나아가는 것이 '새일'입니다.

Weekly Reading

21

역대하 32장 – 느헤미야 6장

"과도기"

대하 32-34장	대하 35-36장	스 2-4장	스 5-7장	스 8-10장	느 1-3장	느 4-6장

check

과도기란 "한 상태에서 다른 새로운 상태로 옮아가거나 바뀌어 가는 도중의 시기, 흔히 사회적인 질서, 제도, 사상 따위가 아직 확립되지 않은 불안정한 시기"를 이르는 표현입니다. 역대하 32장부터 느헤미야 6장까지의 시기에 '과도기' 라는 이름을 붙여 봅니다. 히스기야 왕에서 시작하여 느헤미야 총독에 이르는 시기입니다. 히스기야를 '왕' 으로 부를 수 있었던 것은 아직 유다가 망하기 전이었기 때문입니다. 느헤미야가 '총독' 으로 불리는 이유는 유다가 망하고 아직 회복되지 못했다는 것을 보여 줍니다. 느헤미야는 바사[페르시아] 왕 아닥사스다가 임명한 총독입니다. 에스라도 아닥사스다에 의해 보냄을 받습니다. 어떤 점에서 '바사 왕가' 가 이번 통독 본문의 배경입니다. 포로귀환을 명한 고레스도, 에스라와 느헤미야를 예루살렘으로 보낸 아닥사스다도 '바사 왕가' 에 속하기 때문입니다.

이에 '바사 왕가' 에 대한 기본적인 내용을 정리해봅니다.[1] 바사 왕가는 두 집안으로 나뉩니다. 고레스와 아닥사스다는 다른 집안이지요. 괄호 안에 연대가 기록된 이들이 왕들입니다.

---

1) '바사 왕가' 에 대한 내용은 Mervin Breneman, *Ezra Nehemiah Esther*, NAC (Nashville: B&H, 1993), 17-24쪽을 요약한 것입니다.

바사 왕가(the Achaemenid Family)

아캐메네스(Achaemenes, 주전 700-675년)
테이스프세스(Teispses, 주전 675-664년)

고레스 1세(Cyrus I, 주전 640-600년) 아리아름네스(Ariarmnes)
캄비세스 1세(Cambyses I, 주전 600-559년) 아르사메스(Arsames)

고레스 1세(Cyrus I the Great, 주전 550-530년)
메대와 바사의 왕.
각 민족의 문화와 종교 인정.
바벨론 사람들에게도 해방자로 인식됨.

캄비세스 2세(Cambyses II, 주전 530-522년) 히스타스페스(Hystaspes)
애굽 점령(525).
카르타고와 에디오피아도 점령하려 했으나 실패함.
캄비세스를 사칭한 사람에 의해 제국이 접수되었다는 소식을 듣고 돌아옴.
자상(허벅지)으로 사망.
예루살렘 성전 재건 방해를 지지했던 것으로 보임.

다리오 1세(Darius I the Great, 주전 522-486년)
성전 건축 재개(주전 520년, 스 5-6장).
학개, 스가랴 활동.
성전 재건 완료(주전 515년, 스 6:16-18).
마라톤 전투에서 헬라에게 패함(주전 490년).

아하수에로왕(Xerxes I, 주전 486-465년)
즉위(주전 486년, 스 4:6).
잔치(주전 483년, 에 1:4).
헬라 정복 실패(480): 육지 전 승리, 해전 패배
에스더와 결혼(주전 479년, 패전 직후).
내시 암살 기도는 패전과 연결 가능.

아닥사스다왕(Artaxerxes I, 주전 464-424년)
아하수에로의 아들로 형을 죽이고 왕이 됨.
에스라와 느헤미아 시대.
이 시기에 발견된 토판 700개(주전 454-404년).

언급된 2,500명 가운데 3% 유대인.
언급된 관리 200명 가운데 12명이 유대인.
에스라 4장 7-23절은 460년경 사건으로 추정됨.
에스라는 458년에 귀환.
느헤미야는 445년부터 433년까지 총독직 수행.
이후에 왕을 8년 정도 더하고 죽음.
그가 죽은 뒤 바사 제국은 많이 약해짐.

다리오 2세(Darius II, 주전 423-404년)
아닥사스다 2세(Artaxerxes II, 주전 404-359년)
아닥사스다 3세(Artaxerxes III, 주전 359-338년)
아르사스(Arsas, 주전 338-336년)
다리오 3세(Darius III, 주전 336-331년)
알렉산더에게 망함.
바사 제국은 세금 증가와 관리들의 부패로 망함.
이자율이 40-50퍼센트였음.

열왕기와 비교할 때, 역대기에는 아하스의 아들 히스기야는 잘한 일들이 추가됩니다. 가장 중요한 것이 그의 개혁과 유월절 준수입니다(대하 29:3-30:27; 31:2-21). 반면, 열왕기와 이사야서에서 자세히 다루는 '앗수르 왕 산헤립의 침공'은 간단히 다뤄집니다(대하 32:1-19, 왕하 18:13-37, 사 36:1-22 비교). 간단히 다뤄지면서도 히스기야의 믿음의 고백이 도드라지게 소개됩니다(대하 32:7-8). 열왕기와 이사야서에서 매우 자세히 다뤄지는 '히스기야의 병과 회복 부분'도 매우 간단히 소개되고 그가 회개한 것까지 소개되며(대하 32:24-26, 왕하 20:1-11, 사 38:1-8, 21-22 비교), 마찬가지로 다른 곳에서는 길게 다뤄지는 '바벨론 사신 부분'도 그리 부정적이지 않게 다뤄집니다(대하 32:27-31, 왕하 20:12-19, 사 39:1-8 비교). '바벨론 사신 부분'에 대해서는 "그러나 바벨론 방백들이 히스기야에게 사신을 보내어 그 땅에서 나타난 이적을 물을 때에 하나님이 히스기야를 떠나시고 그의 심중에 있는 것을 다 알고자 하사 시험하셨더라" 하는 흥미로운 사실이 더해집니다(대하 32:31).

히스기야의 아들 므낫세에 대해서는 그가 행한 악한 일에 대한 소개가 줄고(왕하

21:11-16), 그가 바벨론으로 끌려갔을 때 겸손히 회개하고 기도하여 돌아온 다음에 잘 했던 일이 소개됩니다(대하 33:11-17). 므낫세의 아들 아몬에 대해서는 "그의 아버지 므낫세가 스스로 겸손함 같이 여호와 앞에서 스스로 겸손하지 아니하고 더욱 범죄"했다고 소개합니다(33:23). 아몬의 아들 요시야의 개혁에 대해서는 요약 제시하고(대하 34:33, 왕하 23:4-20 비교), 유월절 절기를 지킨 것은 매우 자세히 소개합니다(대하 35:1-19, 왕하 23:21-23 비교).

요시야의 아들 여호아하스와 여호야김에 대해서는 대동소이합니다. 여호야긴에 대해서는 끌려가던 상황을 간단히 소개합니다. 요시야의 아들이자 유다의 마지막 왕 시드기야와 관련해서는 유다 멸망의 원인을 보다 자세히 소개합니다(대하 36:14-17). 마지막 부분인 36장 21절에서는, 예레미야 선지자를 통해 말씀하신 70년이 약속의 땅의 '안식년' 이었다고 말씀합니다.

헬라 역사가 헤로도투스와 크세노폰의 글은 역대하 36장 22절과 에스라 1장 1절에 소개된 바사의 고레스 왕 이해에 도움이 됩니다. 먼저, 주전 484년경에 현재는 터키에 속하는 할리카리나수스(Halicarnassus)에서 태어난 헬라 역사가 헤로도투스(Herodotus, *Histories*)에 따르면, 메대에는 본래 왕이 없었고 돌아가며 재판장 역할을 했습니다. 그런데 판단을 잘해주는 어떤 사람이 있었습니다. 그래서 사람들은 그가 계속 재판장 되기를 원하여 그에게 왕이 되어 달라고 요청했죠. 그랬더니 그는 왕궁을 짓고 왕궁 안에 들어가 사람들이 자신을 만나지 못하게 하면서, 모든 일은 백성과 자기 중간에 있는 심부름꾼을 통해 처리했습니다. 시간이 지나면서 그 사람과 함께 지냈던 사람들은 그의 모습을 더 이상 기억할 수 없었고 그는 더욱 두려운 존재가 되었습니다.

왕이 있던 메대는 조금은 미개했던 바사를 지배했습니다. 바사는 메대의 종과 같았습니다. 그런데 메대 공주가 바사 귀족과 결혼해서 낳은 아들이 고레스입니다. 이 아이가 장차 왕이 된다는 신탁을 받은 메대 왕은 이 아이를 가장 신뢰하는 신하에게 맡겨 죽이려 했습니다. 그러나 그 신하는 고레스를 죽이는 것이 부담스러웠습니다. 그래서 깊은 산 속에 사는 농장 주인에게 보내면서 아이를 더 깊은 산 속에 갖다 놓아 짐승

밥이 되게 하라고 명했습니다. 그런데 그날 밤 농장 주인 부부의 갓난아이 아들이 죽자, 부부는 자기 아이와 왕의 외손자를 바꿉니다. 아무도 알지 못하리라 생각했죠. 그러나 그 아이에게는 왕의 피가 흐르고 있었습니다.

그가 소년이 되었을 때 친구들과 놀이를 하는 도중 문제가 발생했습니다. 그는 바사 농부의 아들이므로 종과 같은데, 친구들과 놀다가 자기 차례가 되어 왕이 되자 메대 귀족 아들이 말을 듣지 않는다며 매로 친 것입니다. 메대 귀족는 자기 아들이 종의 민족인 바사 소년의 명으로 매 맞은 것을 알고 왕에게 벌을 내려달라 했습니다. 고레스를 만난 메대 왕은 그의 모습에서 자신의 모습을 발견했고 신뢰했던 신하에게 자초지종을 묻습니다. 사실을 알게 된 왕은 신하에게 화가 났습니다. 신하의 아들에게 상을 줄 것처럼 말하여 신하로 하여금 아들을 왕궁으로 보내게 합니다. 신하는 외손자가 살아있는 것을 왕이 기뻐한다고 오해하고 아들을 왕에게 보내죠. 신하의 아들이 오자 왕은 그를 죽여 요리하게 시키고, 신하를 초청해 요리된 아들을 먹게 합니다.

시간이 지나고, 고레스가 장성했을 때, 왕의 명을 어겼다는 이유로 아들을 잃었을 뿐 아니라 요리된 아들을 먹어야 했던 신하는 고레스를 부추겨 반란을 일으키게 합니다. 이렇게 고레스는 왕이 됩니다. 그리고 이스라엘로 귀환하여 성전을 지으라는 칙령을 내리지요.

한편, 주전 429년경에 출생한 아덴 출신 헬라 역사가 크세노폰(Xenophon, *Cyropaedia*)은 고레스에 대해 헤로도투스와 다른 얘기를 합니다. 고레스가 바사에서 태어나 바사식으로 교육받았고, 소년기에는 메대에서 외할아버지와 함께 지내며 메대식 교육도 받았다고 하죠. 고레스가 메대에서 말 타는 법도 배우고 친구도 사귀며 외삼촌 및 외할아버지와 좋은 시간을 보냈다고 기록했습니다.

과도기

제국에서 태어나
제국의 틈바구니에서 살아남아야 했던 이스라엘
메소보다미아 하란 가나안 애굽 지나

약속의 땅 기업으로 받지만
주변에는 블레셋 에돔 모압 암몬이요
애굽 아람 바벨론 시시탐탐 노린다.

히스기야 므낫세 아몬 지나니
요시야 여호아하스 여호야김 여호야긴 시드기야
어느 하나 제국으로부터 자유로운 왕 없다.
이스라엘이 쇠하니 제국이 일어나고
제국이 성하니 이스라엘은 쇠하다.
이스라엘과 제국은 천적(天敵) 관계인가?

고레스 일어나 이스라엘에게 자유 주고 성전 건축 명하나
발등에 떨어진 불 끄느라 기초 쌓다 멈췄네.
학개 스가랴 일어나니 성전은 지었으나
울타리 없는 집 노리는 자 많다.
포로상태에서 고향에 왔으나
고향에서 타향살이다.

에스더 모르드개 일어나 유다의 자존심 세우니
이스라엘 약탈자 아말렉이 물러가네.
아닥사스다 일어나 유다인 존중하니
제국은 안정을 찾고 이스라엘은 강성해진다.
에스라 귀환하여 율법을 교육하고
느헤미야 부임하여 성벽을 세운다.

율법을 가르치나 삶에 뿌리내리기 어렵고
눈에 보이는 울타리는 쳤으나 눈에 보이지 않는 것들 스며드네.
집안에 들인 이방 풍습과 사람은 어쩌며
마음에 들어온 안정추구사상은 어쩌나.
된 것 같으나 이뤄지지 않았고
마무리 된 것 같으니 여전히 과도기다.

결국은 예수님 오셔서

산상수훈 주셔야 율법교육 완성되고
성령의 불담 주셔야 진짜 울타리 쳐지네.
그렇다고 에스라 느헤미야 헛고생한 것 아니고
고레스 다리오 아하수에로 아닥사스다 헛수고 한 것 아니다.
온전케 하시는 하나님이 계시니까.

포로 귀환은 세 번에 걸쳐 이뤄집니다. 첫 귀환은 주전 538년에 이뤄집니다. 세스바살(바벨론 이름으로 '태양 신이 아버지를 보호한다'를 뜻함, 스 1:8-11) 및 스룹바벨과 함께 귀환한 사람들이 49,897명이었습니다. 이 당시 유다 인구는 20만 명 정도로 추정됩니다. 세스바살은 귀환 당시 총독이었는데 스룹바벨이 총독직을 이어받아 성전을 건축한 것으로 보입니다.

첫 귀환 후 80년이 지난 주전 458년에 둘째 귀환이 이뤄집니다. 아닥사스다 왕 7년이었습니다(스 7:7-8). 에스라('돕는 자')와 함께 귀환한 사람들은 오천 명 정도였습니다(스 8:1-14). 이 오천 명은 이스라엘 12지파를 상징합니다. 느헤미야와 함께 온 이들은 이스라엘 백성들이 아니고 군대 장관과 마병이었습니다(느 2:9). 에스라는 군대 및 마병과 함께 오지 않았습니다. 왕에게 구하지 않았기 때문입니다. 스룹바벨 당시에는 '유다와 베냐민'이 돌아오는 이들의 중심에 있었습니다. 반면, 에스라 때에는 이스라엘 열두 지파 모두가 돌아온 것을 강조합니다. 제물도 이스라엘 전체를 위해 열두 마리를 드립니다. 에스라 8장 35절입니다. "사로잡혔던 자의 자손 곧 이방에서 돌아온 자들이 이스라엘의 하나님께 전체를 위한 수송아지가 열두 마리요 또 숫양이 아흔여섯 마리요 어린 양이 일흔일곱 마리요 또 속죄제의 숫염소가 열두 마리니 모두 여호와께 드린 번제물이라" 아멘. 에스라가 역대상하, 에스라-느헤미야의 기록자일 것으로들 생각합니다.

세 번째 귀환은 주전 445년으로, 아닥사스다 왕 12년이었습니다(느 2:1). 느헤미야 당시 유다 인구는 50만 명 정도로 추정됩니다. 느헤미야가 도착할 당시, 유다 땅의 북쪽 경계는 미스바, 기브온이고, 동쪽 경계는 여리고 북쪽 요단 강이며, 남쪽 경계는 벧술과 헤브론이었습니다. 이때 에돔이 나바티안 아랍인들에게 쫓겨 유다 남쪽 땅으로 쫓겨나 그곳을 차지하여 이두메가 형성됩니다. 유다 땅 북쪽 사마리아에는 산발랏이 지도자로 있었고, 암몬 길르앗의 총독은 도비야였으며, 아라비아-이두메 총독은 게셈이었습니다(느 2:19). 서쪽에는 아스돗 지방이 있었습니다. 유다도 독립적인 행정구역 '메디나' (도[都])였습니다(스 2:1; 느 1:3; 7:6). 유다 총독으로 세스바살(스 5:14)과 스룹바벨(학 1:1, 14; 2:2, 21)이 세워졌지만, 주변 총독들의 텃새가 심했습니다(느 2:19; 4:1-3, 7-8; 6:1-9).

에스라서는 "세스바살과 스룹바벨 당시의 포로귀환과 성전 재건"이 소개된 전반부(1-6장)과 "에스라의 경험"(7-10장)이 소개된 후반부로 나뉩니다. 전반부에는 '고레스 칙령(1:2-4), 성전 기명 목록(1:9-11), 포로 귀환자 명단(2:1-3:1; 느 7장), 성전 재건 반대 편지 둘 요약(4:6-7), 르훔과 심새가 아닥사스다 왕에게 보낸 편지(4:8-16), 아닥사스다 왕의 답신(4:17-22), 아바르나하라(Abarnahara, 다메섹 위쪽 지방) 총독 닷드내(스달보스내와 아바삭 사람)가 다리오 1세에게 보낸 편지(5:6-17), 다리오가 닷드내에게 보낸 답신(6:3-12)' 이 포함됩니다. 이 가운데 4장 8절에서 6장 18절까지가 아람어로 기록되었습니다.

특별히 4장 23절과 24절은 다른 상황에 대한 기술입니다. 4장 23절은 성벽 건축 방해(가까운 과거)와 관계되고, 4장 24절은 성전 건축 방해(먼 과거)와 연결됩니다. 다시 말해, 4장 24절은 4장 5절과 연결됩니다. 이렇게 보면, 4장 7-23절은 주전 460년경 사건으로 추정됩니다. 이 시기에 애굽이 바사 제국에 반기를 들었기 때문입니다. 4장 11절의 "강 건너편 주 혹은 도"(the satrapy beyond the River, 수리아, 페니키아, 팔레스타인, 구브로, 애굽 경계까지의 유브라데 강 서쪽 주 혹은 도로 다섯 번째 주 혹은 도)의 통치를 맡은 르훔은 바사 귀족일 가능성이 큽니다. 7절의 '비슬람, 미드르닷, 다브엘' 은 사마리아 지도자일 것 같습니다. 이들이 르훔에게 보고했고, 르훔이 아람어로 왕에게 보고한 듯합니다. 사마리아 지도자들은 '유다도 애굽과 한통속' 이라고 고소한 듯합니다. 이 추측이 옳다면 에스라 귀환 직전에 성벽 건축 시도가 있었으나 좌절되었습니다.

에스라는 458년에 귀환하여 하나님의 말씀으로 기초를 닦았고, 느헤미야는 445년에 와서 52일 만에 성벽 건축에 성공하고 433년까지 12년간 총독으로 지내면서 유다 땅이 강성하도록 도왔습니다. 총독의 녹을 받지 않았을 뿐 아니라 사재를 내어 일꾼들을 먹였습니다. 느헤미야 5장 14-18절에 있습니다.

에스라서를 읽어보면, 예루살렘 성전 건축은 고레스와 다리오라는 두 왕의 도움으로 이뤄집니다. 비용도 그들이 내었습니다. 기초는 고레스의 도움으로, 건물은 다리오의 도움으로 이뤄졌습니다. 에스라 1장 6절을 보면, "그 사면 사람들이 은 그릇과 금과 물품들과 짐승과 보물로 돕고 그 외에도 예물을 기쁘게 드렸더라" 하였습니다. '그 사면 사람들'은 이스라엘의 이웃들입니다. 결국 예루살렘 성전 건축은 타인들의 헌물로 이뤄집니다. 물론 집안 어른들이 드린 것들도 있습니다. 2장 68-69절입니다. "어떤 족장들이 예루살렘에 있는 여호와의 성전터에 이르러 하나님의 전을 그 곳에 다시 건축하려고 예물을 기쁘게 드리되 힘 자라는 대로 공사하는 금고에 들이니 금이 육만 천 다릭[8그램]이요[488킬로그램] 은이 오천 마네[800그램]요[4톤] 제사장의 옷이 백 벌이었더라" 아멘. '어떤 족장들'의 헌물은 노동을 위한 것이었습니다. 그러니 다른 이들의 돕는 손길이 더 컸다고 볼 수 있습니다.

반면, 성벽 건축은 에스라의 개혁과 느헤미야의 헌신을 통해 이스라엘 백성들 자체 힘으로 이뤄집니다. 물론 아닥사스다 왕이 도왔고 느헤미야도 총독 월급 받지 않고 헌신하였습니다. 그러나 성벽 건축의 주된 동력은 백성들의 노동력이었습니다. 느헤미야 6장 15절에 따르면, 성벽 공사는 시작한 지 52일 만에 끝납니다. 속전속결이었습니다.

성전이 이미 건축되어있습니다. 그러나 유다 땅의 주민이 적고 힘이 미약하여 하나님 백성으로 살아가기에 매우 힘들었을 때, 에스라는 많은 사람을 독려하여 약속의 땅으로 돌아왔습니다. 1차 귀환 때에는 많은 이들이 자발적으로 돌아왔지만, 에스라 때에는 긴 설득의 과정이 필요했습니다. 성전도 없던 1차 귀환 때에는 이방인 왕 고레스 칙령 하나만으로도 오만 명에 가까운 사람들이 돌아왔지만, 에스라 때에는 상황이 달랐습니다. 성전이 있지만 여전히 어려운 상태, 성전이 있기 때문에 더 조롱받는 상태에 있는 유다 땅으로 사람들은 돌아오려 하지 않았습니다. 성전 봉사자인 레위인들은 더더욱 돌아오려 하지 않았습니다. 에스라 1장 5절을 보면, 1차 귀환 때는 레위 사람들이 처음부터 함께 했습니다. 그러나 에스라 7장 15절에 보면 "내가 무리를 아하와로 흐르는 강가에 모으고 거기서 삼 일 동안 장막에 머물며 백성과 제사장들을 살핀즉 그 중에 레위 자손이 한 사람도 없는지라"라고 전합니다.

하나님 말씀으로 기초를 닦으며 성벽 건축의 현장에서 내부 동력이 되었던 에스라는 성벽 건축이라는 당시 상황을 기술하기 전에 성전 건축이라는 이전 상황을 자세히 기술합니다. 성전 건축과 성벽 건축은 연결되는 하나의 일이기 때문입니다. 하나님 나라를 위해 필요했던 두 가지 일이었기 때문입니다.

에스라 3장에는 성전 건축 시작과 봉헌이 소개됩니다. 귀환하고 자리 잡고 농사지을 때, 우리로 하면 추석과 같을 때, 포로귀환 공동체가 모였습니다. 일곱째 달이 가까워지자 모였습니다. 일곱째 달이 양력으로는 9-10월입니다. 나팔절, 대속죄일, 초막절이 있는 시기입니다(레 23:24, 27-32, 34-43 참조). 여기서 중요한 표현은 '일제히' 입니다. 직역하면 '한 사람 같이' 입니다. 이들이 마음이 하나 되었음을 표현합니다. 1절입니다. "이스라엘 자손이 각자의 성읍에 살았더니 일곱째 달에 이르러 일제히 예루살렘에 모인지라" 아멘.

중요한 지도자는 예수아와 스룹바벨입니다(스 3:2). 이들은 돕는 제사장들과 형제들이 있었습니다. 예수아는 대제사장이고 스룹바벨은 다윗의 자손으로 정치 지도자와 같습니다. 예수아를 헬라어로 음역하면 '예수' 가 됩니다. 스룹바벨은 마태복음 1장 예수님의 족보에 나옵니다(마 1:12-13). 성전의 회복, 예배의 회복, 하나님 나라의 회복이 장차 다윗의 자손이신 예수님에 의해 이뤄질 것을 이 사건을 통해서도 읽을 수 있습니다.

그들은 제단부터 만들었습니다. 예배를 중시했습니다. 특별히 번제를 먼저 생각했습니다. 2절입니다. "요사닥의 아들 예수아와 그의 형제 제사장들과 스알디엘의 아들 스룹바벨과 그의 형제들이 다 일어나 이스라엘 하나님의 제단을 만들고 하나님의 사람 모세의 율법에 기록한 대로 번제를 그 위에서 드리려 할새" 아멘. 번제는 날마다 드립니다. 4절입니다. "기록된 규례대로 초막절을 지켜 번제를 매일 정수대로 날마다 드리고" 아멘. 번제를 '매일 날마다' 드립니다(출 29:38-46 참조). 포로귀환 공동체는 번제를 중시했습니다. 번제는 안식일에도, 월삭에도, 절기 때도 드립니다. 그래서 상(常)번제, 항상 드리는 번제라 불렀습니다. 예수님도 아침 번제 드리는 시간인 오전 9시에 십자가에 달리셨고, 저녁 번제 드리는 시간인 오후 3시에 숨지셨습니다.

이어지는 3절에는 그들이 예배를 중시한 이유가 나옵니다. "모든 나라 백성들 두려워하여" 아침저녁으로 상번제를 드렸습니다. 무슨 말입니까? 그들의 힘과 능력, 안전이 하나님으로부터 비롯된다는 것을 깨달았습니다. 주변 사람들처럼 군사력이 없습니다. 두렵습니다. 그들을 지키실 수 있는 분은 하나님뿐입니다. 그래서 예배부터 율법대로 드리기 시작했습니다. 성전을 아직 건축하지 못했지만, 제단만이라도 먼저 수축하여 예배를 드린 것입니다.

이어지는 6절을 보면, 나팔절부터 그들은 번제를 드렸습니다. 일곱째 달이 가까워져서 모였는데 초하루부터 번제를 드리기 시작한 것입니다. 부지런히 일한 것이죠. "일곱째 달 초하루부터 비로소 여호와께 번제를 드렸으나 그 때에 여호와의 성전 지대는 미처 놓지 못한지라" 아멘. 놋제단을 만드는 규례는 출애굽기 27장 1-8절에 있습니다. 아무것도 없는 가운데 이런 것 하나라도 제대로 만들려면 힘듭니다. 그러나 그들은 모이자마자 바로 성공했습니다. 준비되지 않았으면, 마음 들여 정성스레 하지 않았다면 불가능한 성공이었습니다.

예배를 시작한 그들은 바로 성전 건축을 시작합니다. 7절입니다. "이에 석수와 목수에게 돈을 주고 또 시돈 사람과 두로 사람에게 먹을 것과 마실 것과 기름을 주고 바사 왕 고레스의 명령대로 백향목을 레바논에서 욥바 해변까지 운송하게 하였더라" 아멘. 돈, 먹을 것, 마실 것, 기름을 내서 공사를 시작합니다. 레바논에서 욥바 항구로 재목에 운송됩니다.

스룹바벨 성전이라 불리는 포로귀환 공동체의 성전 건축은 초막절 지내고 반년 뒤인 둘째 달에 시작됩니다. 유월절을 지낸 다음 달이기도 합니다. 솔로몬 성전도 유월절 지내고 짓기 시작했습니다(왕상 6:1). 양력으로는 4-5월입니다. 이스라엘에서는 건기가 시작되는 시기입니다. 그래서 건축하기에 좋습니다.

이어지는 10-12절은 성전 기초가 놓일 때의 모습을 소개합니다. 애들부터 노인에 이르기까지 모두 모였습니다. 이 성전이 초라하다 우는 노인부터 기쁨으로 함성을 지르는 아이들과 젊은이들이 있습니다. 노인들은 옛 성전을 생각하며 울지만, 젊은이들과 아이들은 남의 나라 종으로만 살았기 때문에 마냥 좋기만 합니다.

그런데 대적들이 들었습니다. 4장 1절입니다. "사로잡혔던 자들의 자손이 이스라엘의 하나님 여호와의 성전을 건축한다 함을 유다와 베냐민의 대적이 듣고" 아멘. 그들은 귀환자들이 성전을 지었다고 들었습니다. 성전 기초를 닦았다고 듣지 않았습니다. 그래서 쫓아왔습니다. 스룹바벨('바벨에서 나그네로 살았던 자')에게 다가왔습니다. 울었던 자들, 장로들에게 왔습니다.

유다와 베냐민의 대적들은 자신들이 그들의 대적임을 숨기고 같이 성전을 짓자고 제안합니다. 2절입니다. "스룹바벨과 족장들에게 나아와 이르되 우리도 너희와 함께 건축하게 하라 우리도 너희 같이 너희 하나님을 찾노라 앗수르 왕 에살핫돈이 우리를 이리로 오게 한 날부터 우리가 하나님께 제사를 드리노라 하니" 아멘. 북국 이스라엘은 앗수르 왕 사르곤에 의해 망했습니다. 열왕기하 17장 24절 이하에 있습니다. 앗수르 왕 에살핫돈(주전 681-669년)은 산헤립(주전 705-681년)의 아들로 이스라엘을 괴롭혔던 살만에셀 5세(주전 727-722년)의 증손자이고 이스라엘 백성들을 타지로 이주시킨 사르곤(주전 722-705년, 사 20:1; 왕하 17:6)의 손자입니다. 이들은 앗수르가 강성했던 사르곤 때 이주해 왔으면서 앗수르가 약해졌던 시절의 에살핫돈을 언급했습니다. 이들은 여호와를 섬겼겠지만, 아마도 사마리아 제사장의 가르침을 따라, 자기 신도 같이 섬겼을 것입니다. 그러나 여호와 하나님께 제사를 드리지는 못했습니다. 본문 "우리가 하나님께 제사를 드리노라"는 '우리가 제사를 드리지 못한다.'로 번역하는 것이 맞겠습니다. 본래 '하나님께'라는 단어는 없고 '않다'에 해당하는 히브리어 '로'를 '그에게'에 해당하는 '로'로 읽고 번역할 때, "우리가 하나님께 제사를 드리노라"가 됩니다. 성전이 없어서 자신들이 제사를 드릴 수 없으니 성전을 같이 짓자는 문맥이므로, 기록된 대로 번역하는 것이 더 좋아 보입니다.

이어지는 3절은 유다 지도자들의 대답입니다. 종교혼합주의를 견제한 것은 좋았으나, 대답이 온전하지는 않아 보입니다. '종교혼합주의를 버리고 오직 여호와만 섬겨라! 그러면, 같이 짓겠다.' 이렇게 대답할 수도 있었을 것입니다. 물론 이렇게 제안했더라도 받아들여지지는 않았을 것 같습니다. 결국 대적들은 유다와 베냐민 사람들의 힘을 뺐습니다. 두렵게 만들었습니다. 그래서 성전공사가 중단되게 만들었습니다. 대적에게 진 것입니다. 4-5절입니다. "이로부터 그 땅 백성이 유다 백성의 손을 약하게 하여 그

건축을 방해하되 바사 왕 고레스의 시대부터 바사 왕 다리오가 즉위할 때까지 관리들에게 뇌물을 주어 그 계획을 막았으며" 아멘. 스룹바벨과 예수아는 바르게 하려 했지만 무능했습니다. 그래서 성전 건축이 중단되었습니다. 느헤미야는 이 전철을 밟지 않으려고 매우 조심스레 일을 진행하면서도 신속하게 진행했습니다.

성전 재건을 방해하는 이들이 있었듯, 성벽 건축을 방해하는 이들이 있었습니다. 에스라 4장 6-7절은 '성벽 건축 반대 편지 둘 요약' 이, 8-16절에는 '르훔과 심새가 아닥사스다 왕에게 보낸 편지' 가, 17-22절에는 '아닥사스다 왕의 답신' 이 소개됩니다. 그리고 앞서 설명한 대로, 4장 23절과 24절은 각각 다른 상황을 기술합니다. 4장 24절은 4장 5절과 연결됩니다. 이는 성전 건축 방해에 대한 말씀이고, 4장 6-23절은 성벽 건축 방해에 대한 말씀입니다. 에스라 당대의 일이죠.

성벽 건축 방해에 대한 말씀은 "아하수에로가 즉위할 때에"로 시작합니다. 4장 6절입니다. "또 아하수에로가 즉위할 때에 그들이 글을 올려 유다와 예루살렘 주민을 고발하니라" 아멘. 아하수에로가 통치를 시작할 때는 주전 486년으로 성전이 건축된 지 30년이 지난 뒤입니다. 유브라데 강 이남에서 애굽 경계 북쪽에 있던 지역 지도자들은, 특별히 사마리아 지도자들은 유다 땅 거민들이 강성해지는 것을 원하지 않았습니다. 성전 건축 이후 삼십 년 정도 지났을 때 그들은 어떤 위협을 느꼈는지 아하수에로 왕에게 유다 인들을 반대하는 편지를 썼습니다.

이어지는 7절은 성벽 건축이 이뤄진 아닥사스다 왕 때 있었던 성벽 건축 반대 상소 이야기의 시작입니다. "아닥사스다 때에 비슬람과 미드르닷과 다브엘과 그의 동료들이 바사 왕 아닥사스다에게 글을 올렸으니 그 글은 아람 문자와 아람 방언으로 써서 진술하였더라" 아멘. 이 구절의 '비슬람, 미드르닷, 다브엘' 은 사마리아 지도자일 것 같습니다. '비슬람' 은 '평강 중에', '다브엘' 은 '좋으신 하나님' 을 뜻합니다. 이들이 르훔에게 보고했고, 르훔이 아람어로 왕에게 보고한 듯합니다. 12절의 "당신에게서 우리에게로 올라온 유다 사람들"이란 표현으로 인해, 에스라의 귀환 이후에 보고된 내용으로 보는 것이 좋겠습니다.

에스라 4장 8절에서 6장 18절까지는 아람어로 기록되어 있습니다. 유브라데 강 서쪽 건너편 영지의 총독인 르훔이 서기관 심새로 예루살렘에 대해 쓰게 한 상소입니다(4:8). 르훔은 총독이고 심새는 서기관이며, 참모들로 재판관들(디나 사람)과 관료들(다블래 사람)이 있습니다(4:9). 이들의 출신지는 다블래, 아바새, 아렉, 바벨론, 수산 즉 엘람입니다. 10절의 오스납발을 앗수르 왕 아슈르바니팔(Ashurbanipal, 주전 669-633년)로 보는 것이 일반적이나, 그가 앗수르 왕이라면 바사 왕에게 보낸 편지에서 '위대하고 존귀한 오스납발' 이라는 표현을 쓰기 어려웠을 것으로 보입니다. 9절의 명단을 고려할 때, '그 밖에 백성' 은 지배계층으로 보이고, 오스납발은 이들을 파견한 중앙 귀족이나 왕족으로 보입니다.

이어지는 11절의 '강 건너편 주 혹은 도' 는 앞서 설명한 대로, 유브라데 강 서쪽 주 혹은 도로 다섯 번째 주 혹은 도입니다. 수리아, 페니키아, 팔레스타인, 구브로, 애굽 경계까지의 지역을 가리킵니다. '강 건너편 도' 의 통치를 맡은 르훔은 바사 귀족일 가능성이 높습니다. 이들은 자신들은 '강 건너편 사람' 으로 통칭합니다. 12절의 "당신에게서 우리에게로 올라온 유다 사람들"은 에스라와 함께 귀환한 사람들을 지칭하는 것으로 보는 것이 좋겠습니다. 유다 사람들은 반대하는 이들은 예루살렘을 "패역하고 악한 성읍", '반역하는 나쁜 성읍' 이라 부릅니다. "그 기초를 수축하고 성곽을 건축하오니"는 '길을 닦고 기초를 닦았으니' 입니다. 이로 볼 때, 에스라 공동체는 왕의 후원으로 왔지만, 처음부터 어려움에 봉착했습니다. 말씀 개혁이 성벽 건축으로 이어졌지만 반대에 부딪힌 것입니다.

강 건너편 지도자들은 '예루살렘 성벽이 건축되어 유다인들이 자신들을 보호할 수 있게 되면 조공과 관세와 통행세를 바치지 않을 것이다.' 그렇게 주장합니다(4:13). 세금이 줄 것이라는 거죠. 돈을 잃을 것입니다. 세상 왕들이 가장 두려워하는 것이 돈이 줄어드는 것입니다. 돈이 힘이기 때문입니다. 그러나 애굽의 반기도 평정되었는데, 유다 인들이 과연 반기를 생각을 했을까요? 더구나 왕의 신임을 받고 파견된 에스라가 반역할까요?

이어지는 14절의 "왕궁의 소금을 먹으므로"는 '왕궁으로부터 월급 받고 사니까' 를 의미합니다. 옛날에는 소금이 돈과 같았습니다. 건 건너편 지도자들은 마치 왕을 위해서 이 편지를 쓰는 것처럼 표현합니다. 자신들이 왕에게서 돈을 받고 일을 하니까 이런 상소를 올린다고 말합니다. "우리가 이제 왕궁의 소금을 먹으므로 왕이 수치 당함을 차마 보지 못하여 사람을 보내어 왕에게 아뢰오니" 아멘. 그러나, 그들은 사실 자신들의 입지가 약해질까 걱정되어 조서를 꾸민 것으로 보입니다.

이어지는 15절의 "조상들의 사기"는 '비망록' 같은 것입니다. 왕들이 주변 민족들에 대해 메모해 둔 것이죠. 다윗과 솔로몬 시대에 이스라엘이 강성했던 것을 가리킵니다. 강한 것이 '패역한 것' 으로 해석됩니다. 지배하고자 하는 이들은 지배자들을 악하다고 여깁니다. 하나님의 전지전능을 하나님을 대적하는 이유로 삼는 이들도 비슷한 입장을 가집니다. 사랑하고자 하는 이들은 사랑을 베푸시는 하나님께 감사합니다. 그러나 지배하고자 하는 이들은 전능하신 하나님이 부담스럽지요. 의로운 판단을 기뻐하는 이들은 의로우신 하나님께서 전능하시다는 게 위로가 됩니다. 그러나 불의한 이들은 의로우신 하나님께서 전지전능하신 게 괴롭습니다. 강함은 패역이 아닙니다. 마찬가지로, 약함이 선은 아닙니다.

이어지는 16절은 협박입니다. "이제 감히 왕에게 아뢰오니 이 성읍이 중건되어 성곽이 준공되면 이로 말미암아 왕의 강 건너편 영지가 없어지리이다" 아멘. 이 말에는 자신들의 통치 구역 상실이 표현되어있습니다. 이들이 두려워하는 것은 이스라엘이 회복되어 자신들이 더 이상 그곳을 통치하지 못하게 되는 것이었습니다. 성벽을 쌓아 성을 짓는 것은 성전 건축은 아닙니다. 그러므로 이들 말에도 일리가 있습니다.

이에 왕이 답장을 씁니다. 우선 아닥사스다 왕은 이스라엘의 강성했던 과거를 인정합니다(4:17-22). 다양한 반란을 경험해야 했던 아닥사스다는 예루살렘의 반란 가능성도 마음에 두었습니다. 그래서 성벽 공사가 중단되었습니다. 4장 23절입니다. "아닥사스다 왕의 조서 초본이 르훔과 서기관 심새와 그의 동료 앞에서 낭독되매 그들이 예루살렘으로 급히 가서 유다 사람들을 보고 권력으로 억제하여 그 공사를 그치게 하니" 아멘. 에스라 당시에 일어난 가까운 과거가 소개되었습니다.

이어지는 4장 24절은 성전 재건 공사 중단과 관계된 먼 과거 얘기입니다. 4장 5절과 연결됩니다. 그러나 성전 재건 공사가 재개되고 성공합니다. 에스라 5-6장에 성전 재건 성공 얘기가 있습니다. 5장 6-17절에는 '아바르나하라(Abarnahara, 다메섹 위쪽 지방) 총독 닷드내(스달보스내와 아바삭 사람)가 다리오 1세에게 보낸 편지'가, 6장 3-12절에는 '다리오가 닷드내에게 보낸 답신'이, 6장 13-22절에는 '성전 봉헌과 유월절'이 소개됩니다. 이러한 성공은 에스라 느헤미야 당시 성벽 건축 성공으로 이어집니다. '성전 재건 성공'이 '성벽 재건 이전에 있었던 중요한 성공사례' 입니다.

성전 재건 성공에 선지자 학개와 스가랴의 기여가 있었습니다. 에스라 5장 1절입니다. "선지자들 곧 선지자 학개와 잇도의 손자 스가랴가 이스라엘의 하나님의 이름으로 유다와 예루살렘에 거주하는 유다 사람들에게 예언하였더니" 아멘. 학개 1장 1절입니다. "다리오 왕 제 이년 여섯째 달 곧 그 날 초하루에 여호와의 말씀이 선지자 학개로 말미암아 스알디엘의 아들 유다 총독 스룹바벨과 여호사닥의 아들 대제사장 여호수아(예수아)에게 임하니라" 아멘. 또한 학개 1장 14-15절입니다. "여호와께서 스알디엘의 아들 유다 총독 스룹바벨의 마음과 여호사닥의 아들 대제사장 여호수아의 마음과 남은 모든 백성의 마음을 감동시키시매 그들이 와서 만군의 여호와 그들의 하나님의 전 공사를 하였으니 그 때는 다리오 왕 제 이년 여섯째 달 이십사 일이었더라" 아멘. 학개 선지자를 통해 말씀을 주신 다음, 삼 주(23일) 만에 공사가 재개됩니다.

스가랴에게는 성전 공사가 재개된 다음에 말씀이 임했습니다. 성전 건축 재개 한 달 정도 뒤입니다. 스가랴 1장 1절입니다. "다리오 왕 제 이년 여덟째 달에 여호와의 말씀이 잇도의 손자 베레갸의 아들 선지자 스가랴에게 임하니라" 아멘. 스가랴에게 말씀 주신 뒤 한 달 뒤에 학개 선지자에게 말씀을 또 주셨습니다. 학개 2장 10절입니다. "다리오 왕 제 이년 아홉째 달 이십사일에 여호와의 말씀이 선지자 학개에게 임하니라" 아멘. 또한 학개 2장 20절입니다. "그 달 이십사 일에 여호와의 말씀이 다시 학개에게 임하니라" 아멘.

학개 선지자에게 말씀 주신 두 달 뒤에 말씀을 스가랴 선지자에게 또 주셨습니다. 성전 건축을 재개한 이스라엘 자손들에게 하나님께서는 비전을 주셨습니다. 스가랴 1장 7절입니다. "다리오 왕 제 이년 열한째 달 곧 스밧월 이십사 일에 잇도의 손자 베레갸의 아들 선지자 스가랴에게 여호와의 말씀이 임하니라" 아멘. 여러 가지 비전입니다.

마침내 성전 재건이 이뤄집니다. 에스라 6장 15절입니다. "다리오 왕 제 육 년 아달월 삼 일에 성전 일을 끝내니라" 아멘. 4년 반이 걸렸습니다. 양력으로 계산하면, 주전

520년 9월 21일에 시작해서 주전 515년 3월 12일에 끝났습니다.

성전과 성벽 건축을 연결하여 기술한 에스라는 자신의 귀환 과정을 에스라 7-8장에서 자세히 소개합니다. '에스라' 는 '돕는 자' 라는 뜻입니다. 에스라는 예루살렘에 사는 유다인들을 도우러 왔습니다. 에스라는 제사장이면서 서기관(학자)이었습니다(7:11). 그는 율법을 필사하는 자였습니다. 필사를 할 뿐 아니라 율법대로 살았습니다. 그래서 그를 '율법에 완전한' 이라 표현합니다(7:12). 그는 "왕과 일곱 자문관"(7:14)이라는 바사 제국의 최고 통치 그룹에 의해 파견되었습니다. 에스라에게는 '강 건너편 모든 백성' 을 하나님의 율법을 따라 재판하고 다스릴 권한이 주어졌습니다(7:25). 또한 그들에게 율법을 가르칠 의무도 부과되었습니다. 매우 유명한 7장 10절의 내용 "에스라가 여호와의 율법을 연구하여 준행하며 율례와 규례를 이스라엘에게 가르치기로 결심하였었더라"는 이러한 그의 직무와 관계됩니다. 만일 하나님의 법을 따르지 않으면 어떻게 되는가? 왕의 법을 어긴 것과 마찬가지로, 사형, 추방, 가산 몰수, 감금이 가능했습니다(7:26).

에스라서에 소개된 에스라 원정대와 '반지의 제왕' 에 소개된 반지 원정대 사이에 공통점이 있습니다. 첫째, 에스라 원정대는 과거를 기억해야 했습니다. 반지 원정대에게도 반지의 생성, 속성, 전달, 해악 등에 대한 지식이 중요했습니다. 둘째, 에스라 원정대는 마음을 넓혀야 했습니다. 이스라엘 전체를 마음에 두어야 했습니다. 이방인들이 드린 헌물까지 잘 운반해야 했습니다. 반지 원정대도 자신이 속한 그룹만 생각하면 안 되었습니다. 사우론의 속박으로 고통당할 수밖에 없는 모든 존재를 위해 자신을 희생하고 어려움을 감내해야 했습니다. 셋째, 에스라 원정대는 이동 간 안전을 위해 하나님만 의지했습니다. 반지 원정대도 반지를 의지하면 안 되었습니다. 넷째, 에스라 원정대는 자신이 할 수 있는 바에 충실해야 했습니다. 반지 원정대도 반드시 반지를 모르도르에 있는 용암 속에 던져 넣어야 했습니다. 이러한 유사점이 있는 것은 톨킨이 '반지의 제왕' 을 쓸 때 성경에서 아이디어를 얻었기 때문일 것으로 보입니다.

그럼, 에스라 원정대의 특징을 살펴봅니다. 첫째, 에스라 원정대는 과거를 기억해야 했습니다. 바울 변론에서 이전 변론이 중요했던 것처럼, 성벽과 성전 건축에 있어서도 이전 칙령들이 중요했습니다. 이전 역사가 중요했다는 말입니다. 다리오 때 성전공사가 재개되었습니다. 이때 성전공사가 허락되고 재정 지원이 가능했던 것은 고레스 칙령이 있었기 때문입니다. 아닥사스다 때 첫 번째 성벽 건축 시도가 중단된 것도 이스라엘 역사 가운데 다윗과 솔로몬 시대와 같이 강성했던 시절이 있었고 기억되었기 때문입니다. 방백 르훔이 아닥사스다에게 보낸 편지에서 "왕은 조상들의 사기를 살펴보시면 그 사기에서 이 성읍은 패역한 성읍이라 예로부터 그 중에서 항상 반역하는 일을 행하여 왕들과 각 도에 손해가 된 것을 보시고 아실지라 이 성읍이 무너짐도 이 때문이니이다"(4:15) 이렇게 보고했습니다.

저마다 자기 기억을 가집니다. 그 기억에 의지하여 슬퍼하기도, 절망하기도, 기뻐하기도, 소망을 품기도 합니다. 하나님께서는 이스라엘 백성들이 하나님께서 하신 역사를 기억하기를 원하셨습니다. 애굽에서 장자 사망을 면한 것을 기억하라고 유월절 절기 규례를 주셨습니다. 절기도, 안식일도 하나님을 기억하라고 주셨습니다. 출애굽 후 요단강을 건넜을 때에는 열두 돌을 요단 바깥에 두게 하셨습니다. 하나님께서 베푸신 은혜를 기억해야 원망을 피할 수 있습니다. 그러나 인간은 자기에게 잘해준 것은 금방 잊어버리고 자기에게 섭섭하게 한 것만 잘 기억하는 특징을 갖습니다. 그래서 절친이 원수가 되는 경우가 많습니다. 하나님을 향해서도 기도를 응답해주신 것, 형통하게 해주신 것은 당연한 듯 금방 잊고, 더딘 기도응답 하나로 인해 평생 불평하는 경우가 있습니다. 마치 어린아이에게 밥 주고 재워주고 관심을 기울여 키웠는데 '불장난' 못하게 했다고 '엄마와 아빠는 나를 미워해!' 말하는 것과 같습니다.

둘째, 에스라 원정대는 마음을 넓혀야 했습니다. "올라갈 뜻이 있는 자" 즉, 자원하는 자는 예루살렘에 도달할 수 있었습니다(7:13). 그러나 레위인들이 귀환하려 하지 않았습니다. 에스라 일행은 가려 하지 않는 레위인들을 독려하고 기다렸습니다.

아닥사스다 왕(Artaxerxes I, 주전 464-424년) 제7년인 458년에 이뤄진 2차 포로귀환 때의 첫 모습은 좋았습니다. 다양한 인정과 지원이 있었습니다. 그러나 출발할 때부터 어려움이 있었습니다. 첫째 달 초하루(양력 4월 8일, 7:9)에 바벨론에서 길을 떠났으나, 아하와 강가에 모여 보니 레위인들이 없어 지체됩니다. 레위인들을 독려하여 데려오고,

평탄한 길을 간구하느라 금식하며 기도하는 가운데 열하루가 훌쩍 지나갑니다. 하여 첫째 달 십이 일(4월 19일, 8:31)에 아하와 강을 떠날 수 있게 됩니다. 우리 모두 함께 가려면 누군가는 기다려줘야 하고 누군가는 하기 싫은 일을 해야 합니다.

또한 에스라 원정대는 이방인들이 여호와 하나님께 드리는 헌물을 드리기 위해 목숨을 걸었습니다. 그들을 파견한 '아닥사스다 왕과 일곱 자문관들' 이 하나님께 자발적으로 예물을 드렸습니다(7:15). 하나님께 예물을 드리고자 하였습니다. 또한 이들은 자신들뿐 아니라, "바벨론 온 도에서 얻을 모든 은금과 및 백성과 제사장들이 예루살렘에 있는 그들의 하나님의 성전을 위하여 기쁘게 드릴 예물까지" 보태져서 드려지기를 원했습니다(7:16). 자신들의 예물이 많은 예물과 함께 드려지기를 바랐던 것입니다. 아닥사스다는 구입할 물품까지 구체적으로 표현합니다. '수송아지, 숫양, 어린 양, 소제, 전제' 입니다(7:17). 왕은 이 물품들이 '신속히' 구입되어 제단에 드려지기를 원했습니다. 뭔가 급한 일이 있었나 싶습니다. 아닥사스다는 하늘의 하나님을 두려워하고 있었습니다(7:23). 그분에게 잘못 보이면 왕가와 나라에 치명적인 어려움이 임할 것을 알고 있었습니다. "무릇 하늘의 하나님의 전을 위하여 하늘의 하나님이 명령하신 것은 삼가 행하라 어찌하여 진노가 왕과 왕자의 나라에 임하게 하랴"(7:23) 아멘. 아닥사스다는 주전 460년에 반기를 든 애굽을 치기 위해 주전 458년에 군대를 애굽에 보냈습니다. 비슷한 시기에 에스라를 예루살렘에 보낸 것을 생각할 때, 하나님께 예물을 드림으로 애굽 문제를 잘 해결해 보려 하지 않았나 싶습니다.

아닥사스다 왕은 금과 은을 보내면서 '하나님 뜻대로 재물을 사용하라.' 이렇게 말합니다(7:18). 왕은 은그릇과 금 그릇도 보냈고(7:19), 왕은 드려진 은금, 은그릇과 금 그릇 외에도 필요한 지원을 하겠다고 약속합니다(7:20). 아닥사스다 왕은 유브라데 강 건너편 창고지기들에게도 명을 내렸습니다. 에스라가 필요로 하는 것을 '신속히' 지원하라는 것이었습니다(7:21). 그러면서도 한계를 두었습니다. 은은 백 달란트 3톤까지, 밀은 백 고르까지입니다(7:21). '고르' 를 90겔론(gallon, 3.79 혹은 4.55리터)로 계산하면 1고르는 약 400리터입니다. 백 고르는 40톤 정도입니다. 포도주와 기름은 백 밧까지입니다. 밧을 21리터로 보면 포도주 2톤, {올리브} 기름 2톤까지 지원하라 명했습니다. 소금은 얼마든지 지원하랍니다. 지원과 함께 면세도 명합니다(7:24). 제사장, 레위인,

노래하는 자들, 문지기들, 느디님 사람들(기브온 사람들, 솔로몬 신하의 자손들[2:55]), 성전 봉사자들은 면세 혜택을 받습니다. 조공, 관세, 통행세를 내지 않아도 됩니다.

아닥사스다 왕과 모사들, 방백들과 이스라엘 백성들이 드린 은, 금, 은 그릇, 금 그릇, 놋 그릇 양이 8장 26-27절에 있습니다. "은이 육백오십 달란트요 은 그릇이 백 달란트요" 아멘. 은 20톤, 은그릇 3톤으로 은이 23톤입니다. "금이 백 달란트며 또 금잔이 스무 개라 그 무게는 천 다릭이요 또 아름답고 빛나 금 같이 보배로운 놋그릇이 두 개라" 아멘. 금이 3톤이고 금 그릇 무게가 800킬로그램입니다. 금이 4톤 가량입니다. 금처럼 귀한 놋그릇이 두 개입니다. 최소한 십만 명 이상의 연봉을 남자 천오백 명이 가져갑니다. 1인 당 백년 치 연봉에 해당됩니다.

에스라는 하나님을 찬송합니다(7:27). 아닥사스다에게 성전에 예물을 드릴 마음을 주셨기 때문입니다. 다양한 어려움이 에스라 당시에 있었다는 것을 생각할 때, 형통할 때 부지런히 모여 일하고 찬송한 것은 매우 잘한 일입니다.

셋째, 에스라 원정대는 이동 간 안전을 위해 하나님만 의지했습니다. 느헤미야와 함께 온 이들은 이스라엘 백성들이 아니고 군대장관과 마병이었습니다(느 2:9). 에스라는 이 군대와 마병과 함께 오지 않았습니다. 왕에게 구하지 않았기 때문입니다. 양력으로 4월 8일에 바벨론에서 길을 떠났고 4월 19일에 아하와 강[운하]을 떠날 수 있게 됩니다. 도착은 458년 8월 4일입니다. 1,280에서 1,440킬로미터나 되는 거리(갈그미스를 통과했다고 볼 때)를 이동할 때 가장 걱정스러운 부분은 '안전'이었습니다.

그리하여 결정한 것이 '금식'이었습니다(8:21). 8장 21절의 '평탄한 길'은 '곧은 길, 바른 길'입니다. 에스라와 일행들은 하나님 앞에서 겸비하고자 했습니다. 재물이 많다고, 사람이 많다고, 왕의 지지를 받는다고, 뭔가 의미 있는 일을 하고 있다고 재지 않았습니다. 겸비하고자 했습니다. 특별히 하나님 앞에서 겸손하고자 했습니다. 그래서 금식했습니다. 돈이 없어 금식한 게 아니었습니다. 마음의 높이를 낮추고자 하였습니다. 하나님의 일은 우리가 겸비할 때 이뤄집니다. 자기 의가 없고 자기 능력을 내세우지 말아야 하나님 나라가 임합니다. 하나님께서 일하셔야, 하나님의 능력으로만 임하기 때문입니다.

더구나 아닥사스다 왕에게 8장 22절에 있는 대로 "우리 하나님의 손은 자기를 찾는 모든 자에게 선을 베푸시고 자기를 배반하는 모든 자에게는 권능과 진노를 내리신다" 그렇게 이미 말하여, 왕의 도움이 아닌 오직 하나님의 도움으로만 안전이 보장되어야 했습니다. 인간의 자랑이 끼어들 수 없도록, 하나님의 영광이 다른 이에게 넘어가지 않도록, 우리는 가급적 우리 능력을 배제하고 하나님의 능력만을 의지합니다. 우리는 순종하고 하나님께서는 능력을 베푸십니다. 우리 능력은 순종을 위해 사용합니다.

금식의 결과 하나님의 응낙을 받았습니다. 23절입니다. "그러므로 우리가 이를 위하여 금식하며 우리 하나님께 간구하였더니 그의 응낙하심을 입었느니라" 아멘. '응낙을 받았다' 는 표현이 독특합니다. '하나님께서 이 문제에 대해 하나님께 요청하는 것을 허락하셨다' 는 의미입니다. 사실 안전 문제를, 느헤미야가 그러했던 것처럼 왕에게 요청해도 되었지만, 에스라는 안전 문제를 하나님께만 의존했습니다. 오직 하나님의 능력으로만 일하고 싶었기 때문입니다.

에스라 일행은 하나님의 도우심으로 약탈을 당하지 않고 무사히 잘 도착합니다. 대적과 매복한 이들이 없어서가 아닙니다. 8장 31절을 보면, "우리 하나님의 손이 우리를 도우사 대적과 길에 매복한 자의 손에서 건지신지라" 했습니다. 대적이 있었고, 매복한 자들이 금과 은을 뺏으려 공격했지만 잃지 않았습니다. 전체적으로 넉 달, 이동시간은 110일 정도 걸렸습니다. 오천 명이나 되는 사람들이 살림살이를 가지고 애들도 데리고 1,280에서 1,440킬로미터나 되는 거리를 이동했으니, 그것도 안식일에는 이동하지 않았을 것이니, 빨리 잘 도착한 것이겠습니다. 안식일을 빼고 95일 정도를 매일 15킬로미터 정도를 이동했어야 했습니다. '아침 지어 먹고 장막 걷고 다섯 시간 정도 이동하고 다시 장막치고 저녁 지어 먹고 자고' 를 반복했을 것입니다.

넷째, 에스라 원정대는 자신이 할 수 있는 바에 충실해야 했습니다. 하나님을 의지하는 데에도 충실했습니다. 동시에 하나님의 도우심이 헛되지 않도록 에스라는 부지런히 일했습니다(7:28). 지도자들과 함께 귀환을 추진했습니다. 에스라는 제사장의 우두머리들 가운데 열둘을 구별하여 예물을 맡깁니다(8:24). 이스라엘 열두 지파를 고려한 조치입니다. 언급된 이들은 레위인들입니다. 8장 18-19절에 따르면, 세레뱌와 하사뱌는 레위인들이었습니다. 떠나려 하지 않았던, 그러나 직무상 예물 관리를 맡아야 했던 레위인들에게 예물을 맡겼습니다. 25절의 '그 곳에 있는 이스라엘 무리'는 '찾아진 이스라엘 무리'입니다. 세월이 많이 지나다 보니 귀환자들을 찾아내기가 쉽지 않았습니다. 교회도 오래되다 보면 헌신자들을 찾기가 쉽지 않게 됩니다. 처음에는 너도나도 헌신하지만, 시간이 지나면 안주하려는 이들이 많습니다. 개혁과 부흥이 일어나려면 은혜가 다시 임해야 합니다.

헌물을 맡은 이들에게 에스라가 한 말이 8장 28-29절입니다. "내가 그들에게 이르되 너희는 여호와께 거룩한 자요 이 그릇들도 거룩하고 그 은과 금은 너희 조상들의 하나님 여호와께 즐거이 드린 예물이니 너희는 예루살렘 여호와의 성전 골방에 이르러 제사장들과 레위 사람의 우두머리들과 이스라엘의 족장들 앞에서 이 그릇을 달기까지 삼가 지키라" 아멘. 하나님께 드려진 예물과 예물 맡은 자들에 대한 언급입니다. 그들은 거룩합니다. 구별되었습니다. 헌물은 특별 관리 대상입니다. 헌물 맡은 자들도 마찬가지입니다.

헌물을 예루살렘 성전으로 가져가는 일에 제사장 및 레위인 12명이 함께 하였습니다. 30절입니다. "이에 제사장들과 레위 사람들이 은과 금과 그릇을 예루살렘 우리 하나님의 성전으로 가져가려 하여 그 무게대로 받으니라" 아멘. 에스라는 헌물을 매우 정확하게 다루었습니다. 또한 예루살렘에 도착하자마자 가장 먼저 헌물부터 처리하였습니다. 32-34절입니다. "이에 예루살렘에 이르러 거기서 삼 일간 머물고 제 사일에 우리 하나님의 성전에서 은과 금과 그릇을 달아서 제사장 우리아의 아들 므레못의 손에 넘기니 비느하스의 아들 엘르아살과 레위 사람 예수아의 아들 요사밧과 빈누이의 아들 노아댜가 함께 있어 모든 것을 다 세고 달아 보고 그 무게의 총량을 그 때에 기록하였느니라" 아멘. 므레못은 "학고스의 손자 우리아의 아들"로 성벽 건축에 참여하였습니다(느 3:4). 학고스는, 에스라 2장 61절에 따르면, 계보에서 자기 이름을 찾지 못해 부정하게 여겨져 제사장 직분을 받지 못했었습니다. 성전이 재건되고 우림과 둠밈을 가진 제사장이 세워지면서 제사장 직분을 맡게 된 것으로 보입니다. 이름이 가장 먼저 언급된 것을 볼 때, 므레못은 성전고(聖殿庫) 지기였을 가능성이 높습니다. 엘르아살은 대제사장, 요사밧은 레위 사람의 우두머리, 노아댜는 족장 대표로 보입니다.

예루살렘에 도착하여 하나님의 전에 예물 드림은 기쁨이었지만, 하나님 백성들 특별히 지도자들이 이방 여인들과 통혼한 사건은 에스라에게 큰 충격이었습니다. 회개하고 문제도 해결하였으나, 반대자도 있어 어려움이 있었습니다. 이후 이들은 자신들을 보호하기 위해 성벽 공사를 추진한 것으로 보입니다. 그러나 성벽 건축은 이웃에 있던 사마리아인 등의 고자질로 중단되어 느헤미야가 올 때까지 기다려야 했습니다. 당시 유다인의 상황은 '큰 환난과 능욕' 이었습니다(느 1:3). 그러나 에스라를 통한 개혁 운동은 느헤미야 당시 성벽 건축에 원동력이 됩니다.

에스라서와 느헤미야서에 있는 이방인들과의 통혼 문제는, 살몬이 라합과 결혼하는 것이나 보아스가 룻과 결혼하는 것과는 전혀 다른 종류의 문제였습니다. 힘을 얻으려고 이방 여자를 아내로 혹은 며느리로 맞이하면서 그들의 종교를 받아들였기에 문제가 심각했습니다. 힘을 얻으려고 우상숭배자가 된 것입니다. 마치 기독교인 정치인이 표를 얻으려고 절에 가서 합장하는 것과 같습니다.

이러한 문제 인식에서 에스라의 기도가 나왔습니다. 우선 에스라는 매우 충격적인 반응을 보입니다. 속옷과 겉옷을 찢고 머리털과 수염을 뜯고 소스라치게 놀라, 기가 막혀 앉습니다. 하나님의 약속대로 예레미야 선지자를 통해 예언된 대로 70년 만에 포로 상태에서 오만 명 가까운 이들이 돌아왔습니다. 성전을 재건하는 것이 불가능했던 상황에서, 하나님의 은혜로, 학개와 스가랴 선지자들의 활동으로, 다리오 왕의 도움으로 성전이 재건되었습니다. 자신들은 1차 귀환으로부터 80년이 지난 뒤에 돌아온 자들입니다. 숫자는 1차 귀환자의 10분의 1밖에 되지 않습니다. 그러나 하나님께서는 성전에 엄청난 예물이 드려지게 하심으로 약속이 기억나게 하시고 사명을 붙들게 하셨습니다. 그런데 80년 전에 돌아온 이들이 자기들의 형편을 고려하여 다른 신을 섬기는 이들과 타협한 것입니다. 단순히 경제적인 측면에서의 타협이 아니라 결혼을 통한 관계 형성이 이뤄졌습니다. 하나님의 구원 약속을 뿌리째 흔드는 일을 하였습니다. 모든 것을 버리고 하나님만을 의지하면서 돌아왔는데, 먼저 돌아온 선배들이 상당히 많이 엇나가버린 것을 알게 된 것입니다. 막막했습니다. 이 문제를 어떻게 해결할 수 있을지, 해결할 수나 있을지, 길이 보이지 않습니다. 누구를 탓할 일이 아니었습니다. 이 문제는 공동체의 문제였고, 내 문제요, 우리 문제였습니다.

교회가 세속화되면 세상에서 거룩함을 유지할 동력이 없어지듯, 포로귀환 공동체가 우상숭배에 빠지면 인류 구원을 위한 하나님의 경륜을 이뤄질 길이 없어지는 것입니다. 그런데 다행히 감사하게도 돕는 이들이 있습니다. “이스라엘의 하나님의 말씀으로 말미암아 떠는 자”입니다. 10장 1절을 보면, 에스라가 기도할 때 이들도 크게 통곡하며 회개했습니다. “에스라가 하나님의 성전 앞에 엎드려 울며 기도하여 죄를 자복할 때에 많은 백성이 크게 통곡하매 이스라엘 중에서 백성의 남녀와 어린 아이의 큰 무리가 그 앞에 모인지라” 아멘.

그럼, 에스라의 기도(9:5-15)를 살펴봅니다. 에스라는 아무 것도 먹지 않고 근심하던 채로, 속옷과 겉옷이 찢긴 채로, 무릎을 꿇고 두 팔을 하늘 향해 뻗은 채로 기도합니다(9:5). 에스라는 죄에 대해 깊은 수치를 느낍니다. 스스로 부끄러워합니다. 포로귀환 공동체의 문제가 남의 문제가 아니며 자신의 문제라고 인식합니다(9:6). 그는 과거 이스라엘 공동체의 일부분입니다. 그들의 죄는 나의 죄이고, 그들의 수치는 우리의 수치입니다(9:7).

에스라는 현재의 형통이 잠시 잠깐의 형통임을, 어쩌면 마지막 기회임을 생각합니다. 매우 작은 수가 남았습니다. 잠시 피하고 있는 상태입니다. 하나님께서 우리 눈을 밝혀 주셔서 조금, 아주 조금 소생하게 되었습니다(9:8). 이스라엘 모두가 종이 되었으나 하나님이 우리를 내버려 두지 않으심으로 우리가 소생하게 되었다. 성전도 세워졌고 성전이 우리에게 울타리가 되었습니다(9:9).

이처럼 완전히 망해야 하는데도 하나님의 은혜로 남았고 소생되었는데, 이런 상태에서마저도 하나님의 말씀을 소중하게 여기지 않고 계명을 버렸으니 할 말이 없습니다(9:10). 에스라에게는 염치가 있습니다. 하나님의 은혜로 회복을 경험하다 보니, 은혜로 회복되는 것마저 죄송스러울 때가 있습니다. 회복을 주셨으면 잘 관리했어야 했는데, 또 뭔가가 부족하여 다시 망가졌기 때문입니다.

포로귀환 공동체가 혼인으로 연합한 이들은 어떤 백성들입니까? 더러운 백성들입니다(9:11). 이 땅을 더럽힌 이들입니다. 땅 이 끝에서 저 끝까지 더러움으로 채운 이들입니다. 그런데도 그들을 힘입어 힘을 얻으려는가? 그들 방식의 평화, 그들 방식의 행복(좋은 것)을 구하지 말았어야 했습니다. 자기 힘을 의지하는 삶의 방식을 따르지 말았어야 했습니다. 그러나 그들은 자신이 조절할 수 있는 행복과 평화를 원했습니다(9:12). 그 결과 마땅히 완전히 망했어야 했는데, 하나님께서는 기회를 주시고 또 주셔서 이처럼 포로에서 두 번이나 귀환하는 은혜를 얻었습니다(9:13). 그런데도 또 하나님을 저버리고 세상 힘을 의지하여 우상숭배자들과 혼인하는 어리석음을 행했으니 이제는 살려달라고도 못하겠습니다(9:14). 아무도 하나님 앞에 설 수 없습니다. 우리의 의는 하나도 없고, 오직 인자하신 하나님만이 의로우십니다(9:15).

에스라는 이방인과의 혼인 문제를 피하지 않고 직면하였습니다. 비난하지 않고 자기 문제로 떠안았습니다. 좁은 시각으로 문제를 묻지 않고 길고 큰 시각에서 접근하였습니다. 그러다 보니 아무 의가 없는 자신과 의로우신 하나님을 만났습니다.

느헤미야의 이름의 뜻은 '여호와께서 위로하신다.' 혹은 '여호와께서 후회하신다.' 입니다. 느헤미야서를 읽다 보면, 느헤미야는 자신이 한 수고에 대한 하나님의 위로를 기대한다는 것을 알 수 있습니다. 느헤미야서 마지막 구절입니다. "내 하나님이여 그들이 제사장의 직분을 더럽히고 제사장의 직분과 레위 사람에 대한 언약을 어겼사오니 그들을 기억하옵소서 내가 이와 같이 그들에게 이방 사람을 떠나게 하여 그들을 깨끗하게 하고 또 제사장과 레위 사람의 반열을 세워 각각 자기의 일을 맡게 하고 또 정한 기한에 나무와 처음 익은 것을 드리게 하였사오니 내 하나님이여 나를 기억하사 복을 주옵소서"(13:29-31) 아멘.

느헤미야는 '열정'과 '실행력'을 가진 지도자입니다. 대개 열정이 있지만 실행력이 없고, 실행력이 있지만 열정이 없는 경우가 많습니다. 그러나 느헤미야는 통곡하고 금식하며 기도하는 열정이 있을 뿐 아니라, 주변의 모든 세력이 반대하며 음해해서라도 막으려 했던 예루살렘 성벽 준공을 52일만이 마무리 짓습니다. 대단한 추진력입니다.

또한 느헤미야는 헌신의 사람입니다. 5장 14절을 보면, 그는 "유다 땅 총독으로 세움을 받은 때 곧 아닥사스다 왕 제 이십년부터 제 삼십이 년까지 십이 년 동안" 그와 그의 형제들이 총독의 녹을 먹지 않았습니다. 백성의 것을 빼앗지도 않았습니다. 이유를 "하나님을 경외하므로 이같이 행하지" 않았다고 말합니다(5:15). 부동산투기 하지 않았고, 힘써 일했고, 백성의 부역이 무거웠기 때문에 사재를 내놓아 유다 사람들과 민장들 백 오십 명과 주위의 이방 족속들 가운데 가까이하는 이들을 먹였다고 말합니다(5:17-18).

어떤 지도자가 느헤미야 같을 수 있겠습니까? 오직 예수님만이 느헤미야를 능가할 지도자이십니다. 느헤미야는 예수님의 그림자와 같습니다. 예수님은 "주의 전을 사모하는 열심이 나를 삼키리라" 예언된 시편 69편 9절의 말씀대로 채찍을 들어 성전을 청결하게 하셨습니다. 그리고 그분의 제자 양육과 사역의 단계를 보면, 모든 것이 치밀하게 계산된 작전처럼 이뤄졌습니다. 가장 멋진 작전은 '죽으심으로 사망을 괴롭게 하신 것' 입니다. 사망이 자신의 능력을 모르고 생명 되신 예수님을 삼킴으로 자신의 한계가 드러났지요.

느헤미야서를 읽으면 느헤미야가 건설하려 하는 성벽 건축을 방해하는 이들이 나옵니다. 산발랏, 도비야, 게셈입니다. 매우 다양하게 방해를 시도합니다. 물론 성공하지 못합니다. 그러나 이들이 방해하는 것도 이유가 있습니다. 유다가 강해지면, 본인들이 상대적으로 약해지기 때문입니다. 유다가 자신들보다 강해지면, 기득권도 빼앗기고, 어려워집니다. 현재 팔레스타인 상황이 그렇습니다. 유대인들이 자기네 땅이라며 들어오자 그 땅에 살고 있던 팔레스타인 사람들이 힘들어집니다. 유대인들이 독립하도록 도왔던 나라들이 팔레스타인 사람들에게는 방해꾼이요 원수입니다. 그런데 안을 들여다보면, 팔레스타인 사람들 가운데 유대인들이 들어왔기 때문에 더 잘살게 된 이들이 있습니다. 마치, 중국에서 미세먼지가 많이 넘어오면 올수록 돈을 버는 사람들이 있는 것과 같습니다. 마스크 장사하는 사람들입니다. 코로나 사태가 심각해질수록 돈을 더 버는 이들이 있습니다. 백신을 파는 이들입니다.

나를 도와주는 사람이 사실은 사회에 해악을 끼치는 사람일 수도 있습니다. 사회에 해악을 끼치는 사람이 나를 도와줄 수도 있다는 말입니다. 물론 내게 해를 끼치는 사람이 사실은 매우 선한 사람이고 많은 사람을 유익하게 하는 사람일 수도 있습니다. 이런 경우 '나' 는 선한 사람이기보다는 악한 사람일 수 있습니다. 나를 기준 삼기 보다, 나 아닌 다른 것, 다른 사람, 공동체 등을 기준 삼으면 가치판단이 달라질 수 있다는 말입니다.

'상대적 박탈감' 이라는 것이 있습니다. '내가 가지고 있는 것의 절대적인 양이 아니라, 나와 비교될 수 있는 사람들이 가지고 있는 것으로 인해 생기는 상실감' 입니다. 재산이 1억이 있다고 합시다. 그런데 주변 사람들이 대부분 3억 정도의 재산을 가지고 있다며 자신이 가난하다고 여깁니다. 반대로, 재산이 1억이 있는데, 주변 사람들 대부분이 천만 원 정도의 재산을 가지고 있다며 자신이 부유하다고 생각합니다.

'나' 라는 사람, 중요합니다. 특히 내게는 '나' 라는 사람이 중요합니다. 그런데, 내가 '너' 라고 부르는 사람도 그 사람 자신에게는 '나' 입니다. 그러한 '나' 들이 보여 '우리' 가 되고, 그러한 '너' 들이 모여 또한 '우리' 가 됩니다. 내가 중요하지만 '기준' 이 될 수는 없다는 것입니다. 상대방이 중요하지만, 상대방도 기준이 될 수는 없다는 말입니다.

텔레비전에서 방영되는 드라마를 볼 때, 시청자 대부분은 자신과 주인공을 동일시 합니다. 그러다 보니 주인공을 괴롭히는 사람은 나쁜 사람이고, 주인공을 도와주는 사람은 착한 사람이라는 가치판단을 하기가 쉽습니다. 스포츠 경기를 볼 때도 관중 대부분은 자신이 응원하는 팀이 더 강하고 더 잘하는 팀이기를 바랍니다. 못하는 팀을 응원하고, 주인공을 괴롭히는 사람과 자신을 동일시하는 경우는 드물다는 말입니다.

느헤미야서를 읽을 때도 우리는 우리 자신을 느헤미야와 동일시하지, 산발랏이나 도비야, 게셈과 동일시 하지는 않는다는 말입니다. 우리는 우리 자신이 모두 다 느헤미야입니다. 그리고 우리를 괴롭히는 사람, 방해하는 사람은 모두다 산발랏이고 도비야고 게셈입니다. 나쁜 사람들이죠. 그럼, 이 세상에는 느헤미야만 있고 산발랏, 도비야, 게셈은 없겠네요? 그럼, 성벽 공사를 방해하는 다른 사람들은 없었습니까? 5장을 보면, 유다 사람들이 형제인 유다 사람들을 원망하는 내용이 나옵니다. 사실, 성벽을 짓기 위해 같이 고생했습니다. 그런데 누구는 부유하고 누구는 가난한 겁니다. 가난하다 못해 자식을 노예로 넘겨주고 피눈물을 흘리는 이들이 있습니다. 이들의 원망은 이것입니다. '같이 성벽 준공하는 처지인데, 우리에게 돈 빌려주고 이자 받는 동족들이 웬 말인가?'

이때 느헤미야가 한 말이 이렇습니다. 5장 9-10절입니다. "나와 내 형제와 종자들도 역시 돈과 양식을 백성에게 꾸어 주었거니와 우리가 그 이자 받기를 그치자 그런즉 너희는 그들에게 오늘이라도 그들의 밭과 포도원과 감람원과 집이며 너희가 꾸어 준 돈이나 양식이나 새포도주나 기름의 백분의 일을 돌려보내라 하였더니" 아멘. 무슨 말입니까? 느헤미야도 가난한 백성들에게 돈을 빌려주고 당시 상황으로 볼 때 저리(低利)이기는 하지만 한 달에 1%, 일 년에 12%의 이자를 받으려 했다는 말입니다. 예루살렘에 온 지 얼마되지 않아 아직 이자 받을 때가 되지 않아서 그렇지, 시간이 더 지났으면 느헤미야에게 속한 이들도 이자를 받을 뻔했습니다. 그래서 일단 한 달 치 이자를 돌려보내고, 더 이상 이자 받는 것을 멈추자 제안합니다.

출애굽기 22장 25절을 보면, "네가 만일 너와 함께 한 내 백성 중에서 가난한 자에게 돈을 꾸어 주면 너는 그에게 채권자 같이 하지 말며 이자를 받지 말 것이며" 이렇게 되어있습니다. 하나님과 이스라엘 백성 사이의 언약서(言約書) 내용에 동족에게 이자를 받지 않는다는 규정이 있었습니다. 그래서인지, 시편 15편에 보면, 주의 장막에 머무를 자, 주의 성산에 사는 자에 대해 언급하실 때, "이자를 받으려고 돈을 꾸어 주지 아니하며"(5절) 이러한 조건이 있는 것을 읽을 수 있습니다.

느헤미야가 총독 기간 12년 동안 총독의 녹을 받지 않았고, 백성의 재물을 약탈하지도 않았다고 하여, 그가 모든 것을 흠 없이 한 것은 아니었다는 말입니다. 그에게도 부족한 부분이 있었지만 고쳐 나갔다는 말입니다. 그리고 느헤미야가 총독의 녹을 받지 않았고 재물을 약탈하지 않았으며 많은 사람을 자신의 재정으로 먹인 내용이 백성들의 다양한 불평이 있게 된 다음에 기록되는 것을 보면, 백성들이 어렵다는 것을 알고 나서 느헤미야가 그러한 재정적인 결정을 했을 수도 있겠습니다.

이처럼 느헤미야가 모든 상황을 알고 총독직을 시작한 것이 아니었고 자신도 부족한 것이 많아서인지 느헤미야는 문제가 있을 때마다 기도했습니다. 1장에 보면, 예루살렘에 있는 성벽이 무너지고 성문이 불에 탔다는 소식을 들었을 때 기도했습니다(1:4-11). 1장 5절입니다. "이르되 하늘의 하나님 여호와 크고 두려우신 하나님이여 주를 사랑하고 주의 계명을 지키는 자에게 언약을 지키시며 긍휼을 베푸시는 주여 간구하나이다" 아멘. 느헤미야에게는 하나님에 대한 두려움이 있습니다. 또한 하나님께서 약속을 지키신다는 확신도 있습니다. 이런 두려움과 확신이 그냥 생기지는 않았을 것입니다. 하나님께서는 느헤미야를 미리 준비시키셨고 에스라 공동체가 어려움에 봉착했을 때 구원투수로 보내셨습니다. 우리도 준비되어야 합니다. 하나님의 대한 두려움과 그분의 신실하심에 대한 확신이 있어야 하나님 나라의 일에 투입될 수 있습니다. 또한 느헤미야에게는 긍휼이 있어 백성들의 죄를 '자복' 합니다(1:6-7). 또한 그에게는 성경 지식과 역사 인식이 있습니다(1:8-9). 무엇보다, 그는 하나님과 문제를 놓고 대화할 담대함이 있습니다(1:10-11).

이어지는 2장에 보면, 왕이 자신에게 원하는 바를 물었을 때도 느헤미야는 기도했습니다(2:4). 모두가 힘을 합하여 성벽 및 성문 재건을 시작했을 때, 산발랏과 도비야가 비웃자 기도했습니다(4:4-5). 백성들이 지치기 시작하고 내부 갈등이 커지자, 이자 돌려주기 운동과 무이자 대출 운동을 벌인 다음에 기도했습니다(5:19).

이어지는 6장에도 두 번의 기도가 나옵니다. 하나는 9절에 있습니다. "이는 그들이 다 우리를 두렵게 하고자 하여 말하기를 그들의 손이 피곤하여 역사를 중지하고 이루지 못하리라 함이라 이제 내 손을 힘있게 하옵소서 하였노라" 아멘. 성벽이 완벽하게 건축되고 문만 달면 되는 상황이 되자, 산발랏, 도비야, 게셈의 마음이 급해졌습니다. 그래서 이제는 느헤미야를 위하는 척하면서 욥바 남동쪽 십여 킬로미터 떨어진 오노 평지에서 만나 회포를 풀어보자고, 지금까지는 껄끄러운 관계였지만 이제는 서로 허심탄회하게 알고 지내자고 네 번이나 사절을 보냅니다. 그래도 말을 듣지 않자, 반역을 꾀하고 있다는 모함이 적힌 편지를 전달하고, '이 문제를 함께 풀어보자.' 제안합니다.

첫 번째, 교제 제안에 대한 느헤미야의 답은 3절에 있습니다. "내가 곧 그들에게 사자들을 보내어 이르기를 내가 이제 큰 역사를 하니 내려가지 못하겠노라 어찌하여 역사를 중지하게 하고 너희에게로 내려가겠느냐 하매" 아멘. 성벽 건축이 중요하기에 쉴 수 없다고 말합니다. 성벽 건축에 집중하겠다는 의지를 표현합니다. 네 번이나 동일한 요청을 받지만, 초지일관 거절합니다.

두 번째 의논 제안에 대한 느헤미야의 답은 8절에 있습니다. "내가 사람을 보내어 그에게 이르기를 네가 말한 바 이런 일은 없는 일이요 네 마음에서 지어낸 것이라 하였나니" 아멘. 사실, 느헤미야가 성벽을 짓는 것은 왕이 되기 위함이라는 모함은 설득력을 가질 가능성이 컸습니다. 아닥사스다 왕(Artaxerxes I, 464-424)은 에스더의 배경이 되는 아하수에로 왕의 아들로 형이 아버지 살해를 주도했다고 보고 형을 죽이고 왕이 된 사람입니다. 또한 아닥사스다는 반란으로 인해 힘들었던 왕이었습니다. 그가 왕이 된 지 4년째인 주전 460년경에 애굽이 반기를 들었고 455년에 평정되었습니다. 느헤미야 귀환 3년 전인 448년에는 메가비주스(Megabyzus)라는 유브라데 강 건너편 총독이 반역을 시도했습니다. 아닥사스다 7년인 458년에 에스라와 함께 귀환한 공동체는 성벽 건축을 추진했습니다. 그러나 반란을 꾀한다는 상소를 왕이 받아들여 성벽 건축이 중단된 상황입니다. 십여 년 정도 시간이 지났지만, 반란으로 인해 힘들었던 아닥사스다가 산발랏 일당의 모함에 귀를 기울여 성벽 공사를 중단시킬 수 있는 상황입니다. 그러나 느헤미야는 '머리를 맞대고 함께 궁리하자.' 하는 그들의 제안을 일언지하(一言之下)에 거절하고 기도합니다. "이제 내 힘을 힘있게 하옵소서"(6:9) 아멘.

이것을 통해 우리는 느헤미야가 성벽을 건축하는 이유가 자신에게 있지 않다는 것을 알 수 있습니다. 이미 1장의 기도를 통해 알 수 있듯이 느헤미야는 하나님과 그분이 하신 약속에 초점을 맞추고 있습니다. 자신도 기준이 아니고, 산발랏도 기준이 아니며, 다른 이스라엘 백성도 기준이 아닙니다. 하나님의 약속에 기초하여 '성벽이 건축되고 성문이 세워져야 한다.' 이러한 한 가지 원칙만 생각합니다. 느헤미야는 사람들에게서 뭔가를 받을 마음이 없습니다. 물론 처음에는 다들 하니 자신도 월 1%의 이자를 받고 돈과 곡식을 빌려주기도 했지만, 이것이 잘못된 것임을 알고는 곧바로 시정했습니다. "내 손을 힘있게 하옵소서" 하는 그의 기도 안에는 자신의 안전도, 이스라엘의 안전도 없습니다. 무조건 성벽 건축을 마무리해야 한다는 한 가지 생각뿐입니다.

이어지는 6장 10절 이하의 내용은 이러한 느헤미야의 생각을 더욱 확실하게 보여줍니다. 느헤미야가 교제 요청도 받아들이지 않고 위협을 해도 두려워하지 않으니, 산발랏 일당은 선지자를 매수하여 느헤미야를 함정에 빠뜨리려 합니다. 스마야라는 선지자가 집에서 나오지 않습니다. 그래서 무슨 일인가 하여 느헤미야가 그의 집에 갔더니, 스마야가 '적들이 너를 죽이려 하니 성전 안에 들어가 피하자.' 하는 제안을 합니다.

이에 대한 느헤미야의 반응이 11절입니다. "내가 이르기를 나 같은 자가 어찌 도망하며 나 같은 몸이면 누가 외소에 들어가서 생명을 보존하겠느냐 나는 들어가지 않겠노라 하고" 아멘. 생각하는 척, 위하는 척하지만, 사실은 느헤미야를 함정에 빠뜨리려

하는데, 느헤미야는 걸려들지 않습니다. 자신이 아무것도 아니며, 더구나 제사장이 아니기에 성소에 들어갈 수 없다고 말합니다. 자기를 부인하고, 자신의 유익과 목숨을 부인(否認)하고 나니 깨달아집니다. 12-13절입니다. "깨달은즉 그는 하나님께서 보내신 바가 아니라 도비야와 산발랏에게 뇌물을 받고 내게 이런 예언을 함이라 그들이 뇌물을 준 까닭은 나를 두렵게 하고 이렇게 함으로 범죄하게 하고 악한 말을 지어 나를 비방하려 함이었느니라" 아멘. 내 중심으로 생각하면, 내가 고려 대상으로 남아 있으면, 정확하게 인식하기가 어렵습니다. 내가 배제되어야, 나를 빼고 생각해야, 공정한 판단이 가능합니다.

선지자들마저 산발랏 일당에 매수되어 성벽 공사 방해에 일조하는 것을 보고 느헤미야가 기도합니다. 14절입니다. "내 하나님이여 도비야와 산발랏과 여선지 노아댜와 그 남은 선지자들 곧 나를 두렵게 하고자 한 자들의 소행을 기억하옵소서 하였노라" 아멘. 느헤미야는 자신을 해하려 했던 이들에 대한 부분까지라도 하나님께 모두 다 맡깁니다. 자신은 중요한 역사(役事)를 하고 있기 때문입니다. 성을 건축하는 일이 어느 것보다 중요하기에, 자기 목숨만 중시하지 않은 것이 아니라, 어긋난 생각, 어긋난 행동을 하는 이들에 대한 처리까지도 하나님께 의뢰합니다.

결국 이러한 느헤미야의 태도, 정리하면, 자신이나 상대방을 기준 삼지 않고 하나님께서 이루실 일, 맡기신 일을 완수하는 것만을 기준 삼는 태도로 인해, 에스라 공동체가 13년 동안 이루지 못했던 일을 52일 만에 완성합니다. 양력으로 주전 445년 10월 초입니다. 8월 중순에 공사를 시작한 다음, 다양한 방해와 내부 어려움이 있었지만, 성벽과 성문 공사만을 생각하고 달려왔기에 가능한 일이었습니다. 날마다 헌신하고 긴장을 늦추지 않았기에 가능했습니다.

다양한 사람들의 다양한 방해에도 불구하고 성벽 건축이 마무리됩니다. 느헤미야 6장 15-19절입니다. "성벽 역사가 오십이 일 만인 엘룰월 이십오일에 끝나매 우리의 모든 대적과 주위에 있는 이방 족속들이 이를 듣고 다 두려워하여 크게 낙담하였으니 그들이 우리 하나님께서 이 역사를 이루신 것을 앎이니라 또한 그 때에 유다의 귀족들이 여러 번 도비야에게 편지하였고 도비야의 편지도 그들에게 이르렀으니 도비야는 아라의 아들 스가냐의 사위가 되었고 도비야의 아들 여호하난도 베레갸의 아들 므술람의 딸을 아내로 맞이하였으므로 유다에서 그와 동맹한 자가 많음이라 그들이 도비야의 선행을 내 앞에 말하고 또 내 말도 그에게 전하매 도비야가 내게 편지하여 나를 두렵게 하고자 하였느니라" 아멘.

과도기가 의미 있는 과도기가 되려면 에스라와 느헤미야와 같은 헌신자들이 필요합니다. 현실에 안주하지 않고 자신에게 매이지 않는 이들입니다. 그런 헌신자들이 세워질 때 개혁이 있고 성벽 건축이 가능합니다. 방해가 정말 많기 때문입니다. 우리에게 있는 방해에도 불구하고 각자에게 속한 공동체를 향하신 주님의 뜻이 이뤄지도록 기도합니다. 동시에, 내가 산발랏, 도비야, 게셈이 되지 않도록 주의합시다.

질의와 응답

하나. "느헤미야 1장 3절에서 '예루살렘 성은 허물어지고 성문들은 불탔다' 하는 상황은 어느 때와 관련될까요?"

에스라 4장 12, 23절과 관계된다고 보입니다. "왕에게 아뢰나이다 당신에게서 우리에게로 올라온 유다 사람들이 예루살렘에 이르러 이 패역하고 악한 성읍을 건축하는데 이미 그 기초를 수축하고 성곽을 건축하오니", "아닥사스다 왕의 조서 초본이 르훔과 서기관 심새와 그의 동료 앞에서 낭독되매 그들이 예루살렘으로 급히 가서 유다 사람들을 보고 권력으로 억제하여 그 공사를 그치게 하니" 아멘. 에스라 공동체가 성곽 건축을 추진했는데 강제로 멈추게 된 것이죠.

둘. "세스바살과 스룹바벨은 동일인일까요?"

세스바살은 고레스가 성전기명을 내어줄 때 유다 총독이었습니다(스 1:8, 11). 스알디엘의 아들 스룹바벨은 귀환 후에 총독이 된 것으로 보입니다(3:2, 8 등).

셋. "포로로 끌려간 유다인이 모두 돌아왔나요?"

제1차 귀환 때 5만 명 정도, 제2차 귀환 때 4천 명 정도가 돌아왔습니다. 고레스 칙령 당시, 다니엘도 귀환하지 못한 것을 보니, 제1차 귀환 때 모든 유다인이 귀환한 것은 아니었겠네요. 에스라 때도, 돌아가려는 레위 자손이 없어서 설득하려 했다는 것을 볼 때(스 8:15-17), 돌아오지 않으려 했던 유다인들이 있었다는 것을 알 수 있습니다.

넷. "유다인들이 현지인과 결혼했을까요?"

에스더도 왕이긴 하지만 현지인과 결혼했네요.

다섯. "성전 건축은 방해가 적었지만, 성벽 건축은 방해가 더 많았습니다. 왜일까요?"

세상 권력자들의 눈으로 보면, 성전보다는 성벽 건축이 더 위험해 보였겠지요.

여섯. "느헤미야가 '열정'과 '실행력'이 있는 지도자라고 하셨는데, 둘은 반대 개념인가요?"

마음이 앞서면 치밀하기 어렵고, 치밀하면 마음이 뜨겁지 않은 경우가 많습니다. 일을 시작하고서 뒤처리까지 잘하기도 어렵습니다. 에스라는 금식하고 이동했지만, 느헤미야는 경비를 철저히 하며 공사를 진행합니다. 두 사람은 매우 다른, 그러면서도 중요한 지도력을 보여줍니다.

Weekly Reading

22

느헤미야 7장 – 욥기 4장

"죽음"

느 7-9장	느 10-12장	느 13장-에 2장	에 3-5장	에 5-7장	에 8장-욥 1장	욥 2-4장

check

느헤미야 총독, 에스더 왕후, 부자 욥으로 이어지는 통독 본문에서 '그들의 죽음'을 읽습니다.

죽음

I.
'한 알의 밀알이 떨어져 죽으면
많은 열매를 맺는다(요 12:24).' 하셨다.

죽음 없이 생명 없고 희생 없이 열매 없다는
만고불변의 진리 앞에 선다.

여성은 분만 앞에서 죽음을 염두에 두고
고무신 되돌려 놓고 옷매무새 단정히 한다.

남성은 입대할 때 무사 제대 기원하나
깎은 머리에 빈손은 죽을 준비된 모습이다.

II.
분만이 생명 위한 수고이나

한 생명 태어나고 자라 또 다른 생명 낳기까지 긴 세월이다.

'생육하고 번성하라!' 이 한 마디에
인간의 모든 수고를 담으신 하나님!

낳은 애 잘 자라야 하고
자란 애, 자란 애 만나 결혼해야 하니

생육 번성의 수고 끝이 없지만
갈비뼈 잘라내 여성을 만드신 그분의 정성 생각한다.

III.
나라 지킴이, 국방의 의무 생명 지키기 위함이고
소산 위한 매일의 수고도 생육번성 위한 수고이다.

여가 즐기기가 노동의 이유인 이들에게
노동은 기피 대상이나

생명 위한 노동의 가치를 아는 이들에게
땀 흘리는 수고는 아름답고 거룩하다.

'아버지께서 일하시니 나도 일한다(요 5:17).' 말씀하신 주님을 통해
자기 일은 마치셨으나 우리 구속 위해 일하시는 하나님의 수고 배운다.

IV.
사는 것이 죽는 것보다 어렵다고 스스로 죽기도 하지만
생명을 사랑하는 자에게는 죽음이 더 어렵다.

연명(延命)이 아니라 사명을 중시하는 이에게
죽음은 사명 완수 이후에 와야 하니

삶이 죽음이더라도 살고
죽음으로 생명의 주님 품에 안기니 죽는다.

'이제야 종을 놓아주시는군요(눅 2:29).' 찬송하던 시므온에게서
죽음을 고대하는 사명자의 기다림을 읽는다.

V.
예수 죽음 내 죽음 예수 부활 내 부활
예수께 잇대어 사는 우리에게

죽어야 부활이 있고 부활이 죽음의 반증(反證)인 것을 알기에
날마다 죽는(고전 15:31) 우리에게

생명은 소중하고
생명 품은 죽음은 아름답다

산 개가 죽은 사자보다 낫기 때문이고(전 9:4)
예수 모시고 죽은 자 '예수 부활' 선물로 받기 때문이다(롬 8:11).

VI.
하루의 시간 속에
뜨고 짐, 피어나고 짐, 일어나고 누움, 먹고 마심이 있다.

일주일의 시간 속에
예배와 삶, 노동과 쉼, 움직임과 멈춤, 주중과 주말이 있다.

일 년이란 시간 속에
봄과 여름, 가을과 겨울, 개강과 종강, 우기와 건기가 있다.

평생이란 시간 속에
태어남과 죽음, 만남과 헤어짐, 아쉬움과 그리움, 유년기와 노년기가 있다.

VII.
느헤미야의 삶에서 죽음을 보고
그의 헌신에서 '죽으면 죽으리라'를 읽는다.

'나 같은 자가, 나 같은 몸이면'(느 6:11) 말하는 느헤미야에게서
에스더의 태도를 읽고

총독의 녹을 받지 않으면서도 레위 사람들의 몫은 챙기는 헌신에서
느헤미야의 이웃사랑을 읽고

하나님의 전 뜰 방에 있는 도비야의 세간을 던지고
하나님의 것으로 채우는 느헤미야에게서 하나님 사랑을 읽는다.

VIII.
왕궁으로 끌려가니(에 2:8) 에스더의 일상은 죽었고
다른 것을 구하지 않으니(2:15) 에스더의 욕심은 죽었다.

"죽으면 죽으리라"(4:16) 금식으로 죽고
예복 입고 어전 맞은편에 서니(5:1) 자존심도 죽었다.

원수에게 잔치를 베푸니 치밀함이 살았고
"대적과 원수는 이 악한 하만이니이다" 외치니(7:6) 담대함이 살았다.

하만의 열 아들 시체를 나무에 매달게 하니(9:13) 율법이 살았고
모르드개 살아나니(10:3) 하나님 백성 살았다.

IX.
욥의 자녀들 죽으니 욥의 미래가 죽었고
욥의 가축 죽으니 그의 영광이 죽었다.

욥의 발바닥에서 정수리까지 종기가 나니 그의 형상이 죽었고
아내가 "하나님을 욕하고 죽으라"(욥 2:1) 외치니 그의 반쪽이 죽었다.

자기 생일을 저주하니(3:1) 그의 근본이 죽었고
그에게 두려움 가득하니(3:25) 그의 평강이 죽었다.

친구들이 그를 살릴 것인가?
아니면, 스스로 살아날 것인가?

욥이 스스로 살 수는 없습니다. 물론 에스더와 모르드개도 스스로 살지 못합니다. 느헤미야의 성공 뒤에도 하나님이 계셨습니다. 느헤미야 6장 16절입니다. "우리의 모든 대적과 주위에 있는 이방 족속들이 이를 듣고 다 두려워하여 크게 낙담하였으니 그들이 우리 하나님께서 이 역사를 이루신 것을 앎이니라" 아멘. 하나님께서 성벽 공사 역사를 이루셨습니다. 모두가 헌신했습니다. 그러나 하나님께서 도와주시지 않았다면

불가능했습니다. 하나님께서 도와주셔서 가능했습니다. 그러나 우리도 우리의 수고를 합니다. 하나님의 뜻을 분별한 자로서 그분의 손과 발이 되어 최선을 다합니다.

느헤미야는 성벽 건축을 마무리한 다음에 하나니와 하나냐 두 사람을 성벽 지킴이로 세웁니다. 이유가 무엇입니까? 7장 2절입니다. "내 아우 하나니와 영문의 관원 하나냐가 함께 예루살렘을 다스리게 하였는데 하나냐는 충성스러운 사람이요 하나님을 경외함이 무리 중에서 뛰어난 자라" 아멘. 하나니는 느헤미야에게 예루살렘의 상황을 알려준 아우입니다. 하나냐가 '영문의 관원' 이라고 되어있는데, 이 말은 성전 경비대장이라는 말입니다. 그가 성전을 경비하는 일을 맡았는데, 진실하고 충성스러웠다는 말입니다. 그래서 예루살렘 전체 경비를 맡게 되었다는 말입니다.

명령이 무엇입니까? 3-4절입니다. "내가 그들에게 이르기를 해가 높이 뜨기 전에는 예루살렘 성문을 열지 말고 아직 파수할 때에 곧 문을 닫고 빗장을 지르며 또 예루살렘 주민이 각각 자기가 지키는 곳에서 파수하되 자기 집 맞은편을 지키게 하라 하였노니 그 성읍은 광대하고 그 주민은 적으며 가옥은 미처 건축하지 못하였음이니라" 아멘. 3절은 명령입니다. 4절은 예루살렘 성을 늦게 열고 일찍 닫는 이유를 설명합니다. 예루살렘 성곽은 지었지만, 그 안에 사는 사람은 많지 않습니다. 성은 준비되었지만, 안이 비어있습니다. 그러니 밝을 때 열고 어둡기 전에 닫아야 방비를 잘 할 수 있다는 거죠. 혹 누가 숨어 있다가 공격할 수 있으니, 숨어 있는 사람들이 없다는 것을 확인한 다음에 열고, 숨어 있는 사람들이 없을 때 닫아야 한다는 말입니다. 느헤미야의 직임은 이제 시작입니다. 성벽 공사가 끝나자 본격적인 사역이 시작됩니다.

하나님께서는 느헤미야에게 첫 귀환의 역사를 돌아보게 하십니다. 7장 5-6절입니다. "내 하나님이 내 마음을 감동하사 귀족들과 민장들과 백성을 모아 그 계보대로 등록하게 하시므로 내가 처음으로 돌아온 자의 계보를 얻었는데 거기에 기록된 것을 보면 옛적에 바벨론 왕 느부갓네살에게 사로잡혀 갔던 자들 중에서 놓임을 받고 예루살렘과 유다에 돌아와 각기 자기들의 성읍에 이른 자들 곧" 아멘. 주전 538년! 느헤미야가 총독으로 부임한 것이 주전 445년이니 93년 전입니다. 93년 전에 하나님의 은혜로 귀환했던 이들이 있었습니다. 7절에 보면, 지도자 12명이 나열됩니다. 8-25절까지는 가족별 명단입니다. 26-38절은 출신 지역별 명단입니다. 우리도 '누구 집의 사람' 대신, 고향을 들어 '누구 댁' 이렇게 부르기도 하지요. 39-42절은 제사장 집안입니다. 24반열이 있었는데, 네 집안만 남았습니다. 43절은 레위 자손입니다. 74명밖에 안 됩니다. 44절은 노래하는 자들이고, 45절은 문지기들입니다. 46-60절은 성전 봉사자들입니다. 61절부터 62절을 보면, 계보를 확인할 수 없는 이들에 대한 내용이 있습니다. 63-65절에는 계보를 확인할 수 없는 제사장들에 대한 내용이 있습니다. 이들은 "우림과 둠밈을 가진 제사장이 일어나기 전에는 지성물을 먹지" 못하게 했습니다. 66-67절은 사람의 합계이고, 68-69절은 운송수단의 합계입니다. 70-72절은 공사를 위한 헌금 합계입니다. 총독은 금 8.4킬로그램, 대접 50개, 제사장 옷 530벌을 드렸습니다. 족장들은 금 170킬로그램과 은 1과 3분의 1톤을 드렸습니다. 백성들도 금 170킬로그램과 은 1과 4분의 1톤을 드렸습니다.

안전을 확보한 다음, 말씀에 집중합니다. 8장 3, 8-12절에 있습니다. 3절과 9절입니다. "수문 앞 광장에서 새벽부터 정오까지 남자나 여자나 알아들을 만한 모든 사람 앞에서 읽으매 뭇 백성이 그 율법책에 귀를 기울였는데", "백성이 율법의 말씀을 듣고 다 우는지라 총독 느헤미야와 제사장 겸 학사 에스라와 백성을 가르치는 레위 사람들이 모든 백성에게 이르기를 오늘은 너희 하나님 여호와의 성일이니 슬퍼하지 말며 울지 말라 하고" 아멘. 하나님의 말씀에 순종하는 공동체와 불순종하는 공동체 사이에는 차이가 있습니다. 순종하는 공동체는 '함께' 갑니다. 그러나 하나님 말씀에 불순종하는 공동체는 '제각기' 갑니다. 느헤미야 공동체에게도 위기가 있었습니다. 함께 수고하는 공동체 안에 서로에 대한 배려가 없어 원망과 불평이 있었습니다. 그러나 이 문제에 대해 중요하게 여기고 반응하여 52일 만에 성벽 공사가 마무리 되었습니다. 성벽 공사가 마무리되자 느헤미야는 하나니와 하나냐를 세워 성을 지키게 합니다. 예루살렘 안에 아직 거주자가 많지 않은 것을 고려하여 성문을 늦게 열고 일찍 닫도록 조치를 취합니다. 성벽 공사에 참여했던 사람들은 집으로 돌아갑니다. 그런데 이 사람들이 엿새 만에 다시 모입니다.

느헤미야 6장 15절을 보면 성벽 역사가 끝난 날이 엘룰월 이십오일이었습니다. 엘룰월은 여섯째 달입니다. 8-9월에 해당합니다. 학자들의 계산대로라면 10월 2일에 공사가 끝났습니다. 이때는 음력이 좀 늦었나 봅니다. 8장 1절을 보면 "이스라엘 자손이 자기들의 성읍에 거주하였더니 일곱째 달에 이르러 모든 백성이 일제히 수문 앞 광장에" 모였습니다. 2절에 보니 "일곱째 달 초하루"입니다. 성벽 공사 마치고 닷새 만에 모인 것입니다. 52일 동안 공사하느라 힘들었습니다. 외부로부터의 어려움뿐 아니라 내부 어려움도 있었습니다. 그런데 닷새 만에 다시 모인 것입니다.

"모든 백성이 일제히" 모였습니다(8:1). '일제히'는 '한 사람 같이'를 번역한 것입니다. 한 사람이 모인 것처럼 모두가 모였다는 표현입니다. 마음이 하나가 되었습니다. 비록 빚의 1%밖에 돌려주지 않았지만, 어려움을 겪던 백성의 마음이 녹았습니다. 빚 못 받게 되었다고 귀인들이 마음이 삐지지 않았습니다. 백성들보다 더 많이 헌금했지만, 백성들과 같은 마음입니다. 하나님께서 역사하시니 좋은 것입니다. 내 힘으로, 우리 힘으로 이룰 수 없는 일이 이뤄졌으니 그저 좋은 것입니다.

이어지는 8장 10절입니다. "느헤미야가 또 그들에게 이르기를 너희는 가서 살진 것을 먹고 단 것을 마시되 준비하지 못한 자에게는 나누어 주라 이 날은 우리 주의 성일이니 근심하지 말라 여호와로 인하여 기뻐하는 것이 너희의 힘이니라" 아멘. '하나님을 기뻐하는 것이 힘'이 되게 하십니다. 에스라는 성경을 읽은 것뿐이었습니다. 그런데 3절을 보니 '새벽부터 정오까지' 여섯 시간 동안이나 '남자, 여자, 알아들을 만한 모든 사람'이 말씀에 귀를 기울입니다. 돕는 이들이 있습니다. 4절에 보면 13명의 평신도 지도자들이 나옵니다. 7절에 보면 13명의 제사장 지도자들이 나옵니다. 7절과 11절을 보니, 레위 사람들은 에스라도 돕고 느헤미야도 돕습니다.

지도자들 안에 열심이 있습니다. 일곱째 달 둘째 날, 다시 말해 하루가 지나서 지도자들이 모입니다. 초막절을 어떻게 지내야 하는지 말씀을 통해 확인합니다. 13절입니다. "그 이튿날 뭇 백성의 족장들과 제사장들과 레위 사람들이 율법의 말씀을 밝히 알고자 하여 학사 에스라에게 모여서" 아멘. 대표적인 지도자인 에스라와 느헤미야가 한마음입니다. 족장들과 제사장들과 레위 사람들이 한마음입니다. 지도자들이 한마음이면 됩니다. 엄마와 아빠가 한마음이면 되는 가정입니다. 당회와 제직회가 한마음이면 되는 교회입니다. 여당과 야당이 한마음이면 되는 나라입니다.

뭇 백성 마음에 열심이 있습니다. 찬송이 있습니다. 안타까움과 회개가 있습니다. 기쁨이 있습니다. 5절입니다. "에스라가 모든 백성 위에 서서 그들 목전에 책을 펴니

책을 펼 때에 모든 백성이 일어서니라" 아멘. 말씀에 대한 열심이 있습니다. 책을 펴자 일어섭니다. 6절입니다. "에스라가 위대하신 하나님 여호와를 송축하매 모든 백성이 손을 들고 아멘 아멘 하고 응답하고 몸을 굽혀 얼굴을 땅에 대고 여호와께 경배하니라" 아멘. 백성들이 손을 들고 '아멘, 아멘!' 합니다. 땅에 엎드려 하나님께 경배합니다. 백성들 심령에 찬송이 있습니다. 8-9절을 보니, "하나님의 율법책을 낭독하고 그 뜻을 해석하여 백성에게 그 낭독하는 것을 다 깨닫게 하니 백성이 율법의 말씀을 듣고 다 우는지라" 하였습니다. 백성에게 안타까움과 회개가 있습니다. 자신들이 왜 포로생활을 하게 되었는지 알게 되었습니다. 하나님의 말씀에 불순종한 결과였습니다.

이어지는 12절입니다. "모든 백성이 곧 가서 먹고 마시며 나누어 주고 크게 즐거워하니 이는 그들이 그 읽어 들려 준 말을 밝히 앎이라" 아멘. 백성에게 기쁨이 있습니다. 먹을 것이 부족한 이들과 먹을 것을 나눕니다. 하나님의 일하심을 경험한 자들이 하나님의 일하심처럼 나누면서 기뻐합니다. 17절입니다. "사로잡혔다가 돌아온 회중이 다 초막을 짓고 그 안에서 거하니 눈의 아들 여호수아 때로부터 그 날까지 이스라엘 자손이 이같이 행한 일이 없었으므로 이에 크게 기뻐하여" 아멘. 모든 회중이 초막을 짓고 그 안에 들어가 일주일을 지냅니다. 빈부귀천 차별이 없습니다. 누구는 대궐에 있고 누구는 초가집에 지내지 않습니다. 모두가 초막에 거하며 우리가 본래 가진 것이 없었음을, 광야에서 지내야 하는 존재임을 고백합니다.

이어지는 18절에 보면, '첫날부터 끝 날까지 날마다' 에스라는 율법책을 낭독합니다. 그는 율법책을 읽을 뿐입니다. 물론 율법책을 읽는 것도 쉽지 않습니다. 훈련되어 있어야 합니다. 힘써 읽어야 합니다. 그러나 율법책 낭독은 레위사람들의 설명과 백성들의 깨달음으로 이어졌습니다. 모두가 하나님 말씀 앞에 있습니다. 같은 걸 먹고 비슷한 집에 삽니다. 동질성을 느낍니다. 동족임을, 공동체임을 확인합니다.

교회는 이런 것입니다. 어떤 집에 살든, 어떤 직업을 가졌든, 배경이 무엇이든 관계없이 모두가 하나님의 말씀 앞에 있는 공동체가 교회입니다. 하나님 말씀 앞에 서면 모두가 '도토리 키 재기' 입니다. 자기 역할에 충실하면 됩니다. 느헤미야라고 특별하지 않습니다. 총독이지만 한 사람의 성도로 있습니다. 모든 백성이 성도로 있습니다. 함께 말씀 듣고, 함께 밥 먹고, 함께 기뻐합니다.

교회가 한 사람처럼 움직이면 마귀가 꼼짝 못합니다. 마귀에게 넘어가서 가룟 유다가 예수님과 제자들을 떠났습니다. 마귀는 예수님을 하나님에게서 떨어뜨려 놓으려 예수님을 유혹합니다. '자신에게 절하라.' 말합니다. 미끼를 던집니다. 마귀가 교회를 공격할 때도 비슷합니다. 미끼를 던집니다. 담임목사에게도 미끼를 던집니다. 성도들과 분리되도록 유혹합니다. 제직들에게 미끼를 던집니다. 뭔가 '나만의 이익'을 생각하게 합니다. 하나님의 영은 우리에게 평강과 희락과 화평을 주시며, 서로를 생각하게 도우십니다. 나눠 먹게 하십니다.

아간이 시험에 듭니다. 금과 은, 의복을 갖다가 땅을 파고 묻습니다(수 7:21-22). 나누지 않고 헌신하지 않고 모으려 합니다. 공동체로부터 분리됩니다. 가룟 유다도 예수님 판 값 은 삼십을 받습니다(마 27:3). 다른 사도들로부터 분리됩니다. 다른 사도들은 비록 잠들긴 했지만, 예수님 곁에 있었습니다. 그런데 가룟 유다는 예수님을 잡으려 하는 무리를 안내합니다.

'나눠 먹는 마음' 그 마음은 하나님의 영이 주시는 마음입니다. 반대로, '혼자만 잘 먹고 잘살려는 마음' 그 마음은 마귀가 주는 마음입니다. '나눠 먹는 마음'에는 여유와 평안이 있습니다. '혼자만 잘 먹고 잘살려는 마음'에는 여유와 기쁨이 없습니다. 같이 갑시다. 함께 갑시다. 천국도 같이 가고, 선교도 같이 가고, 예배도 같이 드립시다. 같이 슬퍼하고 같이 기뻐합시다. 핍박도 같이 견디고 영광도 함께 누립시다. '다 같이 함께' 나누는 공동체가 교회입니다.

일곱째 달 초하루, 나팔절에 모여 새벽부터 정오까지 성경통독을 합니다. 말씀을 깨달으니 눈물이 납니다. 자신들이 왜 그 고생을 하고 살았는지 깨달으니 눈물이 납니다. 창조주의 흐름을 따라, 그분 율법을 따라 살았다면 그리 고생하지 않았을 텐데, 너무도 무지했습니다. 그래서 눈물이 납니다. 초막절을 지킵니다. 이제는 율법대로 살 작정입니다. 초막절을 지킨 다음에는 부흥사경회를 갖습니다. 9장 1-5절에 있습니다. 부흥사경회를 가진 다음, 언약을 맺습니다. 9장 38절입니다. "우리가 이 모든 일로 말미암아 이제 견고한 언약을 세워 기록하고 우리의 방백들과 레위 사람들과 제사장들이 다 인봉하나이다 하였느니라" 아멘. 맹세도 합니다. 10장 28-31절에 있습니다. 말씀대로 절기를 지키고 언약을 맺은 다음, 장기전으로 돌입합니다. 11장 1-2절입니다. "백성의 지도자들은 예루살렘에 거주하였고 그 남은 백성은 제비 뽑아 십분의 일은 거룩한 성 예루살렘에서 거주하게 하고 그 십분의 구는 다른 성읍에 거주하게 하였으며 예루살렘에 거주하기를 자원하는 모든 자를 위하여 백성들이 복을 빌었느니라" 아멘.

성벽 건축, 심령 준비, 제도 정비가 이뤄지자, 마침내 성벽 봉헌식이 있습니다. 12장 27-30, 43절입니다. "예루살렘 성벽을 봉헌하게 되니 각처에서 레위 사람들을 찾아 예루살렘으로 데려다가 감사하며 노래하며 제금을 치며 비파와 수금을 타며 즐거이 봉헌식을 행하려 하매 이에 노래하는 자들이 예루살렘 사방 들과 느도바 사람의 마을에서 모여들고 또 벧길갈과 게바와 아스마웻들에서 모여들었으니 이 노래하는 자들은 자기들을 위하여 예루살렘 사방에 마을들을 이루었음이라 제사장들과 레위 사람들이 몸을 정결하게 하고 또 백성과 성문과 성벽을 정결하게 하니라", "이 날에 무리가 큰 제사를 드리고 심히 즐거워하였으니 이는 하나님이 크게 즐거워하게 하셨음이라 부녀와 어린 아이도 즐거워하였으므로 예루살렘이 즐거워하는 소리가 멀리 들렸느니라" 아멘.

이처럼 하나님의 은혜에 감격하고 언약서를 적고 인봉까지 했지만, 그 일이 그리 오래가지 못합니다. 그리 오래가지 못했다는 것이 확인되어 느헤미야가 다시 재조정합니다. 13장 4-14절에 있습니다. 느헤미야는 주전 433년까지 12년의 총독 임기를 마치고 아닥사스다 왕에게로 돌아갔습니다. 그런데 아닥사스다에게 말미를 얻어 유다 예루살렘으로 잠시 돌아왔습니다. 언제인지는 정확히 모르지만, 아닥사스다가 주전 424년까지 왕이었으니, 느헤미야가 총독 마치고 돌아가고 9년이 지나기 전입니다. 백성들이 하나님 말씀대로 살겠다고 언약을 체결한 지 21년도 채 지나지 않았습니다.

엘리아십이라는 제사장이 성벽 건축을 방해하던 도비야와 가까이 지내며 자신이 관리하는 하나님의 전 방 가운데 큰 방 하나를 도비야가 쓰도록 내준 것입니다. 본래 그 방은 소제물과 유향과 그릇과, 제사장들과 레위 사람들이 하나님 예배 섬김을 지속할 수 있도록 그들을 먹여 살리는 곡물과 포도주와 기름을 두는 방이었습니다. 그런데 그런 방을 사사로이 그것도 도비야라고 하는 사람에게 내주었습니다. 이런 형편이니 레위 사람들은 방과 몫을 받지 못해 살 수가 없게 되고, 13장 10절을 통해 알 수 있듯이, "레위 사람들과 노래하는 자들이 각각 자기 밭으로 도망하였"습니다.

최선을 다해 성벽을 짓고 개혁을 실행했는데, 도루묵이 된 것입니다. 아주 도루묵이 된 것은 아닌데, 상당히 많이 후퇴한 것입니다. 이대로 가다가는 다시 포로로 끌려갈 상황입니다. 그러니 느헤미야의 눈에 엘리아십의 직권남용은 악한 일이었습니다. 그래서 도비야의 세간을 내던지고 그 방이 본래 용도로 사용되게 했습니다. 그 방뿐 아니라 이런 식으로 사용되는 다른 방들도 청소했습니다. 이어 관리들을 꾸짖고, 레위 사람들을 다시 불러 모아 다시 제자리에 세웁니다. 그랬더니 12절과 같은 일이 일어납니다. "이에 온 유다가 곡식과 새 포도주와 기름의 십일조를 가져다가 곳간에 들이므로" 아멘. 그동안에는 들이고 싶어도 못 했습니다. 갖다준다 한들 남용 가능성이 컸습니다. 그러나 이제는 방도 비어있고 신뢰할 만한 지도자가 다시 온 것을 보고 백성들이 십일조를 곳간에 들입니다. 느헤미야는 셀레먀, 사독, 브다야, 삭굴을 분배 책임자로 세웁니다.

개혁이 20년을 못갑니다. 그래서 개혁을 재개한 것입니다. 자, 그럼, 느헤미야의 개혁에 대해 소개하는 본문이 우리에게 어떻게 적용될 수 있습니까? 그런데 그 전에 한 가지 질문을 드립니다. 이 내용이 위로를 주고 소망이 됩니까? 혹시, '세속적인 사람들, 끊어야 할 습관들로부터 멀어져야 하는데' 하는 부담이나, '십일조 해야 하는데' 하는 부담과 같은 것이 위로나 소망보다 우리 마음 가까이 있지는 않습니까?

해석할 때 시간, 공간, 언어, 문화, 사상의 차이로 인해 한 박자 느리게 읽는 것처럼, 적용할 때도 한 박자 늦추는 것이 좋습니다. 우리가 성경 안의 내용을 이해하기 위해 건너야 할 바다가 많은 것처럼, 성경 내용을 내 삶에 가져오기 위해 건너야 할 바다도 많습니다. 우선 우리 주변에는 암몬 사람과 모압 사람이 없습니다. 제사장도 없고, 성전도 없고, 소제물과 유향도 없고, 십일조를 곡물이나 포도주나 기름으로 드리지도 않습니다.

느헤미야의 행동 안에서 '예수님의 성전 청결'을 읽기도 합니다. 예수님은 '하나님의 성전은 만민이 기도하는 집이라' 시며, '성전을 강도의 소굴'로 만든 것을 애통해하시며 돈 바꾸는 자들의 상을 엎으시고 채찍을 들어 명품 도장이 찍힌 소와 양을 팔아 이익을 챙기는 상인들을 내쫓으셨습니다. 도비야의 세간을 내던진 느헤미야에게서 예수님의 모습을 읽을 수 있습니다. 여기서 중요합니다. 이 내용을 우리 자신에게 어떻게 적용하시겠습니까? 참고로, 예수님 제자들은 성전에서 장사하는 자들을 내몰지 않았습니다. 저는 느헤미야로 다시 돌아오게 하셔서 도비야의 세간이 성전에서 내던져지게 하신 하나님을 찬송하겠습니다. 느헤미야로 인해 십일조가 다시 성전 곳간에 차고 레위 사람들이 다시 성전 봉사에 전념하게 된 것으로 인해, 하나님께 감사와 영광을 돌리겠습니다. 예수님 때에 성전만 맘모스처럼 커진 게 아니라 성전 상가(商街)도 더욱 대기업화되었을 때, 예수님 오셔서 청결케 하신 것으로 인하여 예수님께 감사하겠습니다. 오늘날 교회 내에도 온갖 장사치가 판을 치고 있는데, 주님께서 청결케 해주시기를 기도하겠습니다. 내 마음에는 이 마음이 없는지 돌아보겠습니다. 하나님의 말씀으로 장사하려는 마음은 없는지 살펴보겠습니다. 책을 왜 쓰며, 설교는 왜 하며, 강의는 왜 잘 준비하려 하는지 돌아보겠습니다. 목회와 관련해서는 레위 사람들과 같은 봉사자들이 도망가지 않도록 분배를 잘하는지, 교회 내에 들어오면 안 되는데 들어온 것은 없는지 생각해 보겠습니다.

적용의 기본은 감사와 찬송에 있습니다. 느헤미야를 통해 이루신 일에 대한 감사와 찬송이고, 예수님을 통해 이루신 일에 대한 감사와 찬송입니다. 느헤미야와 같은 권력자에 의해 이뤄진 개혁도 21년이 지나지 않아 무너져 내리는데, 내 마음의 개혁이 유지되게 하시는 하나님께 드리는 감사와 찬송입니다. 마음 한구석에 들어온 도비야의 세간과 같은 세상 생각과 방법을 도려내시고 던지시는 하나님의 역사를 경험했기에, 감사와 찬송을 드리는 것입니다. '도려내고 던지는 것' 은 우리의 일이 아닙니다. 주님께서 도려내고 던지십니다. 우리는 감사와 찬송을 하면 됩니다. 내가 도려내고 내가 던지려 하면 실족할 수 있습니다. 그러나 도려내고 던지시는 주님을 인정하고 찬송하면 도려내지고 던져집니다. 감사와 기쁨이 찾아옵니다.

도려내고 던지는 역할이 주어질 수도 있습니다. 그러나 그러한 역할은 감사와 찬송으로 기쁨이 가득한, 위로부터 주시는 깨달음과 능력으로 준비된 일꾼에게 잠시 잠깐 주어지는 역할입니다. '잠시 잠깐' 이라 했습니다. 이 말은 감사와 찬송의 자리, 위로와 소망을 갖는 자리가 지속적인 자리라는 말입니다. 저를 예로 들면, 설교나 강의는 잠깐이고 삶이 지속된다는 말입니다. 설교하는 시간이라 해도 설명하는 시간이 대부분이지,

도전하여 도려내고 내던지는 시간은 길지 않다는 말입니다.

느헤미야는 도비야의 세간을 내던지고 모든 것을 제자리로 돌린 다음에 13장 14절의 기도를 합니다. "내 하나님이여 이 일로 말미암아 나를 기억하옵소서 내 하나님의 전과 그 모든 직무를 위하여 내가 행한 선한 일을 도말하지 마옵소서" 아멘. '도말하지 말라' 는 말은 '없애버리지 말라' 는 말입니다. 개혁을 추진했지만 21년이 지나지 않아 개혁 전으로 돌아오는 것을 보고 그가 한 기도입니다. 개혁이 유지되도록, 하나님의 성전이 거룩하도록, 하나님 종들의 직무가 지속될 수 있도록 도와달라는 기도입니다. 자신이 뭔가를 했지만, 하나님께서 유지해 주시지 않으면 아무 소용없다는 생각에 기초한 기도입니다. 도려내고 내던지기는 했지만, '도려내고 내던지는 것' 을 자신의 직무로 삼지 않고 하나님 앞에서 기도하는 것을 자신의 직무로 삼았습니다. 행(Doing)하는 것은 하나님의 일로 잡고, 자신은 기도하는 자로, 하나님 앞에 기억될 자로 자리매김하고, 감사와 찬송을 직무 삼았습니다.

성경 해석의 층과 깊이가 다르듯, 성경 적용의 층과 깊이도 다릅니다. 행함(Doing)의 단계, 느헤미야 13장을 예로 든다면, 느헤미야처럼 '도비야의 세간을 내던지고 하나님 전의 그릇과 소제물과 유향을 다시 들여놓고 민장들을 꾸짖고 레위 사람들을 불러 모아 다시 본연의 직무에 복귀하게 하고 책임자를 세워 분배하게 하는 일' 은 어쩌면 가장 마지막 단계에 있는 적용입니다. 대상과 범위를 확대하는 것 역시 매우 조심스러운 일입니다.

저는 설교할 때 '하나님께서 어떤 분이신가' 에 대해 설명하는 데 초점을 맞춥니다. 청중이 어떠해야 한다거나 무엇을 해야 한다거나 하는 부분에는 초점을 잘 맞추지 않습니다. 이 부분은 하나님께서 각자를 감동하시고 각자에게 알맞게 역사하실 부분입니다. 밥상을 차리는 것은 제 역할이지만 드시는 것은 청중의 역할입니다. 반찬이 많아도 편식하는 경우가 많습니다. 먹고 싶은 것만 먹고 먹어야 하는 것은 먹지 않기도 합니다. 하나님 말씀도 비슷합니다. 내가 순종하고 있는 부분, 잘하는 부분만 들으려 합니다. 잘 안 되는 부분, 불순종하고 있는 부분은 지나가려 합니다. 그런데 그 부분이 해결되지 않으면 문제가 해결되지 않습니다. 성장도 없고 발전도 없고 열매를 거둘 수도 없습니다. 반신불수처럼 제대로 걷기조차 어렵습니다. 혈액순환이 잘되어야 건강한 것처럼, 하나님의 모든 말씀이 전체적으로 다가오고 적용되어야 건강한 신자입니다. 오래 걸린다 해도 말씀 앞에 자신을 내놓으면, 내 안에 있는 '도비야의 세간' 들이 내던져집니다. 그리고 그 안이 거룩한 것들, 그릇과 소제물과 유향으로 채워집니다. 그러나 도비야의 세간들을 내버려 두면, 점점 더 썩고 문드러져, 냄새나고 외식하는 가증한 사람이 되어갑니다. 천국에서 멀어지고 마음에는 감사와 찬송대신 원망과 불평만 가득해집니다.

입으로 감사와 찬송을 내놓으십시오. 히브리서 13장 15절에 보면, "그러므로 우리는 예수로 말미암아 항상 찬송의 제사를 하나님께 드리자 이는 그 이름을 증언하는 입술의 열매니라" 하였습니다. 찬송이 열매입니다. 찬송만으로도 열매가 됩니다. 찬송만으로도 적용이 충분히 됩니다.

말씀 적용을 왜 어려워하는가? 뭔가 하려고 하기 때문입니다. 감사와 찬송 대신 뭔가 다른 것을 내 주도로 하려고 하기 때문입니다. 감사하고 찬송하십시오. 그러면 충분합니다. 적용하신 겁니다. 말씀을 묵상할 때 감사 거리와 찬송 거리를 찾으십시오. 마음 안에 그리스도를 회복하십시오. 감사하고 찬송하면 마음뿐 아니라 얼굴도 바뀝니다. 미소가 생깁니다. 기쁨이 있습니다. 다양한 마귀의 방해로 고통스럽더라도 웃을 수 있습니다.

교회에 왜 어려움이 있습니까? 내 주도로 뭔가를 하려고 하기 때문입니다. 뭘 해야 할지 모르겠으면 성경을 읽으십시오. 아직 하나님을 충분히 알고 있다고 여기지 말고 성경을 읽으십시오. 베드로 사도의 서신인 베드로전후서의 결론이 무엇입니까? '예수님을 아는 지식 안에서 자라 가라.' (벧후 3:18) 하는 것입니다. 어떻게 예수님을 압니까? 성경을 읽어야 압니다. 읽고 또 읽으십시오. 담배 끊듯 영화도 끊고 드라마도 끊고 TV도 끊고 인터넷도 끊고 성경을 읽으십시오. 금단현상이 있을 수 있습니다. 그때 깨달으십시오. 나는 성경 중독이 아니었구나.

성경을 읽을 때 뭔가를 하려 하지 말고 감사하고 찬송하십시오. 모든 구절을 감사와 찬송으로 적용하십시오. 형제이면서 광야에 거하던 이스라엘에게 양식과 물을 가져오기는커녕 저주를 위해 돈을 쓴 모압 사람이 하나님의 총회에 들어오지 못하게 규정하신 하나님께 감사와 찬송을 올립니다. 그럼에도, 하나님을 섬기기로 작정한 룻을 축복하셔서 다윗의 조상이자, 예수 그리스도의 조상이 되게 하신 하나님께 감사와 찬송을 올립니다. 느헤미야 공동체가 은혜를 받아 말씀이 자신들의 공동체에 적용될 수 있도록 하신 하나님께 감사와 찬송을 올립니다. 도비야의 세간이 성전에서 내던져지도록 느헤미야를 다시 돌려보내신 하나님께 감사와 찬송을 올립니다. 도망갔던 레위 사람들이 다시 돌아와 직무에 집중할 수 있도록 하신 하나님께 감사와 찬송을 올립니다. 느헤미야의 기도를 들으셔서 죄인들의 심령이 예수 그리스도의 보혈과 성령의 청소하심으로 거룩함이 유지되게 하신 하나님께 감사와 찬송을 올립니다. 교회에서 신령과 진정으로, 영과 진리로, 성령과 예수 그리스도로 예배드리게 하심을 인하여 하나님께 감사와 찬송을 올립니다.

사실 우리가 할 수 있는 게 별로 없습니다. 지구를 돌리겠습니까? 태양을 태우겠습니까? 공기를 만들겠습니까? 우리는 하루 삼분의 일은 자야 건강합니다. 매일 일정 시간 먹어야 하고, 매 순간 숨을 쉬어야 살 수 있습니다. 하루에 할 수 있는 게 별로 없습니다. '날마다 숨 쉬는 순간마다' 어려운 일 보면서도 감사하고 찬송하며 살면 충분합니다. 감사하고 찬송하면 됩니다. 뭔가 하는 일은 주님이 맡기실 때 합니다. 주님이 맡기신 일은 소중하고 쉽지 않은, 잘해야 하는 일입니다. 그러나 그러한 일을 맡더라도 금방 우리 자리, 감사하고 찬송하는 자의 자리로 돌아옵니다.

에스라와 느헤미야의 개혁은 에스더와 모르드개의 헌신에 힘입은 바가 컸습니다. 에스라와 느헤미야가 아닥사스다 왕(주전 464-424년) 때 귀환도 하고 총독으로 봉사도 했습니다. 에스더와 모르드개는 아하수에로 왕(주전 486-465년) 때 하만 일당으로부터 하나님 백성을 구했습니다. 에스더가 왕후가 된 것을 주전 479년으로 보면, 에스라 귀환 년도인 주전 458년보다 21년 전쯤부터 에스더와 모르드개의 활약이 있었습니다. 에스더 10장 1-3절입니다. "아하수에로 왕이 그의 본토와 바다 섬들로 하여금 조공을 바치게 하였더라 왕의 능력 있는 모든 행적과 모르드개를 높여 존귀하게 한 사적이 메대와 바사 왕들의 일기에 기록되지 아니하였느냐 유다인 모르드개가 아하수에로 왕의 다음이 되고 유다인 중에 크게 존경받고 그의 허다한 형제에게 사랑을 받고 그의 백성의 이익을 도모하며 그의 모든 종족을 안위하였더라" 아멘. 에스더와 모르드개의 활약은 아하수에로 왕에게도 큰 도움이 되었습니다.

모르드개와 에스더가 누구입니까? 에스더 2장 5-7절입니다. "도성 수산에 한 유다인이 있으니 이름은 모르드개라 그는 베냐민 자손이니 기스의 증손이요 시므이의 손자요 야일의 아들이라 전에 바벨론 왕 느부갓네살이 예루살렘에서 유다 왕 여고냐와 백성을 사로잡아 갈 때에 모르드개도 함께 사로잡혔더라 그의 삼촌의 딸 하닷사 곧 에스더는 부모가 없었으나 용모가 곱고 아리따운 처녀라 그의 부모가 죽은 후에 모르드개가 자기 딸 같이 양육하더라" 아멘. 그들은 베냐민 지파이고 기스의 자손입니다. 사울의 아버지 기스의 자손입니다. 모르드개는 여고냐(여호야긴)가 바벨론으로 끌려올 때 같이 왔습니다. 그때가 주전 597년이었습니다. 그는 나이가 많았음에 분명합니다. 아하수에로가 왕이 될 때 그의 나이는 111세 이상이었습니다. 그러니 사촌인 에스더의 양부가 될 수 있었을 것입니다. 그럼, 하만은 누구입니까? 3장 1절입니다. "그 후에 아하수에로 왕이 아각 사람 함므다다의 아들 하만의 지위를 높이 올려 함께 있는 모든 대신 위에 두니" 아멘. 아말렉 족속의 왕 아각의 자손입니다.

사무엘상 15장의 대결이 다시 시작됩니다. 사울(주전 1051-1011년)과 아각의 대결이, 약 450년의 시간 차를 두고 이뤄집니다. 사울은 강력한 군대를 가지고도 아각 찍는 일을 사무엘에게 빼앗겼지만(삼상 15:32-33), 모르드개와 에스더는 군대도 없이 아각의 자손 하만 일당을 무찌릅니다. 극적인 승리에서 '순종하는 자들을 통해 헤렘법을 성취하시는 하나님'을 만납니다. 어떻게 그리되었나요? 4장 15-17절, 5장 1-2절, 6장 1-2절, 7장 5-6절, 8장 15-17절, 9장 15-16절을 읽으면 알 수 있습니다. '우연' 같아 보이는 하나님의 도움으로 승리했습니다. 하나님 백성들은 재물에 마음을 두지 않았습니다. 이것이 사울 당시와의 차이점이었습니다.

한편, 에스더에서 나무에 달려 죽은 이들에 대한 부분은 '헤렘' 및 '예수님'과 연결된 여지가 있습니다. 다음은 『헤렘 제자도』 55-58쪽에 있는 내용입니다. 에스더서의 주제를 읽을 수 있는 내용이라 생각하여 인용합니다.

'나무에 달려 죽는 것'과 '구원'이란 주제가 함께 어우러져 있는 구약 본문으로 세 곳을 꼽을 수 있다.

첫째는 창세기 40-41장이다. 이 본문에서 나무에 달린 자는 애굽 왕의 떡 굽는 관원장(40:19, 21; 41:13)이고 하나님이 이스라엘 집을 위해 세우신 구원자는 요셉이다(45:7-8; 50:20-21; 시 105: 16-23). 시위대장의 집 안 감옥에 갇혀 인생에서 가장 힘든 고난의 순간을 지내는 요셉이 만난 두 사람 중 하나가 나무에 달리게 될 떡 굽는 관원장이다. 그런데 두 관원장의 꿈을 해석해주는 요셉의 주된 관심은 자신의 구원에 있다. "당신이 득의하거든 나를 생각하고 내게 은혜를 베풀어서 내 사정을 바로에게 고하여 이 집에서 나를 건져내소서"(창 40:14-15). 이처럼 자신의 구원에는 관심이 많으면서도 떡 굽는 관원장의 고난에 대해서는 해석만이 있을 뿐이다. "지금부터 사흘 안에 바로가 당신의 머리를 끊고 당신을 나무에 달리니 새들이 당신의 고기를 뜯어 먹으리이다." 그렇게 말할 뿐(40:19), 동정이나 변호, 위로는 없다. 후에 요셉은 떡 굽는 관원장이 나무에 달렸기에 바로 앞에 설 수 있게 된다(41:9-13). 나무에 달린 자로 인해 득을 본 것이다.

둘째는 여호수아 8장과 10장이다. 이 본문에서 나무에 달린 자들은 가나안의 왕들이고(8:29; 10:26-30, 38-39) 하나님이 이스라엘 백성들을 위해 세운 구원자는 여호수아이다. 출애굽한 이스라엘에 대한 하나님의 구원 완성은 가나안 땅을 기업으로 받을 때 완성된다. 그러므로 구원자 여호수아는 이스라엘의 기업을 확보하는 과정에서 그 땅의 왕들을 나무에 매단다. 아마도 여호수아는 가나안의 왕들을 나무에 다는 것을 통해 이들이 하나님께 저주받은 자들임을(신 21:23) 확인시키는 것 같다. 비록 여호수아가 하나님을 믿는 라합 가족의 구원이나(수 6:17, 22-23, 25) 속이긴 하였으나 화친을 약속한 기브온 거민들의 구원에는(9:1-10:27) 무심하지 않았지만, 나무에 달린 왕들의 구원에는 관심이 없다.

셋째는 에스더 2, 5-9장이다. 이 본문에서 나무에 달린 자들은 내시 빅단과 데레스 두 사람과 하만과 그의 아들들이다(2:21-23; 7:9-10; 8:7; 9:13, 14, 25). 하나님이 유대인을 위해 예비하신 구원자는 모르드개와 에스더이다(4:13-17; 8:3-8; 10:2-3). 빅단과 데레스는, 떡 굽는 관원장이 요셉이 구원자가 되는데 기여한 것처럼, 모르드개가 존귀하게 되는데 기여하였다. 본래는 하만이 모르드개를 나무에 달고자 하였으나(5:14; 6:4; 7:9), 모르드개 대신 하만이 나무에 달리게 된다. 나무에 달린 하만은 모르드개가 승리하고 구원받았음을 상징한다(6:13; 7:9-10; 8:7). 더불어 하만의 아들들이 나무에 달린 것은 유대인이 구원받은 것을 확인시켜 주는 증거물이다(9:13-14). 하나님이 세우신 구원자 모르드개는 유대인을 "치려 하는 자와 그 처자를 죽이고 도륙하고 진멸하고 그 재산을 탈취하게" 하는 조서를 쓰도록 지시한다(8:9-11). 에스더는 하만의 열 아들까지 나무에 달도록 아하수에로 왕에게 요구한다(9:13). 모르드개와 에스더의 관심은 유다인의 구원에 있다. 유다인을 멸하고자 하는 자들의 구원에는 관심이 없다.

하지만 누가복음 23장 32-43절을 볼 때 하나님이 보내신 더 나은 구원자 예수님은 모든 사람의 구원에 관심이 있다. 사형선고를 받고 나무에 달린 행악자의 구원에도 관심이 있다. 아니 이 행악자를 만나 구원하시려고 시간 맞춰 그 시간에 나무에 달리셨는지도 모른다. 앞의 구약 본문에서 제시된 어떤 구원자도 나무에 달린 자는 없다. 다른 사람이 나무에 달릴 것이라고 예언하거나, 다른 사람을 나무에 달거나, 다른 사람이 나무에 달리도록 요청하였을 뿐이다. 그러나 더 나은 구원자로 오신 예수님은 "친히 나무에 달려 그 몸으로 우리 죄를 담당"하신다(벧전 2:24). 또한 아무도 나무에 달지 않으신다. 자기 백성을 멸하려는 자도 나무에 달지 않으신다. 나무에 달린 사람을 통해 얻으신 유익도 없다. 오히려 나무에 달린 자까지도 원하면 백성으로 삼으신다.

요셉도, 여호수아도, 모르드개도, 에스더도 분명 하나님이 세우신 구원자로서 많은 고난을 겪었다. 그러나 더 나은 구원자로 오신, 온전하신 예수님의 수난은 특별하다. 다함이 없는 사랑으로, 끝이 없이 넓은 마음으로, 모든 사람 심지어 자기 죄로 나무에 달린 자까지도 위하는 수난이다. 어쩌면 죄인 된 우리가 마땅히 받아야 할 수난이 그토록 클 것이기에, 그렇게나 심각한 수난을 받으셨는지도 모른다. 누군가를 나무에 달기보다는 자신이 세 개의 십자가 가운데에 달리신 예수님, 나무에 달려야 될 사람들의 조롱과 비방과 비웃음보다는 하나님의 나라에 관심을 보이는 한 사람에게 집중하신 예수님, 하고 싶은 말씀이 많으셨겠지만 왕으로서 백성이 되려는 자의 구원선포를 위해서만 혀를 사용하신 예수님이야말로 수난절의 주인공으로서 우리의 관심과 사랑을 받으시기에 합당하다.

욥기는 다음 과에서 자세히 보겠습니다. 우선 이번 통독 본문의 1-2장에는 서론이, 3장에는 욥의 생일 저주와 애가(哀歌)가, 4장에는 욥과 친구들 사이의 대화 시작이 있습니다.

질의와 응답

하나. "적용을 어떻게 할까요?"

『10대와 함께 성경을 어떻게 읽을 것인가』(서울: 성서유니온, 2012)를 집필하면서 해석을 여섯 단계, 적용을 여섯 단계로 나누어 다루었습니다. 해석만큼이나 중요한 것이 적용이고, 적용을 위해서는 해석을 철저히 해야 합니다. 적용의 기본은 '감사와 찬송' 입니다. '행함(doing)' 은 그다음입니다.

둘. "에스더서에는 왜 하나님이라는 표현이 나오지 않을까요?"

하나님의 이름을 쓰지 않으면서 하나님을 드러내는 장르를 사용한 듯합니다. '사랑' 이라는 단어를 쓰지 않으면서 '사랑' 을 표현하는 것과 유사합니다.

셋. "느헤미야의 삶에서 죽음을 보고 그의 헌신에서 '죽으면 죽으리라' 를 읽는다고 하셨는데, 좀 더 설명해 주실 수 있을까요?"

술 맡은 관원장의 자리를 내려놓고 온갖 모함과 술수가 있는 위험한 곳으로 삶의 자리를 옮기는 것 자체가 '죽음' 이라고 생각합니다. 성벽 건축 후 무보수 12년에서도, 다시 돌아가 재정비하는 모습에서도 '죽음' 을 방불하게 하는 '헌신' 을 읽습니다. 모르드개 및 에스더와 비슷한 시기의 인물이기에, 느헤미야의 마음에도 '내가 죽어서 하나님의 백성이 잘 지낼 수 있다면 죽어야겠다.' 하는 생각이 있었을 것으로 보입니다.

Weekly Reading

23

욥기 5-25장

“치열하게 살다”

욥 5-7장	욥 8-10장	욥 11-13장	욥 14-16장	욥 17-19장	욥 20-22장	욥 23-25장

check

이번 통독은 욥기 전반부입니다. 욥은 에스겔서 14장 14, 20절에 등장하고, 야고보서 5장 11절에도 등장합니다. 에스겔 14장 14절입니다. “비록 노아, 다니엘, 욥, 이 세 사람이 거기에 있을지라도 그들은 자기의 공의로 자기의 생명만 건지리라 나 주 여호와의 말이니라” 아멘. 14장 20절입니다. “비록 노아, 다니엘, 욥이 거기에 있을지라도 나의 삶을 두고 맹세하노니 그들도 자녀는 건지지 못하고 자기의 공의로 자기의 생명만 건지리라 주 여호와의 말씀이니라” 아멘. 그리고 야고보서 5장 11절입니다. “보라 인내하는 자를 우리가 복되다 하나니 너희가 욥의 인내를 들었고 주께서 주신 결말을 보았거니와 주는 가장 자비하시고 긍휼히 여기시는 이시니라” 아멘. 이 구절들을 보더라도 욥을 실제 인물로 보는 것이 좋겠습니다.

지난주에 욥기 앞부분에서 욥의 ‘죽음’을 읽었습니다. 욥의 자녀들이 죽으니 욥의 미래가 죽었고, 욥의 가축들이 죽으니 그의 영광이 죽었습니다. 욥의 발바닥에서 정수리까지 종기가 나니 그의 형상이 죽었고, 아내가 “하나님을 욕하고 죽으라”(욥 2:1) 소리치니 그의 반쪽이 죽었습니다. 자기 생일을 저주하니(3:1) 그의 근본이 죽었고, 그에게 두려움이 가득하니(3:25) 그의 평강이 죽었습니다.

욥기 4장부터 27장까지는 욥과 세 친구 사이의 긴 대화가 소개됩니다. 성경기자가 소개하는 욥의 삶뿐 아니라, 욥 자신이 언급하는 그의 삶에서 '치열함' 이 느껴집니다. '치열하다' 는 '성할 치(熾)' 와 '세찰 열(烈)이 만나 "기세나 세력 따위가 불길같이 맹렬하다"는 의미를 갖습니다.

치열하게 살다

I.
생일잔치 지나면 자녀들 불러 성결케 하고 수 대로 번제 드리는(1:5)
욥에게서 성결을 위한 치열함을 읽는다.

맏아들 집 무너져 열 자녀 죽었다는 소식에 겉옷 찢고 머리털 민(1:20)
욥에게서 죽음보다 강한 경건의 치열함을 본다.

발바닥부터 정수리까지 난 종기를 질그릇 조각으로 긁는(2:7-8)
욥에게서 처절을 넘어서는 담담함의 치열함을 느낀다.

II.
싱거운 것, 달걀 흰자위를 만지기도 싫어하는(6:6-7)
욥에게서 까다로운 식성의 치열함을 본다.

아무에게 아무것도 구하지 않는(6:22-23)
욥에게서 홀로 자기 일을 처리하는 독립성의 치열함을 엿본다.

아침마다, 순간마다, 침 삼킬 때마다 고통을 묵상하는(7:18-19)
욥에게서 일분일초 거저 보내지 않는 스케줄의 치열함을 읽는다.

III.
하나님 천 마디에 한마디 대답도 주저하는(9:3, 15)
욥에게서 입에 재갈을 물리는 절제의 치열함을 읽는다.

온전하나 자신을 돌아보지 않고 자기 생명 천하게 여기는(9:21)
욥에게서 자기 비하의 치열함을 생각한다.

자기 몸의 재질이 흙임을, 자신 몸의 결국이 티끌임을 계산하는(10:9)
욥에게서 처음부터 끝까지 따지는 논리의 치열함을 본다.

IV.
모든 짐승, 공중의 새, 땅, 바다의 고기를 이웃으로 여기는(12:7-8)
욥에게서 지네까지라도 이웃으로 생각하는 우정의 치밀함을 느낀다.

모사, 재판장, 왕들, 제사장들, 권력이 있는 자, 충성된 사람들, 늙은 자들, 귀인들, 강한 자들의 뒷모습을 보는(12:17-21)
욥에게서 허울뿐인 이름에 대한 미움의 치열함을 읽는다.

젊을 때의 죄까지 계산하는(13:26)
욥에게서 지나간 역사까지 씻어내고자 하는 철저함의 치열함을 본다.

V.
그럴듯한 말을 싫어하는(16:4)
욥에게서 진정성을 추구하는 정직한 마음의 치열함을 읽는다.

콩팥과 쓸개에 화살을 박고 사는(16:13)
욥에게서 피할 수 없는 피곤함에도 성실을 지켜내는 자존심의 치열함을 엿본다.

조롱과 눈물을 양식으로 삼는(16:20)
욥에게서 매우 비정상적인 것도 받아들이는 인간다움의 치열함을 느낀다.

VI.
학대와 폭행으로 짓이겨지나 끝까지 항변하는(19:2, 3, 7)
욥에게서 밟아도 뿌리 뻗는 잔디 풀 같은 오뚜기의 치열함을 본다.

불러도 대답 없는 종에게 간청하는(19:16)
욥에게서 나보다 남을 낫게 여기는 겸손의 치열함을 읽는다.

가죽이 벗겨져도 대속자를 기다리겠다는(19:25-26)

욥에게서 순교자가 소유한 믿음의 처절함을 느낀다.

VII.
형통한 악인의 행복을 멀리하는(21:16)
욥에게서 불로소득 미워하는, 건강한 경제관의 치열함을 읽는다.

행복한 자와 불행한 자의 결국이 유사함을 깨닫는(21:23-26)
욥에게서 인생 가치의 무게를 아는 지식의 치열함을 엿본다.

헛된 위로와 거짓된 대답의 무가치함을 지적하는(21:34)
욥에게서 실학사상에 담겨 있는 효율성의 치열함을 본다.

VIII.
찾아도 찾을 수 없고 만나려 해도 만날 수 없는 하나님을 기대하는(23:8-9)
욥에게서 소망 제로를 출발점으로 삼는 용감함의 치열함을 느낀다.

모두가 자신을 정죄하는 가운데에서도 하나님의 뜻과 그분 경외에 기대는(23:14-15)
욥에게서 부활 소망 근간이 되는 소망의 치열함을 기억한다.

불법자들의 심판이 땅에서 충분히 이뤄지지 않더라도 하나님을 신뢰하는(24:24-25)
욥에게서 심판과 하나님에 대한 신뢰의 치열함을 읽는다.

IX.
스올과 허공까지 내다보는(26:6-7)
욥에게서 광대한 우주와 음부까지 살펴본 지혜의 치열함을 읽는다.

죽기 전에는 자신의 온전함을 놓지 않겠다는(27:5)
욥에게서 마지막 호흡까지 생명으로 계산하는 인내의 치열함을 본다.

하나님의 솜씨와 전능자에게 속한 것으로 대화를 마무리하는(27:11)
욥에게서 예수님을 모시는 자의 자기 부인(否認)의 치열함을 느낀다.

욥기는 땅의 일과 하늘의 일을 말합니다. 땅의 일은 모두가 알 수 있는 일입니다. 하늘의 일은 하나님께서 알려주셔야 아는 일입니다. 욥은 온전하고 정직하여 하나님을 경외하며 악에서 떠난 사람이었습니다. 그는 자녀의 축복도 받았습니다. 아들이 일곱이고 딸이 셋입니다. 그는 소유도 넉넉했습니다. 더구나 모든 매사가 분명했습니다. 1장 5절입니다. "그들이 차례대로 잔치를 끝내면 욥이 그들을 불러다가 성결하게 하되 아침에 일어나서 그들의 명수대로 번제를 드렸으니 이는 욥이 말하기를 혹시 내 아들들이 죄를 범하여 마음으로 하나님을 욕되게 하였을까 함이라 욥의 행위가 항상 이러하였더라" 아멘. 욥의 하는 일이 늘 그러했습니다. 매사가 분명했습니다. 철저했습니다. 빈틈이 없었습니다.

그런데 하늘에서도 일이 있습니다. 하나님께서는 욥을 칭찬하십니다. 내 종이라 하십니다. "그와 같이 온전하고 정직하여 하나님을 경외하며 악에서 떠난 자는 세상에 없느니라"(1:8) 하십니다. 그런데 대적자 사탄의 입장은 다릅니다. '하나님이 잘해 주시니 하나님을 경외하는 것 아닙니까?' 하면서 하나님의 칭찬에 대해 대듭니다. 그러면서 욥이 가진 것을 치시면 하나님을 향해 다른 태도를 보일 것이라고 말합니다. 이에 하나님께서는 욥의 소유물을 치되, 욥은 치지 말라고 하십니다. 우리가 아는 대로 사탄은 욥의 소유물을 쳤습니다. 그러나 욥은 죄를 범하지 않았고 하나님을 원망하지 않았습니다.

그러자 사탄은 하나님에게 이렇게 말합니다. 2장 4절입니다. "사탄이 여호와께 대답하여 이르되 가죽으로 가죽을 바꾸오니 사람이 그의 모든 소유물로 자기의 생명을 바꾸올지라 이제 주의 손을 펴서 그의 뼈와 살을 치소서 그리하시면 틀림없이 주를 향하여 욕하지 않겠나이까" 아멘. 대적(對敵)의 강도를 높이면 달라질 것이라는 사탄의 생각입니다. 이에 하나님께서는 "내가 그를 네 손에 맡기노라 다만 그의 생명은 해하지 말지니라" 하십니다(2:6). '몸은 다쳐도 영혼은, 그의 본질은 손대지 마라.' 하십니다.

땅에서 일어나는 일이 있고 하늘에서 일어나는 일이 있습니다. 우리는 땅에서 일어나는 일도 잘 모를 때가 많습니다. 더구나 하늘에서 일어나는 일은 더더욱 모르기가 쉽습니다. 그러나 두 가지 일은 연결되어 있습니다. 때로는 어긋난 형태로 연결됩니다. 욥은 의로운데 욥의 심판이 결정됩니다. 한 번이 아니라 두 번이나 심판이 진행됩니다.

그러나 우리가 기억할 것이 있습니다. 본질에 대한 하나님의 관심입니다. 생명에 대한 관심, 우리 영혼에 대한 하나님의 관심입니다.

삶의 무게가 가볍지 않으나 영혼의 무게는 가늠하기 어려울 만큼 무겁습니다. 영혼은 영생도 누릴 수 있고 영벌도 받을 수 있는 실체입니다. 우리 모두는 영혼을 가지고 있고 그 무게를 어느 정도는 알고 있습니다. 욥은 그 무게를 상당히 잘 알고 있었던 것 같습니다. 그래서인지 자녀들이 생일잔치를 끝내고 나면 불러다가 번제를 드리게 하였습니다. 마음으로 지었을 수 있는 죄까지도 염려했습니다. 소유물을 다 잃어도 그의 마음에는 변함이 없었습니다. 그의 몸에 종기가 났는데, 발바닥에서 정수리까지에 나서 온몸에서 진물이 흐르는데도, 질그릇 조각으로 몸을 긁으면서도, 입술로 범죄하지 않습니다. 자기 영혼의 무게를 알기 때문입니다.

욥기의 앞부분을 읽으며, 욥의 스물일곱 가지 치열함을 생각해 보았습니다. 성결, 경건, 담담함, 식성, 독립성, 스케줄, 절제, 자기 비하, 논리, 우정, 미움, 철저함, 정직한 마음, 자존심, 인간다움, 오뚜기, 겸손, 믿음, 경제관, 지식, 효율성, 용감함, 소망, 신뢰, 지혜, 인내, 자기 부인의 치열함입니다. 욥은 어떤 상황에서 이러한 치열함을 가지고 삶을 살아냈을까요? 하나씩 살펴봅니다.

우선, 그의 성결을 향한 치열함은 자녀들의 생활 방식에 기인했습니다. 1장 4-5절입니다. "그의 아들들이 자기 생일에 각각 자기의 집에서 잔치를 베풀고 그의 누이 세 명도 청하여 함께 먹고 마시더라 그들이 차례대로 잔치를 끝내면 욥이 그들을 불러다가 성결하게 하되 아침에 일어나서 그들의 명수대로 번제를 드렸으니 이는 욥이 말하기를 혹시 내 아들들이 죄를 범하여 마음으로 하나님을 욕되게 하였을까 함이라 욥의 행위가 항상 이러하였더라" 아멘. 생일마다 잔치하는 아들들이 있습니다. 아마도 여러 날 지속되는 잔치였겠지요. 욥에게는 근심이 있습니다. 자녀들이 먹고 마시며 잔치하면서 "마음으로 하나님을 욕되게 하였을까" 하는 걱정입니다. 혹시나 지었을지 모르는 자녀들의 죄로 인해 걱정하며 자녀 수 대로 번제를 드리는 욥에게서 성결을 위한 치열함을 읽습니다.

가축들이 죽고 자녀들이 맏아들 생일잔치 때에 죽었다는 소식을 들은 욥은 겉옷을 찢고 머리털을 밉니다. 그러면서 하나님께 경배를 드립니다. 1장 20-21절입니다. "욥이 일어나 겉옷을 찢고 머리털을 밀고 땅에 엎드려 예배하며 이르되 내가 모태에서 알몸으로 나왔사오니 또한 알몸이 그리로 돌아가올지라 주신 이도 여호와시오 거두신 이도 여호와시오니 여호와의 이름이 찬송을 받으실지니이다 하고" 아멘. 분명 자녀들의 잔치 때마다 번제를 드렸는데, 맏아들 생일잔치가 진행되는 가운데 자녀들이 죽었으니 달리 방도가 없습니다. 주신 이도, 거두신 이도 여호와시라고 고백하며 찬송하고 하나님을 원망하지 않습니다. 죽음보다 강한 경건의 치열함을 봅니다.

이제 욥의 고난은 새로운 국면에 접어듭니다. 2장 7-8절입니다. "사탄이 이에 여호와 앞에서 물러가서 욥을 쳐서 그의 발바닥에서 정수리까지 종기가 나게 한지라 욥이 재 가운데 앉아서 질그릇 조각을 가져다가 몸을 긁고 있더니" 아멘. 발바닥부터 정수리까지 종기가 났습니다. 심각한 피부병입니다. 질그릇 조각으로 몸을 긁습니다. 아내가 "하나님을 욕하고 죽으라"고 말합니다(2:9). 그럼에도 욥은 입술로 범죄하지 않습니다. 그의 담담함이 그의 처절한 상황보다 큽니다.

멀리서 욥의 친구들이 왔습니다. 2장 11-13절입니다. "그 때에 욥의 친구 세 사람이 이 모든 재앙이 그에게 내렸다 함을 듣고 각각 자기 지역에서부터 이르렀으니 곧 데만 사람 엘리바스와 수아 사람 빌닷과 나아마 사람 소발이라 그들이 욥을 위문하고 위로하려 하여 서로 약속하고 오더니 눈을 들어 멀리 보매 그가 욥인 줄 알기 어렵게 되었으므로 그들이 일제히 소리 질러 울며 각각 자기의 겉옷을 찢고 하늘을 향하여 티끌을 날려 자기 머리에 뿌리고 밤낮 칠 일 동안 그와 함께 땅에 앉았으나 욥의 고통이 심함을 보므로 그에게 한마디도 말하는 자가 없었더라" 아멘. 좋은 친구들입니다. 위문하고 위로하려고 약속하고 왔습니다. 욥의 상태를 보더니, 소리 높여 웁니다. 겉옷을 찢고 자기 머리에 티끌을 뿌리고 밤낮 칠일을 욥과 함께합니다. 아무 말도 하지 않습니다. 이런 친구가 있을까요?

이때 욥이 자기 생일을 저주합니다(3장). 그러자 친구들이 욥에게 말을 겁니다. 대화가 시작됩니다. 엘리바스가 먼저 시작합니다. 5장 17절입니다. "볼지어다 하나님께 징계 받는 자에게는 복이 있나니 그런즉 너는 전능자의 징계를 업신여기지 말지니라" 아멘. 하나님의 징계를 순순히 받으라 권합니다. 이에 대한 욥의 대답 가운데 식성에 대한 치열함이 언급됩니다. 6장 6-7절입니다. "싱거운 것이 소금 없이 먹히겠느냐 닭의 알 흰자위가 맛이 있겠느냐 내 마음이 이런 것을 만지기도 싫어하나니 꺼리는 음식물 같이 여김이니라" 아멘. 욥은 심지어 싱거운 것까지도 미워할 만큼 철저합니다. 또한 욥은 홀로 자기 일을 처리하는 독립성의 치열함을 말합니다. 6장 22-23절입니다. "내가 언제 너희에게 무엇을 달라고 말했더냐 나를 위하여 너희 재물을 선물로 달라고 하더냐 내가 언제 말하기를 원수의 손에서 나를 구원하라 하더냐 폭군의 손에서 나를 구원하라 하더냐" 아멘. 욥은 홀로 문제를 대면하여 맞서고 있습니다. 또한 욥은 일분일초도 거저 보내지 않는 삶의[스케줄의] 치밀함을 말합니다. 7장 18-19절입니다. "아침마다 권징하시며 순간마다 단련하시나이까 주께서 내게서 눈을 돌이키지 아니하시며 내가 침을 삼킬 동안도 나를 놓지 아니하시기를 어느 때까지 하시리이까" 아멘. 욥이 당한 상황만을 보고 판단하면 안 됩니다.

그러자 빌닷이 어쩔 수 없음에 대해 말합니다. 8장 8-10절입니다. "청하건대 너는 옛 시대 사람에게 물으며 조상들이 터득한 일을 배울지어다 (우리는 어제부터 있었을 뿐이라 우리는 아는 것이 없으며 세상에 있는 날이 그림자와 같으니라) 그들이 네게 가르쳐 이르지 아니하겠느냐 그 마음에서 나오는 말을 하지 아니하겠느냐" 아멘. 인생이 모르는 일이 있습니다. 그건 받아들여야 합니다. 이에 욥은 절제와 자기 비하와 논리의 치열함을 말합니다. 9장 3, 15, 21절과 10장 9절입니다. "사람이 하나님께 변론하기를 좋아할지라도 천 마디에 한 마디도 대답하지 못하리라", "가령 내가 의로울지라도 대답하지 못하겠고 나를 심판하실 그에게 간구할 뿐이며", "나는 온전하다마는 내가 나를 돌아보지 아니하고 내 생명을 천히 여기는구나", "기억하옵소서 주께서 내 몸 지으시기를 흙을 뭉치듯 하셨거늘 다시 나를 티끌로 돌려보내려 하시나이까" 아멘. 욥에게는 하나님의 천 마디에 한마디 대답도 주저하는 절제가 있습니다. 자신을 돌아보지 않고 자기 생명을 천하게 여기는 자기 비하도 있습니다. 자기 몸의 재질이 흙이라는 것을 아는 지식이, 자신 몸이 결국 티끌로 돌아갈 것을 아는 지식이 있습니다. 모르지 않습니다. 그러니 불가지론(不可知論)으로 욥의 문제를 대하면 안 됩니다.

그러자 소발이 하나님 앞에서 마음을 바르게 하라고 권합니다. 11장 11-15절입니다. "하나님은 허망한 사람을 아시나니 악한 일은 상관하지 않으시는 듯하나 다 보시느니라 허망한 사람은 지각이 없나니 그의 출생함이 들나귀 새끼 같으니라 만일 네가 마음을 바로 정하고 주를 향하여 손을 들 때에 네 손에 죄악이 있거든 멀리 버리라 불의가 네 장막에 있지 못하게 하라 그리하면 네가 반드시 흠 없는 얼굴을 들게 되고 굳게 서서 두려움이 없으리니" 아멘.

그러자 욥은 자신이 하나님 앞에서 얼마나 바른 마음을 가지고 살았는지 말합니다. 짐승, 새, 땅, 고기까지 이웃으로 생각하는 우정, 허울뿐인 이름에 대한 미움, 젊을 때의 죄까지 계산하는 철저함에 대해 말합니다. 욥의 우정도, 거짓된 것에 대한 미움도, 남들이 간과하는 것까지도 치밀하게 살피는 철저함도 '욥이 얼마나 하나님 앞에서 마음을 바르게 갖고 살았는지' 를 보여줍니다. '짐승, 새, 땅, 고기까지 이웃으로 생각하는 우정' 에 대해서는 12장 7-8절을, '허울뿐인 이름에 대한 미움' 에 대해서는 12장 17-21절을, '젊을 때의 죄까지 계산하는 철저함' 에 대해서는 13장 26절을 봅니다. "이제 모든 짐승에게 물어 보라 그것들이 네게 가르치리라 공중의 새에게 물어 보라 그것들이 또한 네게 말하리라 땅에게 말하라 네게 가르치리라 바다의 고기도 네게 설명하리라", "모사를 벌거벗겨 끌어 가시며 재판장을 어리석은 자가 되게 하시며 왕들이 맨 것을 풀어 그들의 허리를 동이시며 제사장들은 벌거벗겨 끌어 가시고 권력이 있는 자를 넘어뜨리시며 충성된 사람들의 말을 물리치시며 늙은 자들의 판단을 빼앗으시며 귀인들에게 멸시를 쏟으시며 강한 자의 띠를 푸시며", "주께서 나를 대적하사 괴로운 일들을 기록하시며 내가 젊었을 때에 지은 죄를 내가 받게 하시오며" 아멘.

이에 엘리바스가 다시 입을 엽니다. 비록 욥이 잘 살았다고는 하나, 또한 그렇게 보였을 수도 있으나, 욥이 당한 고난을 보면, 욥=악인이라는 등식이 성립된다고 말합니다. 15장 20-35절에 있습니다. 그러자 욥은 그럴듯한 말을 싫어하고 진정성을 추구하는 자신의 정직한 마음을, 신장과 쓸개에 화살을 박고 사는 다시 말해, 피할 수 없는 피곤함이 있더라도 성실하게 살아가는 자신의 마음[자존심]을, 조롱과 눈물을 양식으로 삼는 상황에서도 하나님을 향하여 눈물을 흘리는 자신의 인간다움을 소개합니다. 16장 4, 13, 20절입니다. "나도 너희처럼 말할 수 있나니 가령 너희 마음이 내 마음 자리에 있다 하자 나도 그럴 듯한 말로 너희를 치며 너희를 향하여 머리를 흔들 수 있느니라",

"그의 화살들이 사방에서 날아와 사정 없이 나를 쏨으로 그는 내 콩팥들을 꿰뚫고 그는 내 쓸개가 땅에 흘러 나오게 하시는구나", "나의 친구는 나를 조롱하고 내 눈은 하나님을 향하여 눈물을 흘리니" 아멘. 이런 욥을 어찌 악인이라고 부를 수 있습니까?

이에 빌닷이 두 번째 말을 꺼냅니다. 항변하지 말랍니다. 하나님도 잘 모르는 주제에 뭐 그리 말이 많은가? 평가합니다. 18장 5-21절에 있습니다. 그러자 욥이 오뚜기 같은 자신, 겸손한 자신, 가죽이 벗겨지는 상황에서도 대속자를 기다리는 자신을 소개합니다. 19장 2-3, 7, 16, 25-26절입니다. "너희가 내 마음을 괴롭히며 말로 나를 짓부수기를 어느 때까지 하겠느냐 너희가 나를 열 번이나 나를 학대하고도 부끄러워 아니하는구나", "내가 폭행을 당한다고 부르짖으나 응답이 없고 도움을 간구하였으나 정의가 없구나", "내가 내 종을 불러도 대답하지 아니하니 내 입으로 그에게 간청하여야 하겠구나", "내가 알기에는 나의 대속자가 살아 계시니 마침내 그가 땅 위에 서실 것이라 내 가죽이 벗김을 당한 뒤에도 내가 육체 밖에서 하나님을 보리라" 아멘. 학대와 폭행으로 짓이겨져 있지만, 욥은 끝까지 항변할 것입니다. 항변할 것입니다. 종이 불러도 대답하지 않으면 간청할 것입니다. 가죽이 벗겨져도 대속자를 기다릴 것입니다. 욥의 마지막이 아직 오지 않았습니다. 그러니 그의 말을 들어볼 필요가 있습니다.

이에 소발이 두 번째 말을 합니다. '너는 교만해!' 이렇게 외칩니다. 20장 5-11절입니다. "악인이 이긴다는 자랑도 잠시오 경건하지 못한 자의 즐거움도 잠깐이니라 그 존귀함이 하늘에 닿고 그 머리가 구름에 미칠지라도 자기의 똥처럼 영원히 망할 것이라 그를 본 자가 이르기를 그가 어디 있느냐 하리라 그는 꿈 같이 지나가니 다시 찾을 수 없을 것이요 밤에 보이는 환상처럼 사라지리라 그를 본 눈이 다시 그를 보지 못할 것이요 그의 처소도 다시 그를 보지 못할 것이며 그의 아들들은 가난한 자에게 은혜를 구하겠고 그도 얻은 재물을 자기 손으로 도로 줄 것이며 그의 기골이 청년 같이 강장하나 그 기세가 그와 함께 흙에 누우리라" 아멘. 욥을 악인으로 규정하고 얘기합니다.

그러자 욥은 형통한 악인의 행복을 멀리하는 자신, 행복한 자와 불행한 자의 결국이 유사한 인생 가치의 가벼움을 아는 자신, 헛된 위로와 거짓된 대답의 무가치함을 아는 자신에 관해 소개합니다. 21장 16, 23-26, 34절입니다. "그러나 그들의 행복이 그들의 손 안에 있지 아니하니 악인의 계획은 나에게서 멀구나", "어떤 사람은 죽도록 기운이 충실하여 안전하며 평안하고 그의 그릇에는 젖이 가득하며 그의 골수는 윤택하고 어떤 사람은 마음에 고통을 품고 죽으므로 행복을 맛보지 못하는도다 이 둘이 매 한 가지로 흙 속에 눕고 그들 위에 구더기가 덮이는구나", "그런데도 너희는 나를 헛되이 위로하려느냐 너희 대답은 거짓일 뿐이니라" 아멘. 욥은 인생이 교만할 수 없다는 것을 아는 사람입니다. 욥에 대한 소발의 말은 여기서 끝납니다.

여기서 엘리바스의 세 번째 말이 시작됩니다. 회개를 촉구합니다. 22장 4-12절입니다. "하나님이 너를 책망하시며 너를 심문하심이 너의 경건함 때문이냐 네 악이 크지 아니하냐 네 죄악이 끝이 없느니라 까닭없이 형제를 볼모로 잡으며 헐벗은 자의 의복을 벗기며 목마른 자에게 물을 마시게 하지 아니하며 주린 자에게 음식을 주지 아니하였구나 권세 있는 자는 토지를 얻고 존귀한 자는 거기에서 사는구나 너는 과부를 빈손으로 돌려보내며 고아의 팔을 꺾는구나 그러므로 올무들이 너를 둘러 있고 두려움이 갑자기 너를 엄습하며 어둠이 너로 하여금 보지 못하게 하고 홍수가 너를 덮느니라 하나님은 높은 하늘에 계시지 아니하냐 보라 우두머리 별이 얼마나 높은가" 아멘.

그러자 욥은 찾아도 찾을 수 없고 만나려 해도 만날 수 없는 하나님을 기대하는 자신, 모두가 자신을 정죄하는 가운데에서도 하나님의 뜻과 그분 경외를 기대하는 자신, 불법자들의 심판이 땅에서 충분히 이뤄지지 않더라도 하나님을 신뢰하는 자신에 대해 말합니다. 23장 8-9, 14-15절, 24장 24-25절입니다. "그런데 내가 앞으로 가도 그가 아니 계시고 뒤로 가도 보이지 아니하며 그가 왼쪽에서 일하시나 내가 만날 수 없고 그가 오른쪽으로 돌이키시나 뵈올 수 없구나", "그런즉 내게 작정하신 것을 이루실 것이라 이런 일이 그에게 많이 있느니라 그러므로 내가 그 앞에서 떨며 지각을 얻어 그를 두려워하리라", "그들은 잠깐 동안 높아졌다가 천대를 받을 것이며 잘려 모아진 곡식 이삭처럼 되리라 가령 그렇지 않을지라도 능히 내 말을 거짓되다고 지적하거나 내 말을 헛되게 만들 자 누구랴" 아멘. 욥에게는 용감함과 소망과 신뢰의 치열함이 있습니다.

이제 욥의 세 친구가 욥을 향해 제기한 마지막 문제가 빌닷에 의해 언급됩니다. 현실을 받아들이라고 합니다. 25장 1-6절입니다. "수아 사람 빌닷이 대답하여 이르되 하나님은 주권과 위엄을 가지셨고 높은 곳에서 화평을 베푸시느니라 그의 군대를 어찌 계수할 수 있으랴 그가 비추는 광명을 받지 않은 자가 누구냐 그런즉 하나님 앞에서 사람이 어찌 의롭다 하며 여자에게서 난 자가 어찌 깨끗하다 하랴 보라 그의 눈에는 달이라도 빛을 발하지 못하고 별도 빛나지 못하거든 하물며 구더기 같은 사람, 벌레 같은 인생이랴" 아멘.

그러나 욥은 자신이 얼마나 멀리, 얼마나 깊이 내다봤는지 소개합니다. 그러니 죽기 전에는 자신의 온전함을 놓지 않을 작정입니다. 하나님의 솜씨와 전능자에게 속한 것이 어떤 것인지 알기 때문입니다. 26장 6-7절, 27장 5, 11절입니다. "하나님 앞에서는 스올도 벗은 몸으로 드러나며 멸망도 가림이 없음이라 그도 북쪽을 허공에 펴시며 땅을 아무것도 없는 곳에 매다시며", "나는 결코 너희를 옳다 하지 아니하겠고 내가 죽기 전에는 나의 온전함을 버리지 아니할 것이라", "하나님의 솜씨를 내가 너희에게 가르칠 것이요 전능자에게 있는 것을 내가 숨기지 아니하리라" 아멘. 욥에게는 지혜, 인내, 자기 부인의 치열함이 있습니다.

욥의 삶에서 치열함을 읽습니다. 성결, 경건, 담담함, 식성, 독립성, 스케줄, 절제, 자기 비하, 논리, 우정, 미움, 철저함, 정직한 마음, 자존심, 인간다움, 오뚜기, 겸손, 믿음, 경제관, 지식, 효율성, 용감함, 소망, 신뢰, 지혜, 인내, 자기 부인의 치열함입니다. 이런 치열함이 우리에게 있습니까? 은혜로 덮여 사는 우리이지만 은혜로 인해, 예수님으로 인해, 이러한 치열함이 기쁨과 감사 속에서 자라나기를 바랍니다.

이번 과에서는 욥의 치열함, 그의 삶에서 발견되는 치열함에 대해 생각합니다. 우리 삶이 얼마나 성경 말씀을 따르기 위해 치열한지, 하나님의 뜻과 섭리를 따르기 위해 치밀한지 생각합니다. 치열함과 치밀함, 처절(悽絕)함 측면에서 진전이 있기를 기도합니다.

질의와 응답

하나. "욥기의 1차 독자는 누구일까요? 그리고 에스더서와 욥기가 연결되는데 연결점은 무엇일까요?"

욥의 수명이 매우 깁니다. "그 후에 욥이 백사십 년을 살며 아들과 손자 사 대를 보았고 욥이 늙어 나이가 차서 죽었더라"(42:16)라는 표현을 고려할 때, 욥은 200년 정도는 살았을 것으로 추정됩니다. 이로 볼 때, 욥은 모세 이전 사람처럼 보입니다. 이스라엘 민족은 아닐 것 같습니다. 모세의 장인 이드로나, 발람 선지자와 같이 이스라엘 족속이 아닌 사람들 가운데에도 하나님을 아는 이들이 있었죠. 또한, 시내산 언약이라는 큰 획이 나타나기 전 사람으로 보입니다.

이런 욥에 대해 히브리어로 소개됩니다. 포로기 이전에 기록되었을 것으로 보입니다. 하틀리는 욥기 기록 시기로 주전 7세기 히스기야 시대를 제안합니다.[1)]

그리고 순서 면에서는 시가서의 첫째 책으로 놓이면서 역사서의 마지막 책인 에스더와 연결되었습니다. 순서에 큰 의미를 두지 않으셔도 되겠습니다. 히브리어 성경 순서로 보면, 욥기는 성문서의 두 번째 책입니다. 시편 다음에 욥기가 이어집니다.

둘. "치열함을 주제로 삼으신 이유가 무엇인지요?"

욥과 세 친구가 대화하는데, 세 친구의 말은 이렇습니다. 우선, 엘리바스는 하나님의 징계를 순순히 받으라 권합니다. 욥이 잘 산 것처럼 보일 수 있으나, 욥이 당한 고난을 보면 욥=악인이라는 등식이 성립된다는 거죠. 그러면서 회개를 촉구합니다. 다음으로 빌닷은 어쩔 수 없음에 대해 말합니다. 인생이 모르는 일이 있으니 수용하라는 거죠. 항변하지 말라고 합니다. 하나님도 잘 모르면서 뭐 그리 말이 많은가? 핀잔을 줍니다. 현실을 받아들이라고 권합니다. 마지막으로 소발은 하나님 앞에서 마음을 바르게 가지라고 권합니다. 욥에게 교만하다고 말합니다. 욥은 거의 악인과 동일시됩니다.

'회개해라! 수용해라! 네가 나쁜 놈이야!' 이런 반응은 오늘날도 쉽게 만날 수 있는

---

1) John E. Hartley, *The Book of Job*, NICOT (Grand Rapids: Eerdmans, 1988), 17-20.

반응입니다. 이런 반응에 대해 욥은 각 사람의 말을 이론이 아닌 실천으로, 경험에 바탕을 두고 반박합니다. 치열하게 살았기에 가능한 대답이라고 생각합니다.

셋. "질문과 대답 방식으로 글을 쓰면 어떤 유익이 있을까요?"

성경에는 '질문과 대답' 방식의 글이 다양하게 등장합니다. 하나님과 사람 사이의 대화가 특히 많이 나옵니다. 하나님께서는 아담과 대화하셨습니다. 가인과도 대화하셨습니다. 아브라함, 모세, 발람과도 대화하셨지요. 예수님은 지상 사역 시기뿐 아니라 승천하신 다음에도 제자들과 대화하셨다고 사도행전은 소개합니다. 대화를 통해 말하는 이에 대해 실감(實感)할 수 있습니다.

엘리바스와 세 번, 빌닷과 세 번, 소발과 두 번, 총 여덟 번의 대화를 통해 네 사람의 가치관과 생각을 잘 이해할 수 있습니다. 논쟁 자체가 치열하네요.

넷. "악이 선보다 더 치열하지 않나요? 부동산 투기꾼들이 가장 치열하게 사는 것 같습니다. 거룩함과 치열함이 어울리나요?"

예수님께서 치열하게 사셨지요. 바울 사도 역시 그래 보입니다. 악이 기승을 부릴수록 선은 더 치열해져야 하는 것 같습니다. 평안 가운데에서도요.

다섯. "욥이 하나님의 뜻을 모르니 더 치열하게 고민하게 되었습니다. 왜 하나님께서는 미리 알려주시지 않았을까요?"

백 미터를 9초에 달리는 방법을 아는 것과 달리는 것은 다르겠지요. 땅에서 사는 인생이 땅에서 일어나는 일만으로 하늘의 뜻을 알아가는 과정이 귀하다고나 할까요? 하나님께서 새로운 과정으로 욥을 만나십니다. 전에는 익숙하지 않았던 '고난'이라는 요소로 욥이 하나님을 만납니다. 당황스러웠죠. 이해되지 않았습니다. 그러나 하나님에 대한 지식과 그분에 대한 신뢰로 '고난'을 통해 하나님을 만납니다.

저도 장례를 통해 생명의 소중함, 영혼의 무게를 새롭게 배웠습니다. 장례식을 집례할 때마다 포맷되는 느낌이 들었습니다.

여섯. "욥의 생일 저주를 어떻게 보십니까?"

욥의 친구들이 일주일을 함께 마음 아파해주었습니다. 이런 친구들에게 욥이 하소연한 것 같습니다. 친구들의 이해를 구했는데 뒤통수 맞은 것이죠. '내 마음을 너희는 알아주겠지.' 했는데, 평상시 못마땅했던 것을 쏟아낸 거죠.

일곱. "천상 회의를 보면, 사탄이 하나님과 내기나 거래(deal)하는 것처럼 보입니다. 당혹스럽습니다."

하나님과 사탄의 관계는 맞먹거나 거래하는 관계는 아닙니다. 사탄의 문제 제기에 대한 하나님의 해결 방법을 알 수 있습니다. 그냥 무시하거나 눌러버리지 않으시고, 욥이 진짜 의인임을 증명하십니다. 사탄도 무시하지 않으시는 하나님, 욥을 아시는 하나님을 잘 드러냅니다. 마가복음 5장을 보면, '군대 귀신' 이라 불리는 귀신이 "자기를 그 지방에서 내보내지 마시기를 간구"하고 "우리를 돼지에게로 보내어 들어가게 하소서" 간구합니다(5:10, 12). 예수님은 귀신의 간구를 들어주시죠(5:13). 귀신 들린 자의 생명을 돼지 이천 마리보다 더 중시하시면서도, 귀신의 간구조차도 무시하지 않으셨죠.

Weekly Reading

24

욥기 26장-시편 4편

"은혜로 덮이다"

욥 26-28장	욥 29-31장	욥 32-34장	욥 35-37장	욥 38-40장	욥 41장-시 1편	시 2-4편

check

이번 통독은 욥기 뒷부분과 시편의 앞부분입니다. 야고보서를 보면, 욥과 관계된 개념은 '인내' 이고, 하나님과 관계된 개념은 '자비' 와 '긍휼' 입니다(약 5:11). 욥의 삶이 '치열한 것' 이었음은 지난 과에서 살펴보았습니다. 이번 과에서는 '치열한 욥의 삶' 을 대하시는 하나님의 특성인 '자비와 긍휼' 을 생각합니다. 욥의 뒷이야기를 읽으면 '은혜로 덮이는 삶' 이 생각납니다.

은혜로 덮이다.

I.
'의인은 하나도 없다.' (롬 3:10) 말씀하시니,
'노아, 다니엘, 욥' (겔 14:14, 20) 언급하시는 하나님의 뜻 짚어본다.

"비록 노아, 다니엘, 욥, 이 세 사람이 거기에 있을지라도
그들은 자기의 공의로 자기의 생명만 건지리라"(겔 14:14).

"비록 노아, 다니엘, 욥, 이 세 사람이 거기에 있을지라도
나의 삶을 두고 맹세하노니 그들도 자녀는 건지지 못하고 자기의 공의로 자기의 생

명만 건지리라"(겔 14:20).
기근, 사나운 짐승, 칼, 전염병이 나라에 임할 때
의롭게 사는 자 본인은 건짐을 입는다.

II.
"노아는 의인이요
당대에 완전한 자라"(창 6:9).

'노아의 의'가 무엇인가? 생각해보니,
"하나님이 자기에게 명하신 대로 다 준행"한 의라(6:22).

그러니 한 쌍이던 생물들(6:9) 일곱 쌍도 되고(7:2)
그와 함께 방주에 있던 생물 살아남는 축복은(7:23) 하나님의 은혜다.

하나님이 노아 및 그와 함께 한 이들 기억하사 물이 줄어들게 하시고(8:1)
노아의 예배를 받으시고 "다시는 사람으로 말미암아 땅을 저주하지 아니하리"라 말씀하시니(8:21) 이 또한 은혜이다.

III.
"뜻을 정하여 왕의 음식과 그가 마시는 포도주로 자기를 더럽히지 아니하리라" 하고(단 1:8)
다니엘 결심하니 그의 의다.

그러나 환관장의 동의가 하나님의 은혜이고(1:9)
아름다운 얼굴, 윤택한 피부도 은혜다(1:15).

학문 주셔서 서적을 깨닫고
지혜 주셔서 환상과 꿈 깨닫는 것도 하나님의 은혜다(1:17).

사자 굴에 들어갈 것을 알고도 예루살렘 향해 하루 세 번 기도한 것은 그의 의겠지만(6:10),
사자들의 입을 봉하신 것은 하나님의 은혜다(6:22).

IV.

욥이 온전하고 정직하여 하나님을 경외하며 악에서 떠난 것은(욥 1:1)
그의 의이다.

"욥이 범죄하지 아니하고 하나님을 향하여 원망하지 아니"한 것도(1:22)
그의 의이다.

그러나 하나님께서 자신을 욥에게 계시해주신 것은(38-41장)
그분의 은혜이고,

"욥의 말년에 욥에게 처음보다 더 복을 주"신 것도(42:12)
그분의 은혜이다.

V.

우리는 우리의 의로 사는가?
하나님의 은혜로 사는가?

"나의 온전함을 버리지 아니할 것이라"(26:5), 욥 외침의 근거에
하나님의 은혜가 있으니 하나님의 은혜에 기초한 우리의 의로 산다.

하나님께서 욥을 "무지한 말로 생각을 어둡게 하는 자"라 부르시니(38:2)
우리의 의가 하나님의 은혜를 입는데 절대적이지 않다.

"욥이 그의 친구들을 위하여 기도할 때 여호와께서 욥의 곤경을 돌이키셨으니"(42:10)
우리의 의가 하나님의 은혜를 입는데 영향을 끼치기도 한다.

VI.

하나님의 은혜가 우리의 의와 무관하게 주어지나
우리의 의가 하나님의 은혜를 촉발하기도 하니,

하나님의 은혜가 주어질 때
받을 수 없었던 은혜였는지, 받을 수 있는 은혜인지 헤아린다.

욥의 의로움이 하나님의 은혜에 기초했다면(29:2)
의의 시작은 은혜였다.

그러니 어떤 의도 은혜 없이 불가능하기에
의는 은혜에 덮여있고 은혜가 의를 아우른다.

결국 모든 것이 하나님의 은혜였습니다. 욥의 의로움도 하나님의 은혜였습니다. 하나님의 은혜로 욥이 의로울 수 있었고 인내할 수 있었으며, 욥의 회복도 결국 하나님의 은혜로 주어졌습니다. 그러니 매우 치열하게 산 욥이지만, 결국 모든 것이 하나님의 은혜였습니다.

친구들과의 얘기를 마친 욥은 '사람이 가질 만한 지혜'에 대해 말합니다. 28장 28절입니다. "또 사람에게 말씀하셨도다 보라 주를 경외함이 지혜요 악을 떠남이 명철이니라" 아멘. '주를 경외함'과 '악을 떠남', 이것이 사람이 가질 만한 지혜입니다. 그러나 그렇게 귀한 지혜를 어떻게 얻을 수 있을까요? 잠언을 통해, 이 지혜가 '지혜의 초청'을 진실하고 적극적으로 받아들이는 자에게 주어짐을, 사실 이 지혜가 '그리스도이신 예수님'이심을 배웁니다. 우리가 그분을 취하는 것이 아니고, 그분이 우리를 지으셨기에 그분이 우리를 취하시도록 우리 자신을 내주는 것이 '우리가 지혜를 얻는 방법'임을 배웁니다.

이런 깨달음이 욥에게 있었습니다. 그는 광산을 아무리 파도 지혜를 얻을 수 없음을 말합니다. 땅 밑에서 온갖 귀한 것을 얻을 수 있으나 지혜는 얻을 수 없습니다. 바다에서 온갖 귀한 것을 발견하나 지혜는 발견하지 못합니다. 28장 1-19절에 있습니다. 그런데 지혜 얻은 길을 아시는 분이 계십니다. 바로 하나님이십니다. 그런데 그분이 말씀하셨지요. "주를 경외함이 지혜"라고요. "악을 떠남이 명철"이라고요. 20-23절입니다. "그런즉 지혜는 어디서 오며 명철이 머무는 곳은 어디인고 모든 생물의 눈에 숨겨졌고 공중의 새에게 가려졌으며 멸망과 사망도 이르기를 우리가 귀로 그 소문은 들었다 하느니라 하나님이 그 길을 아시며 있는 곳을 아시나니" 아멘.

이제 욥은 하나님의 지혜를 배워 풍성했던 지난날을 회고합니다. 29장입니다. 1-6절을 보니, 욥은 스크루지가 아니었습니다. 존중받는 지도자였습니다. 7-10절을 보니,

스크루지가 아니었을 뿐 아니라 의롭게 살았습니다. 11-17절을 보니, 하나님의 지혜를 배워 풍성하고 존중받으며 의롭게 살던 욥에게는 '기대' 가 있었습니다. '장수' 와 '형통' 과 '존경' 을 기대했습니다. 18-25절에 있습니다.

그런데 이게 웬일입니까? 전혀 경험하지도, 기대하지도 않았던 '조롱' 이 일상이 되었습니다. 30장 1, 9-10절입니다. "그러나 이제는 나보다 젊은 자들이 나를 비웃는구나 그들의 아비들은 내가 보기에 내 양 떼를 지키는 개 중에도 둘 만하지 못한 자들이니라", "이제는 그들이 나를 노래로 조롱하며 내가 그들의 놀림거리가 되었으며 그들이 나를 미워하여 멀리 하고 서슴지 않고 내 얼굴에 침을 뱉는도다" 아멘. 조롱받을 만한 이들이 오히려 욥을 조롱합니다.

왜? 어찌하여? 무엇 때문에? 끊임없이 올라오는 질문에 욥은 '하나님' 이라는 답밖에 찾을 길이 없습니다. 30장 11, 19, 21-23절입니다. "이는 하나님이 내 활시위를 늘어지게 하시고 나를 곤고하게 하심으로 무리가 내 앞에서 굴레를 벗었음이니라", "하나님이 나를 진흙 가운데 던지셨고 나를 티끌과 재 같게 하셨구나", "주께서 돌이켜 내게 잔혹하게 하시고 힘 있는 손으로 나를 대적하시나이다 나를 바람 위에 들어 불려 가게 하시며 무서운 힘으로 나를 던져 버리시나이다 내가 아나이다 주께서 나를 죽게 하사 모든 생물을 위하여 정한 집으로 돌려보내시리이다" 아멘.

'하나님' 그분이 원인이라면, 내게 지혜를 가르쳐주신, 그리고 의로운 삶을 살게 하신 그분이 이 모든 불행과 조롱의 원인이라면, 해결의 가능성은 없습니다. 그러니 한마디로 절망입니다. 그가 배운 지혜의 깊이가 '조롱의 골짜기' 를 넘어갈 만큼은 되지 못했었나 봅니다. 그가 경험한 하나님에 대한 지식이 '기대하지 못한 재앙' 을 소화할 만큼은 되지 못했나 봅니다. 이에 욥이 한탄합니다. 한탄 외에 그가 할 수 있는 것은 없는 것 같기 때문입니다. 하나님 때문에 의롭게 살았는데, 의로움으로 인해 받을 것이 기대되는 것은 오지 않고 불의함으로 인해 받을 것이 기대되는 것이 다가왔기 때문입니다. 30장 26-31절입니다. "내가 복을 바랐더니 화가 왔고 광명을 기다렸더니 흑암이 왔구나 내 마음이 들끓어 고요함이 없구나 환난 날이 내게 임하였구나 나는 햇볕에 쬐지 않고도 검어진 피부를 가지고 걸으며 회중 가운데 서서 도움을 부르짖고 있느니라 나는 이리의 형제요 타조의 벗이로구나 나를 덮고 있는 피부는 검어졌고 내 뼈는 열기로 말미암아 탔구나 내 수금은 통곡이 되었고 내 피리는 애곡이 되었구나" 아멘.

한탄과 함께 욥이 할 수 있는 것이 무엇일까요? 하나님께 호소하는 것입니다. '하나님, 억울합니다.' 외치는 것입니다. '하나님, 저는 무죄합니다.' 이렇게 호소하는 것입니다. 그는 정욕으로부터(31:1-4), 거짓과 탐욕으로부터(31:5-8), 간음으로부터(31:9-12), 종을 함부로 대하는 것으로부터(31:13-15), 가난하고 연약한 이들을 외면하는 것으로부터(31:16-23), 재물을 의지하거나 해와 달을 의지하는 것으로부터(31:24-28), 악인의 망함을 기뻐하거나 이웃을 돌보지 않는 것으로부터(31:29-32), 죄를 감추는 것으로부터(31:33-34), 불로소득을 기대하는 것으로부터(31:38-19) 떠나있다고, 자유롭다고 주장합니다. 이러한 무죄함에 기초하여 하나님께 마지막으로 호소합니다. 31장 35절입니다. "누구든지 나의 변명을 들어다오 나의 서명이 여기 있으니 전능자가 내게 대답하시기를 바라노라 나를 고발하는 자가 있다면 그에게 고소장을 쓰게 하라" 아멘.

욥의 호소에 대해 하나님께서 대답하시기 전에 엘리후가 대답합니다. 그가 화를 냈다고 성경을 말합니다. 이유는 두 가지입니다. 32장 2-3절입니다. "람 종족 부스 사람 바라겔의 아들 엘리후가 화를 내니 그가 욥에게 화를 냄은 욥이 하나님보다 자기가 의롭다 함이요 또 세 친구에게 화를 냄은 그들이 능히 대답하지 못하면서도 욥을 정죄함이라" 아멘. 욥이 하나님보다 자기를 더 의롭다고 하기 때문이고, 욥의 세 친구가 제대로 대답을 못 하면서도 욥을 정죄하기 때문입니다. '내 하나님은 그분이다.' 라는 의미를 갖는 이름을 가진 엘리후는 자기 말이 하나님 영의 압박에 의한 것임을 밝힙니다. 32장 18-22절입니다. "내 속에는 말이 가득하니 내 영이 나를 압박함이니라 보라 내 배는 봉한 포도주통 같고 터지게 된 새 가죽 부대 같구나 내가 말을 하여야 시원할 것이라 내 입을 열어 대답하리라 나는 결코 사람의 낯을 보지 아니하며 사람에게 영광을 돌리지 아니하리니 이는 아첨할 줄을 알지 못함이라 만일 그리하면 나를 지으신 이가 속히 나를 데려가시리로다" 아멘.

하나님은 어떤 분인가? 사람보다 크신 분입니다. 33장 12-18절입니다. "내가 그대에게 대답하리라 이 말에 그대가 의롭지 못하니 하나님은 사람보다 크심이니라 하나님께서 사람의 말에 대답하지 않으신다 하여 어찌 하나님과 논쟁하겠느냐 하나님은 한 번 말씀하시고 다시 말씀하시되 사람은 관심이 없도다 사람이 침상에서 졸며 깊이 잠들 때에나 꿈에나 밤에 환상을 볼 때에 그가 사람의 귀를 여시고 경고로써 두렵게 하시니 이는 사람에게 그의 행실을 버리게 하려 하심이며 사람의 교만을 막으려 하심이라 그는 사람의 혼을 구덩이에 빠지지 않게 하시며 그 생명을 칼에 맞아 멸망하지 않게 하시느니라" 아멘. 사람이 그분의 크기를 가능할 수 없고, 사람은 그분의 뜻을 헤아리기 어렵습니다. 더구나 그분은 선하신 구원자이십니다.

"욥이여, 이에 동의합니까? 동의할 수 없으면 대답하십시오." 33장 29-33절입니다. "실로 하나님이 사람에게 이 모든 일을 재삼 행하심은 그들의 영혼을 구덩이에서 이끌어 생명의 빛을 그들에게 비추려 하심이니라 욥이여 내 말을 귀담아 들으라 잠잠하라 내가 말하리라 만일 할 말이 있거든 대답하라 내가 기쁜 마음으로 그대를 의롭다 하리니 그대는 말하라 만일 없으면 내 말을 들으라 잠잠하라 내가 지혜로 그대를 가르치리라" 아멘. 또한 하나님은 불의하지 않으십니다. 34장 10-15절입니다. "그러므로 너희 총명한 자들아 내 말을 들으라 하나님은 악을 행하지 아니하시며 전능자는 결코 불의를 행하지 아니하시고 사람의 행위를 따라 갚으사 각각 그의 행위대로 받게 하시나니 진실로 하나님은 악을 행하지 아니하시며 전능자는 공의를 굽히지 아니하시느니라 누가 땅을 그에게 맡겼느냐 누가 온 세상을 그에게 맡겼느냐 그가 만일 뜻을 정하시고 그의 영과 목숨을 거두실진대 모든 육체가 다 함께 죽으며 사람은 흙으로 돌아가리라" 아멘. 마치 하나님이 불의하신 것처럼 말하는 욥에게 엘리후는 말을 바꾸라 제안합니다. 34장 31-33입니다. "그대가 하나님께 아뢰기를 내가 죄를 지었사오니 다시는 범죄하지 아니하겠나이다 내가 깨닫지 못하는 것을 내게 가르치소서 내가 악을 행하였으나 다시는 아니하겠나이다 하였는가 하나님께서 그대가 거절한다고 하여 그대의 뜻대로 속전을 치르시겠느냐 그러면 그대가 스스로 택할 것이요 내가 할 것이 아니니 그대는 아는 대로 말하라" 아멘. 하나님 앞에서 무죄를 선언하는 욥의 선언은 분수를 넘어선 선언입니다.

무엇보다도, 욥이 간과한 것이 있습니다. 선하고 의로우신 하나님의 주권입니다. 그분은 그분의 선하신 판단을 따라 결정하고 행동하실 수 있는 분입니다. 인간이 그분을 향해 이래라저래라 간섭할 수 없습니다. 그런데 하나님의 은혜로 풍요를 누린 욥이 어찌 하나님을 향해 '나는 무죄한데 어찌 내게 이러실 수 있습니까?' 하는 송사가 가능할까요? 35장 5-8, 13-16절입니다. "그대는 하늘을 우러러보라 그대보다 높이 뜬 구름을 바라보라 그대가 범죄한들 하나님께 무슨 영향이 있겠으며 그대의 악행이 가득한들 하나님께 무슨 상관이 있겠으며 그대가 의로운들 하나님께 무엇을 드리겠으며 그가 그대의 손에서 무엇을 받으시겠느냐 그대의 악은 그대와 같은 사람에게나 있는 것이요 그대의 공의는 어떤 인생에게도 있느니라", "헛된 것은 하나님이 결코 듣지 아니하시며 전능자가 돌아보지 아니하심이라 하물며 말하기를 하나님은 뵈올 수 없고 일의 판단하심은 그 앞에 있으니 나는 그를 기다릴 뿐이라 말하는 그대일까 보냐 그러나 지금은 그가 진노하심으로 벌을 주지 아니하셨고 악행을 끝까지 살피지 아니하셨으므로 욥이 헛되이 입을 열어 지식 없는 말을 많이 하는구나" 아멘.

하나님의 주권과 더불어 욥이 간과한 것이 있습니다. '찬송' 입니다. 36장 24-26절입니다. "그대는 하나님께서 하신 일을 기억하고 높이라 잊지 말지니라 인생이 그의 일을 찬송하였으니라 그의 일을 모든 사람이 우러러보나니 먼 데서도 보느니라 하나님은 높으시니 우리가 그를 알 수 없고 그의 햇수를 헤아릴 수 없느니라" 아멘. 이어 엘리후는 하나님을 찬송합니다. 37장 1-5절입니다. "이로 말미암아 내 마음이 떨며 그 자리에서 흔들렸도다 하나님의 음성 곧 그의 입에서 나오는 소리를 똑똑히 들으라 그 소리를 천하에 펼치시며 번갯불을 땅 끝까지 이르게 하시고 그 후에 음성을 발하시며 그의 위엄 찬 소리로 천둥을 치시며 그 음성이 들릴 때에 번개를 멈추게 아니하시느니라 하나님은 놀라운 음성을 내시며 우리가 헤아릴 수 없는 큰 일을 행하시느니라" 아멘. 그의 말은 하나님의 위엄에 대한 묘사로 마무리됩니다. 37장 23-24절입니다. "전능자를 우리가 찾을 수 없나니 그는 권능이 지극히 크사 정의나 무한한 공의를 굽히지 아니하심이니라 그러므로 사람들은 그를 경외하고 그는 스스로 지혜롭다 하는 모든 자를 무시하시느니라" 아멘.

이때 하나님께서 욥에게 말씀하십니다. 욥이 제기한 문제 '욥이 죄가 있는가, 없는가?' 하는 질문에 대해 답하시지 않습니다. 먼저 창조 질서와 섭리에 대해 말씀하십니다(38:4-40:2). 38장 8-12절만 봅니다. "바다가 그 모태에서 터져 나올 때에 문으로 그것을 가둔 자가 누구냐 그 때에 내가 구름으로 그 옷을 만들고 흑암으로 그 강보를 만들고 한계를 정하여 문빗장을 지르고 이르기를 네가 여기까지 오고 더 넘어가지 못하리니 네 높은 파도가 여기서 그칠지니라 하였노라 네가 너의 날에 아침에게 명령하였느냐 새벽에게 그 자리를 일러 주었느냐" 아멘.

하나님의 말씀을 들은 욥은 '입을 가리겠다.' 말합니다. 40장 3-5절입니다. "욥이 여호와께 대답하여 이르되 보소서 나는 비천하오니 무엇이라 주께 대답하리이까 손으로 내 입을 가릴 뿐이로소이다 내가 한 번 말하였사온즉 다시는 더 대답하지 아니하겠나이다" 아멘. 이어 하나님께서는 욥의 무능을 알게 하십니다. 40장 7-14절에 있습니다. 반면, 하나님은 베헤못과 리워야단도 다스리시는 분입니다(40:15-41:34). 40장 15절과 41장 1절입니다. "이제 소 같이 풀을 먹는 베헤못을 볼지어다 내가 너를 지은 것 같이 그것도 지었느니라", "네가 낚시로 리워야단을 끌어낼 수 있겠느냐 노끈으로 그 혀를 맬 수 있겠느냐" 아멘. 이에 욥은 자신을 인식하고 치켜올린 머리를 숙입니다. 42장 1-6절에 있습니다. 이어 하나님의 회복이 있습니다. 42장 10-17절에 있습니다.

욥기를 통해 우리는 그의 의로움 이면에 하나님의 은혜가 있었음을 배웁니다. 또한 그의 치열함과 의가 분명 가치가 있으나, 하나님 앞에서는 내세울 만한 것이 못됨을 또한 배웁니다. 더불어, 우리의 의가 아무리 훌륭하다 하더라도 하나님의 하나님 되심 앞에서 우리의 마땅한 바가 '따지는 것' 이 아닌 '찬송' 임을 깨닫습니다. 우리의 무능을 인정하고 그분의 유능을 찬송합니다. 우리의 승리가 그분에 의해 주어진 것임을 찬송합니다. 그분께 속한 것이, 그분의 주권을 인정하는 것이 우리 복의 근원임을 뼈저리게 알게 됩니다.

시편은 이러한 깨달음에서 시작합니다. 우리가 잘 아는 시편 1편은 어떤 사람이 복이 있는 사람인지 선언합니다. "오직 여호와의 율법을 즐거워하며 그의 율법을 주야로 묵상하는" 자입니다(시 1:2). 시편 2편은 1편과 잘 연결됩니다. 둘이 합하여 시편 전체의 서론이 됩니다.

첫째, 1편은 '복 있는 사람' 으로 시작하고, 2편은 '복 있는 사람' 으로 끝납니다. 1편 1절의 권면과 2편 11-12절이 권면이 연결됩니다. '걷다, 서다, 앉다' 하는 것과 '섬기다, 즐거워하다, 입맞추다' 가 연결됩니다.

둘째, 1편 2절과 2편 10절이 연결됩니다. 하나님 율법 묵상과 하나님으로부터 받는 지혜와 교훈이 연결됩니다. 세상에서 형통해 보이는 왕들과 재판관들에게 진정한 형통함을 이루라고 권면하십니다.

셋째, 1편은 악인으로 끝나고, 2편은 악인으로 시작합니다. 1편 후반부인 4-6절과 2편 전반부인 1-6절이 연결됩니다.

넷째, 1편 중간에 나오는 3절과 2편 중간에 나오는 7-9절이 연결됩니다. 시냇가는 예수님을 가리킵니다. 또한, 예수님은 시냇가에 심긴 나무로 사셨습니다. 열매를 맺으셨습니다. 형통하셨습니다. 하나님과 그분의 그리스도를 '맨 것'과 '결박'으로 인식하는 군왕들과 관원들은 형통한 자들이 아닙니다.

다섯째, '묵상하다, 읊조리다.' 하는 것이 1편의 경우에는 복 있는 자의 특징이고 (1:2), 2편에서는 악인의 특징입니다. 악인들은 헛된 일을 읊조립니다(2:1, "꾸미는가"로 번역). 의인들은 하나님의 말씀과 뜻을 마음에 두고 삽니다.

이제 시편의 노래는 다윗 왕국이 어떻게 형성되었는지 41편까지를 통해 알려줍니다. 어려움이 많았지만, 하나님을 경외하는 이를 통해 형성되었습니다. 3편 1절과 4편 8절입니다. "여호와여 나의 대적이 어찌 그리 많은지요 일어나 나를 치는 자가 많으니이다", "내가 평안히 눕고 자기도 하리니 나를 안전히 살게 하시는 이는 오직 여호와이시니이다" 아멘.

하나님의 은혜가 우리의 의를 아우른다는 점을 기억하고 하나님을 찬송하는 자가 되기를, 하나님의 선하심과 인자하심과 그분의 크심을 알고 하나님께로부터 배우고 그분을 높이고 경외하는 자가 되기를 기도하는 마음입니다.

시편을 시작하면서 간단하게 시편을 개관합니다. 시편은 다윗 왕국의 '형성, 발전, 쇠퇴, 회복, 완성'이라고 하는 흐름을 가지고 있는 것처럼 보입니다. 다섯 권의 책이 그렇다는 말입니다.

1권: 1-41편, 다윗 왕국의 형성

2권: 42-72편, 다윗 왕국의 발전

3권: 73-89편, 다윗 왕국의 쇠퇴(위기)

4권: 90-106편, 다윗 왕국의 회복

5권: 107-150편, 다윗 왕국의 완성

이렇게 보면 시편의 주제는 '다윗 왕국의 형성, 발전, 쇠퇴, 회복, 완성' 이 되겠습니다. 완성된 다윗 왕국의 범위는 '온 땅' 입니다. 이렇게 볼 때 시편의 노래가 '다윗의 자손' 으로 오신 예수님의 노래라는 점이 이해가 잘 됩니다.

다윗 왕국이 북쪽으로는 페니키아 해상왕국과 아람까지, 동쪽으로는 암몬과 모압까지, 남쪽으로는 에돔까지, 서쪽으로는 블레셋까지 미칩니다. 유다와 이스라엘 주변에 있는 모든 나라가 다윗의 통치 아래에 있습니다. 이 점이 다윗 왕국의 중요한 특징입니다. '모든 나라가 다윗이라는 왕' 에게 복속되어 있습니다. 결국 다윗 왕국이 완성될 때 '모든 민족, 모든 나라' 는 다윗의 자손으로 오신 '예수 그리스도' 왕 그분께 복속될 것입니다.

시편 1권을 이해하기 위해서는 다윗의 '피난 경로' 를 아는 것이 필요합니다. '다윗 왕국의 형성기' 에 해당되기 때문입니다. 다윗 왕국이 형성될 때 다윗에게는 고난이 많았습니다. 대적이 많았습니다. 그래서인지 어려움에 직면하여 하나님께 호소하는 시가 많습니다. 다윗이 사무엘에게 도피했던 라마(삼상 19:18-24), 요나단의 도움으로 피난길에 올랐던 기브아(20:1-42), 아히멜렉 제사장에게서 골리앗의 칼을 받고 양식을 준비했던 놉(21:1-9), 블레셋 왕 아기스 앞에서 미친 체하며 도망쳤던 가드(21:10-15), 환난 당한 모든 자와 빚진 모든 자와 마음이 원통한 자들과 함께 모여 살았던 아둘람(22:1-5), 블레셋으로부터 구원해 주었으나 사울에게 배신할 것을 계시받고 떠났던 그일라(23:1-14), 사울의 옷자락을 베고 마음이 찔렸던 엔게디(24:1-22), 나발과 관계된 마온과 갈멜(25:1-42), 사울을 죽이지 않고 창과 물병만 가지고 온 다음 창을 돌려준 십 광야(26:1-25), 마지막 도피처 시글락(27:1-12; 30:1-31)이 중요합니다.

물론, 시편 1권에는 다윗 왕국의 형성을 가로막는 '모든 대적' 이 포함되어 있습니다. 그래서 서론과 같은 1-2편이 지나자마자 나타나는 대적이 '아들이자 반역자' 였던 '압살롬' (3편)입니다. 아마도 다윗 왕국의 형성을 가로막는 가장 강력했던 대적이 압살롬이 아니었을까 싶습니다. 이 외에도 7편의 '베냐민인 구시', 18편의 '모든 원수들과 사울' 등이 표제어에서 다윗의 대적으로 등장합니다.

다윗 도피 당시와 관련된 시들이 2권에도 등장합니다. 그러나 2권은 '다윗 왕국의 발전'를 가로막는 얘기에 집중됩니다. 51편은 "다윗이 밧세바와 동침한 후 선지자 나단이 그에게 왔을 때"를 배경으로 합니다. 다윗 왕국이 발전되는 것을 가장 크게 저해할 수 있었던 사건입니다. 이 사건은 암몬과의 전투가 진행될 때 발생했습니다. 52편의 "에돔인 도엑이 사울에게 이르러 다윗이 아히멜렉의 집에 왔다고 그에게 말하던 때에" 역시, 다윗이 제사장 집에 해를 끼친 것으로 여겨질 수 있는 사건이기에 다윗 왕국 발전에 저해가 될 수 있었습니다. 54편의 "십 사람이 사울에게 이르러 말하기를 다윗이 우리가 있는 곳에 숨지 아니하였나이까 하던 때에"는 다윗으로 하여금 백성을 신뢰하지 못하게 할 수 있는 사건이기에 '다윗 왕국 발전'에 저해될 수 있는 사건이었습니다. 56편의 "다윗이 가드에서 블레셋인에게 잡힌 때에"는 다윗이 미친 체하며 벗어났던 때를 지칭하겠으니, 이 또한 다윗 왕국 발전를 가로막을 수 있는 사건이라 하겠습니다. 57편의 "다윗이 사울을 피하여 굴에 있던 때"와 59편 "사울이 사람을 보내어 다윗을 죽이려고 그 집을 지킨 때" 모두, 다윗 위기의 순간으로 '왕조 발전'을 가로막을 수 있는 중요한 사건이었습니다. 60편의 "다윗이 아람 나하라임과 아람소바와 싸우는 중에 요압이 돌아와 에돔을 소금 골짜기에서 쳐서 만 이천 명을 죽인 때"는 에돔 정복과 관계된 노래로 '다윗 왕국 발전' 측면에서 중요한 사건과 연관됩니다. 다윗 왕조 발전을 위해 다윗은 '유다 광야'의 시간이 필요했음을 시편 63편은 노래합니다. 결국 2권은 다윗 왕국의 절정기를 보여준 '솔로몬의 시'(72편)으로 마무리됩니다.

시편은 분명 흘러갑니다. 1편에서 '복 있는 자'가 설명되고 2편에는 '하나님의 그리스도'의 등극이 있습니다. 다윗과 관련된 시편이 1권의 주류를 이루다가, 2권으로 넘어가면 '고라 자손'의 시편이 등장합니다. 고라는 모세와 아론을 대적했던 대표적인 인물로 민수기 16장에서 중요하게 다뤄집니다. 이때 땅이 갈라져 "고라에게 속한 모든 사람"도 삼켰습니다(민 16:32). 그런데 민수기 26장 11절을 보니 "고라의 아들들은 죽지 아니하였더라" 했습니다. 어떻게 된 일인지요? 민수기 16장 32절의 "고라에게 속한 모든 사람"을 직역하면 "고라를 위하던 모든 사람"입니다. 종합하면, 고라의 아들들은 아버지 고라를 '위하던' 무리 안에 있지 않았습니다. 사실 무척 어려운 일이었을 것입니다. 그러나 고라의 아들들은 아버지가 하나님께서 세우신 지도자들을 반역할 때 동조하지 않았습니다. 하지만 그들에게는 역사적으로 '고라 자손' 이라는 '오명' 이 붙었습니다. 사실, 역대기를 보면 사무엘의 아버지 엘가나가 고라 자손이었지요(대상 6:34-38 참고). 사울의 등극으로 찬밥이 된 사무엘 집안은 다윗의 등극으로 성전 예배에서 찬송을 맡게 됩니다. 고라 자손의 시편이 '다윗 왕국 발전기' 에 속하는 2권 전면에 배치된 이유가 무엇일까요? '부친보다 하나님을 중시한 이들로 인해 다윗 왕국은 발전했다.' 하는 교훈을 주는 것이 아닐까요? 2권에서 우리는 참된 '형통' 이 어떤 것인지를 배우게 됩니다.

'다윗 왕국의 쇠퇴' 를 다루는 3권에 들어서면 다윗 시편은 86편에만 등장합니다. 다윗은 자신을 '가난하고 궁핍하다' 고 노래를 시작합니다. 그럼, 누구의 시편이 주류를 이룰까요? 2권에서 50편을 노래한 '아삽' 의 노래가 열한 편(73-83편), 2권 42-49편을 노래한 '고라 자손' 의 노래가 네 편(84-85편, 87-88편), 그리고 솔로몬 시대의 지혜자 '예스라 사람 에단[에스라인 에단]' 의 노래 한 편(89편)입니다. 2권의 마지막 노래가 솔로몬의 것인 것과 3권의 마지막 노래가 솔로몬 당시 지혜자의 노래라는 것이 의미심장합니다. 다윗 왕국의 쇠퇴는 솔로몬 때에 이미 예견된 것이었습니다. '왕국 분리, 우상 숭배의 만연' 은 마침내 '바벨론 포로기' 로 이어집니다.

'다윗 왕국의 회복' 부분인 제4권이 '모세의 기도' 로 시작하는 것이 시사하는 바가 큽니다. 다윗 왕국의 근간은 하나님의 언약에 있었습니다. 그 언약을 벗어나면 다윗 왕국은 쇠퇴하게 되어있었습니다. 뒤집어 표현하면, 다윗 왕국의 왕성은 '하나님 언약' 에의 충실에 달려있었습니다. 하나님 나라의 한 표현인 '다윗 왕국' 의 실제 왕은 여호와 하나님이십니다. 그러므로 다윗 왕국 회복의 열쇠를 쥐고 계신 분도 하나님이십니다. 모세의 노래에 이어 "지존자의 은밀한 곳에 거주하며 전능자의 그늘 아래에 사는 자"가 호출됩니다(91:1). 율법의 기본인 '안식일' 이 노래 됩니다(92편). '새 노래' 가 소개됩니다(96, 98편). 하나님의 통치가 노래 됩니다(99편). 그리고 이스라엘의 역사 가운데 왕으로 다스리신 여호와 하나님의 노래로 마무리됩니다(105-106편). 그 하나님은 모든 민족의 왕이십니다.

이제 제5권은 '다윗 왕국의 완성' 을 노래합니다. 5권의 첫 마디는 "여호와께 감사하라" 입니다. 감사와 찬양으로 다윗 왕국은 완성됩니다. 5권에는 '할렐루야' 로 시작하는 노래가 많습니다. 119편은 '하나님의 말씀' 이 '다윗 왕국 완성의 근간' 임을 매우 분명하고도 반복적으로 노래합니다. 120편부터 134편까지 열다섯 편의 '성전에 올라가는 노래' 를 통해 다윗 왕국 완성의 중심에 성전이 있다는 것을 확인할 수 있습니다. 이제는 누구라도 성전으로 올라가 하나님을 예배할 수 있습니다. 특별히 132편은 '전능자의 성막' 에 대한 다윗의 사모함을 소개합니다. 다윗 왕국은 처음부터 '하나님의 임재' 가 핵심이었습니다. 어쩌면 하나님의 임재는 "다윗이 굴에 있을 때"(142편) 가장 강하게 임하셨을 수 있습니다. 시편의 마무리는 다섯 편의 '할렐루야 시' (146-150편)로 이뤄집니다. 시편 5권에는 다윗의 시가 여덟 편이 있습니다. 138편부터 145편까지입니다.

위와 같은 권별 이해와는 별도로 시편을 내용에 따라 구분 짓기도 합니다. 찬송, 감사, 탄식, 신뢰, 지혜, 율법, 맹세, 제왕시 등입니다. '찬송, 감사, 탄식, 신뢰' 는 개인적으로 노래 되기도 하지만 공동체적으로 노래 되기도 합니다. 제왕시는 '지상의 왕, 천상의 왕' 측면에서 다뤄지기도 합니다. 노래의 종류에 따라 시편을 이해하면서도 어떤 단계에 있는 시편인가를 생각하면 이해하는 데 도움이 되겠습니다.

질의와 응답

하나. "치열하게 살다 보면 경직됩니다. 성결에 대한 치열함으로 인해 말도 제대로 못 하는 숨 막힘이 있지 않나요? 그런데도 욥은 자유롭게 말합니다."

욥이 가진 하나님 경외는 '경직된 경외' 가 아니었나 봅니다. 하나님께 질문합니다. 고민도 치열하게 해야 건강한 질문을 하게 되는 것 같습니다. 그리고 치열함 없는 질문은 탁상공론(卓上空論)일 때가 많습니다. 실효성이 없지요.

둘. "나중에 잘 안 믿어져도 천국에 갈 수 있나요?"

겨자씨 믿음으로도 충분하겠지요. 사람이 훌륭할수록 자기를 드러내는 경향이 있습니다. 아름다움의 출처를 '나' 로 볼수록 구원으로부터 멀어지겠죠. 은혜로 덮입니다. 의로움의 기초가 은혜입니다. 치열함마저도 은혜 같습니다.

셋. "노아가 의는 자기만 구원하지만 은혜로 구원이 확장되나요?"

노아가 순종하니 한 쌍이던 생물(6:19)이 일곱 쌍이 됩니다(7:2). 노아, 아브람, 라합 등을 통해 '공동체적 구원' 을 생각합니다. 하나님의 은혜가 우리의 의와 무관하게 주어지나 우리의 의가 하나님의 은혜를 촉발하기도 하니, 의는 은혜에 덮여있고 은혜가 의를 아우릅니다.

넷. "의와 은혜 둘 중 어느 것을 강조하는 것이 좋을까요?"

둘 다 중요합니다. 예수님은 "의로우신 아버지여"(요 17:25) 이렇게 하나님을 부르십니다. 아버지는 따뜻함을, 의는 심판을 생각나게 합니다. 디도서 2장 11-12절을 보면, "하나님의 은혜가 나타나 우리를 양육하시되" 하였습니다. 은혜가 훈련한답니다. 사랑의 훈련이지요.

다섯. "은혜가 더 많은 수고를 낳나요? 은혜 그러면, 할 일이 없지 않습니까?"

설교가 은혜롭다고 하는데, 준비하는 수고가 있습니다. 성찬은 예수님께서 자기 몸과 피를 내놓으셔서 가능했습니다. 은혜가 은혜 되기 위해서는 많은 수고가 따릅니다.

Weekly Reading

시편 5-25편

25 "다윗 왕국의 기반"

시 5-7편	시 8-10편	시 11-13편	시 14-16편	시 17-19편	시 20-22편	시 23-25편

check

시편 1권(1-41편)은 '다윗 왕국의 형성'에 대해 말합니다. 이번 통독은 시편 5-25편입니다. 지난 과에서는 1편과 2편의 관계를 살펴보았습니다. 이번 과에서는 '다윗 왕국 형성을 가능케 한 기반'에 대해 생각합니다. 우선 시편 1, 15, 19, 23, 24편을 통해 다섯 가지 기반을 읽습니다. '행복, 공존, 동행, 신뢰, 영접'이라는 기반입니다. 도입 시를 시편 1, 15, 19, 23, 24편을 기반으로 산문처럼 적어보았습니다.

다윗 왕국의 기반

I. 시편 1편: 행복

그 사람, 행복한 그 사람은 어떻게 살아가는가? 그 사람은 하나님을 전혀 고려하지 않는 사람들이 제시하는 권면을 따라 살지는 않을 거야. 물론 죄를 짓는 사람들이 몰려다니는 일에 동참하지도 않을 것이고, 자기는 아무 일도 하지 않으면서 열심히 일하는 사람들을 가만히 앉아서 비웃기나 하는 사람들과 동석하지도 않을 거야.

행복한 그 사람은 왜 그렇게 살아갈까? 그 이유는 그의 기쁨이 다른 데 있지 않고 여호와 하나님께서 계시하여 가르쳐 주신 말씀과 관계가 있기 때문이다. 악한 일을 도모하여 다른 사람들을 괴롭히며 히히덕거리는[시시덕거리는] 자의 즐거움도 그의 즐거움이 아니며, 바르지 않은 일을 일삼으며 쾌락을 추구하는 자의 기쁨도 그의 원하는 바가 아니며, 시기와 중상을 일삼으며 다른 사람을 비웃는 것을 즐기는 자의 행복도 그가 추구하는 바가 아니다. 그 사람의 유일한 즐거움은 하나님의 말씀과 살고 말씀을 따라 살며 말씀과 함께 있는 것이다. 그래서 그 사람은 낮이나 밤이나, 자든지 깨든지, 하나님이 자신에게 주신 말씀을 읽고 되새김하고 되뇌며 말씀과 함께 말씀을 따라 말씀 중심으로 산다.

그래서 그 사람은 나무와 같다. 나무란 것이 산에 심긴 것도, 밭에 심긴 것도, 집안에 심긴 것도 있겠지만 그 사람은 물이 나뉘어 흐르는 삼각지와 같은 곳, 물이 풍족하되 평지여서 물살이 세지 않고 기름진 양분이 넉넉히 쌓여 있는 삼각지와 같은 곳에 심긴 나무와 같다. 그러니 그 사람은 자기가 열매를 맺어야 하는 때마다 열매를 맺어 다른 사람으로 유익하게 한다. 동시에 자신에게도 넉넉하게 열매를 맺기에 [잎이 마르지 않는 나무처럼] 시들해지는 경우가 없다. 하는 일마다 형통하다. 헛수고하는 일이 없다. 그가 하는 일치고 유익하지 않은 일이 없다.

그러나 하나님을 전혀 고려하지 않는 사람들, 악한 일을 도모하여 다른 사람들을 괴롭히는 일을 즐거워하는 자들은 그 사람 같지 않고 전혀 다르다. 그 사람들은 겉으로는 멀쩡해 보이지만 알맹이가 없어 전혀 유익을 주지 못하는 겨와 같다. 오히려 처음엔 기대하게 하다가 후에는 실망케 하기에 해(害)가 된다. 그러기에 바람은 이들을 날려버릴 것이다.

그러므로 열매도 맺지 않을 뿐 아니라 멀리 내쫓길 악인들은 하나님의 공의에 서지 못하리라. 하나님께서 정해주신 규례를 만족시키지 못하리라. 또한, 죄인들, 바르지 않은 일을 일삼으며 쾌락을 추구하는 자들은 하나님을 닮아 의를 행하는 자들의 모임에 들어오지 못하리라. 자격조건 미달이다.

하나님께서 아시는 길, 하나님께서 안다고 인정하시는 길은 하나님의 의를 따라 사는 자들의 삶의 여정이기 때문이고, 악을 행하는 자들의 삶의 여정이란 것이 결국은 하나님과 분리되고 멸망에 이르는 길이기 때문이다.

II. 시편 15편: 공존

영원하신 하나님, 거룩하신 하나님과 도대체 누가 함께 할 수 있는가? 그 하나님과 동행하고 있다는 증거를 어떻게 찾을 수 있는가? 주님과 동행하기를 원하는 사람이 추구할 것은 어떤 것인가?

하나님의 온전하신 말씀을 따라서 생활하며, 의로우신 하나님의 마음에 맞는 일에 바쁘며, 입으로만 아니라 마음에 참된 것을 생각하여 품는다.

혀를 [하나님의 뜻이나 자신의 마음을 전하기 위해 사용하지] 다른 사람의 허물을 캐내기 위해 사용하지 아니하고, 가까이 지내는 사람에게 좋지 않은 일이 생기는데 협조하지 아니하고, 함께 생활하는 사람을 비난하지 않는다.

주께서 내버려 둔 자를 중요하게 생각지 않고 주를 경외하는 자를 중요하게 생각하며, 어려움이 예상되어도 약속을 취소하지 않고, 이자를 위해 돈을 빌려주지 아니하고 [비록 돈이 사람들이 원하는 것이지만] 내게 주어진 돈을 돈의 증식만을 위해서 쓰지 아니하며, 자신에게 주어진 직위를 [다른 사람에게 유익을 주는 봉사를 위해 사용하지] 자신의 유익을 위해서 사용하지 않는다.

이와 같은 열 가지 일을 실제로 하는 사람은 아무리 다른 사람들이 여호와의 장막에 거하는 것을 막아도 여호와의 장막에 머물고 여호와의 성산에 거할 수밖에 없다.

III. 시편 19편: 동행

하늘이 하나님의 영광스러움을 얘기한다. 하늘에는 하나님의 영광이 기록되어 있다. 다윗은 하늘을 보면서 하나님의 영광을 읽고 듣는 자이다. 하나님은 자신의 부요함과 위엄과 영광을 하늘을 통해서 드러내시는 분이다. 자신의 영광을 하늘을 통해 보이심으로 세상 어느 곳에서도 하나님의 영광을 볼 수 있도록 하신 하나님께 감사와 찬송을 드린다.

대기권 안의 하늘은 하나님이 손으로 일하시는 것을 알려 준다. 다윗은 대기의 변화를 통해 하나님이 일하시는 것을 세밀하게 느끼는 자이다. 하나님은 대기의 변화로 자신이 일하시는 것을 우리 피부에 와 닿게 알게 하시는 분이다. 매 순간 대기의 변화를 통해 하나님의 일하심을 느낄 수 있도록 해주신 하나님께 감사와 찬송을 드린다.

낮은 날에게 "좀 더 앞으로 가겠니?" 말하고, 어둠은 어둠에게 "빛이 얼마나 물러갔는지 알려 주렴!" 부탁한다. 다윗은 아침과 저녁, 날이 밝아지는 것과 어두워지는 것을 보면서 빛과 어두움이 서로서로 힘을 합쳐 하나님의 명령에 순종하는 것을 보는 자이다. 하나님은 아주 작은 빛 알갱이, 어둠 알갱이 하나하나가 서로서로 도와 아침에는 날이 밝아지게 하시고 저녁에는 날이 어두워지게 하시는 분이다. 크신 하나님이시지만 작은 알갱이 하나하나의 순종을 통해 일하시는 세밀하신 하나님께 감사와 찬송을 드린다.

귀에 들리는 말과 대답도 없고, 그들의 소리도 들리는 듯 안 들리는 듯하나, 다윗은 하늘과 궁창과 낮과 밤의 말을 귀로 듣기보다 마음으로 듣는 자이다. 하나님은 마음의 귀에 들리는 소리로 하늘, 궁창, 낮, 밤이 말하게 하신 분이다. 시각장애인도, 청각장애인도 하나님의 영광을 보고 들을 수 있도록 해주신 하나님께 감사와 찬송을 드린다.

하늘, 궁창, 낮, 밤의 '소리 없는 소리'가 온 땅에 도달하여 들리지 않는 곳이 없고, 그들이 선포하는 말도 하나님이 지으신 세계 끝까지 들려 들리지 않는 곳이 없다. 다윗은 하늘, 궁창, 낮, 밤의 하나님 향한 찬양과 하나님 따름 위한 서로에 대한 도움의 말들이 하나님 지으신 온 땅에 가득하여 어느 곳에서도 들을 수 있음을 깨달은 자이다. 하나님은 지구 어디서도 하나님을 향한 찬양과 순종의 소리를 들을 수 있도록 천지를 지으신 분이다.

오늘도 하나님 향한 하늘과 궁창, 낮과 밤의 찬양 소리 듣게 하시는 하나님께 감사와 찬송을 드린다.

Ⅳ. 시편 23편: 신뢰

여호와께서 나의 목자가 되시니 나는 부족할 일이 없다.

내게 일용할 양식을 주시되 좋은 것으로 넉넉히 주신다. 양에게 푸른 초장과 쉴

만한 물가 이상의 '일용할 양식'은 없다.

내 삶엔 회복이 있고, 삶의 여정은 의롭다. 양이 이곳저곳 이동하며 살고, 양털을 열매로 맺는다. 양에게도 힘든 시간이 있다. 좋은 목자는 양이 매일매일 운동하고 일하며 먹고 열매 맺는 순간순간들을 성실하게 인도한다.

이리저리 다니다 보면 깊고 어두운 골짜기를 지날 때도 있다. 그때도 양은 안심하고 걸어간다. 목자가 앞에서 지켜줄 것이기 때문이다. 목자에게 있는 지팡이와 막대기는 어떤 맹수로부터도 양을 지켜줄 것이다.

나를 해하려는 대적이 있더라도 목자는 능히 일용할 양식으로 나를 먹일 수 있다. 나를 귀하게 살게 한다. 내 잔도 넘친다. 부족함이 없다.

내가 살아있는 동안 선하심과 인자하심만이 나에게 있을 것이므로, 나는 내 목자의 집에만 거할 것이다.

나는 부족한 게 뭔가? 나는 언제 부족함을 느끼는가? 다윗은 일용할 양식이 있고 생활이 건강하면 부족함이 없다고 여겼다.

다윗은 왕이었고 부유했으나 그것들로 자신이 넉넉한 사람이라 여기지 않았고, 일용할 양식이 있고 생활이 건강하고 심령이 평안하였기에 자신은 부족한 것이 없는 사람이라고 평가했다. 어려움이 있었지만, 회복이 있었다. 두려워할 만한 순간이 있었지만, 주님의 도우심이 있었다. 원수가 있었지만, 그때도 주님의 인정이 있었기에, 자신은 부족함이 없는 사람이라고 평가했다.

우리 자신을 평가해보자. 내게는 일용할 양식이 있는가? 생활이 건강한가? 회복이 있는가? 어려움 중에도 주님을 의지함으로 내 심령은 평안한가? 원수와 같은 사람을 만날지라도 주님만을 바라보며 담담할 수 있는가? 그렇다면 우리도 부족함이 없는 사람이다.

그러나 만일 썩어 버릴 만큼 넘치는 양식이 있는데 먹지 못하거나 너무 많이 먹어 배탈이 나거나, 사망의 음침한 골짜기를 피해 갈만한 영악함이 있어서 골짜기는 피해 갔으나 자신이 다른 사람에게 사망의 음침한 골짜기가 되거나, 원수를 무찌를 능력은 있는데 내 힘을 의지하다 보니 주님을 의지할 수 없다면, 아직 많이 부족한 사람이다.

나는 부족한 사람인가? 그러면 주님을 의지하자. 예수님을 목자로 모시자. 그분이 주는 꼴을 먹고 그분이 주는 물을 마시자. 그분의 뒤를 따르며 그분의 삶을 살자. 건강한 배부름이 있고, 겸손한 만족이 있을 것이다.

V. 시편 24편: 영접

하나님이 지으신 땅과 하나님이 그곳에 채우신 모든 것들, 하나님이 지으신 세계와 그 안에 사는 모든 생물을 자세히 살펴보니 모두 다 하나님을 위해서 존재하고 있구나.

왜 땅과 거기 충만한 것과 세계와 그 안에 거하는 자가 다 여호와의 것이란 말인가? 그 이유는 여호와 하나님이 땅과 세계의 기초를 바다 위에 세우시고 강들 위에 견고하게 하셨기 때문이다.

이렇게 놀라운 일을 하시고 모든 것의 주인 되시는 여호와 하나님이 지정하신 곳, 거룩하게 구별하신 곳에, 올라 머무를 자가 누가 있을까?

자신의 심령을 열매 없는 허황된 일에 두지 않고 속이기 위해 맹세하는 것 같은 틀린 일을 위해 힘쓰지 않는 사람, 곧 행하는 일이 깨끗하고 마음은 연단을 받아 정결한 자로구나.

왜 손이 깨끗하며 마음이 청결한 자가 여호와의 거룩한 산에 올라 거할 수 있게 되는가? 이 사람은 깨끗한 손과 청결한 마음을 가졌을 뿐 아니라, 하나님이 주시는 '축복'과 자신을 구원하시는 하나님께로부터 오는 '의'를 소유할 것이기 때문이다.

이러한 사람들만 모아서 한 족속을 이룰 수 있겠구나. 이들은 하나님을 구하고, 구하고, 계속 구하는 자들이요, 하나님으로부터의 위로와 은혜를 기다리는 자들로 야곱과 같은 사람들이로구나.
내려앉은 문들아, 문틀을 다시 북돋아 세워라! (마음과 같이) 영원한 문들아,

(주님의 은혜로) 들리기를 원한다. 영광의 왕이 그 문으로 들어가려고 하시기 때문이다.

그런데 문으로 들어오시려는 영광의 왕이 누구신지 너는 아느냐? 바로 강하고 능하신 여호와시요. 전쟁에 능한 여호와이시다.

내려앉은 문들아, 문틀을 다시 북돋아 세워라. (마음과 같이) 영원한 문들아, (주님의 은혜로) 꼭 들리기를 원한다. 왜냐고? 영광의 왕이 그 문으로 들어가려고 하시기 때문이다.

그 영광의 왕은 다시 말하지만 모든 군대의 대장이 되시는 여호와시란다.

시편 1, 15, 19, 23, 24편을 통해 다윗 왕국 형성의 다섯 가지 기반을 읽습니다. '행복, 공존, 동행, 신뢰, 영접' 이라는 기반입니다. 말씀을 묵상하는 행복, 이웃과의 공존, 피조물과의 동행, 하나님 향한 신뢰, 주님 영접이라는 기반입니다. 비록 어려움이 있지만, 이러한 기반을 가진 사람은 하나님 나라를 세워갑니다.

시편 2편은 1편과 함께 시편 전체를 그려줍니다. "여호와께 피하는 자가 복 있는 자"라고 말합니다. 시편 2편은 '제왕시' 로 널리 알려져 있습니다. 왕에 대한 시라는 거죠. '메시야시' 라고 부르기도 합니다. 메시야 즉, 기름 부음 받은 자에 대한 시라는 겁니다. '기름 부음 받은 자' 라는 표현은 2절에 나옵니다. 세상의 왕들과 관원들이 여호와와 그분의 '기름 부음 받은 자' 에 맞서 자신들의 위치를 견고하게 세웁니다. 세상의 왕들과 대조되는 표현으로 '나의 왕' 이라는 표현이 6절에 나옵니다. "내가 나의 왕을 내 거룩한 산 시온에 세웠다 하시리로다" 아멘. 세상의 왕들은 많으나, '나의 왕' 은 하나입니다.

이어 유명한 구절이 7-9절에 나옵니다. 7절에서 "너는 내 아들이라 오늘 내가 너를 낳았도다" 하시는 말씀은 복음성가를 통해서도, 신약성경에 인용된 부분을 통해서도 우리에게 잘 알려져 있습니다. 사도행전 13장 33절과 히브리서 1장 5절, 5장 5절 이렇게 세 군데에나 인용되어 있습니다. 9절의 철장으로 그들을 깨뜨리고 질그릇 같이 부순다는 내용은 예수님과 관련하여 요한계시록에 세 번(2:27; 12:5; 19:15)이나 언급됩니다.

그러니 '제왕시' 도 맞고, '메시야시' 도 맞습니다. 그런데 저는 시편 1편과의 관계에서 2편을 보고자 합니다. 2편이 1편 다음에 있기 때문이기도 하고, 1편 첫 절이 '복 있는 자' 를 언급한 것처럼, 2편 끝 절도 '복 있는 자' 를 언급하기 때문입니다. 2편 12절입니다. "그의 아들에게 입맞추라 그렇지 아니하면 진노하심으로 너희가 길에서 망하리니 그의 진노가 급하심이라 여호와께 피하는 모든 사람은 다 복이 있도다" 아멘. '모든 사람은 다 복이 있도다' 이렇게 표현되었지만, 사실은 1편 1절의 '복 있는 사람은' 하고 나오는 형식과 같은 형식입니다. '아쉬레' 라는 표현입니다. 1편 1절도, 2편 12절의 마지막 문장도 '아쉬레' 로 시작합니다.

누가 복 있는 사람입니까? 누가 행복한 사람입니까? 우리는 1편 1-2절을 외우다시피 합니다. 악인들의 꾀를 따르지 않고 죄인들의 길에 서지 않고 오만한 자들의 자리에 앉지 않고 오직 여호와의 율법을 즐거워하여 그의 율법을 주야로 묵상하는 사람입니다. 맞습니다. 그런데 시편 기자는 2편의 마지막에 전혀 다른 표현으로 복 있는 자를 말합니다. 아들에게 피하는 자입니다. '여호와께 피하는 자' 라고 번역했지만, 본래는 '그에게 피하는 자' 입니다. '그' 라고 표현된 대상은 여호와 하나님일 수도 있습니다. 그러나 아들일 수도 있습니다. 그분의 아들에게 입 맞추라고 했기 때문입니다. 여호와 하나님이든, 그분의 아들 예수 그리스도이든, 그분께 피하는 자가 복 있는 자라는 표현은 분명, 1편 1절과 다른 표현입니다.

물론, 악인 편에도, 죄인 편에도, 오만한 자들의 편에도 서지 않고, 여호와의 율법을 즐거워하고 묵상한다는 표현 안에는, 사람 편이 아니라 하나님 편으로 피한다는 부분이 내포되어있습니다. 그럼에도, 하나님의 아들 안에서 참된 피난처를 발견한다는 내용에는 뭔가 어려움의 순간이 전제되어있습니다. 어려울 때 누구에게 가느냐 하는 것입니다. 하나님의 율법을 즐거워하고 그분의 말씀을 주야로 읊조린다는 표현에는 일상의 모습이 그려져 있습니다. 반면, 그분께 피한다는 표현에는 위급한 상황과 같이 특별한 상황을 그리고 있다는 말씀입니다.

실제로 시편 2편 1-2절이 사도행전 4장 25-26절에 예수님의 십자가 죽음 및 교회의 박해와 관련하여 인용됩니다. "또 주의 종 우리 조상 다윗의 입을 통하여 성령으로 말씀하시기를 어찌하여 열방이 분노하며 족속들이 허사를 경영하였는고 세상의 군왕들이 나서며 관리들이 함께 모여 주와 그의 그리스도를 대적하도다 하신 이로소이다 과연 헤롯과 본디오 빌라도는 이방인과 이스라엘 백성과 합세하여 하나님께서 기름 부으신 거룩한 종 예수를 거슬러 하나님의 권능과 뜻대로 이루려고 예정하신 그것을 행하려고 이 성에 모였나이다 주여 이제도 그들의 위협함을 굽어보시옵고" 아멘. 위급한 순간에, 어려움의 순간, 박해의 순간에, 의가 거부되는 순간에 그분께 피하는 자, 여호와께 피하는 자, 아들에게 피하는 자가 복이 있습니다.

그럼, 1편과 2편은 어떻게 연결될까요? 2편 1절입니다. "어찌하여 이방 나라들이 분노하며 민족들이 헛된 일을 꾸미는가" 아멘. '꾸미는가' 라는 표현이 나옵니다. 같은 표현이 1편에도 나오는데, 2절의 '묵상하는도다' 입니다. 대개 '읊조리다' 의 의미로 이해합니다. 민족들이 읊조립니다. 묵상합니다. 무엇을요? 헛된 것을요. 불교나 남녀호랑교 등에서 의미 없는 주문을 외는 것을 생각할 수 있지만, 그보다 하나님의 뜻을 거스르는 그들만의 뜻, 이를테면, '예수님을 죽이면 그분이 상속받을 게 내 것이 될 것이다.' 하는 것과 같은, 마귀와 그의 졸개들의 의도를 '헛된 일' 이라고 부를 수 있습니다. 신자들 박해, 교회 박해도 여기에 들어갑니다.

시편 1편을 읽다 보면, 3절이 눈에 띕니다. 형통함입니다. 이 형통함에 대해 오해가 생길 수 있습니다. 세상에서 잘되는 것으로 오해할 수 있습니다. 선거에 당선되는 것과 같은 것으로 생각할 수 있죠. 이렇게 생각하다 보면, 시편 1편의 형통을 누리는 대표적인 사람으로 군왕들, 관원들을 생각할 수 있습니다. 그들은 부유하고 힘이 있으니까요. 이방 나라들과 민족들을 생각할 수 있습니다. 그들은 수가 많고 힘이 있으니까요. 그런데 그들도 읊조립니다. 그들도 뭔가 복 있는 자의 흉내를 냅니다. 그걸 속지 말라는 겁니다.

그들은 하나님의 인도를 불편해하는 사람들입니다. 그들은 시냇가에 심겨 있는 것을 매인 것이라고, 결박이고 족쇄라고 여깁니다. 시냇가는 예수님입니다. 생수 주시는 분이죠. 그 시냇가가 그들에게는 짐입니다. 2편 3절입니다. "우리가 그들의 맨 것을 끊고 그의 결박을 벗어 버리자 하는도다" 아멘. 그들은 예수님의 멍에를 벗고 싶습니다. 그래서 예수님을 죽이는 선택을 합니다. 하나님 없이 형통을 유지하려 합니다. 이들이 비록 읊조리고 형통한 듯하나, 복 있는 자가 아닙니다. 시냇가에 심겨 있으려 하지 않기 때문입니다. 자기들이 원하는 물 근원을 찾아 떠나는 자들이기 때문입니다.

이들과 대조되는 왕이 예수님이십니다. 그분은 하나님께서 심으신 곳에 그대로 계십니다. 십자가에도 그대로 달려 계십니다. 움직이지 않으십니다. 결국, 구원의 열매를 맺으십니다. 예수님이야말로 어려움과 위기의 순간에 하나님께 피한 분이셨습니다. 그 아들에게 하나님께서는 온 나라를 유업으로 주시고, 모든 권세를 주셨습니다. 2편 7-8절입니다. "내가 여호와의 명령을 전하노라 여호와께서 내게 이르시되 너는 내 아들이라 오늘 내가 너를 낳았도다 내게 구하라 내가 이방 나라를 네 유업으로 주리니 네 소유가 땅 끝까지 이르리로다" 아멘.

시편 1편의 복을 읽으면서 '형통함'에 무게중심을 둘까 봐, 2편을 이어 주셨습니다. 복 있는 자의 삶에 갈등과 전쟁이 있다는 것을 보여주시려고 그리하셨습니다. 이것을 안 예수님의 제자들은 박해의 시간에 시편 2편을 인용하며 기도했습니다.

우리도 지금 그 시간에 있습니다. 어떤 형통함을 기대하느냐에 따라 전혀 다른 길이 우리 앞에 있습니다. 2편 11절과 12절 초반부에 세 가지 명령을 주십니다. '섬기라, 즐거워하라, 입맞추라' 입니다. 경외함으로 하나님을 섬기라는 명령입니다. 그분 앞에서 떨면서도 즐거워하라는 명령입니다. 무엇보다도 그분 아들 예수 그리스도, 우리의 왕으로 하나님께서 세우신 그분을 세상 어떤 왕들보다도 사랑하고 그분께 복종하라는 명령입니다.

이 세 가지가 1편 1절의 세 가지 행동과 연결됩니다. 걷고 서고 앉습니다. 늘 하는 일상 행동입니다. 복 있는 자는 기본적인 일상의 행동에 더해서 위기의 순간에 취하는 세 가지 기본행동이 있습니다. '섬기다, 즐거워하다, 입맞추다' 입니다. 악인들의 꾀를 따라 걷지 않고 하나님을 경외합니다. 죄인들의 길에 서지 않고 하나님 아버지를 두려워하면서도 즐거워합니다. 오만한 자들의 자리에 앉지 않고 십자가에 달리신 고난을 길을 통과하신 하나님의 아들 예수 그리스도를 사랑하여 그분에게 입맞춤합니다.

복 있는 자들의 나라에 주님이 계십니다. 그분의 노래가 있습니다. 시편 22편입니다. 1절은 마태복음 27장 46절과 마가복음 15장 34절에 인용됩니다. 십자가에 달리신 예수님의 노랫말입니다. 8절은 마태복음 27장 43절에 인용됩니다. 조롱하는 이들의 말입니다. 13절은 베드로전서 5장 8절에 인용됩니다. 사자는 마귀였습니다. 18절은 마태복음 27장 35절, 마가복음 15장 24절, 누가복음 23장 34절, 요한복음 19장 24절에 인용됩니다. 예수님의 겉옷을 나누고 속옷을 제비뽑는 이들이 있습니다. 22절은 히브리서 2장 12절에 인용됩니다. 회복되신 예수님의 결단입니다. 22절 이후 노래를 통해 '엘리 엘리 라마 사박다니'가 절망의 노래가 아니라, '회복을 기대하는 소망의 노래'임을 확인합니다.

다윗의 시, 영장으로 아얠렛샤할에['사슴'이란 곡조에] 맞춘 노래입니다.

1절. 나의 하나님, 나의 하나님 왜 저를 보기만 하십니까? 나는 사자가 으르렁대는 것처럼 울부짖고 있습니다. 그럼에도, 나의 구원은 멀게만 느껴집니다.

2절. [모두가 일하기에 바쁜] 낮에도 제가 나의 하나님 당신을 부르지만, 당신은 대답조차 안 하십니다. [모두가 자는] 밤에도 불렀습니다. 그러나 당신은 제게 여전히 잠잠하십니다. [제가 이렇게 부르짖는 데도 전혀 움직이려 하지 않으십니다.]

3절. 그러나 당신이 거룩하신 분이라[는 것을 저는 압니다]. 당신은 이스라엘의 찬송이시며 그 찬송 중에 계시는 분이십니다.

4절. 우리 조상들은 당신만을 의지하였습니다. 그들은 믿었고 당신은 그들을 안녕으로 인도하셨습니다.

5절. 당신께 부르짖었던 그들은 구원받았습니다. 당신을 의지했던 그들은 부끄러워할 필요가 없었습니다.

6절. 그러나 나는 벌레이지 사람이 아닙니다. 사람들의 비난과 백성들의 업신여김을 받는 벌레입니다.

7절. 나를 쳐다보는 모든 자들이 내가 조롱거리가 되게 합니다. 입술을 삐죽이고 머리를 흔듭니다.

8절. 주께 굴러가 보아라! 하하! 그가 저로 피하게 하실 거야, 그가 저를 구원하실 거야. 그가 저를 기뻐하셨었잖아!

9절. [그들의 조롱처럼, 당신은 나를 기뻐하셨습니다.] 당신은 나를 태로부터 터져 나오게 하신 분입니다. 나의 어머니 품에서 나로 당신을 의지하게 하신 분이 당신이십니다.

10절. 잉태되는 순간부터 나는 당신에게 보내진 바 되었습니다[저는 당신에게로 구별된 사람입니다]. 나의 어머니의 태중에서부터 나의 하나님은 당신이십니다.

11절. 내게서 멀리 계시지 말아 주세요. 가까이에 [좁고 무서운] 협곡이 있기 때문입니다. [그럼에도 불구하고] 나를 도울 자는 없기 때문입니다.

12절. [그 협곡에서] 나는 수많은 황소에 의해 에워싸여 있습니다. 바산의 힘센 소들이 나를 포위하고 있습니다.

13절. [풀을 먹고 사는 소인 줄 알았더니] 그 소들은 먹이를 찢고 포효하는 사자였습니다.

14절. [그들이 나를 찢어 발라] 나는 쏟아진 물처럼 흔적 없이 되었습니다. 내 모든 뼈는 낱낱이 나뉘었습니다. 촛농 같은 내 마음은 내 심령 속에서 완전히 녹아버렸습니다.

15절. 나는 기진하여 말라버렸습니다. 그 모습이 바짝 말라 갈라진 질그릇 같습니다. 내 혀마저 이젠 전혀 움직일 수 없게 되었습니다. 혀가 턱에 완전히 붙어버렸기 때문입니다. 주님, 저는 당신이 거하게 하신 사망의 땅에 붙들려 있습니다.

16절. [나를 뜯어 먹으려고] 개들은 나를 에워쌌고 내 주위에 돌아다니는 사람들은 악한 자들뿐입니다. 그들이 내 두 손과 두 발을 후벼 팝니다.

17절. 주님, 저는 저의 모든 뼈를 셀 수 있을 것 같아요. 모든 뼈가 통증을 느끼기 때문입니다. 내 손과 발을 찌른 자들이 나를 쳐다보네요.

18절. 나를 보더니, 그들이 내 옷을 가져가네요. 겉옷을 찢어 나누고 속옷은 제비를 뽑아 나누네요.

19절. 주님, 이런 상황입니다. 그러니 주 당신이시여 내게서 멀리 계시지 마세요. 나의 도움이시여, 어서 속히 나의 지지자가 되어 주세요.

20절. 칼로부터 내 영혼을 구해 주세요. 개의 발에 밟힐 위기에 있는 저의 유일한 것

[생명 혹은 홀로 있는 자신]을 건져 주세요.

21절. 나를 사자의 입에서 구원해 주세요. 그러자 당신이 들소 뿔에 받힐 뻔한 순간에 내 기도를 응답해 주셨습니다.

22절. 나는 당신의 이름을 내 형제들에게 얘기하렵니다. 수많은 무리 속에서 당신을 자랑하렵니다.

23절. 여호와를 경외하는 자들이여, 그분을 자랑합시다. 야곱의 모든 자손[씨]이여, 그분께 무게중심을 두십니다. 이스라엘의 모든 자손[씨]이여 그분을 떠나지 맙시다.

24절. 하나님은 억압받는 자, 업신여김을 받는 자의 억압과 수모를 아무것도 아닌 것으로 멸시하지도 않으실 뿐 아니라, 상종하지 못할 가증한 것으로 여기지도 않으십니다. 억압받는 자나 업신여김을 받는 자를 피해 그 자비하신 얼굴을 숨기지 않으실 뿐만 아니라, 그가 도움이 필요하다고 외칠 때 그 외침에 귀 기울여 주시는 분이십니다.

25절. 많은 무리 가운데에서 발한, 내 주님에 대한 자랑과 찬송이 사실은 주님의 도우심 때문에 발생한, 주님으로 인한 산물이기 때문에, 나는 나의 서원이 주님을 경외하는 자 앞에서 온전히 이뤄지게 하겠습니다.

26절. 억압받는 자, 업신여김을 받는 자[겸손한 자]는 먹게 되리라. 먹고선 만족하리라. 주님을 간절히 구하는 자는 주님만을 자랑하며 찬송하게 되리라. 이렇게 만족해하며 찬송하는 너희여, 너희의 마음에 영원한 생명이 있으리라.

27절. 모든 땅끝이 주님을 기억하고 돌아올 것입니다. 그리하여 모든 민족, 족속들이 당신 앞에 엎드릴 것입니다.

28절. 왜냐하면 왕권은 주께 속한 것이며 주께서 모든 민족을 통치하시기 때문입니다.

29절. 땅에서 형통한[기름 부음 받은] 모든 자가 먹고 주께 경배하리라. 진토에 내려가는 모든 자, 자기 영혼을 살리지 못한 자들도 그에게 무릎을 꿇으리라.

30절. '씨' 가[자손이] 그를 섬기리라. 주에 대한 말씀이 대대로 전해질 것이라.

31절. 사람들이 와서 그[씨]의 의가 알려지게 하리로다. 장차 날 국민에게 '그가 이루셨다.' 하는 것을 알게 하리로다.

※ 몇 가지 질문에 답해봅니다.

- 1절의 '나'는 누구이며 31절의 '그'는 누구입니까? 이 둘은 어떻게 연결될 수 있습니까? 1절의 '나'와 31절의 '그'는 같은 대상을 가리킵니다. 1절의 '나'는 고난받는 그리스도를, 31절의 '그'는 구속을 이루신, 영광 가운데 계신 그리스도를 가리킵니다.

- 3절에 의하면 하나님은 어떤 분입니까? 이스라엘의 찬송 가운데 계시는 분입니다. 거룩한 분입니다.

- 24절에 의하면 하나님은 어떤 분입니까? 곤고한 자의 곤고함을 멸시하거나 싫어하지 않는 분입니다. 그분의 얼굴을 곤고한 자에게서 숨기지 않는 분입니다. 곤고한 자가 부르짖을 때 들으시는 분입니다.

- 이 시편에 의하면 예수님이 "엘리 엘리 라마 사박다니(나의 하나님, 나의 하나님, 어찌하여 나를 버리셨나이까)" (마태복음 27:46) 말씀하실 때 어떤 마음이셨을까요? 현재 당하는 고난이 하나님께서 주실 회복으로 인해 찬송과 구원 열매가 될 것에 대한 기대가 담긴 마음이셨을 것입니다.

- 25절의 '서원'은 무슨 내용의 서원이었을까요? 혹 예수님의 말씀 가운데 이 서원과 연결되어 보이는 말씀이 있다면 어떤 말씀일까요? 다양한 대답이 가능합니다. 구약성경에 기록된 구원 약속들이 여기에 포함될 수 있습니다. 그러나 요한복음 5장 21절을 예로 들어 봅니다. "아버지께서 죽은 자들을 일으켜 살리심 같이 아들도 자기가 원하는 자들을 살리느니라" 아멘.

시편을 읽으면서, 말씀을 묵상하는 행복, 이웃과의 공존, 피조물과의 동행, 하나님 향한 신뢰, 주님 영접이 하나님 나라의 기반임을 기억합니다. 하나님 나라 기반을 튼튼히 하도록, 어려움이 있어도 이러한 기반을 가진 사람으로, 교회로 하나님 나라 세워가기를 기도합니다.

질의와 응답

하나. "특별히 시편 1, 15, 19, 23, 24편을 고르셨는데, 이유가 무엇입니까?"

다윗 왕국 형성을 가능하게 한 기반을 소개하는 시편으로 생각하고 골랐습니다. '행복, 공존, 동행, 신뢰, 영접' 이라는 기반을 생각해 보았습니다. 다윗 왕국이 '하나님 나라' 와 관계되기에, 다윗 왕국의 기반은 하나님 나라의 기반과 연관되겠지요.

둘. "다윗 왕국의 쇠퇴는 무엇을 가리킵니까?"

포로기를 가리킵니다. 왕국 분리와 우상숭배 만연으로 나라가 망하고 백성들이 포로로 끌려갑니다.

셋. "시편 3편의 표제어는 '다윗이 그의 아들 압살롬을 피할 때에 지은 시' 입니다. 다윗이 압살롬을 피할 때는 다윗 왕국의 발전 단계가 아닐까요?"

'다윗 왕국' 이라는 것이 다윗 당대만을 말하는 것이 아닙니다. 어쩌면 다윗 왕국의 발전은 압살롬 반역이 끝난 이후부터라고 보는 것이 좋겠습니다. 솔로몬으로 이어지는 '왕조' 를 통해 '왕국의 발전' 을 말할 수 있겠습니다. 어쩌면 여기서 '발전' 이란 '이후 역사' 혹은 '과정' 의 의미도 내포한다고 보시면 되겠습니다. '쇠퇴' 는 '포로기' 와 관련됩니다. '회복' 은 스룹바벨 에스더 에스라 느헤미야 때의 성전 재건 및 성벽 건축과 같은 사건을 포함하겠습니다. '완성' 은 예수님을 통해 완성되겠지요.

Weekly Reading

26

시편 26-46편

"사죄의 은총"

시 26-28편	시 29-31편	시 32-34편	시 35-37편	시 38-40편	시 41-43편	시 44-46편

check

이번 통독 본문은 '다윗 왕국의 형성' 을 다룬 시편 1권(1-41편) 가운데 26-41편과, '다윗 왕국의 발전' 을 다룬 시편 2권(42-72편) 가운데 42-46편입니다. 지난 과에는 '다윗 왕국의 기반' 으로 '말씀을 묵상하는 행복, 이웃과의 공존, 피조물과의 동행, 하나님 향한 신뢰, 주님 영접' 다섯 가지를 생각해 보았습니다.

이번 과에서는 다윗 왕국의 형성을 가로막는 요인에 대해 생각해 봅니다. 우리는 다윗 왕국 형성을 가로막는 요소로 '다윗의 대적들' 을 떠올릴 수 있습니다. 그러나 다윗 왕국의 형성을 가로막는 가장 강력한 요소는 '죄' 입니다. 다윗을 죽이려 한 사울보다, 다윗이 의지했던 모압이나 블레셋보다, 쿠데타를 일으킨 압살롬보다 더 위험한 것은 '죄' 였습니다. '죄' 문제는 '사죄의 은총' 으로 해결됩니다. 사죄의 은총을 다룬 시편 27, 32, 33, 34편을 풀어 설명해 보았습니다.

사죄의 은총

I. 시편 27편: 대적보다 더 두려운 것

난 때로 나 자신이 어두움이며 나 스스로 나를 구원할 능력이 없다는 것을 뼈저리게 느끼는 사람이지만, 내가 삶을 두려워하지 않고 살며 어떤 사람을 만나든 두려워하지 않는 이유는 오직 여호와 하나님께 있다. 왜냐하면 그분이 나의 빛이시고 그분이 나를 구원하는 구원자이시기 때문이다. 그분이 나의 생명을 안전하게 지키고 계시니, 나는 무서워할 필요가 전혀 없다.

여호와께서 나의 빛이요 나의 구원이요 내 생명을 지키시는 자임을 내가 어떻게 알았는가? 악을 행하는 자들이 단순히 내 돈을 빼앗기 위해서가 아니라 내 살을 먹고 나를 없애려고 내게 다가오고 있었다오. 점점 다가오는 그들을 보니 평상시 나를 미워하던 나의 대적들, 나의 원수들이었소. 그때, 나에게는 그들로부터 내 생명을 건질 만한 힘도 용기도 없었다오. 그런데 내게 다가오던 그들이 갑자기 비틀하더니 모두 자빠졌다오.

이러므로 군대가 나를 해하려고 내 앞에 진영을 벌인다 해도, 나는 삶의 용기를 잃지 않을 것이라오. 그러다 진영을 벌였던 그 군대가 진영으로부터 나와서 나와의 싸움을 시작한다고 해도 나는 주님만을 믿고 의지하여 일어설 것이라오.

이 땅에 살면서 내가 주께 간구했던 것 한 가지가 있었는데, 지금 나는 그 기도를 하고 있소. 그것은 내가 사는 날 동안 주님의 집에서 주님과 함께 살면서 주님의 아름다움, 주님의 기뻐하심을 보며 '왜 주님은 저 사람을, 저 일을 기뻐하실까?' 생각해 보고 주님께 이유를 물으며 주님에 대해 배우고 싶다는 기도라오.

이렇게 기도하는 이유는, 주님은 어려움 속에서 주님의 마음을 묵상하려는 나를 보호하시고 그의 장막 가운데 숨기셔서 나로 주님이 어떤 분이신가를 깨닫게 하시고 견고한 바위 위에 나를 굳게 세우실 분이기 때문이라오.

그러므로 나는 내 눈앞에 있는 어려움과 나를 대적하는 원수를 바라보던 내 시선을 돌려, 위에 계신 주께로 향할 것이라오. 주님의 장막에서 전쟁을 알리는 제사, 승리를 기원하는 제사, 기쁨의 제사를 드리고 노래하며 주님을 찬송할 것이라오.

주여 들으소서! 내가 부르짖나이다. 나를 긍휼히 여기시고 내게 응답하소서.
내 심령으로 주께 고합니다. 내 얼굴을 찾으소서. 내가 주의 얼굴을 찾고 있나이다.

주의 얼굴을 찾는 내게 주의 얼굴을 숨기지 마소서. 당신에게 속한 당신의 종을 노하여 버리지 마소서. 당신만이 나의 도움이십니다. 당신이 나를 버려 떠나가시면 나를 구원할 자가 없나이다.

나의 아버지와 나의 어머니마저 나를 버리고 떠나갔으나, 주여, 당신은 나를 붙들어 주시리라 믿습니다.

주님의 길을, 방법을, 마음을 내게 보여주소서. 내가 따르겠나이다. 내가 틀리게 행하여 넘어지기를 원하는 자들이 있습니다. 나로 온전하신 주님의 길로 행하게 하소서.

내가 잘못되기를 바라는 자들에게 나를 넘겨주지 마시고 주님이 나를 책임져 주소서. 왜냐하면 거짓 증인들과 악을 토하는 자들이 내 대적들을 돕고 있기 때문입니다.

그러나 나는 생명 있는 자들의 땅에서 주의 은혜와 선하심 맛볼 것을 믿도다.

내 영혼아 너는 주님을 사모함으로 기다리라. 너의 마음을 강하고 담대히 할지어다. 그리고 주님만을 기다릴지어다.

II. 시편 32편: 용서받은 자의 기도

"일한 것이 없이 하나님께 의로 여기심을 받는 사람의 복"(롬 4:6)이
허물의 사함을 받고 죄가 가려지며 정죄를 받지 않는 것이다(1-2절).

자기 죄를 깨닫는 사람은 자존감이 낮다.
겸손할 수밖에 없다.

이 사람의 행복은 자존감에서 나오지 않고
자격 없는 자를 용서하시는 하나님의 사랑으로부터 나온다.

이 사람은 죄를 고하지 않는 격통을 안다(3-4절).
죄 고백과 죄 사함의 자유를 안다(5절).

홍수가 구원의 노래가 되고(6절)
슬픔이 인자하심에 싸인다(10절).

이제는 말과 노새 같이 고집스럽지 않을 것이다(9절).
하나님 백성의 길로 다닐 것이다(9절).

III. 시편 33편: 용서받은 자의 노래

용서받은 자는 노래합니다(1절).
악기를 연주합니다(2절).

그들의 노래는 '새 노래' 입니다(3절).
하나님 말씀의 올곧음을, 하나님 행사의 믿을 만함을 노래합니다(4절).

그분은 말씀으로 일하시는 분입니다(9절).
그분은 하늘과 천군도 말씀으로 지으셨습니다(6절).

하나님의 계획은 영원토록 견고합니다(10-11절).
그러니 "하나님의 기업으로 선택된 백성"이 복이 있습니다(12절).

군대와 힘은 헛됩니다(16-17절).
하나님을 경외하고 그분의 인자를 바라는 자가 행복합니다(18-19절).

'새 노래' 를 부르는 자의 즐거움은 하나님께 있습니다.
그들은 그분의 거룩하신 이름을 의지합니다(21절).

IV. 시편 34편: 용서받은 자의 삶

'죄의 맛' 과
'새 노래의 맛' 을 본 다윗의 삶에 맛이 납니다.

찬송의 맛이 납니다(2절).
"예수로 말미암아 항상 찬송의 제사를 하나님께 드"립니다(히 13:15).

넉넉함의 맛이 납니다(10절).
"들어가며 나오며 꼴을 얻"습니다(요 10:9).

부르짖음의 맛이 납니다(17절).
"심한 통곡과 눈물로 간구와 소원을 올"립니다(히 5:7).

깨지고 상한 맛이 납니다(18절).
"밖에 나가서 심히 통곡"합니다(마 26:75).

고난과 구원의 맛이 납니다(19절).
"하나님의 나라에 들어가려면 많은 환난을 겪어야 할 것이라"(행 14:22).

반면, 부끄러움과 수치의 맛(5절), 악한 맛(13-14절), 거짓의 맛(13절),
사망의 맛(21절), 정죄의 맛(21-22절)이 나지 않습니다.

다윗 왕국이 형성되려면 '죄' 문제가 해결되어야 했습니다. '죄 문제'는 '사죄의 은총'으로 해결됩니다. '사죄의 은총'을 아는 다윗에게는 '성전 봉헌'이 중요했습니다. 시편 30편은 다윗의 성전 봉헌을 소개합니다. '다윗의 성전 봉헌이 언제일까?' 생각하니, 하나님의 궤를 다윗성 위쪽에 준비된 장막에 들이던 때겠습니다.

다윗은 사울을 피해 도망하던 도망자였습니다. 가드의 블레셋 왕 아기스에게는 거짓말쟁이였습니다. 그러던 그가 이스라엘의 왕이 됩니다. 헤브론에서 7년 반을 유다 지파의 왕으로 지낸 다음, 이스라엘 전체의 왕이 되고, 여부스 인들의 성(城)인 예루살렘을 정복하고 그곳에 다윗성을 짓습니다. 예루살렘은 아브라함이 십일조를 바쳤던 멜기세덱이 왕이었던 성이고, 이삭을 바치러 갔던 '모리아 산'입니다. 긴 시간이 지나고 하나님 마음에 합한 왕이 세워진 뒤, 하나님께서는 다윗을 통해 하나님의 언약궤가 모리아 산에 들어가게 허락하셨습니다.

그러나 이 과정이 쉽지는 않았습니다. 가슴 아픈 실패가 있었습니다. 온 이스라엘이 동의하고 함께 했지만 웃사가 죽는 일이 있었습니다. 일반적인 죽음이 아니라 몸이 터져 죽어, 그곳 이름을 '베레스 웃사'라 부르는 일이 있었습니다. 당시 다윗은 사람들의 동의를 얻고 온 이스라엘이 동참하는 것을 중요하게 생각했습니다. 모든 지파가 빠짐

없이 참여하는 것을 중시했습니다. 그러나 하나님의 동의는 구하지 않았습니다. 방법도 민수기 4장 15절("진영을 떠날 때에 아론과 그의 아들들이 성소와 성소의 모든 기구 덮는 일을 마치거든 고핫 자손들이 와서 멜 것이니라 그러나 성물은 만지지 말라 그들이 죽으리라 회막 물건 중에서 이것들은 고핫 자손이 멜 것이며")에 기록되어 있는, 고핫 자손이 어깨에 메는 방식을 취하지 않았습니다. 직전의 성공 사례인 새 수레에 법궤를 싣고 수레를 소가 끄는 방식을 선택했습니다.

다윗은 실패했고 낙심했습니다. 그러나 이후 다윗은 하나님께 더욱 구체적으로 여쭈어 행했습니다. 역대상 15장 11절 이하를 보면, "다윗이 제사장 사독과 아비아달을 부르고 또 레위 사람 우리엘과 아사야와 요엘과 스마야와 엘리엘과 암미나답을 불러 그들에게 이르되 너희는 레위 사람의 지도자이니 너희와 너희 형제는 몸을 성결하게 하고 내가 마련한 곳으로 이스라엘의 하나님 여호와의 궤를 메어 올리라 전에는 너희가 메지 아니하였으므로 우리 하나님 여호와께서 우리를 찢으셨으니 이는 우리가 규례대로 그에게 구하지 아니하였음이라 하니 이에 제사장들과 레위 사람들이 이스라엘 하나님 여호와의 궤를 메고 올라가려 하여 몸을 성결하게 하고 모세가 여호와의 말씀을 따라 명령한 대로 레위 자손이 채에 하나님의 궤를 꿰어 어깨에 메니라" 하였습니다.

하나님의 궤를 고핫 자손이 어깨에 메고 옮기든, 새 수레에 실어 옮기든 별 차이 아닌 것 같지만, 성공하느냐 실패하느냐를 가름하는 기준이 되었습니다. 형식은 단순히 형식이 아닙니다. 마음의 반영입니다. 예수님이 혼인잔치에 예복을 입지 않고 참석한 사람이 내보내진다고 말씀하신 이유도 같습니다(마 22:11-13). 진실한 마음이 있으면 형식을 갖추게 되어있습니다. 그래서 다윗은 하나님만을 높이겠다고 말합니다. 30편 1절입니다. "여호와여 내가 주를 높일 것은 주께서 나를 끌어내사 내 원수로 하여금 나로 말미암아 기뻐하지 못하게 하심이니이다" 아멘. 여기서 '끌어내다' 는 물을 기를 때 사용하는 단어입니다. 옛날에는 우물에서 물을 두레박으로 떴습니다. 다윗은 궤를 다윗성으로 들이지 못해 낙심했습니다. 그런 자신을 하나님께서 물을 긷듯 길어 올리셨습니다.

이어지는 2절을 보면, 자신이 주님께 부르짖었고 하나님께서는 고쳐주셨다고 말합니다. 다윗은 병들어 있었습니다. 하나님과의 관계가 어그러진 것은 병이었습니다. 3절에서는 자신의 영혼이 스올에 있었다고 말합니다. 죽은 자들의 땅입니다. 그러나 이제 살아났다고 말합니다. 우물에서 물을 긷듯, 하나님께서 자신을 무덤에서 일으키셨다고 말합니다. 4-5절은 찬송입니다. 찬송이 터져 나옵니다. "주의 성도들아 여호와를 찬송하며 그의 거룩함을 기억하며 감사하라 그의 노염은 잠깐이요 그의 은총은 평생이로다 저녁에는 울음이 깃들일지라도 아침에는 기쁨이 오리로다" 아멘. 석 달의 시간이 다윗에게는 울음의 시간이었습니다. 그러나 하나님께서는 궤를 다윗성으로 올리셨습니다.

하나님의 궤가 웃사의 죽음으로 오벧에돔의 집으로 갔을 때의 상황이 6-7절에 있습니다. "내가 형통할 때에 말하기를 영원히 흔들리지 아니하리라 하였도다 여호와여 주의 은혜로 나를 산 같이 굳게 세우셨더니 주의 얼굴을 가리시매 내가 근심하였나이다" 아멘. 사울이 죽고, 요나단도 죽고, 온 이스라엘이 자신을 왕으로 세우고 잔치할 때, 다윗은 '다시는 흔들리지 않을 것' 을 확신했습니다. 그러나 일순간, 하나님께서 얼굴을 가리시자 낙심하게 되었습니다. 그때 다윗은 8-10절의 기도를 했습니다. "여호와여 내가 주께 부르짖고 여호와께 간구하기를 내가 무덤에 내려갈 때에 나의 피가 무슨 유익이 있으리요 진토가 어떻게 주를 찬송하며 주의 진리를 선포하리이까 여호와여 들으시고 내게 은혜를 베푸소서 여호와여 나를 돕는 자가 되소서 하였나이다" 아멘. 다윗은 '하나님의 은혜가 멈춰지면, 자신의 피, 자신의 생명도 무가치하다.' 이렇게 고백합니다. '그러니 도와 달라.' 기도합니다.

하나님께서는 다윗의 기도를 들으셨고 하나님의 궤가 다윗성으로 옮겨지게 하셨습니다. 이때의 감사가 11-12절입니다. "주께서 나의 슬픔이 변하여 내게 춤이 되게 하시며 나의 베옷을 벗기고 기쁨으로 띠 띠우셨나이다 이는 잠잠하지 아니하고 내 영광으로 주를 찬송하게 하심이니 여호와 나의 하나님이여 내가 주께 영원히 감사하리이다" 아멘. 다윗은 하나님의 언약궤가 다윗성으로 들어올 때 춤추며 뛰놀았습니다. 실패가 있었기에 더욱 기뻤습니다. 하나님의 규례대로 모든 것이 진행되어 기뻤습니다. 사람들을 의식하기보다 하나님 중심으로 일이 진행되었으니 기뻤습니다.

우리의 일도 말씀대로 하나님의 뜻대로 이뤄지기를 바랍니다. 우리가 기억할 것이 있습니다. 혹 이런저런 일로 어그러진다 해도 부르짖으면 된다는 것입니다. 기도하면 된다는 것입니다. 하나님께서 도와주시면 된다는 것입니다. 우리는 무게중심을 하나님께만 두면 됩니다. 그러면 하나님께서 조정하시고 회복시키십니다.

'사죄의 은총' 을 받은 자는 여호와를 바라고 그분의 도(道)를 지킵니다. 시편 37편 입니다.

해를 끼치는 자들, 정의롭지 못한 일들을 하는 자들 때문에 화를 내거나 부러워하지 마십시오. 그들이 오래 가지 않습니다. 풀처럼 속히 마르고, 채소의 푸르름처럼 금방 시듭니다. 겨울이 오면 푸르름이 없어지듯, 하나님의 심판 때가 되면 악인은 사라집니다. 하나님을 신뢰하기에 선을 행합니다. 땅에서 머무르면서 성실함을 키웁니다.

하나님을 기뻐하면 그대 마음이 간절히 원하는 것을 그대에게 주십니다. 하나님 위에서 뒹구십시오. 그대의 방법, 그대의 길을 고집하지 말고 하나님의 방법을 따르십시오. 그분을 신뢰하십시오. 그러면 그분이 행하십니다. 우리가 의롭다는 것을 우리가 굳이 주장할 필요 없습니다. 그분이 우리의 의로움을 밝히 드러내실 것입니다. 대낮처럼 밝히 드러내실 것입니다.

모두가 부동산에 깊은 관심을 가집니다. 그러나 땅은 하나님께 소망을 둔 자가 얻을 것입니다. 37편 9절입니다. "진실로 악을 행하는 자들은 끊어질 것이나 여호와를 소망하는 자들은 땅을 차지하리로다" 아멘. 온유한 자, 겸손한 자들이 땅을 차지합니다. 11절입니다. "그러나 온유한 자들은 땅을 차지하며 풍성한 화평으로 즐거워하리로다" 아멘. 복 있는 자들, 주님으로부터 복을 받은 자들이 땅을 차지합니다. 22절입니다. "주의 복을 받은 자들은 땅을 차지하고 주의 저주를 받은 자들은 끊어지리로다" 아멘. 의인이 땅을 차지합니다. 29절입니다. "의인이 땅을 차지함이여 거기서 영원히 살리로다" 아멘. 말씀대로 사는 자들이 땅을 차지합니다. 34절입니다. "여호와를 바라고 그의 도를 지키라 그리하면 네가 땅을 차지하게 하실 것이라 악인이 끊어질 때에 네가 똑똑히 보리로다" 아멘.

성경은 하나님께 소망을 두고 하나님을 바라고 하나님의 말씀을 지키며 의를 행하는 자, 복 있는 자들이 땅을 차지한다고 말합니다. 악인이, 포악한 이들이 강제로 땅을 빼앗아 자기 것을 삼으려 하는 시도가 성공하는 것 같지만 실패한다고 말씀합니다. 그러니 땅을 갖고 싶으면 땅을 가지려 말고 하나님을 경외하면 됩니다. 그러면 땅을 차지합니다. 예수님도 "온유한 자는 복이 있나니 그들이 땅을 기업으로 받을 것임이요" (마 5:5) 말씀하셨습니다. 그런 복이 있으시기를 바랍니다.

'사죄의 은총'을 받은 자는 '성전 봉헌' 및 '하나님을 바라고 그분의 도를 지키는 것'과 더불어 '자신'을 드립니다. 시편 40편입니다.

시편 40편 6-7절이 히브리서 10장 5-7절에 인용됩니다. 6절입니다. "주께서 내 귀를 통하여 내게 들려 주시기를 제사와 예물을 기뻐하지 아니하시며 번제와 속죄제를 요구하지 아니하신다 하신지라" 아멘. 주님께서 시편 기자의 귀를 깊이 파십니다. 마음속까지 들리도록 하십니다. '제물과 예물을 기뻐하지 않는다.' 말씀하십니다. '번제와 속죄제도 요청하지 않는다.' 말씀하십니다. 이게 무슨 일인가 싶습니다. 늘 드리던 제사이고 예물인데 기쁘시지도 않고 요청하시지도 않으시다니요.

이에 대한 대답이 7절입니다. "그 때에 내가 말하기를 내가 왔나이다 나를 가리켜 기록한 것이 두루마리 책에 있나이다" 아멘. '대신 드려지는 제물 아니고, 제가 왔습니다.' 하는 고백입니다. 그럼 자신을 드린다는 것이 무엇을 의미합니까? 8절에 있습니다. "나의 하나님이여 내가 주의 뜻 행하기를 즐기오니 주의 법이 나의 심중에 있나이다 하였나이다" 아멘. 주님의 법이 내 안에 있습니다. 내가 기뻐하는 것은 주님의 뜻을 행하는 것입니다. 나의 헌신과 신앙을 대체물을 통해 표현하지 않고 자신을 통해 직접 표현한다는 말입니다.

자기 몸과 마음으로 직접, 하나님 뜻 행하기를 즐기는 이는 하나님의 의를 사람들에게 말합니다. 9-10절입니다. "내가 많은 회중 가운데에서 의의 기쁜 소식을 전하였나이다 여호와여 내가 내 입술을 닫지 아니할 줄을 주께서 아시나이다 내가 주의 공의를 내 심중에 숨기지 아니하고 주의 성실과 구원을 선포하였으며 내가 주의 인자와 진리를 많은 회중 가운데에서 감추지 아니하였나이다" 아멘. 대체물을 통해 내 믿음을 표현하는 것이 아니라, 나 자신이 직접 하나님의 의를 품고 주위 사람들에게 말합니다. '많은 회중'은 다양한 생각을 가진 그룹입니다. 어떤 반응이 나올지 알기 어렵습니다. 그러나 하나님의 말씀을 품었기에, 하나님의 뜻을 행하기에 멈추지 않습니다. 주님의 성실과 구원을, 주님의 인자와 진리를 선포합니다. 좋은 상품이 있으면 소개하고 좋은 식당이 있으면 가보듯, 하나님이 좋으니 그분에 대해 말하고 그분을 소개합니다.

그런데 이러한 삶을 사는 이에게는 재앙, 위험, 조소가 있습니다. 12절에 보니 '수많은 재앙'이 그를 덮칩니다. 그의 허물도 많습니다. 14절에서는 그의 '생명을 찾아 멸하려 하는 자', 그의 '해를 기뻐하는 자'가 소개됩니다. 15절에는 그를 '향하여 하하 하하 하며 조소하는 자들'이 소개됩니다. 분명 하나님의 말씀을 심중에 두고 하나님의 성실과 구원, 인자와 진리를 선포하는데, 어찌하여 이런 일이 있습니까? 우리는 예수님의 십자가 아래에서 예수님께 '내려오라' 말하며 조롱했던 사람들이 많이 있었음을 기억합니다.

이런 상황에서 하나님의 뜻에 헌신한 자의 기도가 이어집니다. 11절, 13-15절, 16-17절입니다. 우선, 11절입니다. "여호와여 주의 긍휼을 내게서 거두지 마시고 주의 인자와 진리로 나를 항상 보호하소서" 아멘. '주님의 인자와 진리가 저를 지켜보시기를 원합니다.' 하는 기도입니다.

다음은 13-15절입니다. "여호와여 은총을 베푸사 나를 구원하소서 여호와여 속히 나를 도우소서 내 생명을 찾아 멸하려 하는 자는 다 수치와 낭패를 당하게 하시며 나의 해를 기뻐하는 자는 다 물러가 욕을 당하게 하소서 나를 향하여 하하 하하 하며 조소하는 자들이 자기 수치로 말미암아 놀라게 하소서" 아멘. 이런 기도를 하는 것에 대한 부담이 우리에게 있습니다. 예수님이 원수라도 축복하라 하셨기 때문입니다. 원수라도 축복하시면 됩니다. 다만 시편의 기도는 하나님의 말씀과 뜻을 심중에 두고 하나님 기뻐하시는 일을 하는 사람에 대한 조롱과 멸시, 위협과 핍박에는 하나님께 대한 조롱과 멸시, 위협과 핍박이 있다는 것을 가르쳐줍니다. 이들은 단순히 인생을 조롱하고 핍박한 것이 아닙니다. 하나님의 의를 중시하고 그분의 말씀을 소중하게 여기는 사람 심중에 있는 하나님의 뜻과 말씀을 조롱한 것입니다. 하나님을 조롱한 것입니다.

다음은 16-17절입니다. "주를 찾는 자는 다 주 안에서 즐거워하고 기뻐하게 하시며 주의 구원을 사랑하는 자는 항상 말하기를 여호와는 위대하시다 하게 하소서 나는 가난하고 궁핍하오나 주께서는 나를 생각하시오니 주는 나의 도움이시요 나를 건지시는 이시라 나의 하나님이여 지체하지 마소서" 아멘. 다윗은 주님을 구하는 자에게 주님의 즐거움과 기쁨이 임하길 기도합니다. 주님의 구원을 사랑하는 자들이 찬송하는 자이길 기도합니다. 그리고 자신을 소개하기를 가난하고 궁핍하다고 소개합니다. 자신의 도움은 오직 주님으로부터 오고, 자신을 건지시는 분도 오직 주님뿐이라고 고백하며, 속히 주님이 간섭해 주시라고 기도합니다.

이렇게 기도하는 이유가 있습니다. 경험이 있기 때문입니다. 1-2절입니다. "내가 여호와를 기다리고 기다렸더니 귀를 기울이사 나의 부르짖음을 들으셨도다 나를 기가 막힐 웅덩이와 수렁에서 끌어올리시고 내 발을 반석 위에 두사 내 걸음을 견고하게 하셨도다" 아멘. 웅덩이와 수렁에서 건져진 경험이 있습니다. 그래서 기다립니다. 속히 응답해 주시라고 기도합니다. 하나님께서 응답하시고 구원하시면 그다음에 그는 어떻게 할까요? 찬송할 것입니다. 3-4절입니다. "새 노래 곧 우리 하나님께 올릴 찬송을 내 입에 두셨으니 많은 사람이 보고 두려워하여 여호와를 의지하리로다 여호와를 의지하고 교만한 자와 거짓에 치우치는 자를 돌아보지 아니하는 자는 복이 있도다" 아멘. 교만한 자는 뻐기는 자입니다. 세상에는 뻐기는 자들이 많습니다. 그들은 위협합니다. 자랑합니다. 그래서 사람들은 그들을 주목하고 그들을 따릅니다. 그러나 그들의 자랑과 거짓을 떠나고 하나님만 의지하는 자들이 복된 이들입니다.

이어지는 5절은 찬송이면서, 히브리서에 인용된 말씀과 이어지는 내용입니다. 그의 헌신의 기초이기도 합니다. "여호와 나의 하나님이여 주께서 행하신 기적이 많고 우리를 향하신 주의 생각도 많아 누구도 주와 견줄 수가 없나이다 내가 널리 알려 말하고자 하나 너무 많아 그 수를 셀 수도 없나이다" 아멘. 이번에도 하나님께서는 기도에 응답하실 것입니다. 이번의 응답도 셀 수 없는 하나님 역사에 추가될 것입니다. 그러면 더더욱 시편 기자는, 다윗은, '가난하고 궁핍하나 하나님을 의지하여 구원을 경험한 자' 는 자신 안에 하나님의 말씀을 두고 그 말씀대로 행하고 하나님의 의를 선포하는 삶을 살 것입니다. 이러한 은혜가 우리 모두에게 있기를 바랍니다.

이처럼, 시편 1권은 '다윗 왕국의 기반' 과 더불어 그 '기반' 을 허무는 '죄' 가 어떻게 해결되는지 소개합니다. 이어 '다윗 왕조의 발전' 을 다루는 시편 2권은 시편 42편, "사슴 노래"로 시작합니다. '사슴 노래' 를 읽기 전에 노천명 씨의 '사슴' 이라는 시를 읽어 볼까요?

노천명의 '사슴'

모가지가 길어서 슬픈 짐승이여
언제나 점잖은 편 말이 없구나
관(冠)이 향기로운 너는
무척 높은 족속이었나 보다

물속의 제 그림자를 들여다보고
잃었던 전설을 생각해 내고는
어찌할 수 없는 향수에
슬픈 모가지를 하고 먼 데 산을 바라본다

슬픈 모가지를 하고 먼 산 바라보는 사슴을 노래한 노천명씨와 달리, 고라 자손은 하나님을 찾아 헤매는 사슴을 노래합니다.

1절. 무리를 책임지고 인도하는 수사슴이 무리의 생존을 위해 시냇물을 찾아다니는 심정으로 내 영혼은 하나님 당신을 애타게 찾고 있습니다.

2절. 내 영도 살아계신 하나님과의 만남을 목말라합니다. 주님, 내가 언제나 하나님의 얼굴을 만나 뵐 수 있겠습니까?

3절. 주님 내 목을 축이는 것은 당신이 아니라 내 눈물입니다. 내 배를 불리는 것도 당신의 말씀이 아니라 내 눈물입니다. 주님 제가 울고 있습니다. 그것은 종일 내 귀에 들리는 '네 하나님이 어디 있느냐?' 하는 질문 때문입니다.

4절. 주님, 지금 기억나는 것이 있습니다. 그런데 그 기억은 제 영혼을 더욱 처절하게 만듭니다. 왜냐하면 그때 저는 이곳저곳에서 모여든, 예배자의 큰 무리와 함께 기쁨으로 소리를 발하며 감사의 찬양을 하며 주의 성전으로 그들을 인도하였었기 때문입니다.

5절. 내 영혼아, 너는 어찌하여 엎드러졌는고? 어찌하여 내게 불만을 토하는고? 내 영혼, 너는 하나님을 앙망하라! 그래서 그 얼굴의 구원으로 인하여 나로 다시 주님을 찬송케 하여라.

6절. 나의 하나님, 내 영혼이 내 속에서 엎드러졌기에, 주님 저는 당신을 기억하렵니다. 이스라엘에게 기업을 주시기 전에 지나가게 하신 요단 강가에서, 주님을 기억하며 약속을 신실하게 지키신 주님을 묵상하렵니다. 주님이 주신 북쪽 경계인 헤르몬 산에 올라 주님이 장차 주실 기업을 바라보며 엎드러진 내 영혼에 소망을 주렵니다. 주님이 하신 약속이 이루어졌던 미살[짜아르: 작다]의 작은 산 [혹 시온 산]에서 주님을 기억하며 내 영혼에 확신을 주렵니다.

7절. [나는 높은 산에 있지만] 주님이 만드시는 깊은 소리로 인해 저 깊은 곳에 있는 것들이 서로 부르는 것을 듣습니다. 당신의 온갖 역사와 은혜가 나를 지나가는 것을 느낍니다.

8절. 낮에는 주께서 보내신 주의 선하심을 듣고 볼 것입니다. 밤에는 '주님의 승리 노래' (his song, '그분의 노래')가 나와 함께 있기에 나는 생명의 하나님께 기도할 것입니다.

9절. 내가 유일하게 의지하는, 나의 반석이신 하나님이시여, 왜 당신은 나를 잊으셨나요? 왜 내가 원수들의 압제가 있는, 캄캄한 어둠 중에 다녀야 하나요?

10절. 내 뼈를 산산이 부수며 나를 괴롭히는 자들이 내게 늘 하는 말이 있습니다. '네 하나님이 어디 있느냐?'

11절. 내 영혼아, 너는 어찌하여 엎드러졌는고? 어찌하여 내게 불만을 토하는고? 내 영혼, 너는 하나님을 기다리라! 그래서 그 얼굴의 구원으로 인해, 내 하나님 때문에 나로 다시 주님을 찬송케 하라.

슬픈 모가지를 하고 먼 산 바라보는 사슴을 노래한 노천명 씨는 일제 치하에서 많은 젊은이를 전쟁터로 내몬 '님의 부르심을 받들고서'를 지었습니다.

남아면 군복에 총을 메고
나라 위해 전장에 나감이 소원이리니

이 영광의 날
나도 사나이였드면 나도 사나이였드면
귀한 부르심 입는 것을~

갑옷 떨쳐입고 머리에 투구 쓰고
창검을 휘두르며 싸움터로 나감이
남아의 장쾌한 기상이어든~

이제
아세아의 큰 운명을 걸고
우리의 숙원을 뿜으며
저 영미를 치는 마당에랴

영문(營門)으로 들라는 우렁찬 나팔소리~

오랜만에
이 강산 골짜구니와 마을 구석구석을
흥분 속에 흔드네~

슬픈 모가지 빼고 먼 산 바라보다가 엉뚱한 데 힘쓰는 사슴의 모습이 보입니다. 그러나 고라 자손은 아버지 따라 반역하지 않고 하나님 향해 지조(志操)를 지켰습니다. 지조를 중시한 고라 자손은 찬송을 부르며 오늘도 하나님을 찾아 떠납니다. 삶이 울적하다며 갑자기 헤집고 나도는 무질서한 삶이 아니라, 찬송과 간구, 진실과 헌신, 확신과 담대함으로 옹골지기를 소원합니다. 다윗 왕국은 '고라 자손'과 같은 이들로 인해 발전합니다. '사죄의 은총'을 받은 이들입니다.

'사죄의 은총'을 받은 자로, 성전 봉헌의 삶, 하나님을 바라고 그분의 도를 지키는 삶, 자신을 드리는 삶을 살 수 있기를 기도합니다.

질의와 응답

하나. "형성, 발전, 쇠퇴, 회복, 완성으로 시편을 구분하셨는데요. 발전 다음에 부흥이, 쇠퇴 다음에 회복이나 완성 하나면 있는 것이 더 낫지 않을까요?"

'발전'을 '부흥'으로 봐도 되겠습니다. '쇠퇴'의 상태가 심각하여, '회복'이 된 다음에 '완성'으로까지 나아가는 것으로 이해하면 어떨까요? 특별히 다섯 개로 구분되는 시편은 마태복음의 다섯 강화와 연결해볼 수 있습니다. 마태복음 5-7장의 '산상수훈', 10장의 '제자 파송 강화', 13장의 '천국 강화', 18장의 '공동체 강화', 23-25장의 '종말 강화'를 시편 1-5권과 연결해 볼 수 있다는 말씀입니다.

둘. "시편 23편에서 일용할 양식을 읽으셨는데요. 좀 더 설명해주실 수 있을까요?"

양은 무엇을 쌓지 않습니다. 고린도후서에 제시된 분배 기준은 '평균분여(平均分與)'입니다(고후 8:13). 누가복음 16장의 '부자와 나사로 비유'는 부유한 대제사장 집안과 가난한 제사장 집안들 사이의 불공평한 분배 현실을 드러내신 것으로 보입니다. 누가복음 12장의 '어리석은 부자'는 이스라엘 전체에 대한 말씀으로 보입니다. 레위기에서 읽었듯, 예배 때 헌물의 적절한 분배가 중요합니다. 하나님을 경외하는 사람, 그 분께 피하는 사람은 일용할 양식으로 살아갑니다.

셋. "시편 33편 1절의 '의인'을 '용서받은 자'라고 표현하셨습니다. 이유가 무엇입니까?"

의인은 없습니다. 예수님만 의인입니다. 그러므로 '의인'은 '용서받은 죄인'이겠습니다.

Weekly Reading

27

시편 47-67편

"돕는 이, 막는 이"

시 47-49편	시 50-52편	시 53-55편	시 56-58편	시 59-61편	시 62-64편	시 65-67편

check

이번 성경통독은 시편 2권에 집중됩니다. 시편 2권(42-73편)은 '다윗 왕국의 발전'에 대해 노래합니다. 다윗 왕국의 발전을 돕는 대표적인 사람들로 '고라 자손'이 있습니다. 이들의 시편이 42-49편에 소개됩니다. 돕는 이들의 노래입니다. 42편은 지난주에 소개했습니다.

고라는 민수기 16장에 나오는 레위의 증손 고핫의 손자 이스할의 아들 고라입니다. 고라는 르우벤 자손들과 당을 짓고 모세와 아론을 반역하다가 갈라진 땅 안으로 떨어져 죽었습니다. "땅이 그 입을 열어 그들과 그들의 집과 고라에게 속한 모든 사람과 그들의 재산을 삼키매"라고 하였죠(16:32). 그런데 어떻게 고라 자손이 남아 있을까요? 민수기 25장 10-11절은 이렇게 말합니다. "땅이 그 입을 벌려서 그 무리와 고라를 삼키매 그들이 죽었고 당시에 불이 이백오십 명을 삼켜 징표가 되게 하였으나 고라의 아들들은 죽지 아니하였더라" 아멘.

고라의 아들들은 아버지와 행동을 함께하지 않아 살아남았습니다. 하나님께 순종하기 위해 아버지를 거역했으나 그들에게는 별명이 하나 붙었습니다. '고라 자손'입니다. 고라 자손 가운데 하나가 한나의 남편 엘가나입니다. 역대상 6장에서 확인할 수 있습니다. 엘가나의 아들 사무엘, 사무엘의 손자로 찬송하는 자인 헤만이 고라 자손입니다.

하나님께 순종했으나 부모를 거역했기에, 살아남았으나 사회적으로 인정받기 어려웠던 고라 자손은 찬송하는 자가 되었습니다. 성경은 그들을 '다윗 왕국의 공신' 으로 인정합니다.

이번 통독에는 '성공시' 라고 할 수 있는 마스길 시편이 여럿 포함됩니다. 마스길은 '사칼' ('지혜롭다, 성공하다')에서 나온 말입니다. 시편에는 마스길 시가 13편이 있습니다. 32, 42, 44, 45, 52, 53, 54, 55, 74, 78, 88, 89, 142편입니다. 그 가운데 다윗의 마스길은 여섯 편(32, 52, 53, 54, 55, 142편)입니다. 네 편(42, 44, 45, 88편)은 고라 자손의 마스길입니다. 그 가운데 하나(88편)는 고라 자손으로 성가대장이었던 헤만의 마스길입니다. 두 편(74, 78편)은 성가대장이었던 아삽의 마스길이고, 한 편(89편)도 성가대장이었던 에단의 마스길입니다. 이번 통독에 네 편(52, 53, 54, 55편)이 포함됩니다.

다윗과 고라 자손은 성공했나요? 고라 자손은 앞서 설명한 것처럼 '다윗 왕국의 공신' 이 되었으니, 성공했다고 볼 수 있습니다. 그럼 다윗은요? 이스라엘 왕으로 기름 부음을 받은 다윗은 결국 이스라엘 전체 지파의 왕이 됩니다. '다윗 언약' 이라 불리는 사무엘하 7장의 약속을 받은 다음, 밧세바 사건으로 언약이 폐기될 위태한 순간에 직면했지만, 상하고 통회하는 심령으로 예배자의 자리를 지킵니다. 그리하여, 암논이 다말을 범하고 압살롬이 암논을 살해하고 아버지를 반역하는 순간에도 하나님 경외를 지킴으로 언약이 유효한 인생을 살았기에, 성공했다고 볼 수 있습니다.

시편 52, 53, 54편은 성공하기 위해 피할 내용을 소개합니다. 52편은 사무엘상 21-22장과 관계됩니다. 53편의 '어리석은 자' 나발 사건은 사무엘상 25장에 나옵니다. 54편은 사무엘상 23장 19-28절, 26장 1-25절과 연관됩니다. 다윗은 이 세 편의 마스길을 통해, '성공하려면, 형통하려면, 지혜롭게 행하려면, 세 가지를 피하라.' 권합니다. 도엑처럼 강하게 되었을 때 잔인하지 말고, 나발처럼 부자가 되었을 때 미련해지지 말며, 십 사람들처럼 위기에 처했을 때 비겁한 자가 되지 말라 권합니다.

이번에는 시편 52편, 도엑에게 집중해봅니다. 사울 왕이 제사장 아히멜렉과 그의 아버지의 온 집 곧 놉에 있는 제사장들을 쳐서 세마포 에봇 입은 자 팔십오 명을 죽이고, 제사장들의 성읍 놉의 남녀와 아이들과 젖 먹는 자들과 소와 나귀와 양을 칼로 칩니다. 사울은 아말렉 족속을 헤렘시키라는 명령은 불순종하면서도, 하나님의 제사장 집은 '다윗을 도왔다.' 하는 이유를 들어 헤렘시킵니다. 도엑은 이러한 사울을 도와 제사장 진멸에 앞장섭니다. 사무엘상 22장 18-19절입니다. "왕이 도엑에게 이르되 너는 돌아가서 제사장들을 죽이라 하매 에돔 사람 도엑이 돌아가서 제사장들을 쳐서 그 날에 세마포 에봇 입은 자 팔십오 명을 죽였고 제사장들의 성읍 놉의 남녀와 아이들과 젖 먹는 자들과 소와 나귀와 양을 칼로 쳤더라" 아멘. 이에 대한 다윗의 반응이 시편 52편입니다.

그럼, 시편 48, 51, 52, 57편을 '돕는 이'와 '막는 이' 견지에서 살펴봅니다.

돕는 이, 막는 이

I. 시편 48편: 돕는 이, 고라 자손

고라 자손이 하나님을 즐거워하며 노래합니다.

하나님, 당신은 크십니다. 그러므로 아주 많이 (마니마니) 찬송 받으실 분이십니다. 특별히 하나님이 거하시는 하나님의 성에서는 더더욱, 하나님이 함께 하시기에 거룩한 하나님의 산에서는 더더욱 찬양받으실 분이십니다. 하나님을 마음에 모시고 있는, 하나님께 속한, 거룩하게 된 나 같은 성도들을 통해서 더더욱 찬양받으실 분이십니다.

하나님이 거하시는 산은 아름답습니다. 그리고 그 아름다움이 눈에 잘 보입니다. 그래서 온 땅이 하나님의 거룩한 산을 보면서 심히 기뻐합니다. 그런데 하나님이 세우신 큰 왕의 성인 북방의 시온 산이 바로 그런 산입니다.

그 큰 왕이 거하는 여러 견고한 성에서, [그 견고한 성이 아니라] 하나님이야말로 견고한 피난처이심이 알려졌습니다.

보십시오! 그 많은 왕이 약속하고 함께 모여 시온산을 지나가더니

그들이 [하나님의 거룩한 산을] 보고서 충격을 받았습니다. 그들의 마음은 두려움에 사로잡혔고 근심 중에 도망하였습니다.

떨림이 거기서 그들을 사로잡았습니다. 마치 해산하는 여인[이 밀려오는 고통을 막지 못하고 받을 수밖에 없는 것]처럼, 고통이 그들을 움켜쥐었습니다.

주님, 당신은 동쪽에서 불어오는 역풍을 사용하셔서 다시스에서 오는 배를 깨뜨리시는 분이십니다. 배의 힘을 의지하던 그들로 바람과 파도의 힘 앞에 절망케 하시는 분입니다.

주님, 당신에 대해서 우리가 들은 것이 있었습니다. 그런데 만군의 여호와의 성, 우리 하나님의 성에서 우리가 우리 눈으로 똑똑히 보았습니다. 그러므로 우리는 확신할 수 있습니다. 하나님 당신이 [당신의 거룩한 성을] 영원토록 견고케 하실 것을요.

그러기에 우리는 하나님 당신의 성전에서 당신의 선하심을 생각하며 당신의 영원한 사랑을 닮고 싶습니다.

[만군의 여호와란] 하나님 당신의 이름이 보여주듯, 당신이 영원하심 같이(출애굽기 3-4장 참고), 당신 앞에서는 모든 사람이 산 것 같이(눅 20:37-38 참고), 당신을 향한 찬송도 영원하여 땅끝까지 미칠 것입니다. 동시에 [능력을 행하시는] 당신의 오른손에는 의가 가득하여 하시는 일마다 의로우십니다.

그러기에 시온산도, 시온산을 둘러싸고 있는 유다의 딸들[각 성읍]도 주님이 세우신 공의로 인하여 기뻐하고 즐거워합니다.

[하나님이 당신의 거룩한 성으로 세우신] 시온을 [사랑하여, 관심을 가지고] 자주 둘러보고 이리저리 살피며 세워진 망대들을 세어보아라.

시온성의 성벽에 네 마음을 두고, 그 견고한 성에는 이름을 지어주고 다니면서, 다음 세대에게 전할 말을 준비하여라.

왜냐하면 시온을 당신의 거룩한 성으로 세우신 분이 우리 하나님이시기 때문이다. 우리 하나님은 영원 전부터 계셨고 앞으로도 영원히 계실 영원하신 하나님이시다. 그리고 그분은 우리를 죽을 때까지라도 주도적으로 인도하실 것이다.

II. 시편 51편: 돕는 것 같지만 막는 이, 범과(犯過, 잘못을 저지름)

하나님, 저를 보십시오. [저를 보시되] 당신의 [크신] 인자를 따라, 당신의 풍성한 긍휼을 따라 보셔서, 저의 범과를 씻어 주십시오.

[제 허물이] 많습니다. 제 허물로부터 저를 건져 주십시오. 제 죄로부터 저를 정결케 하옵소서.

왜냐하면 제가 뭘 어겼는지 제가 알기 때문입니다. 또한 제 죄가 계속해서 제 앞에 있기 때문입니다. 주님께서 씻어주시지 않으면 제 죄는 해결되지 않을 것입니다.

당신께, [어떤 의미에서는] 당신께만 제가 죄를 지었습니다. 그리고 그 악한 짓을 당신 목전에서 제가 행했습니다. 그러니 당신의 말씀이 옳습니다. 당신의 판결은 순전하십니다. 저는 왕이고, 우리아는 신하이며, 밧세바는 신하의 아내이니, 세상 법을 따라서는 제가 그리 큰 죄를 범한 것이 아닐 수도 있을 것입니다. 그러나 저는 하나님의 율법을 받은 이스라엘의 왕이고, 하나님의 영을 받은 당신의 선지자이며, 언약을 은혜로 받았으니, 큰 죄를 지은 것입니다. 그러므로 제게 하신 말씀, 심판, 예언, 이 모든 것을 저는 바르고 순전한 것으로 받아들입니다.

보십시오. 저는 태어날 때부터 허물 가운데 있었습니다. 제 어머니께서 죄 중에 저를 잉태하셨습니다. 하나님, 저는 근본부터 문제가 많은 사람입니다. 죄 중에 잉태되고 허물 가운데 태어날 수밖에 없었던 인생입니다. 저의 근본을 헤아려 주십시오.

보십시오. 당신은 마음 중심으로부터 진리를 기뻐하십니다. 그러니 제 닫힌 마음이 지혜를 알게 해주십시오. 죄로 물든 저와는 달리, 하나님께서는 진리를 기뻐하십니다. 진리만을 기뻐하시는 하나님께서 제 닫힌 마음에 지혜를 아는 지식을 주시면, 저도 죄와 허물과 범과와 악에서 벗어날 수 있겠습니다.

우슬초로 제게 뿌려주십시오. 그러면 제가 깨끗해지겠습니다. 저를 씻어주십시오. 그러면 눈보다 더 하얗게 되겠습니다. 저는 나병으로 부정해진 자와 같습니다. 예배자의 자격을 잃었습니다. 예배공동체를 떠날 수밖에 없습니다. 죽은 자와 같이 된 제게 생수를 뿌려주십시오. 우슬초로 적셔, 뿌려주십시오. 그러면 제가 깨끗해져서 예배자의 위치를 회복할 수 있겠습니다.

기쁨과 즐거움을 저로 듣게 해주십시오. 당신이 빻아 으깨신 뼈들이 노래하게 하소서. 죄 가운데 있는 저는 기쁨도 즐거움도 들을 수가 없습니다. 뼈까지 바숴져 있습니다. 이제 노래하고 싶습니다. 빻아 으깨진 뼈를 추슬러서라도 찬송하고 싶습니다. 저를 회복시켜 주십시오.

제 죄로부터 당신의 얼굴을 가려주십시오. 제 모든 허물을 씻어주십시오. 영광스러운 당신의 모습이 제 죄를 드러내시니 저는 살 수가 없습니다. 주님께서 제 모든 허물을 씻어주시지 않으면 저는 죄밖에 보여드릴 것이 없습니다. 그러니 저를 씻어주십시오. 그래야 영광스러운 당신의 존전에서 예배자로 나아가겠습니다.

하나님, 저를 위해 깨끗한 마음을 창조해주십시오. 제 내면에 있는 확정된 심령을 회복시켜주십시오. 제 마음은 바뀌어야 합니다. 새 걸로 바꿔주십시오. 깨끗한 걸로요. 그간 결단하고 하나님의 영광만을 위해 살도록 도왔던 확정된 심령이 새로워질 필요가 있습니다. 리모델링시켜주십시오. 제 핵심부품이 교환되고 수리되고 나면 제가 다시 주님 나라 위한 일꾼이 될 수 있겠습니다.

당신의 존전에서 저를 내던지지 말아 주십시오. 제게서 당신의 거룩한 영을 취하지 말아주십시오. 죄로 물든 제 상태 이대로라면 저는 당신 앞에 있을 수 없습니다. 내던져질 수밖에 없습니다. 제게 부어주셨던 거룩한 영은 저를 떠나갈 수밖에 없습니다. 그러니 저를 고쳐주십시오. 새롭게 되길 원합니다. 주님 앞에 계속 있고 싶습니다. 주님의 거룩한 영을 모시고 살면서 사명 감당하고 싶습니다.

당신의 구원을 즐거워하는 마음을 제게 되돌려주십시오. 도전의 영으로 저를 붙들어주십시오. 사명 감당의 이유가, 살아가는 이유가 당신에게서 받은 구원을 기뻐함에 있기를 원합니다. 무가치를 가치로, 무존재를 존재로, 죽음을 생명으로 바꿔주신 주님의 구원이 없었다면, 제 모든 수고도 헛되고 저 자신도 신기루와 같았을 것입니다. 수고가 헛되지 않고 삶이 손에 잡히고 제 존재가 의미 있게 된 것은 주님께서 저를 구원해주셨기 때문입니다. 제 눈을 열어, 주님의 구원이 제게 열어주신 '생명과 열매의 삶' 을 보게 해 주십시오. 그간 저로 하나님의 말씀과 뜻을 따라 살도록 도전하신 주님의 영으로 저를 붙들어주십시오. 그럼, 제가 다시 일어나 힘 있게 주님 나라 위해 살 수 있겠습니다.

[그러면 저처럼] 어긋난 자들에게 당신의 길을 제가 가르치겠습니다. 그러면 죄인들이 당신께 돌아갈 것입니다. 마음의 헛된 욕심 때문에 우리야의 가정을 파괴하고 저 역시 파괴한 저를 주님께서 다시 새롭게 해주신다면, 저도 저처럼 말씀에서 벗어나 이리저리 치우쳐 어긋난 자들이 주님의 길로 되돌아올 수 있도록 그 길을 가르쳐주겠습니다. 그러면 그들도 생명의 길인 주님의 길로 되돌아갈 것입니다. 이스라엘 왕이 되었기에 백성이 주님의 길을 가도록 도와야 했는데, 도리어 주님 길 벗어난 자가 되어 버렸습니다. 저를 고쳐주시면 본래 제 사명에 충실하겠습니다.

하나님이여, 내 구원의 하나님이여, 피에서 저를 구출해주십시오. 제 혀가 당신의 의를 노래할 것입니다. 저를 구출해주십시오. 피가 저를 따라옵니다. 아벨 피의 부르짖음이 가인을 송사하듯, 우리야 피의 부르짖음이 제게 들립니다. 저를 용서해주시고 씻어 주십시오. 저로 다시 찬양하게 하소서.

나의 주님이시여, 내 입술을 열어주소서. 그러면 내 입이 당신의 노래를 부르겠습니다. 입술만이라도 열어주소서. 그러면 다시는 세상 노래 부르지 않겠습니다. 내 생각도 노래하지 않겠습니다. 주님의 길만, 주님의 말씀만, 주님의 의만, 주님의 공의만 노래하겠습니다.

결국, 당신은 제물을 기뻐하는 분이 아니었습니다. 그랬다면 제가 드렸을 것입니다. 번제라도 당신이 기뻐 받으실 제사는 아니었습니다. 이제야 알았습니다. 당신이 제물로 만족하는 분이 아니라는 것을요. 예배자에게 아무 몫도 돌아오지 않는 번제마저도 당신에게는 아무것도 아니라는 것을요.

하나님께서 받으시는 제물은 깨진 영입니다. 깨지고 바수어진 마음을 하나님께서 멸시하지 않으십니다. 하나님께서 받으시는 제물은 동물의 피와 고기가 아니었습니다. 그 동물과 함께 드려지는 인간의 깨진 영이었습니다. 깨진 영이 없다면 양과 소의 피와 고기는 그냥 피와 고기일 뿐 제물일 수 없다는 것을 알았습니다. 어긋난 것을 슬퍼하며 깨지고 바수어진 마음을 가지고 제물을 드리는 예배자를 보고 제물을 받으시는 하나님이십니다. 자신의 마음과 영이 깨지고 바수어졌기에 더더욱 흠 없는 제물을 준비하려 살피고 애쓰는 예배자를 기쁘게 받으십니다.

당신의 호의로 시온을 좋게 만들어주십시오. 예루살렘 성벽을 건설해주십시오. 하나님 당신의 은택이 없다면, 제물이 드려지는 성막이 있는 다윗성 시온은 선한 곳일 수 없습니다. 선할 수 없습니다. 예배자에게 있어서 제물보다 상한 심령이 중요하듯, 예배에서도 예배자의 상한 심령을 고쳐주시는 하나님의 은혜가 중요하기 때문입니다. 평화의 성 예루살렘을 지키는 것도, 인간이 쌓아 올린 돌담이 아니라 하나님의 구름 기둥과 불기둥입니다. 하나님의 임재만이 예루살렘으로 예루살렘 되게 합니다. 그러니 예루살렘 성벽도 주님이 건설해주십시오. 인간의 자랑이 되어 버린 교회 건물이 아니라, 하나님의 은혜와 성령의 역사로 생명 사역이 이뤄지는 교회 되게 해주십시오.

그때에야 당신께서 의의 제물들인 번제와 온전한 제물을 기뻐하실 것입니다. 그때에야 그들이 당신의 제단에 수소들을 번제로 드릴 것입니다. 마음과 영이 먼저 바뀐 다음에야 주님께서 기뻐하시는 제사가 가능할 것입니다. 그러한 제사가 가능해진 다음에, 많은 수소가 당신께 드려질 것입니다.

III. 시편 52편: 막는 이, 도엑

에돔인 도엑이 사울에게, "다윗이 아히멜렉의 집에 왔더라." 말하던 때입니다.

강한 용사여, 네가 악한 일을 행하면서 스스로 무엇을 자랑하는가? [비록 네가 너의 강함을 사용하여 악한 일을 도모하지만] 하나님의 영원하신 사랑은 날마다 [네가 악한 일을 도모하던 그날에도] 있단다.

네가 혀로서 심각한 갈등[왕의 집과 제사장의 집 사이의 갈등]을 도모하는구나.

제사장 집안에 대한 격한 감정을 사울로 갖게 하여, 제사장 집안이 망하게 하는구나. 둘 사이를 이간질하는 네 혀가 [무엇과 같은지 아느냐?] 바로 날카롭게 다듬어진 칼과 같다. 어찌 네 혀에는 [인자가 없이] [너를 여호와 앞에 머물게 해주었을 뿐만 아니라 모든 일을 숨기지 않고 가르쳐 준 아히멜렉을 배반하여] 속이는 말을 하는 기능만 있는가?

[그때 네가 보고 듣지 않았었더냐? 아비멜렉에게 무슨 악한 마음이 있더냐? 그럼에도] 너는 선보다 악을 사랑하는 자로다. 참된 것을 말하는 것보다 거짓된 것 말하기를 좋아하는 자로다.

너는 사람을 잡아먹는 말, 망하게 하는 말만 사랑하는구나! 얼마나 못된 혀인가?

[네가 너의 강함을 믿고 못된 악을 행한다만, 하나님이 가만히 계실 줄 아느냐? 아니다.] 하나님께서도 네가 영원토록 그 못된 짓을 못하게 하실 것이다. 너를 갑자기 취하시며 네가 거하는 곳에서 제거하시며 산 자의 땅에서 너를 뿌리째 뽑으실 것이다.

그때, 의를 행하는 자들은 하나님이 네게 행하시는 일을 볼 것이다. 보면서 하나님이 얼마나 두려운 분인지 다시 생각할 것이다. 그리고 너를 향해서는 [두려움이 아니라] 경멸의 비웃음을 보낼 것이다.

이 사람을 보라! [강한 자인 줄 알았는데 자세히 보니 평범한 남자로구나.] 자신이 의지하고 편안함을 얻을 대상으로 하나님을 모시지 않는 자로다. 자기가 가진 것이 많은 것을 든든하게 생각하며 [가진 바를] 의지하던 자로다. [어부지리를 노려] 사람들을 이간함으로 자기를 강하게 하던 자로다. 한쪽은 화나게 하고 다른 한쪽은 두렵게 만들어 자신의 이득을 취하는 자로다.

그러나 나는 하나님의 집에서 잘 자라고 있는, 강하고 싱싱한, 철을 따라 열매 맺는, 기름으로 하나님을 영화롭게 하고 사람들을 이롭게 하는 감람나무 같도다. 나는 오직 하나님의 인자(仁慈)만을 의지하여 왔고 앞으로도 영원히 하나님의 인자만을 의지하련다.

주님, 저는 당신께 끊임없는 감사와 찬송을 드립니다. 왜냐하면 [자기의 강함을 믿고 악을 행하는 자의 심판에 관한] 모든 일을 당신이 하셨기 때문입니다. 저는 [제가 가진 것이 아니라] 당신의 이름에만 소망을 둡니다. 왜냐하면 당신의 이름만이 선하시기 때문입니다. 저는 당신을 신실하게 섬기는 자들 앞에서 [그들을 고려하며] 당신만을 앙망하며 살겠습니다.

IV. 시편 57편: 막는 것 같지만 돕는 이, 굴

다윗의 보호 시(믹담은 '덮음, 보호'를 의미함), 영장으로 '멸하지 마소서'(알다스헷은 '멸하지 마소서'를 의미함)에 맞춘 노래로, 다윗이 사울을 피하여 굴에 있다(삼상 22:1-2 혹은 삼상 24:1-10 참고).

내게 은혜를 베푸소서! 하나님, 내게 은혜를 베푸소서! 내 영혼이 당신 안에서 피난처를 찾고 있습니다. 악한 계획 가득한, 이 어려움의 순간이 지나기까지 당신의 날개 안에서 쉬고 싶습니다. [주님 저는 어려움의 순간에, 어미 새 날개 안을 그리워하는 새끼 새와 같습니다.] 쉼이, 피난처가, 도움이 필요합니다.

나는 높은 곳에 계신 하나님을 늘 부르도다. 곧 내 모든 일에 마침표를 찍으시는 그분, 그분이 아니면 내 어떤 일도 끝나지 않는 그분을 늘 찾도다. 인생 중에 깨달은 바가 있기에, 하나님을 찾는다. 해결사가 되시는 분, 최종 결재권자인 그분을 찾는다.

그러면 하나님은 계신 곳 하늘에서 [무언가를] 보내셔서 나를 구원하시고 나를 삼키려고 찾는 자를 혼내 주신다. (오, 할렐루야! 오 주여!) 하나님은 하나님께 속한, 변함없는 사랑과 진실하심을 보내주신다. 그분은 히든카드(hidden card)를 쥐고 계신다, 아무도 모르는 카드를. 그러나 그 카드가 던져지는 순간에 모든 사람은 알게 될 것이다, 사랑과 진실함에 기초한 카드임을.

내 영혼이 사자들 가운데 있다. 모든 것을 태우는 자들 가운데 잡혀 있다. 창과 화살 같은 이와 날카로운 칼 같은 혀를 가진 사람들 속에 있다. 내가 찾는 그분은 사랑과 진실의 카드를 쥐고 계시지만, 나를 둘러싼 사람들은 파괴와 독설의 카드를 들고 있다.

[비록 나는 처참한 순간을 눈앞에 두고 있지만] 나의 소원은 하나님 당신이 높임을 받으시며 당신의 영광이 온 땅에 충만하게 되는 것입니다.

이런 순간에 어떤 소원을 내 마음에 품을 것인가? 하나님과 그분의 영광을 향한 소망을 품으리라.

비록 [사자 같은, 불사르는 자 같은, 날카로운 이와 혀를 가진 사람 같은] 그들이 내 발밑에 그물을 쳐서 내 영혼이 자빠졌지만, 그들이 내 가는 길에 파 놓은 함정에는 자기들이 빠졌다네. 오, 디어(Oh, Dear)! 하늘을 바라보며 걷기에, 함정에 빠지는 게 당연하다. 그런데 이게 웬일인가! 하늘을 보고 가는 나는 빠지지 않고, 도리어 그 함정을 만든 자들이 그 안에 빠지다니! 내가 빠지지 않으니, 자신들도 빠지지 않을 줄 알고 마음 놓고 그 위로 걸어갔나?

[그러므로] 내 마음이 변함없게 되었습니다. 하나님, 내 마음이 확정되었습니다. 나는 항상 당신을 노래하고 찬송할 것입니다. 이런 경험을 어찌 헛되이 버릴 수가 있는가? 이런 일을 계기로 내 마음을 확고하게 정할 필요가 있다. 노래하는 자로, 찬송하는 자로만 살아야겠다.

[하나님을 찬송하기 위해] 하나님이 내게 주신 나의 영광아, 일어나라! 활동하라! 비파(하프 혹은 기타)야, 수금아, 일어나서 연주하라! 나는 새벽을 깨워야겠다. 태양과 만물도 나와 함께 하나님을 찬송하자고 아침을 깨워야겠다. 나는 비록 캄캄한 굴에서 지내고 있지만 온 땅에 가득하신 하나님의 영광을 찬송하기 위해 '어둠 가운데 빛이 있어라!' 외쳐야겠다.

여전히 내가 사는 곳은 캄캄한 굴이다. 그러나 나는 찬송하는 자가 갖추어야 할 마음으로 일어날 것이다.

주님, 저는 어떤 사람을 만나도 아무리 많은 사람이 있어도 당신께 '감사하다.' 이렇게 말해야겠습니다. 언어가 다른 사람에게도, 언어가 다른 모든 민족이 한자리에 모여 있어도, 나는 내가 할 수 있는 언어를 사용하여 당신을 찬양해야겠습니다.

왜냐하면 당신의 변함없는 사랑은 [비록 변함없지만] 작지 않고 큰 데 그 크기가 하늘에 도달할 만큼 크고, 당신의 진실하심은 [비록 진리지만] 좁지 않고 궁창(穹蒼)을 다 메울 만큼 넓기 때문입니다.

그러므로 [비록 내가 처참한 순간을 눈앞에 두고 있다고 해도] 하나님, 저는 당신만이 높임 받으시길 소원합니다. 당신의 영광만이 온 땅에 가득하기를 간절히 원합니다. 주님, 이것이 제게 은혜를 베푸신 주님을 향한 저의 마음입니다.

고라 자손처럼 돕는 이들이 있습니다. 도엑처럼 막는 이들이 있습니다. '죄, 범과'처럼 우리를 돕는 것 같지만 막는 것들이 있습니다. '굴, 골방'과 같이 우리를 막는 것 같지만 돕는 것들이 있습니다. 우리를 돕는 것 같지만 막는 것들을 만날 때, 우리는 하나님 앞에 '회개'하며 나아갑니다. 우리를 막는 것 같지만 돕는 것들을 만날 때, 우리는 하나님 앞에 '찬송'하며 나아갑니다.

다윗은 자신의 마음에서 어리석은 자의 소리가 들렸고 자신이 여러 번 그 소리에 순종했던 것을 알았습니다. 자신도 나발과 다를 바가 없었습니다. 하나님께서 계시지 않는 것처럼 행동하였습니다. 망조들 생각을 하고, 하나님 아닌 다른 것을 구하였습니다. 안정, 명예, 인정과 칭찬 등을 구했습니다. 그래서 선한 것, 좋은 것이 없었습니다. 언약궤 모시기를 성공하는 날 기뻐 뛰놀며 춤춘 직후에도, 미갈의 한마디에 조강지처를 저주하여 미갈이 죽는 날까지 자식이 없는 일이 생겼습니다(삼하 6:23). 그래서 노래합니다. "어리석은 자는 그의 마음에 이르기를 하나님이 없다 하도다 그들은 부패하며 가증한 악을 행함이여 선을 행하는 자가 없도다"(시 53:1) 아멘.

하나님께서 보실 때도 그러했습니다. '지각이 있는 자'('마스길')가 있나 보셨습니다(53:2). 그런데 없습니다(53:3). 지각 즉, 마스길이 있다면 하나님을 구할 것입니다. 그런데 하나님을 구하는 자가 없습니다. 하나도 없습니다. 바울 사도는 로마서 3장 10-12절에서 시편 53편을 인용하며 모든 사람이 죄인이라는 것을 성경을 통해 증명합니다. "의인은 없나니 하나도 없으며 깨닫는 자도 없고 하나님을 찾는 자도 없고 다 치우쳐 함께 무익하게 되고 선을 행하는 자는 없나니 하나도 없도다" 아멘.

우리는 여기서, 하나님께서 보시는 다윗과 다윗이 보는 자신 사이에 차이가 있다는 것을 알게 됩니다. '마음에 합한 자' 대(對) '어리석은 자' 입니다. 하나님께서 자신을 어떻게 보시는지 다윗은 알았습니다. 그러나 자신이 어떠하다는 것도 그는 알았습니다. 그래서 그 역시 메시야를, 예수님을 기다렸습니다. 주님의 부활을 미리 보고 기뻐하였습니다(시편 16편).

시편 53편 4절에는 이런 관점의 변화가 드러납니다. 이스라엘을 '내 백성' 이라 부릅니다. '그들을 떡 먹듯이 먹는 죄악을 행하는 자들' 에 대해 언급합니다. 그들이 몰라서 그러는 게 아닙니다. 알고도 그럽니다. 그들은 어리석은 마음의 소리를 그대로 따르는 자들입니다. 어리석은 마음의 소리를 따랐더라도 회개하고 돌아서야 하는데 돌이키지 않는 이들입니다.

이어지는 53편 5절에서 다윗은 어리석은 마음의 소리를 따라 하나님의 백성을 핍박하는 이들에 대한 하나님의 반응을 소개합니다. 하나님께서 그들을 흩으실 것입니다. 버리고 수치를 당하게 하실 것입니다. 6절은 그의 결론입니다. "시온에서 이스라엘을 구원하여 줄 자 누구인가 하나님이 자기 백성의 포로된 것을 돌이키실 때에 야곱이 즐거워하며 이스라엘이 기뻐하리로다" 아멘. 자기 백성들 돌이키실 하나님을 찬양합니다. 자신은 이스라엘의 구원자가 아닙니다. 하나님 그분이 구원자이십니다. 하나님의 구원을 기뻐할 야곱과 이스라엘 가운데 한 사람이 되어, 자신도 하나님 앞에 섭니다.

계속 이어지는 다윗의 시편에서 이러한 다윗의 태도를 읽습니다. 특히 보호 시에 해당하는 '믹담[보호] 시편' (56-59편)에서는 보호를 기대하며 하나님을 의지하는 다윗의 노래를 만납니다. 이 가운데 59편은 다윗 왕국의 발전을 가로막는 얘기가 소개됩니다. "사울이 사람을 보내어 다윗을 죽이려고 그 집을 지킨 때에" 라는 제목이 있습니다. 대적이 '개들' 로 묘사됩니다. 6절과 14절입니다. "그들이 저물어 돌아와서 개처럼 울며 성으로 두루 다니고", "그들에게 저물어 돌아와서 개처럼 울며 성으로 두루 다니게 하소서" 아멘. 먹거리를 찾아 헤매며 울부짖는 개들처럼 대적들이 다니지만, 하나님을 신뢰하는 다윗은 승리의 개가를 부릅니다. 15-16절입니다. "그들은 먹을 것을 찾아 유리하다가 배부름을 얻지 못하면 밤을 새우려니와 나는 주의 힘을 노래하며 아침에 주의 인자하심을 높이 부르오리니 주는 나의 요새이시며 나의 환난 날에 피난처심이니이다" 아멘.

이어 '미즈모르[찬양] 시편'(62-68편)에서는 도움을 베푸신 하나님을 향한 찬양을 듣습니다. '미즈모르[찬양] 시편' 가운데에서, 65-68편은 '기쁨의 노래'입니다. 60편과 63편에는 다윗 왕국의 발전을 가로막는 얘기가 소개됩니다. 60편의 제목은 "다윗이 아람 나하라임과 아람 소바와 싸우는 중에 요압이 돌아와 에돔을 소금 골짜기에서 쳐서 만 이천 명을 죽인 때에"입니다. 배경 본문으로 "다윗이 소금 골짜기에서 에돔 사람 만 팔천 명을 쳐죽이고 돌아와서 명성을 떨치니라"(삼하 8:13)와 "스루야의 아들 아비새가 소금 골짜기에서 에돔 사람 만 팔천 명을 쳐죽인지라"(대상 18:12)가 고려됩니다. '일만 이천'이 아니라 '일만 팔천'이 쓰이고, '아비새'가 아니라 '요압'이 쓰인 것을 '오기(誤記)'로 보기도 하지만, 다른 사건을 가리킬 수 있습니다. 한편, 63편의 제목은 "유다 광야에 있을 때에"입니다. 광야에서 다윗은 "주의 인자하심이 생명보다 나으므로 내 입술이 주를 찬양할 것이라" 이렇게 노래합니다.

통독 마지막 장인 시편 67편 6-7절을 봅니다. "땅이 그의 소산을 내어 주었으니 하나님 곧 우리 하나님이 우리에게 복을 주시리로다 하나님이 우리에게 복을 주시리니 땅의 모든 끝이 하나님을 경외하리로다" 아멘. 늘 그렇듯, 다윗을 돕는 분으로 하나님이 소개됩니다.

우리를 돕는 이와 막는 이, 돕는 것과 막는 것을 잘 구별해야겠습니다. 특히 하나님께서 우리를 돕는 분이심을 기억하고, 죄와 도엑을 멀리하고 고라 자손과 굴을 가까이 하는 것이 좋겠습니다. 고라 자손은 가족보다 하나님을 더 가까이하는 족속이고, 굴은 기도하는 곳입니다.

질의와 응답

하나. "마스길 시편은 어떤 성공을 말하나요?"

다윗은 하나님을 아는 것이, 위기 때 비겁하지 않는 것이 성공이라고 말합니다.

둘. "'셀라, 식가욘(시 7:1)'의 의미가 무엇인가요?"

'셀라'는 '얼쑤'와 같은 추임새로 보시면 되겠습니다. '공감한다, 반응을 보이고 싶다.' 하는 말입니다. '아멘'과 유사합니다. '식가욘'은 '애가(哀歌)'나 '환희(歡喜)의 노래'로 의미를 추정하는데, 정확하지는 않습니다.

셋. "시편 51편 5절에서 '내가 죄악 중에서 출생하였음이여 어머니가 죄 중에서 나를 잉태하였나이다' 이렇게 노래하는데, 이 내용을 교리화할 수 있을까요?"

출생에 대한 다윗 자신의 고백으로 보는 것이 좋겠습니다. 시(詩)라는 것이 보편성을 갖지만, 교리화하기 위해서는 종합적인 고려가 필요하지 않을까요?

넷. "제목을 '돕는 이, 막는 이'라고 붙이셨는데, 무엇을 막고 무엇을 돕나요?"

다윗 왕국의 발전을 돕거나 막는 것을 의미합니다.

다섯. "누가복음, 사도행전이 시편과 밀접한 관계가 있을까요?"

누가가 누가복음, 사도행전, 그리고 히브리서의 기록자라고 생각하는데요. 세 권 모두 시편과 깊은 연관이 있습니다. 히브리서는 '시편 설교'라고 부를 만큼 시편 인용과 해석이 많습니다. 누가복음에는 노래도 여럿 나오고 사도행전 설교에는 시편 인용과 해석이 많습니다. 누가에게는 누가 자신만의 독특한 시편 이해가 있는 것 같습니다. 주기도문이 어떤 면에서는 '응축(凝縮)된 시편' 같고, 사도행전의 기도문들은 '상황에 맞게 풀어쓴 주기도문' 같습니다.

Weekly Reading

28

시편 68-88편

"바닥"

시 68-70편	시 71-73편	시 74-76편	시 77-79편	시 80-82편	시 83-85편	시 86-88편

check

이번 통독은 '다윗 왕국의 발전'을 노래한 시편 2권(42-72편)의 끝부분에서 시작하여, '다윗 왕국의 쇠퇴'를 노래한 시편 3권(73-89편)의 마지막 편 직전에서 마무리됩니다. 3권을 중심으로, '하나님 나라'의 모습을 예상하도록 돕는 '다윗 왕국'의 쇠퇴 원인에 무엇이 있는지, 쇠퇴의 순간에 어떤 마음을 품어야 하는지 읽습니다. 쇠퇴의 원인은 성가대장 아삽의 시 가운데 '마스길'인 74편과 78편을 통해 살펴보고, 쇠퇴의 순간에 어떤 마음을 품어야 하는지는 고라 자손의 노래인 84편과 87편을 통해 봅니다. 아삽의 시는 시편 3권에 열한 편(73-83편)이나 등장합니다. 고라 자손의 시는 네 편(84-85, 87-88편)이고, 다윗의 시는 한 편(86편)이며, 에스라인 에단의 마스길도 한 편(89편)입니다.

바닥

I.
바닥을 치면 소망이 있다.
회복이 시작되기 때문이다.

하한가는 바닥이 아니다.
더 내려갈 수 있기 때문이다.

바닥인지, 하한가인지는
지나 봐야 안다.

바닥이라면 올라갈 것이고
단지 하한가라면 더 내려갈 것이다.

II.
인생 바닥은 어딜까?
아직 삶이 진행 중이니 분명하지 않다.

그러나 아브라함의 바닥은 알 것 같다.
애굽 왕에게 사라가 누이라고 할 때였다.

이삭의 바닥도 알 것 같다.
하나님 뜻 알면서도 사냥 고기 생각하고 에서 축복하려 할 때다.

야곱의 바닥은 언제인가?
벧엘의 서원을 잊고 세겜에 정착했을 때이리라.

III.
다윗의 바닥은 언제였을까?
몇 개의 후보가 있다.

가드 왕 아기스 앞에서 미친 체할 때일까,
시글락에 가족 두고 블레셋과 함께 출전했을 때일까?

밧세바 범하고 우리아 죽였을 때일까,
압살롬 반역에 도망칠 때일까?

오르내림 잦아
바닥도 여러 개다.

IV.
다윗의 오르내림에
다윗 왕국도 오르내린다.

다윗 자손 오르내림에
이스라엘이 오르내린다.

바벨론 포로 때 바닥이고
예수님 오실 때 더 바닥이다.

바닥을 어떻게 탈출하는가?
하나님의 은혜로 탈출한다.

V.
아브라함도, 이삭도, 야곱도
하나님 은혜로 바닥을 벗어났고

다윗도 다양한 바닥에서
하나님을 힘입어 회복되었다.

다윗 왕국의 회복에도
하나님의 은혜가 있다.

바닥으로 치닫는 백성의 어리석음이
위로부터 내리시는 하나님의 지혜로 치유된다.

VI.
지금 교회 상황이 바닥인지도
지나 봐야 안다.

교회의 바닥은 언제인가?
하나님 은혜로 다시 회복될 때이다.

바닥마다 바닥이었지만
그분의 긍휼로 회복이 있었다.

코로나로 교회의 바닥은 깊어만 가는데
바닥 치고 오를 힘은 위에서 오네.

시편 3권은 아삽의 유명한 표현으로 시작됩니다. 73편 1-3절입니다. "하나님이 참으로 이스라엘 중 마음이 정결한 자에게 선을 행하시나 나는 거의 넘어질 뻔하였고 나의 걸음이 미끄러질 뻔하였으니 이는 내가 악인의 형통함을 보고 오만한 자를 질투하였음이로다" 아멘. 아삽은 그분께 가까이 나아가서야 비로소 '악인의 형통으로 인한 분개와 질투, 속상함' 이 해결되었다고 노래합니다. 형통하고 오만하며 죽을 때도 고통이 없고 살찜으로 눈이 솟아있는, 오만한 악인을 보고 하마터면 넘어지고 미끄러질 뻔했는데, 성소에 들어가서야 그들의 결국을 깨달았다고 고백합니다. 그러면서 가지게 된 결심이자 고백이 "하나님께 가까이 함이 내게 복이라"(73:28)였습니다. 그래서 하나님과 친밀해지기를 바라는 마음, 간절합니다.

왜 하나님과 친하고 가깝기를 바라게 될까요? 우선은 왠지 이 세대가 하나님과 멀어져 있고, 교회뿐 아니라 하나님에 대한 오해도 크다는 생각이 들었기 때문입니다. 돈과 가까워지면서 하나님에게서는 멀어지고요. 바이러스에 대한 관심이 증가하면서, 하나님에 대한 관심은 상대적으로 낮아지고 있는 것 같습니다. '교회에 모이는 것에 대한 중요성', '예배와 교제가 필요하다는 생각' 은 커졌지만, 교회 및 하나님과의 거리는 점점 멀어지고 있지요.

이런 복음성가가 생각납니다. "하나님께로 더 가까이 갑니다/고통 가운데 계신 주님/변함없는 주님의 크신 사랑/영원히 주님만을 섬기리". 이 복음성가를 좋아해서 자동차에서 복음성가를 틀면 이걸 꼭 '반복' 해달라던 아이가 있었습니다. 커서 얘기해줬더니 '기억이 안 난다.' 말하더군요. '고통 가운데 계신 주님' 을 인식하고 '그분께 더 가까이' 나아가겠다는 시인의 마음이 느껴져 고마운 복음성가입니다. 시편 73편 25-28절입니다. "하늘에서는 주 외에 누가 내게 있으리요 땅에서는 주 밖에 내가 사모할 이 없나이다 내 육체와 마음은 쇠약하나 하나님은 내 마음의 반석이시요 영원한 분깃이시라 무릇 주를 멀리하는 자는 망하리니 음녀 같이 주를 떠난 자를 주께서 다 멸하셨나이다 하나님께 가까이 함이 내게 복이라 내가 주 여호와를 나의 피난처로 삼아 주의 모든 행적을 전파하리이다" 아멘.

모세는 자신도 모르게 하나님께 다가갔습니다. 떨기나무가 타는데 꺼지지 않는 게 이상했기 때문입니다. 떨기나무는 가지가 두껍지 않습니다. 특히 광야의 떨기나무는 말라 있기에, 불이 붙으면 금방 사그라들지요. 그런데 불이 꺼지지 않는 것입니다. 다가오는 모세를 향해 하나님께서는 '신을 벗으라.' 하셨습니다. 하나님께 가까이 가려면 '신'을 벗어야 합니다. 내 신분, 계급, 자존심, 능력, 비전, 심지어 혈통까지도 내려놓아야 가까이 갈 수 있습니다. 가까이 갔던 모세는 '좌절감에 사로잡힌 인생'에서 '출애굽의 지도자, 시내 산 언약의 중보자'가 되었습니다. 하나님께 가까이 다가가면, 자신을 알게 될 뿐 아니라 하나님을 알게 됩니다. 예수님 가까이 다가간 베드로는 '죄인'이라는 자신의 정체성, 예수님의 '주 되심'을 깨달았습니다. 갈릴리 호수의 어부가 '사도'가 되었습니다. 예배와 교제, 말씀 묵상, 성경통독 등을 통해 우리 모두 하나님과 더욱 친밀해지기를 소원합니다.

아삽의 마스길인 74편에서는 하나님을 향한 세상의 대적과 하나님 백성의 고난이 다뤄집니다. 하나님께서 정하신 법질서와 통치 원리에 대한 강한 반발이 세상과 우리 사회로부터 강하게 일어나기에, 시편 74편의 묵상은 매우 중요합니다.

1절입니다. "하나님이여 주께서 어찌하여 우리를 영원히 버리시나이까 어찌하여 주께서 기르시는 양을 향하여 진노의 연기를 뿜으시나이까" 아멘. 시인의 질문은 '이유'에 있습니다. '누가 언제 어디서 무엇을 어떻게'라는 질문은 답하기가 쉬운 편입니다. 물론, '누가 범인이냐, 정확히 언제 일어났느냐, 위치가 어디냐, 무얼 했느냐, 방법이 무엇이었느냐'를 따지는 게 어려울 때가 많지만, 그나마 '왜'라는 질문에 대한 답을 찾는 것보다는 어렵지 않습니다. 예를 들어봅니다. '누가 언제 어디서 결혼을 어떻게 했다.' 말하기는 쉽습니다. 그러나 '결혼을 왜 했는지'를 말하기는 어렵습니다. '사랑하니까? 돈이 필요해서? 어쩔 수 없어서? 하나님의 뜻이어서?' 단편적인 답이라 해도 매우 다양할 수 있습니다.

질문은 '왜 하나님께서는 당신 초장의 양에 대해 분노의 연기를 발하시며 영원히, 혹은 완전히, 혹은 계속해서 거절하십니까?' 하는 데에 있습니다. 이는 시편 기자의 느낌입니다. 하나님께서 '너희는 내 초장의 양이 아니다.' 하실 수도 있고, '난 화 안 냈다, 난 거절한 것 아니다.' 하실 수도 있습니다. 다만, 자신의 상황을 보고 시편 기자가 자신의 해석에 기초하여 질문합니다.

2절입니다. "옛적부터 얻으시고 속량하사 주의 기업의 지파로 삼으신 주의 회중을 기억하시며 주께서 계시던 시온 산도 생각하소서" 아멘. 해석과 느낌이 적절한지 물을 수 있는 질문을 던진 다음, 시편 기자는 보다 객관화될 수 있는 역사기술로 분위기를 바꿉니다. '이 양 무리는 하나님께서 옛적에 값을 주고 사셨습니다. 기억하시죠? 구속하셔서 주님의 기업이, 온 민족이 통째로 주님의 것이 되었습니다. 이 시온 산이 어떤 곳입니까? 주님께서 그 안에 머무시던 곳이 아닙니까?' 애굽에서 종살이 하던 이스라엘이 해방되었고 가나안을 기업으로 얻었으며 다윗 성이 있던 시온 산 예루살렘에 성전이 세워졌습니다. 이 일이 성취되는 데 사백 년 이상이 소요되었습니다. 한두 세대에 걸쳐 이뤄진 것이 아니지만 역사의 큰 변곡점에서 바라볼 때 이는 같은 시기의 사건입니다.

3절입니다. "영구히 파멸된 곳을 향하여 주의 발을 옮겨 놓으소서 원수가 성소에서 모든 악을 행하였나이다" 아멘. 다윗 때로부터 다시 사백 년이 지난 시점에, 하나님의 거룩한 곳 성소는 원수에 의해 해를 입어 훼파되었습니다. 팔백 년이라는 긴 세월이 역사의 한 단위로 계산됩니다. 우리도 우리 인생을 계산할 때, 다양한 시간의 단위를 생각할 수 있습니다. 올 한 해를, 최근 십 년을, 아니 출생부터 현재까지를 하나의 단위로 계산할 수 있습니다. 시편 기자의 계산대로라면, 주님을 만나고 모신 시점을 출발점으로 삼을 수 있습니다. 주님 안에서 자라가다가, 어느 한 변곡점을 지나면서 다른 사람이 주님을 만나도록 돕는 시기에 접어듭니다. 죄를 점점 떠나며 거룩을 기뻐하다가, 작은 죄가 무거워지는 시기에 도달합니다.

이스라엘 민족이 출애굽하고 시온 성에 성전을 건축하기까지 그들에게 어려움이 없었던 것은 아니었습니다. 광야에서 하나님을 시험하다 엎드러지기도 했고, 사사시대를 거치면서 주변의 우상에 마음 뺏긴 시절도 많았습니다. 하지만 결국 다윗 때에 이르러 그들은 약속의 땅 전체에 대해 하나님 소유를 주장할 수 있었습니다. 이후 바벨론에 의해 성전이 훼파되고 백성이 포로로 끌려가기까지의 시기도 마냥 내리막길로만 치달은 것은 아니었습니다. 가끔은 하나님을 경외하는 왕이 등장하여 개혁이 있기도 했습니다. 히스기야와 요시야의 개혁이 있었습니다.

『○○교회 70년사』를 우편으로 전달받았는데, 성도 수가 그래프로 표현되어 있었습니다. 중간 지점에 1,224명이라는 변곡점이 있었습니다. 교인 수가 점점 늘어가 1,224

명이라는 지점에 도달한 이후에는 900명을 넘어서지 못했습니다. 그렇다고 계속 하향 곡선을 그린 것은 아니었습니다. 다만 하나의 변곡점을 고려할 때 ㅇㅇ교회 70년은 하나의 변곡점을 기준으로 성도 수가 늘어나던 시기와 줄어들던 시기로 구분될 수 있었습니다.

우리도 '주님을 향해 점점 뜨거워지던 시기'와 '더 뜨거워지지는 않으나 주님 안에 계속 머무는 시기'로 우리 삶을 양분해 볼 수 있습니다. 성도와 주님의 종과의 관계도 '전하는 말씀에 은혜받던 시기'와 '더 이상 새로울 게 많지 않아 감격보다는 묵상에, 생각보다는 잡념에 머무는 시기'로 나눌 수 있습니다. 말씀을 전하는 목회자 역시 어느 변곡점을 기준으로 사역이 진취적이기보다는 유지에 치중될 수 있습니다. 열린교회 김남준 목사님이 '가장 무서운 성도는 자신의 설교를 통해 은혜를 많이 받은 성도'라고 하셨다죠. 청년들에게 감동을 주고 그들이 주님께 헌신하도록 돕는데 능하면서도, 장년이 되고 노년에 이른 성도들에게까지 새로운 도전을 주고 끊임없이 속사람이 새로워지도록 사역하는 것이 얼마나 어려운지를 생각하게 하는 부분입니다. 부부 관계도 그렇습니다. 결혼하고 자녀를 낳고 기르면서 정신없는 시기를 보내다가 어느 시점을 지나면 함께 늙어가는 달리 표현하면, 함께 죽어가는 시기에 도달합니다. 이때 하나님의 사람들은 새로운 형태의 신혼, 하나님의 사랑을 충분히 경험했어야만 가능한 행복한 부부 관계를 갖습니다.

시편 기자는 팔백 년이라는 긴 시간을 둘로 나누고 '원수가 성소에서 모든 악을 행'한 지점에서 하나님을 향해 질문을 던집니다. '하나님께서 저희를 버리신 것 아닙니까? 주님께서 기르시는 양을 향해 진노의 연기를 뿜으시는 것 아닙니까?' 4절부터는 자기 시대의 실상을 구체적으로 아룁니다. '주님을 미워하는 자들이 주님께서 정하신 곳에서 으르렁댑니다. 그들의 표식을 둡니다.' 하나님을 찬양하는 소리가 울려 퍼져야 할 곳에서 다른 소리가 들립니다. 십자가가 아니라 인간의 자랑이 들립니다. 5절. 나무들이 자라는 숲속에 도끼 든 사람이 들어와 헤집는 것과 같습니다. 6절. 손도끼와 망치로 우리가 수고하여 만든 것들을 부숩니다. 7절. 주님의 거룩한 곳에 불을 지릅니다. 주님의 이름이 있는 거소(居所)를 속되게 만들어 세속화를 이룹니다. 8절. 주님을 미워하여 주님의 이름과 주님께서 거하시는 곳을 이리저리 다니며 부수고 인간적인 것들로 채우는 이들이 마음속으로 말합니다. '야, 다 같이 모여 못되게 굴자. 신이 지정한 곳들은 모조리 태워버리자.'

이러한 상황에서 시편 기자는 하나님께서 함께하신다는 표적, 신약 성도들이 찾는 십자가의 표적, 예수 그리스도의 흔적을 찾습니다. 하나님의 말씀을 말씀 그대로 전달해주는 선지자를 찾습니다. 9절입니다. "우리의 표적은 보이지 아니하며 선지자도 더 이상 없으며 이런 일이 얼마나 오랠는지 우리 중에 아는 자도 없나이다" 아멘. 그런데 표적은 보이지 않고 그런 선지자는 더 이상 없습니다. 히브리어로 '선지자' 라는 단어는 '오다' 라는 단어에서 나왔습니다. '하나님께서 보내셔서 인간 사회에 온 자' 가 선지자입니다. 그러니 선지자가 없다는 말은 하나님께서 보내신 자가 없다는 말입니다. 시편 기자의 아픔은 이런 상태가 언제까지 지속될지 알 수 없다는 것입니다. 시편 기자는 누군가를 기다리고 있습니다. 하나님께서 보내셔서 그들에게 올 분입니다.

이어지는 10절에는 시편 기자의 '믿음의 고백' 이 담겨있습니다. '대적이 언제까지 비방하겠습니까? 얼마 지나다 망하겠죠. 원수가 주님의 이름을 영원토록 능욕할 수 있겠습니까? 저러다 망하겠죠.' 시편 기자의 믿음 속에서 대적과 원수는 이미 그 힘을 잃었습니다. 그러나 현재 상황을 보며, 동시에 하나님의 능력을 고려하여 시편 기자는 1절의 질문을 완화하여 표현합니다. '주님! 주님은 왜 당신의 손을 돌이키십니까? 당신의 오른손을 되돌리십니까? 원수를 치십시오. 그들이 망하게 하십시오. 우리의 껍질을 벗기시는 손으로 원수를 자르십시오. 당신 품에서 능하신 심판의 팔을 꺼내십시오.' 이렇게 외칩니다. 하나님의 팔이 백성을 연단하고 계신 것을 알기 때문입니다. 원수들을 향해 오래 참으신다는 것도 알기 때문입니다.

어려움과 고통, 연단의 시간에 사람들은 화살을 밖으로 돌리고 싶어합니다. 힘들기 때문입니다. 그러나 하나님께서는 그 시간을 통해 우리를 연단하시되, 포도나무가 열매를 잘 맺도록, 병충해로부터 자유롭도록, 포도나무 가지 껍질을 벗기십니다. 가지인 우리는 그 시간이 고통스럽고 힘듭니다. 그러나 그 시간은 또 다른 열매를 위해 준비하는 시간입니다. 노년기를 맞은 인생은 힘이 없는 듯합니다. 그러나 한없는 축복의 힘을 갖습니다. 야곱의 축복, 모세의 축복은 그들이 젊었을 때 주신 말씀이 아닙니다. 그들이 주님 품에 안기기 직전에 주셨습니다. 할아버지 할머니들은 손주들을 축복하는 힘을 가지고 있습니다. 또 다른 형태의 양육의 힘을 가졌기 때문입니다.

교회는 열매를 맺기 위해 늘 준비합니다. 열매를 맺었지만 계속 열매를 맺기 위해 다듬어집니다. 나무가 크면 열매를 더 많이 맺습니다. 많은 열매를 맺으려고 더 긴 해산의 수고를 합니다. 해산의 수고를 할 때 산모는 태어날 아기를 위해 고통을 참습니다. 우리도 장차 태어날 영적인 자녀들을 위해 힘든 것을 참고 찬송하며 견딥시다. 그러면, 주님 주시는 열매를 많이 맺을 것입니다.

아삽은 78편에서 은혜 받은 이스라엘이 어떠했는지 기술합니다. 30절 이하를 중심으로 봅니다. 30절입니다. "그러나 그들이 그들의 욕심을 버리지 아니하여 그들의 먹을 것이 아직 그들의 입에 있을 때에" 아멘. 잘 먹었으면 그만 일어날 줄도 알아야 하는데, 이스라엘 백성들은 그칠 줄 모르고 계속 먹었습니다. 맛난 것도 계속 먹다 보면 맛이 없어지는 법인데, 식욕이 가시는 줄도 모르고 먹은 것입니다. 전도사일 때 사찰 집사님이 사태고기가 많다며 먹으라 하셨을 때 그리 먹었습니다. 하나님께 '고기 먹고 싶다.' 기도한 뒤라 축복인 줄 알고 실컷 먹었습니다. 일주일 동안 고기 냄새가 속에서 올라와 무척 힘들었습니다.

31절입니다. "하나님이 그들에게 노염을 나타내사 그들 중 강한 자를 죽이시며 이스라엘의 청년을 쳐 엎드러뜨리셨도다" 아멘. 이스라엘 백성들은 저보다 훨씬 더 심각한 상황이었던가 봅니다. 그들이 먹던 광경을 보시던 하나님께서 진노하셨습니다. '강한 자'와 '청년'을 죽이고 치셨습니다. '강한 자'는 '살찐 자'로, '청년'은 '뽑힐만한 자'로 불릴 수 있습니다. 어쩌면 그들은 다른 이들보다 더 힘 있는 자들이었을 것입니다. 자신의 힘을 '더 많이 먹는 데' 사용했습니다.

32절입니다. "이러함에도 그들은 여전히 범죄하여 그의 기이한 일들을 믿지 아니하였으므로" 아멘. 그들의 식탐은 '죄'로 분류됩니다. 그들이 하나님께서 하신 놀라운 일을 신뢰하지 않았다고 말합니다. 꿩 한 마리 잡는 것도 쉽지 않은데, 하나님께서 맞바람을 사용하여 엄청난 메추라기를 지면에 쌓이게 하셨습니다. 26-27절입니다. "그가 동풍을 하늘에서 일게 하시며 그의 권능으로 남풍을 인도하시고 먼지처럼 많은 고기를 비 같이 내리시고 나는 새를 바다의 모래 같이 내리셨도다" 아멘. 이 정도 하셨으면 하나님을 믿었어야 했습니다. 더구나 그들이 뭐라 했던가요? 19-20절입니다. "그뿐 아니라 하나님을 대적하여 말하기를 하나님이 광야에서 식탁을 베푸실 수 있으랴 보라 그가 반석을 쳐서 물을 내시니 시내가 넘쳤으나 그가 능히 떡도 주시며 자기 백성을 위하여 고기도 예비하시랴 하였도다" 아멘. 그들은 하나님께서 '물' 은 주셔도, '양식' 을 주시지 못할 것이라고 했었습니다. 그런데 놀라운 방법으로 '떡과 고기', '만나와 메추라기' 를 주신 것입니다. 그러면 믿어야 맞지요.

우리도 하나님께서 역사하시는 것을 믿어야 맞습니다. 하나님께서는 영혼 구원을 위해, 교회의 사명을 감당케 하실 것입니다. 우리는 다만 믿으면 됩니다. 믿고 기도하면 됩니다. 다만 기도가 구체적이기를 바랍니다. 변화의 모습도, 하나님께서 도와주실 부분도 구체적이기를 바랍니다.

33절입니다. "하나님이 그들의 날들을 헛되이 보내게 하시며 그들의 햇수를 두려움으로 보내게 하셨도다" 아멘. 믿지 못한 광야의 이스라엘 백성들은 어떻게 되었나요? 헛됨과 두려움 가운데 시간을 보냈습니다. '헛됨' 은 전도서에 자주 나오는 '헛되고 헛되며 헛되고 헛되니 모든 것이 헛되도다' 에 쓰인 단어입니다. '헤벨' 이란 이 단어는 아담의 아들 '아벨' 의 이름이기도 합니다. 가인을 낳고 "내가 여호와로 말미암아 득남하였다." 했던 하와가(창 4:1), 아벨을 낳고는 '헛되다' 한 것입니다. 뱀의 머리를 상하게 할 후손이 금방 태어날 것이라 여기고 가인의 출생을 기뻐했는데, 키워 보니 소망이 없었던 것입니다. 뱀의 머리는 가인의 힘으로써 상하게 되는 것이 아니라, 하나님의 힘으로 상하게 되는 것임을 몰랐던 모양입니다. 기대를 잔뜩 가지고 가인을 키우다 보니, 가인은 실패를 용납하지 못하는 사람으로 자라고 말았습니다. 결국 하나님께서 아벨과 그의 제물은 받으시고 자신과 자신의 예물은 받지 않으시자 안색이 변하고 말았습니다. 받고 받지 않으시는 것은 하나님께서 결정하실 일임에도 말입니다. '헛되다' 하고 내버려 둔 아벨은 도리어 하나님을 경외하는 아이로 자랐습니다. 하나님 신뢰는 우리 힘으로 안된다는 것을 인정할 때 시작됩니다.

이스라엘 백성들이 가졌던 또 다른 상태는 '두려움, 당황스러워함' 이었습니다. 34-35절입니다. "하나님이 그들을 죽이실 때에 그들이 그에게 구하며 돌이켜 하나님을 간절히 찾았고 하나님이 그들의 반석이시며 지존하신 하나님이 그들의 구속자이심을 기억하였도다" 아멘. 그들은 하나님께서 그들의 죄악과 불신으로 인해 그들을 죽이셔야, 그제야 하나님을 구하고 찾고 기억했습니다. 매를 들어야 말을 듣는 아이처럼, 어려워야 교회에 나오는 사람들처럼, 모든 것이 잘되고 평안하면 하나님을 멀리하고 자신을 위해 살며 죄를 짓는 이들처럼, 이스라엘 백성들은 뱀에게 물려 죽고, 땅이 갈라져 죽고 해야, 그제야 하나님을 찾았습니다.

그들의 실상이 36-37절에 표현되어 있습니다. "그러나 그들이 입으로 그에게 아첨하며 자기 혀로 그에게 거짓을 말하였으니 이는 하나님께 향하는 그들의 마음이 정함이 없으며 그의 언약에 성실하지 아니하였음이로다" 아멘. 그들은 하나님을 속이고 있었습니다. 하나님 앞에 가면 그분의 언약을 기억하고 그분을 하나님으로 모시고 사는 척했지만, 사실 그들 마음에는 애굽에서 먹던 음식으로 더 가득차 있었습니다. 홍해 도착 직후에 그들이 한 말입니다. "우리가 고기 가마 곁에 앉아 있던 때와 떡을 배불리 먹던 때에 여호와의 손에 죽었더라면 좋았을 것을"(출 16:3). 성막과 섬기는 제사장이 주어지고 진영이 갖춰진 뒤에 그들이 한 말입니다. "그들 중에 섞여 사는 다른 인종들이 탐욕을 품으매 이스라엘 자손도 다시 울며 이르되 누가 우리에게 고기를 주어 먹게 하랴 우리가 애굽에 있을 때에는 값없이 생선과 오이와 참외와 부추와 파와 마늘들을 먹은 것이 생각나거늘 이제는 우리의 기력이 다하여 이 만나 외에는 보이는 것이 아무것도 없도다"(민 11:4-6).

이스라엘 자손들이 마음으로 하나님을 섬기지 못했지만, 그래서 헛됨과 두려움 속에서 속이며 살았지만, 하나님께서는 긍휼한 마음으로 그들을 대하시고 죄를 덮으시며 진노를 돌이키셨습니다. 38-39절입니다. "오직 하나님은 긍휼하시므로 죄악을 덮어 주시어 멸망시키지 아니하시고 그의 진노를 여러 번 돌이키시며 그의 모든 분을 다 쏟아내지 아니하셨으니 그들은 육체이며 가고 다시 돌아오지 못하는 바람임을 기억하셨음이라" 아멘. 하나님의 긍휼은 우리의 어떠함에 대한 지식에 근거하였습니다. '육체와 바람' 이라는 정체성을 아셨기에 진노를 다 쏟지 않으시고 용서하셨습니다. 육체와 바람인 것을 인정하면, 우리도 서로를 향해 긍휼을 품을 수 있습니다. 몸이 있으니까, 배고프거나 아프면 마음도 약해지고 힘든 것입니다. 가고 다시 오지 못할 인생이므로 죽음이 매우 크게 다가옵니다. 질병과 고난, 고통과 죽음이 하나님께서 하신 일보다 더 크게 다가올 수 있습니다. 그러나 믿는다는 것, 신자로 산다는 것, 육신이 되셨지만 죄가 없으셨던 예수님을 닮아간다는 것은 육신의 고통보다 하나님께서 하신 기이한 일에 더 마음을 두는 것을 뜻합니다.

비록 광야와 사막 같은 세상에서 사는 것 같아 힘들지라도, 하나님께서 베푸신 기이한 일, 우리로 예수 그리스도를 믿게 하신 일, 많은 젊은이를 보내시고 새 생명이 태어나게 하신 일을 기억합니다. 40-42절입니다. "그들이 광야에서 그에게 반항하며 사막에서 그를 슬프시게 함이 몇 번인가 그들이 돌이켜 하나님을 거듭거듭 시험하며 이스라엘의 거룩하신 이를 노엽게 하였도다 그들이 그의 권능의 손을 기억하지 아니하며 대적에게서 그들을 구원하신 날도 기억하지 아니하였도다" 아멘. 날이 춥다고 몸이 아프다고 나라가 어렵다고 불평하면 하나님을 슬프시게 하는 것입니다. 날씨가 좀 추울 뿐이고, 어쩌면 날이 추워 풍년이 올 것이고, 몸이 아플 뿐이고, 어쩌면 통증은 치료과 정임을 알려주는 신호일 수 있으며, 나라가 어려울 뿐입니다. 이 정도인데도 나라가 어렵다 하는 것을 보면 그 동안 많이 호강한 것입니다. IMF 때, 광주 사태 때, 6.25 때, 일제 강점기 때를 생각해 봅니다. 지금은 호강하는 때입니다.

이어지는 43-55절은 이스라엘 백성들이 기억해야 했던, 하나님께서 하신 기이한 일들입니다. 하나님께서는 열 재앙을 통해 이스라엘 백성을 종살이하던 애굽에서 구원해 내셨습니다. 그리고 그들을 광야에서 양 떼처럼 부드럽고 천천히 인도하셨습니다. 홍해를 걸어서 건너게 하시고, 원수는 바다가 삼키게 하셨습니다. 그리고 약속의 땅 가나안을 기업으로 주셨습니다. 출애굽이 헛되지 않게 하셨습니다. 교회를 세우시고 지금까지 인도하신 하나님께서는 그간의 세월을 헛되지 않게 하시고 열매를 많이 주셨습니다. 우리가 할 일은 기억하고 믿어 영혼 구원을 위해 진력하는 것입니다. 묵상을 통해 기억할 것을 기억하고 형제자매를 긍휼히 여기며 하나님을 기쁘시게 해드릴 수 있기를 바랍니다.

이제 다윗 왕국의 발전을 도왔던 대표적인 사람들인 '고라 자손'의 시편을 통해, '쇠퇴기'에 어떤 마음을 가져야 하는지 보겠습니다. 우선 시편 84편입니다. "고라 자손의 시, 영장으로 깃딧에 맞춘 노래"입니다. '깃딧'은 '포도즙틀'입니다. '포도즙틀

위에서' 라는 제목이 가능합니다.

1절. "만군의 여호와여 주의 장막이 어찌 그리 사랑스러운지요" 아멘. 모든 군대의 주되시는 여호와여, 당신이 계시는 곳마다 정말 사랑스럽습니다.

2절. "내 영혼이 여호와의 궁정을 사모하여 쇠약함이여 내 마음과 육체가 살아 계시는 하나님께 부르짖나이다" 아멘. 내 영혼이 모든 활동을 멈춰버렸습니다. 그러고는 오직 주님이 계신 그곳만을 [그곳에서 주님과 같이 있고 싶어서] 간절히 사모합니다. 내 마음도 내 몸도 살아계신 하나님을 찾아 부르짖습니다.

3절. "나의 왕, 나의 하나님, 만군의 여호와여 주의 제단에서 참새도 제 집을 얻고 제비도 새끼 둘 보금자리를 얻었나이다" 아멘. 흔한 참새도 집을 찾았습니다. 철새인 제비도 자기를 위한 보금자리를 마련했습니다. 그리고 참새와 제비는 집과 보금자리에 새끼들도 두고 당신의 제단들도 두었습니다. 만군의 여호와여 당신은 나의 왕이시고 나의 하나님이십니다.

4절. "주의 집에 사는 자가 복이 있나니 그들이 항상 주를 찬송하리이다(셀라)" 아멘. 당신의 집에 머무르는 사람들은 행복합니다. 그들은 연이어 당신을 찬송할 것이기 때문입니다. (야! 정말 좋겠다.)

5절. "주께 힘을 얻고 그 마음에 시온의 대로가 있는 자는 복이 있나이다" 아멘. 당신 안에서 자신의 힘을 얻는 인생은 행복합니다. 그들의 마음속에는 당신을 찬송하기에 쉽고 빠른 고속도로와 같이 넓은 길이 당신을 향해 뻗어 있기 때문입니다.

6절. "그들이 눈물 골짜기로 지나갈 때에 그곳에 많은 샘이 있을 것이며 이른 비가 복을 채워 주나이다" 아멘. 그들은 눈물의 골짜기를 지나는 순간에도 그 골짜기로 샘물이 솟아나는 장소가 되게 합니다. 시월 말에서 십이월 초까지 내리는, 추적추적한, 이른 비로도 축복이 되게 합니다.

7절. "그들은 힘을 얻고 더 얻어 나아가 시온에서 하나님 앞에 각기 나타나리이다"

아멘. 그들은 강한 힘을 계속 유지하면서 전진합니다. 그리고 마침내 하나님을 시온에서 뵙습니다.

8절. "만군의 하나님 여호와여 내 기도를 들으소서 야곱의 하나님이여 귀를 기울이소서 (셀라)" 아멘. 여호와 만군의 하나님이여 나의 기도를 들어주소서, 귀를 기울이소서 야곱의 하나님이여! (내 마음은 정말 급합니다.)

9절. "우리 방패이신 하나님이여 주께서 기름 부으신 자의 얼굴을 살펴보옵소서" 아멘. 우리의 방패시여 보옵소서, 하나님이여. 그리고 당신이 기름 부으신 자의 얼굴을 살펴보옵소서.

10절. "주의 궁정에서의 한 날이 다른 곳에서의 천 날보다 나은즉 악인의 장막에 사는 것보다 내 하나님의 성전 문지기로 있는 것이 좋사오니" 아멘. 당신이 거하시는 그곳에서의 하루가, 내가 좋아서 선택했던 천 개의 날보다도 더 좋기 때문입니다. 악인의 장막에서 춤추며 잔치하는 것보다 내 하나님 집 문턱에 머무는 것이 더 좋기 때문입니다.

11절. "여호와 하나님은 해요 방패이시라 여호와께서 은혜와 영화를 주시며 정직하게 행하는 자에게 좋은 것을 아끼지 아니하실 것임이니이다" 아멘. 왜냐하면 여호와 하나님은 정직히 행하는 자에게 해가 되시고 방패가 되시기 때문입니다. 여호와는 그들에게 은혜와 영광을 주십니다. 좋은 것을 아끼지 않으십니다.

12절. "만군의 여호와여 주께 의지하는 자는 복이 있나이다" 아멘. 그러므로 만군의 여호와여 당신을 믿고 의지하는 인생은 복됩니다.

시편 87편은 "고라 자손의 시 곧 노래"입니다.

1절. "그의 터전이 성산에 있음이여" 아멘. 그분의 터는 거룩한 산들 안에 있습니다.

2절. "여호와께서 야곱의 모든 거처보다 시온의 문들을 사랑하시는도다" 아멘. 여호와께서는 야곱 자손이 머무는 어떤 곳보다도 시온의 문들을 더 사랑하십니다 [사랑스럽게 보십니다].

3절. "하나님의 성이여 너를 가리켜 영광스럽다 말하는도다 (셀라)" 아멘. 영광스러운 일들이 하나님의 성(城)인 네게 약속되어 있구나. (참 놀랍다.)

4절. "나는 라합과 바벨론을 나를 아는 자 중에 있다 말하리라 보라 블레셋과 두로와 구스여 이것들도 거기서 났다 하리로다" 아멘. [그 약속은 이와 같은 것이다.] '내가 라합과 바벨론도 나를 아는 자로 기억할 것이다. 보라 블레셋도, 두로도, 구스도 여기서 태어났다.'

5절. "시온에 대하여 말하기를 이 사람, 저 사람이 거기서 났나고 말하리니 지존자가 친히 시온을 세우리라 하는도다" 아멘. '시온에 대해서 사람들은 이 사람도, 저 사람도 시온에서 태어났다고 말할 것이다. 그리고 지극히 높으신 분, 바로 그분이 시온을 견고하게 세우실 것이다.'

6절. "여호와께서 민족들을 등록하실 때에는 그 수를 세시며 이 사람이 거기서 났다 하시리로다 (셀라)" 아멘. 여호와께서 민족들을 책에 기록하실 때, '이도 거기서[시온에서] 태어났군.' 이렇게 적으시리라. (정말 놀라운 약속이군.)

7절. "노래하는 자와 뛰어 노는 자들이 말하기를 나의 모든 근원이 네게 있다 하리로다" 아멘. 연주하는 자들처럼 노래하는 자들도 [이렇게 노래할 것이다.] '나의 모든 샘은 당신 안에 있습니다'.

다윗 왕국의 쇠퇴기에도 고라 자손에게는 '하나님으로 인한 소망'이 있습니다. 분명히 망할 것 같은데도, '이제 바닥을 쳤으니 하나님께서 도우실 것이다.' 이런 기대가 있습니다. 대체 이들은 어떤 족속이기에 이럴까요? 멍청한 걸까요? 믿음이 좋은 걸까요? 엘가나를 보니 멍청하지 않았고, 사무엘을 보니 믿음이 좋았습니다. 이스라엘의 어리석음에서 '열방의 구원'을 읽는 이들에게서 하나님의 지혜를 만납니다. 도저히 계산이 안 되는 이런 깨달음은 어떻게 갖게 되었을까요? 그들의 부르짖음(88:1-2)에서, '매일'의 부르짖음에서(88:9), '고난'(88:15)과 '외로움'(88:18)에서 형성되었기에 이처럼 질기고 견고한 듯합니다. 시편 88편 9, 15, 18절입니다. "곤란으로 말미암아 내 눈이 쇠하였나이다 여호와여 내가 매일 주를 부르며 주를 향하여 나의 두 손을 들었나이다", "내가 어릴 적부터 고난을 당하여 죽게 되었사오며 주께서 두렵게 하실 때에 당황하였나이다", "주는 내게서 사랑하는 자와 친구를 멀리 떠나게 하시며 내가 아는 자를 흑암에 두셨나이다" 아멘.

질의와 응답

하나. "셀라가 추임새라면 누가복음 11장 27절의 '당신을 밴 태와 당신을 먹인 젖이 복이 있나이다' 도 추임새로 볼 수 있을까요?"

추임새보다는 맞장구에 더 가까울 것 같습니다.

둘. "쇠퇴의 시기에 우리는 무엇을 해야 합니까? 84편과 87편은 성전 사모함을 말합니다. 성전을 사모하면 되나요?"

시편 88편에서 '탐욕' 을 말하더니, 89편에서는 '바닥으로 내려가게 하신 하나님' 을 찬양하고 끝냅니다. 누가복음 2장에 나오는 여선지자 안나처럼 성전을 사모합니다. 바닥을 쳐야 자신을 의지하지 않습니다. 그리스도밖에 없음을 고백합니다. 꽤 괜찮아 보이는 공동체조차도 아무것도 아니라는 것을 깨닫습니다. 그 바닥을 치고 나면 예수님이 오십니다. 그리스도만 남게 됩니다.

셋. "한국교회 역사의 변곡점으로 1995년을 생각합니다. 1998년에 부흥 찬양이 강하게 다가왔습니다. '수년 내에 부흥케 하소서!' 기도하며 올라가려 노력했는데, 계속 내려가고 있습니다. 어떻게 해야 할까요?"

아직 바닥을 치지 않은 것일 수 있겠습니다. 절망 수치가 충분히 낮아지지 않은 듯합니다. 우리 자신을 의지하는 마음이 남아 있나 봅니다. 우리에 대해 철저히 절망해야 그리스도만 의지하게 됩니다.

넷. "시편 74편과 관련해서 '포도나무 껍질을 벗기는 손'을 얘기하셨는데, 무엇을 의미하나요?"

요한복음 15장 2절에서 포도나무 가지를 '깨끗하게' 하신다는 표현이 나옵니다. 나무껍질을 벗기는 것을 가리킵니다. 연단 과정을 요한복음 15장의 내용으로 표현해 보았습니다.

다섯. "아브라함, 이삭, 야곱의 바닥에 대해 좀 더 설명해 주시겠어요?"

아브라함의 바닥은 사라와의 관계가 가장 멀어져 있던 때였다고, 이삭의 바닥도 리브가와의 의견 대립이 가장 첨예했던 때였다고 생각했습니다. 단순히 부부 사이의 거리가 아닙니다. 하나님의 약속이 '사라'를 통해 이뤄질 것이므로 아브라함과 사라 사이의 거리가 멀어질수록 바닥이지요. 리브가가 '큰 자가 작은 자를 섬기리라'는 말씀을 받고 야곱이 복을 받아야 한다고 여긴 것과 달리, 이삭은 사냥한 고기를 좋아하여 에서에게 복을 주려고 했습니다. 하나님의 뜻에서 멀어져 있었지요. 야곱은 벧엘 서원을 이행하지 않고 벧엘 바로 위에 있던 세겜에 정착했습니다. 하나님에게서, 하나님의 약속으로부터, 하나님께서 함께하게 하신 사람에게서 멀어질수록 바닥입니다.

Memo

Memo

Memo